近代日本漢学資料叢書1

澤井常四郎
経学者平賀晋民先生

解題　稲田篤信

研文出版

刊行の辞

研究代表者　町　泉寿郎

二松學舍大学私立大学戦略的研究基盤形成支援事業（略称ＳＲＦ）「近代日本の「知」の形成と漢学」の研究成果公開の一環として、ここに「近代日本漢学資料叢書」を発刊することとなった。

明治一〇年開校の漢学塾を起源とする二松學舍大学では、これまで日本漢学の研究と教育によって建学の精神の闡明化をはかってきた。平成一六～二〇年度には二一世紀ＣＯＥプログラム「日本漢文学研究の世界的拠点の構築」を推進し、日本漢文資料のデータベース化、若手研究者の養成、国際的ネットワークの構築、漢文教育の振興を柱として活動を展開した。前近代日本において、書記言語としての漢文と、それを通して学ぶ知識（漢学）が極めて重要な意義を持っていたことに鑑み、漢文を通して日本の学術文化を通時的に捉え直そうとする研究プロジェクトであった。八つの研究班を組織し、その成果としては倉石武四郎氏の日本漢学に関する講義録や江戸明治期の漢学と漢詩文の書目等によって当該研究領域の輪郭を示すとともに、雅楽や漢方医学に関する資料集、朝鮮実学に関する論文集、古漢語語法と漢文訓読に関する概説書、三島中洲研究会の報告書、二松漢文と銘打った漢文テキスト等によって、多様な広がりを明示しようとした。

現在のSRFはその後継事業であり、我々の一貫した研究姿勢は、「日本学としての漢文研究」である。今回の研究プロジェクトでは、西暦一八〇〇年頃から現在に至る近二〇〇年に対象を絞り、「学術研究班」「教学研究班」「近代文学研究班」「東アジア研究班」の四つの班を組織して研究を推進している。

一般に、漢学は一九世紀を通して洋学に席を譲って衰退したと考えられているが、実際には近代教育制度の整備とともに、学術面では中国学・東洋学に脱皮し、教学面では漢文が国語と並んで言語と道徳に関する教学として再編されて今日に至っており、更にこの学術教学体制が東アジア諸国にも影響を及ぼしてきた歴史がある。幕末開国以来、今日まで続くグローバル化の渦中にあって、日本の近代化は一定の成功をおさめたが、同時に何度もの挫折を経験した。近代日本の歩みと共に漢学もまた正負両面を持つが、今こそその両方を見据えた研究を東アジア各国の研究者と十分な連携をとりつつ進める必要がある。

我々は、漢学が再編された過程を、経時的、多角的に考察することにより、漢学から日本および東アジアの近代化の特色や問題点を探っていきたい。また、多角的で広範な視点に立つために、地域ごとの特性や個別の人物・書籍・事象に関する、具体的できめ細やかな視点を保持していきたいと考えている。

目下、「近代日本漢籍影印叢書」「近代日本漢学資料叢書」「講座　近代日本と漢学」等を計画し、順次刊行していく予定である。我々のささやかな試みが上記の抱負を網羅することは到底不可能であるが、これらの刊行物が、一九〜二〇世紀の交に成立し今日に至る日本・中国等に関する人文系諸分野の学術のあり方を相対化する一助となること、また東洋と西洋の接触のあり方について材料を提供できること、そして何よりも日本漢学が魅力ある研究分野であることを一人でも多くの方に知ってもらうきっかけとなることを願って、刊行の辞とする。

平成二八年八月六日

目次

経学者平賀晋民先生

澤井常四郎

文學博士　高楠順次郎閲
澤井常四郎著

經學者平賀晋民先生

櫻山文庫

平賀晋民先生肖像

（三幅中の二）

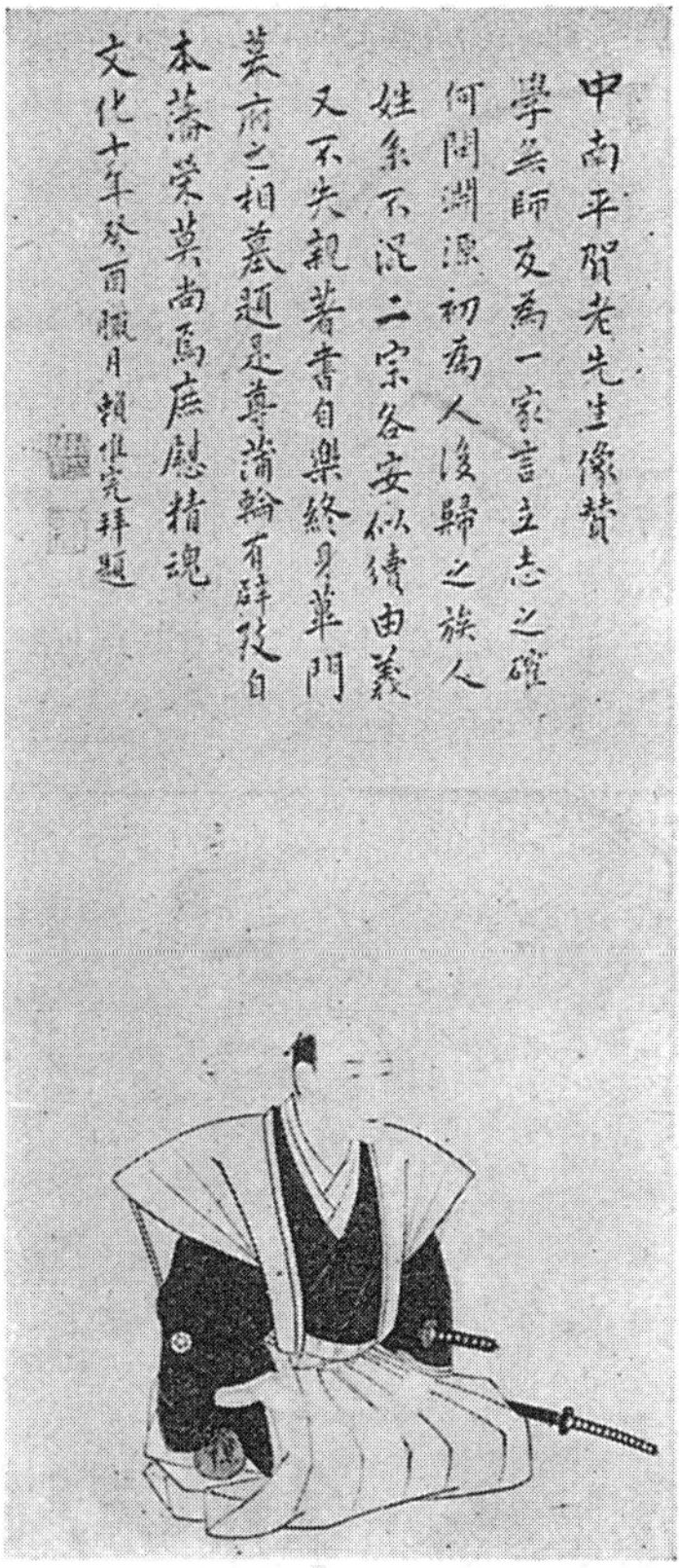

忠海小學校藏

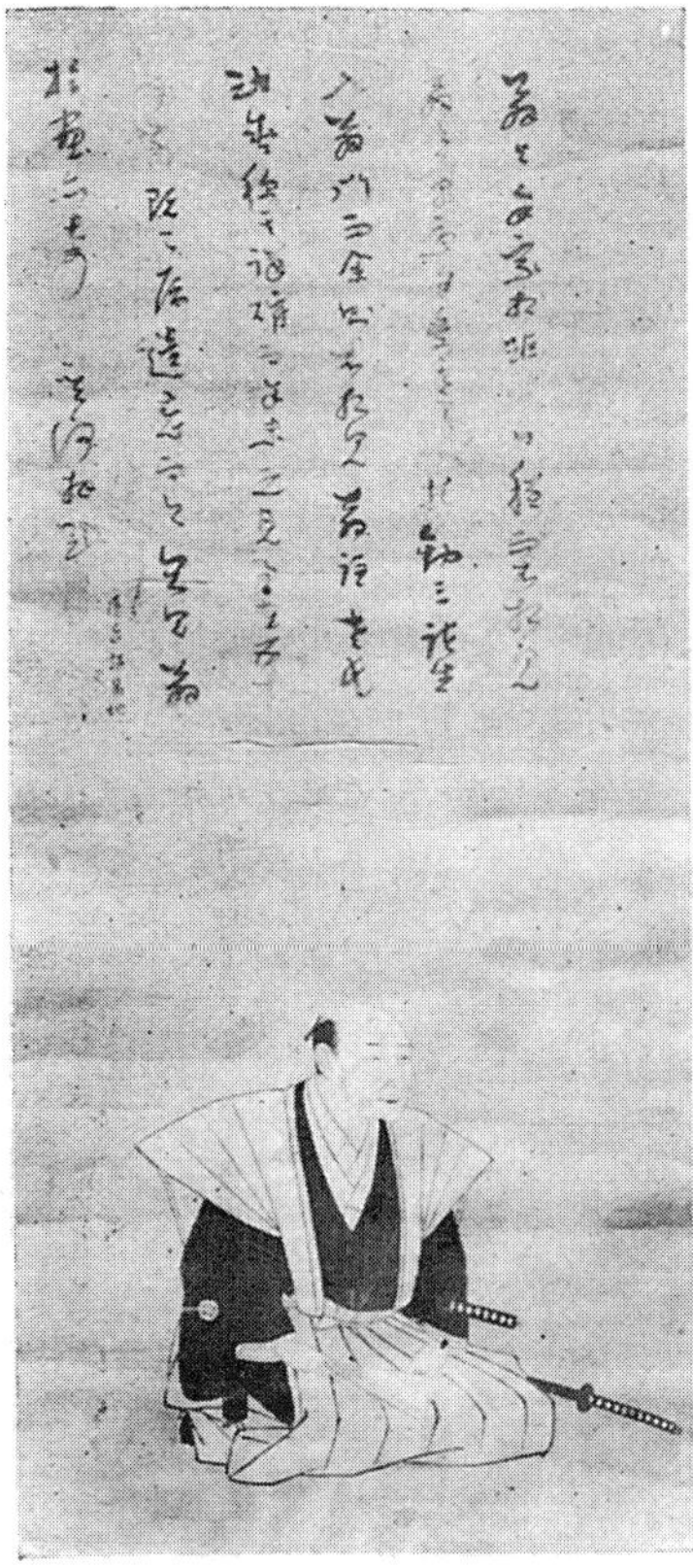

木原福郎氏藏

遺墨

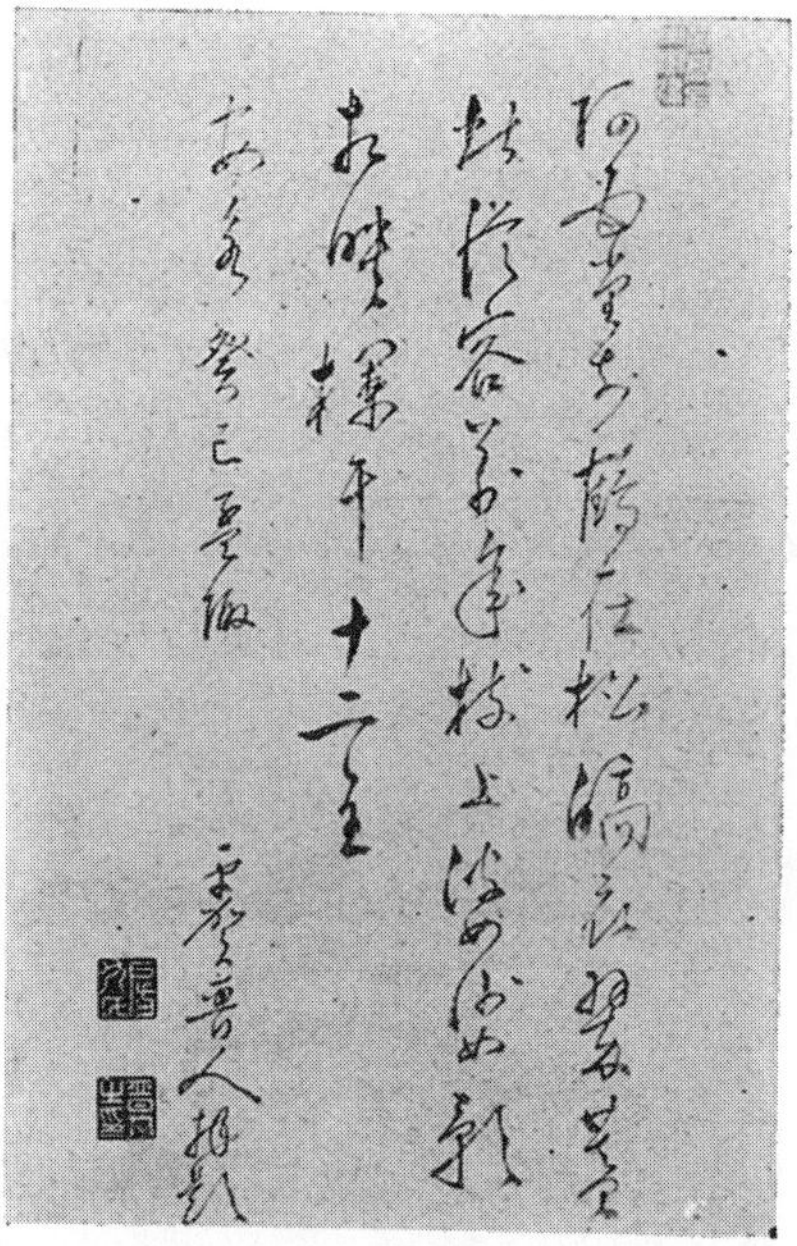

楢崎仲兵衛氏藏

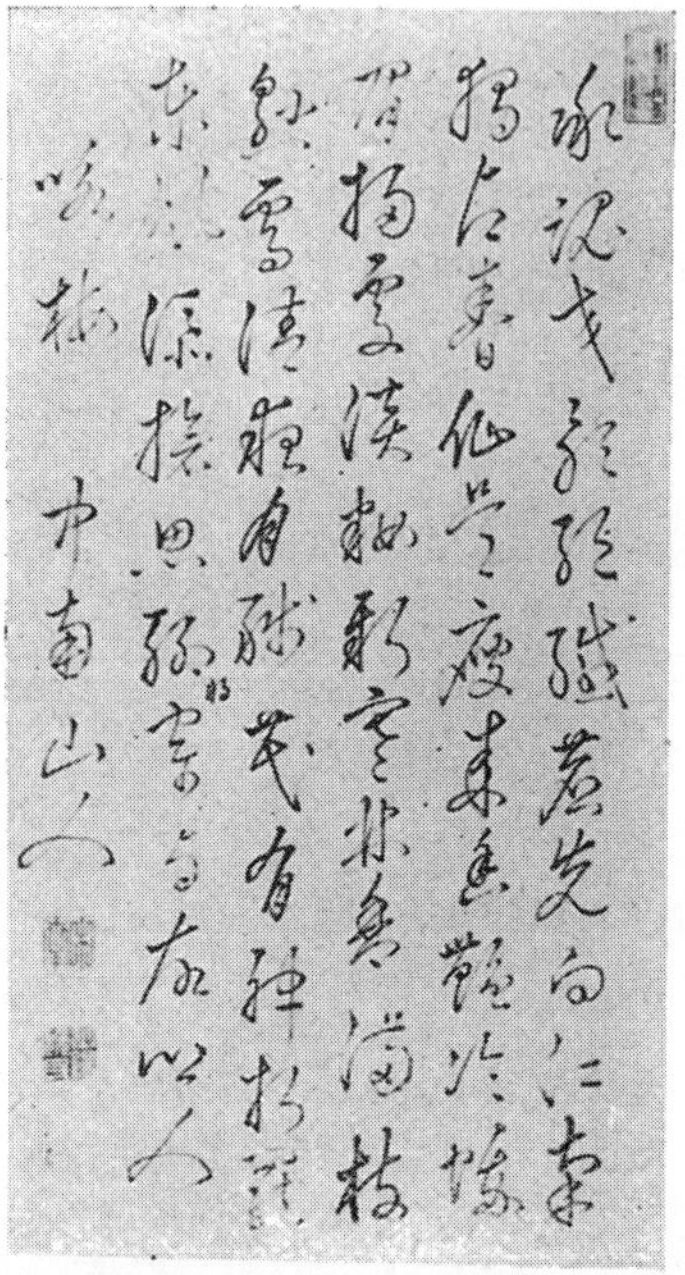

齋藤修二郎氏藏

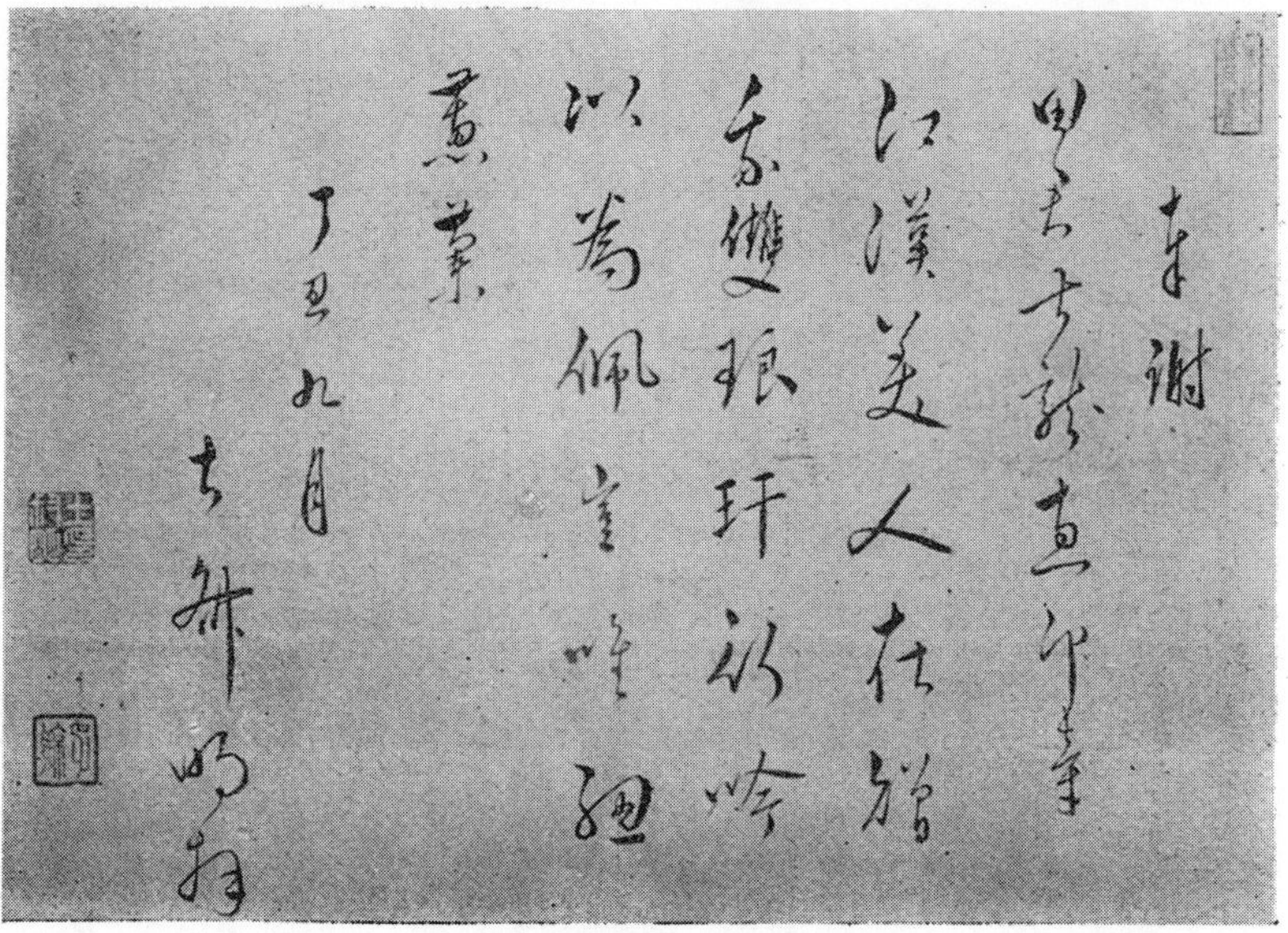

木原福郎氏藏

頼春水起草墓銘

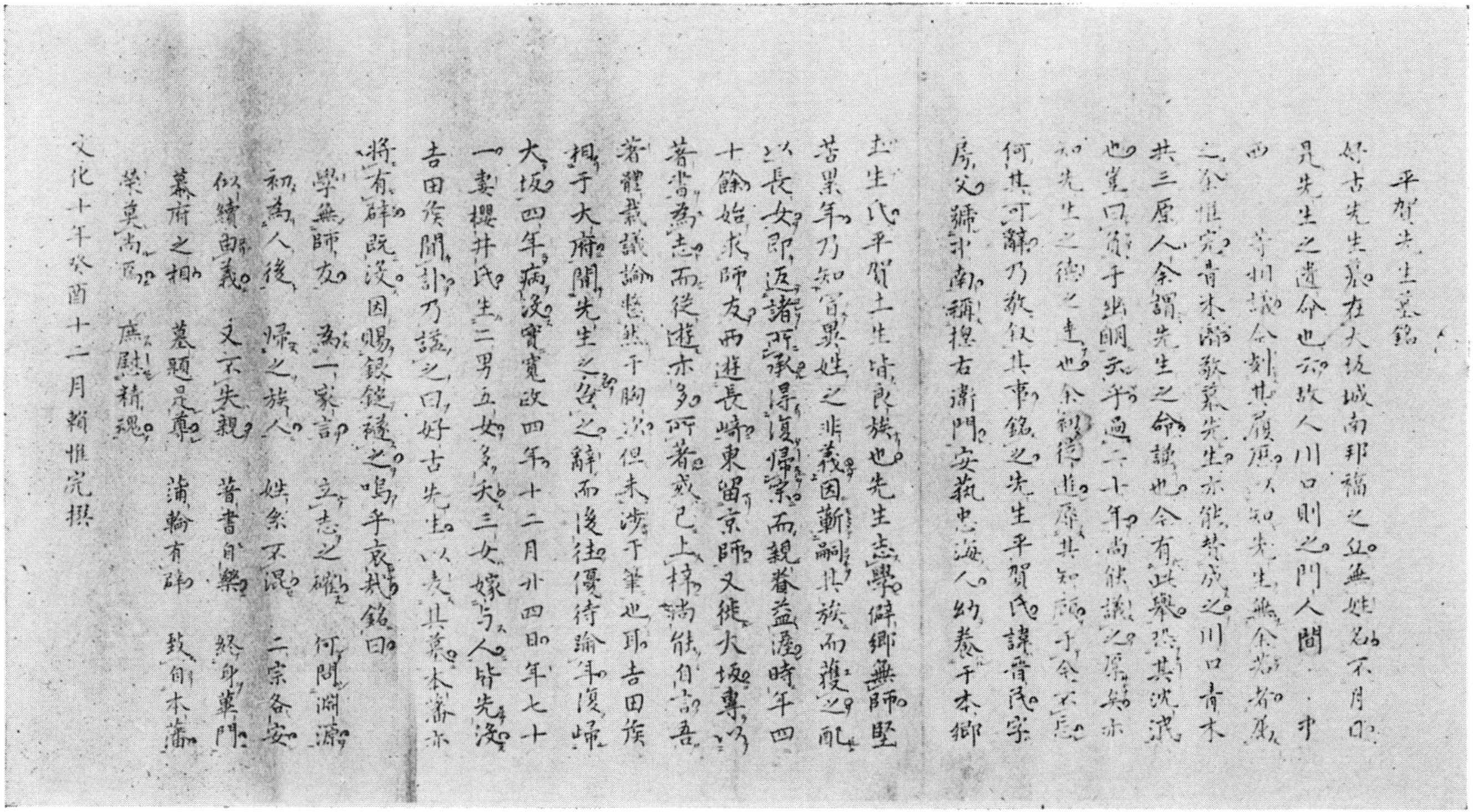

木原福郎氏蔵

墓碑

大阪邦福寺

夫人櫻井氏墓碑

安藝本郷圓光寺

春秋經傳集箋 全部七十三卷

此書不許他有刋行若或敢犯之則無赦矣每冊圖記以爲證驗無者係贋本

發行書舖文錦堂 京二条通 林伊兵衛

春秋集箋證驗

春秋集箋と天野屋利兵衛傳

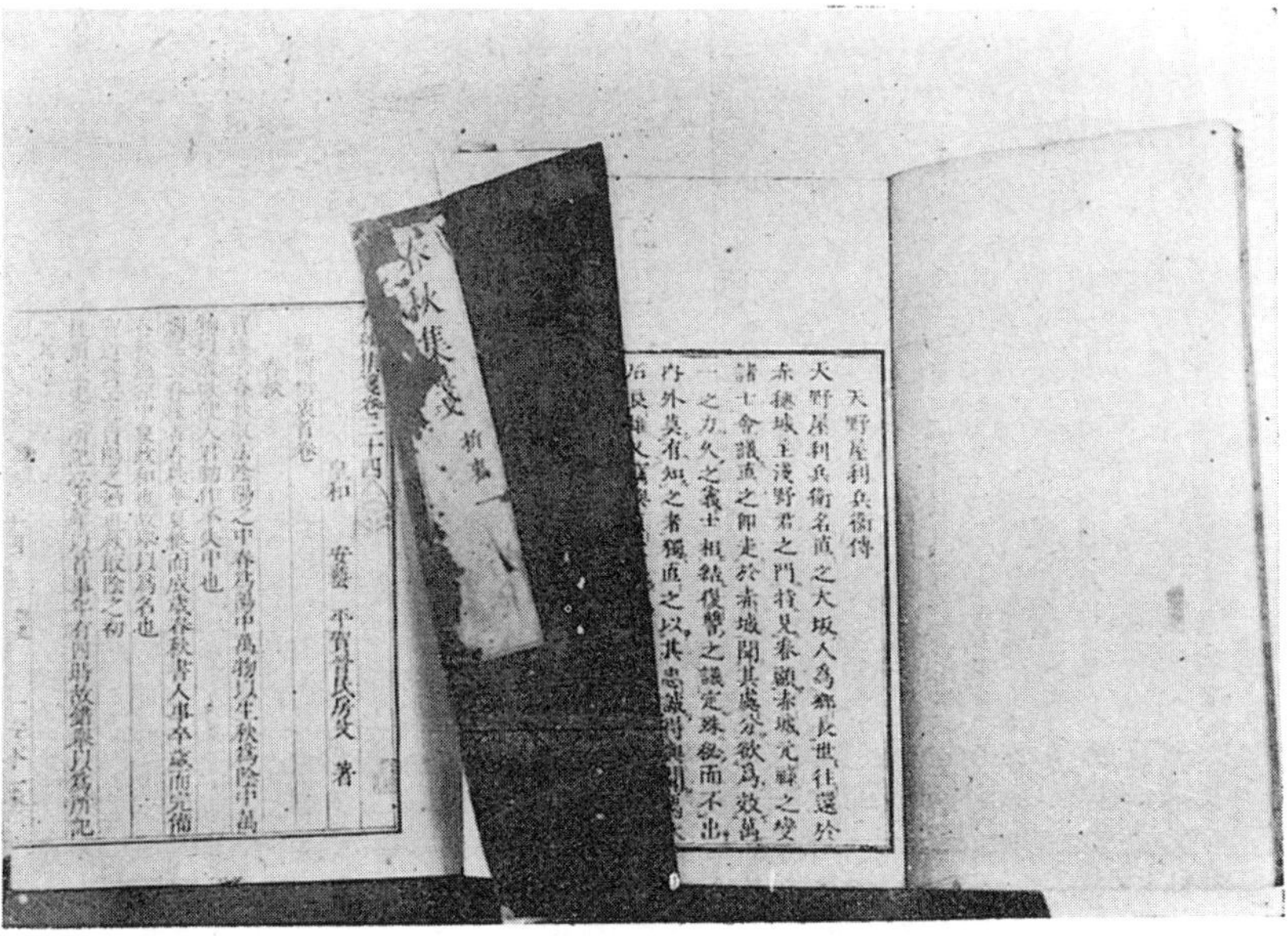

（賴春水手澤本）

（川口西洲手澤本）

賴彌次郎氏藏

川口國次郎氏藏

女婿井上又四郎へ東下を報したる書簡

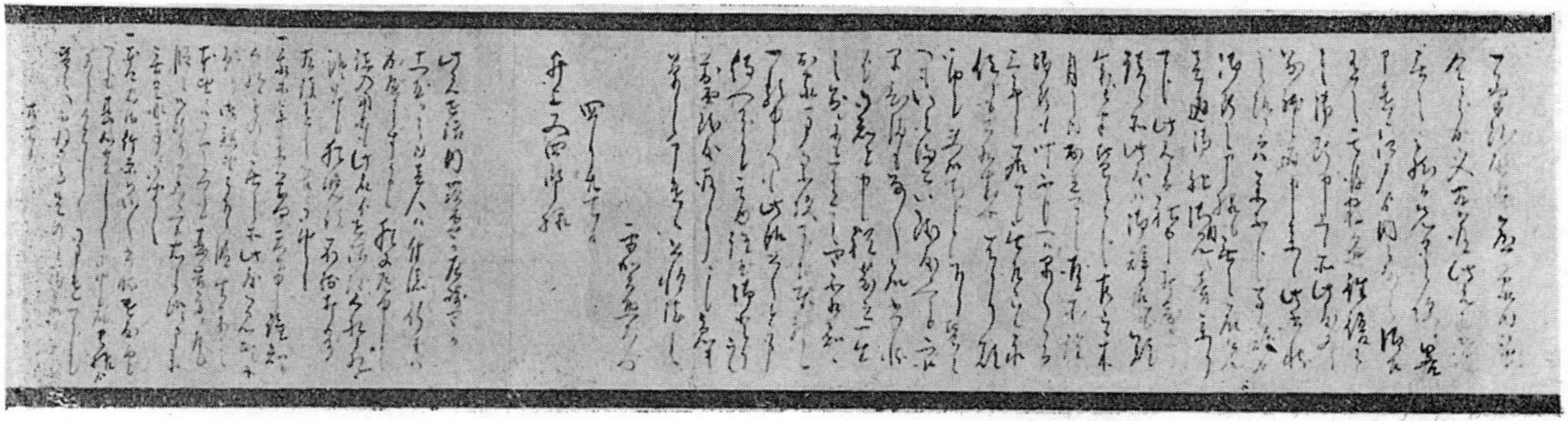

同じく加川元厚の書簡を写して送りたるもの

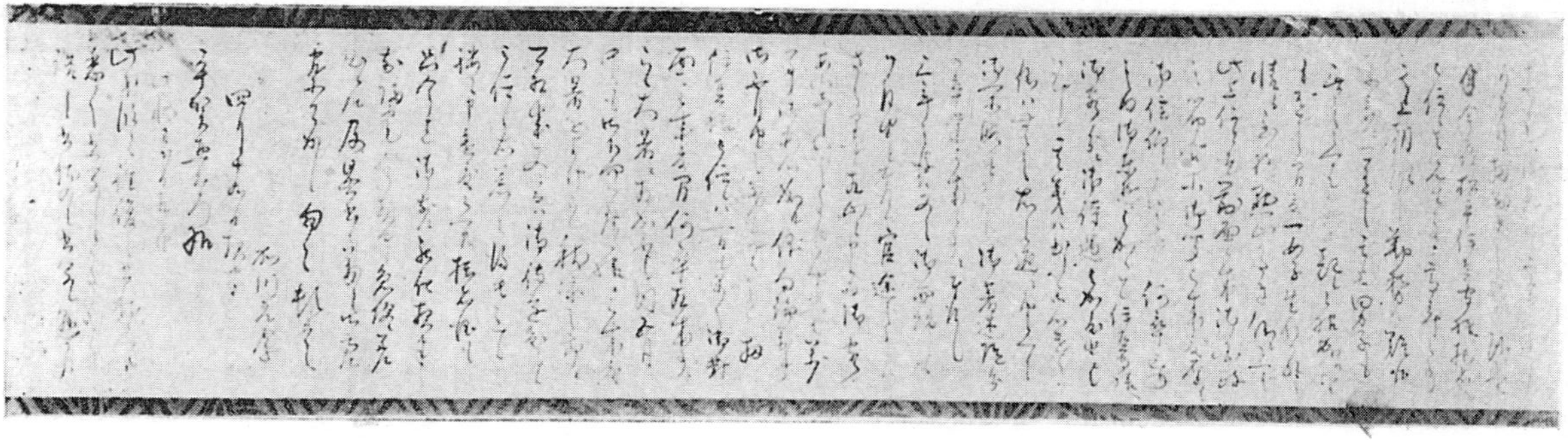

楢崎仲兵衛氏蔵

宇都宮士龍宛書簡の一部

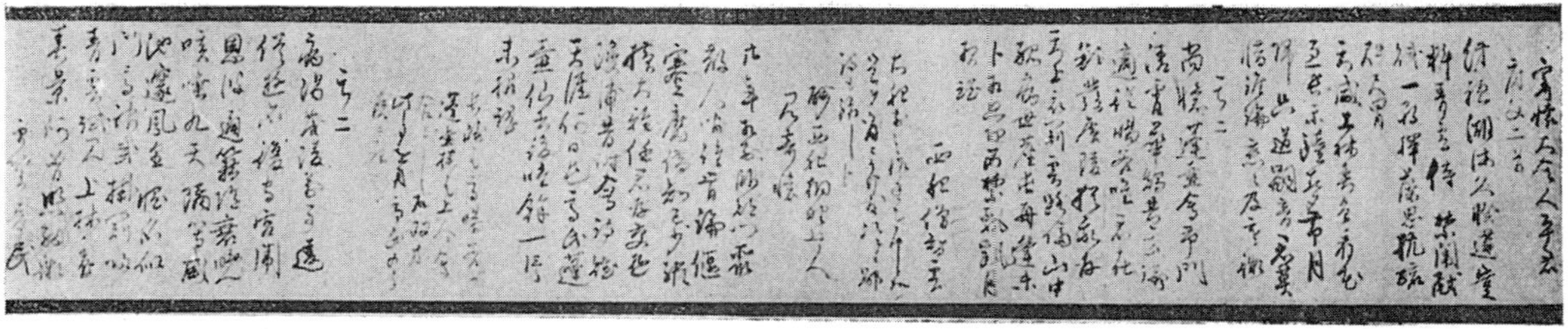

楢崎仲兵衛氏蔵

青木新四郎宛書簡

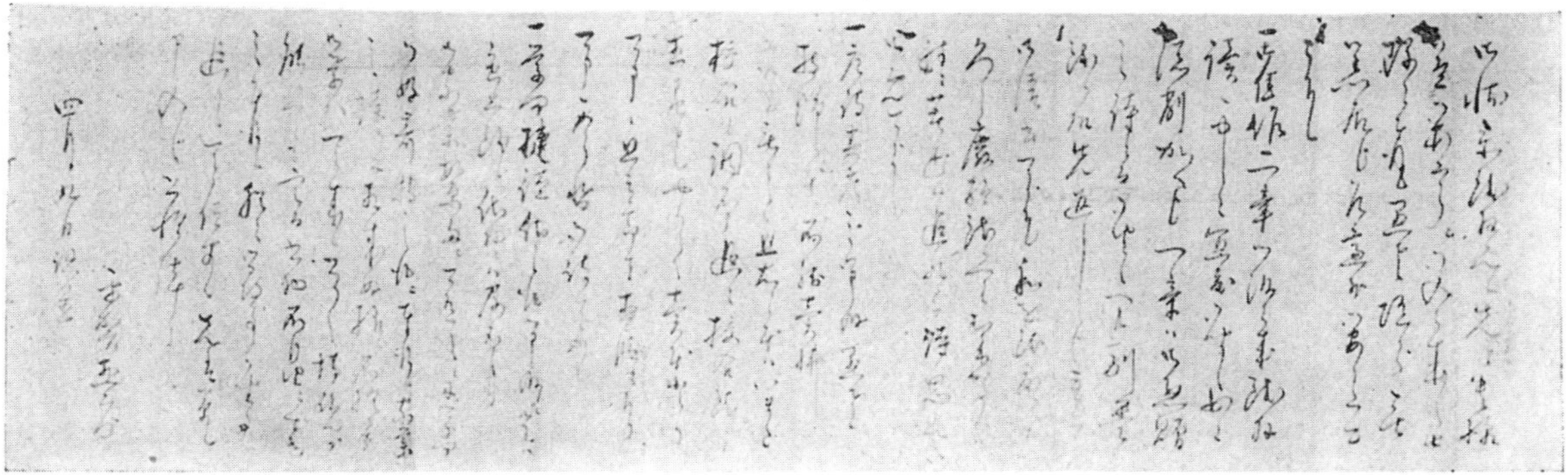

青木善四郎氏蔵

小畑老松堂年賀和歌

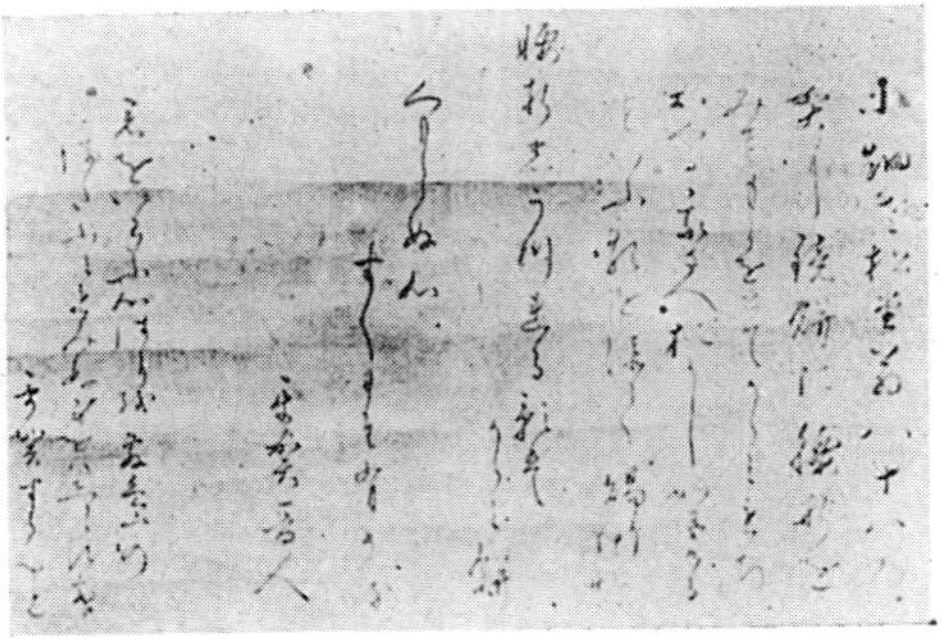

小畑謙三郎氏藏

頼春水添書の文稿

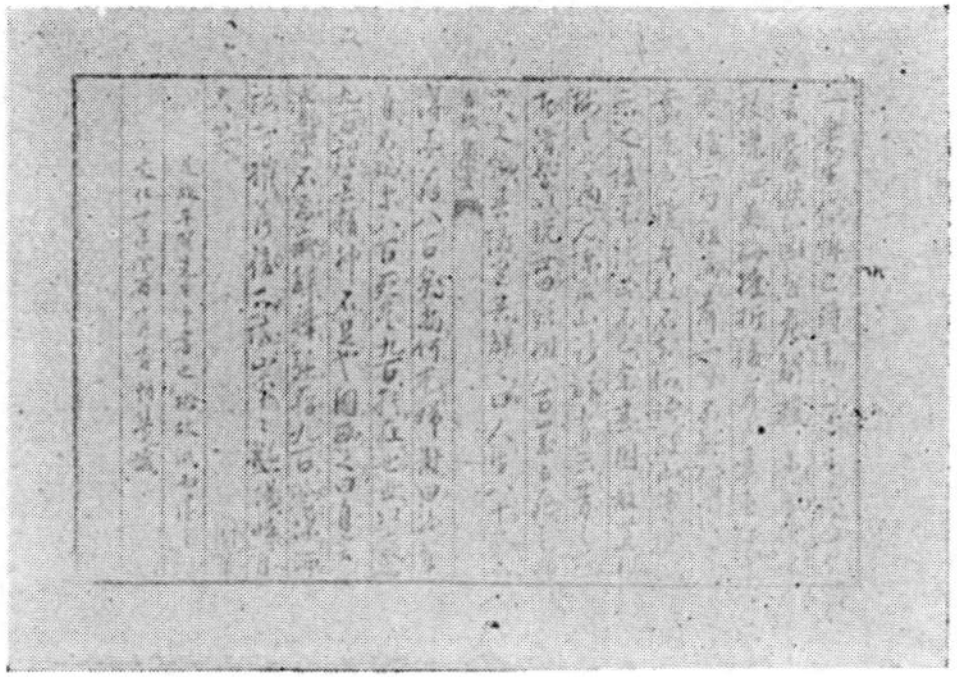

頼彌次郎氏藏

贈南子禮文

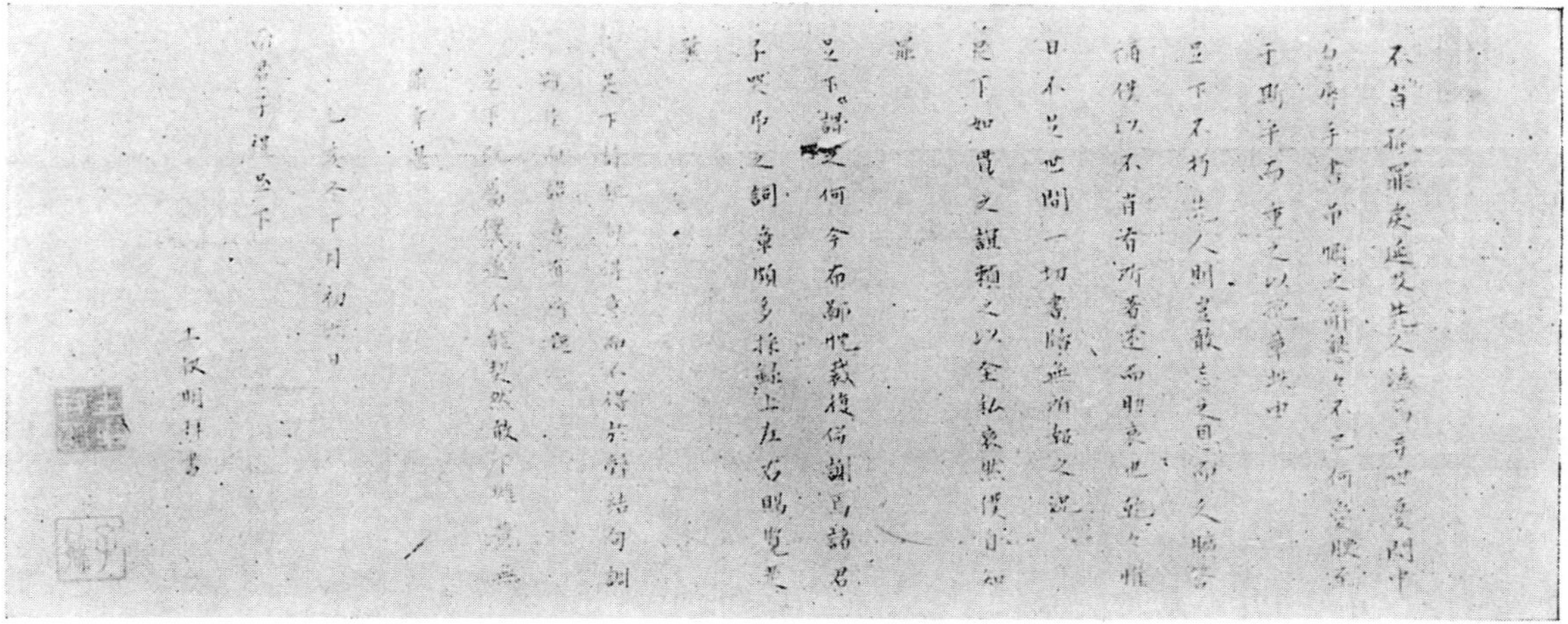

木原福郎氏藏

大潮老師筆蹟

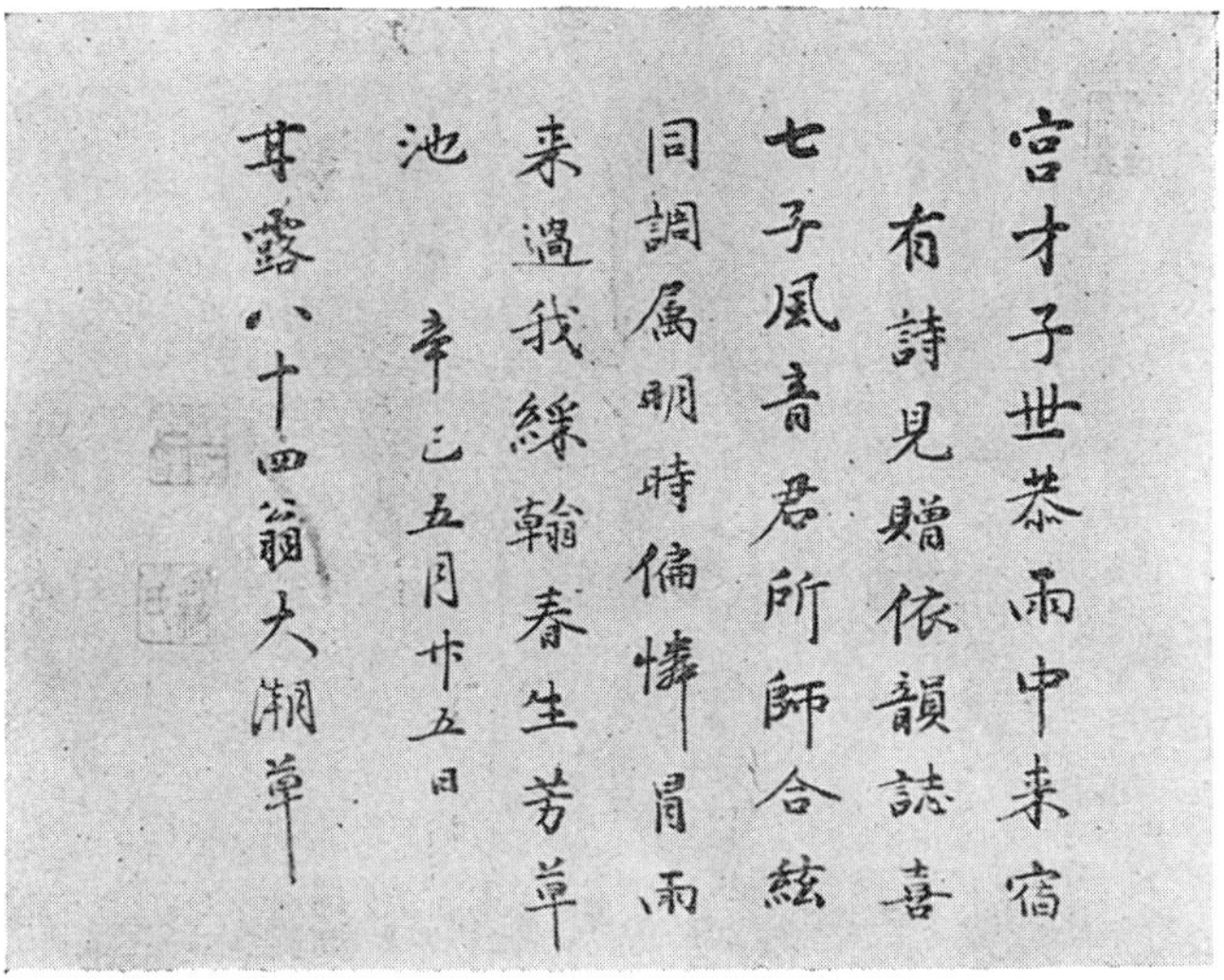

宇都宮士龍筆蹟

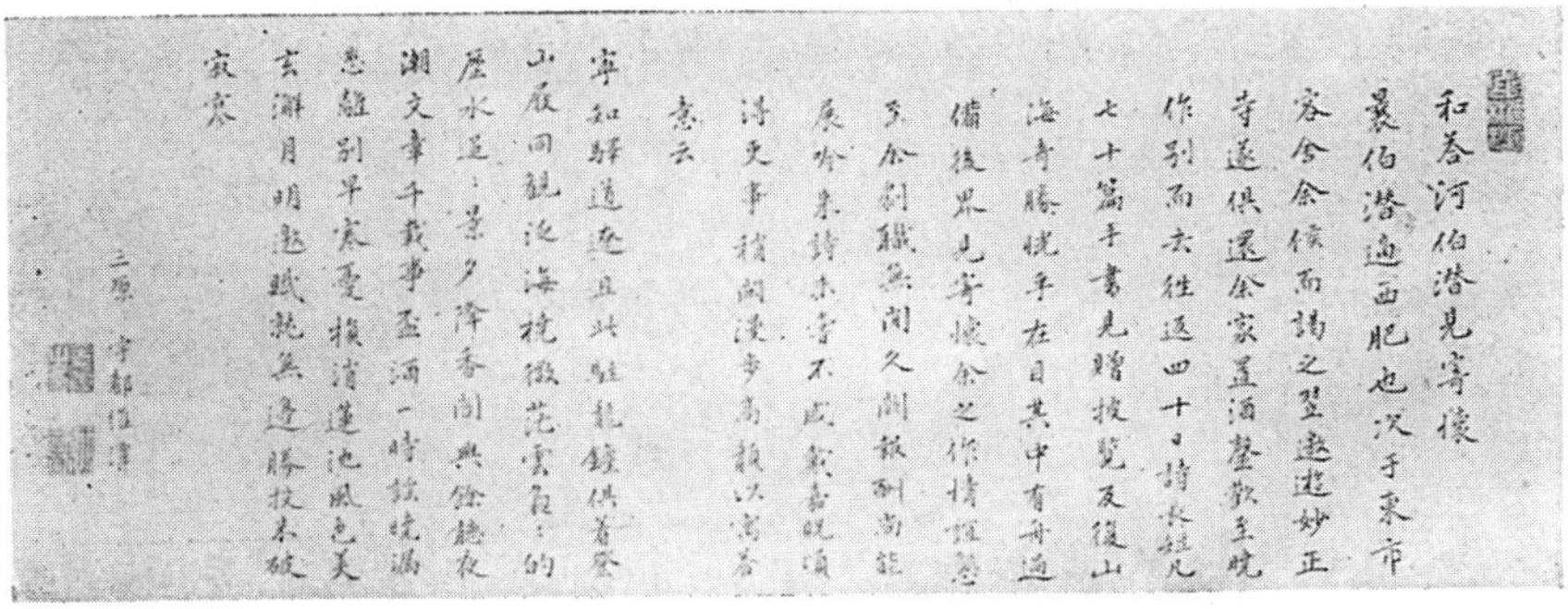

宇都宮常松氏藏

宇都宮士龍像

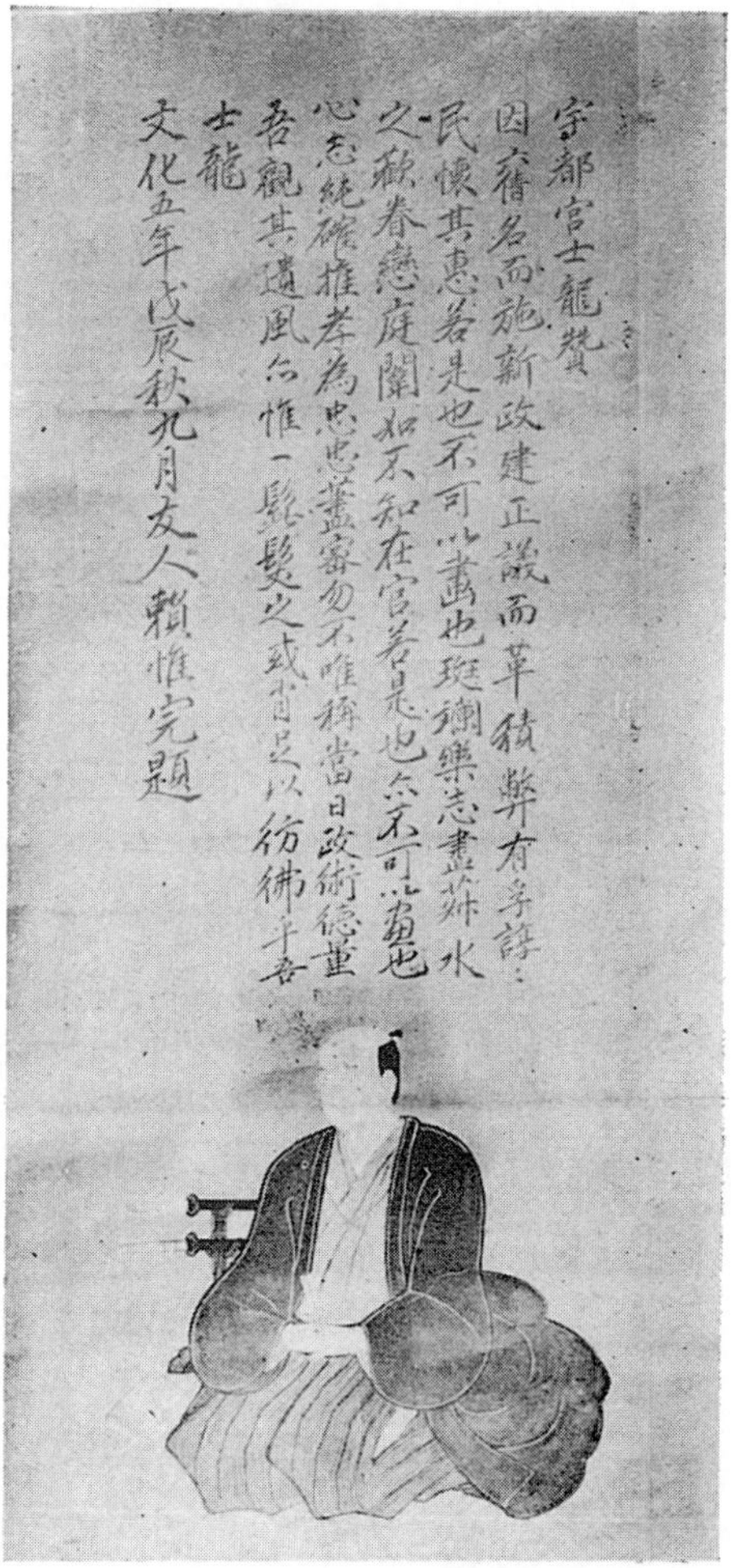

宇都宮七五氏蔵

青木充延像

青木善四郎氏蔵

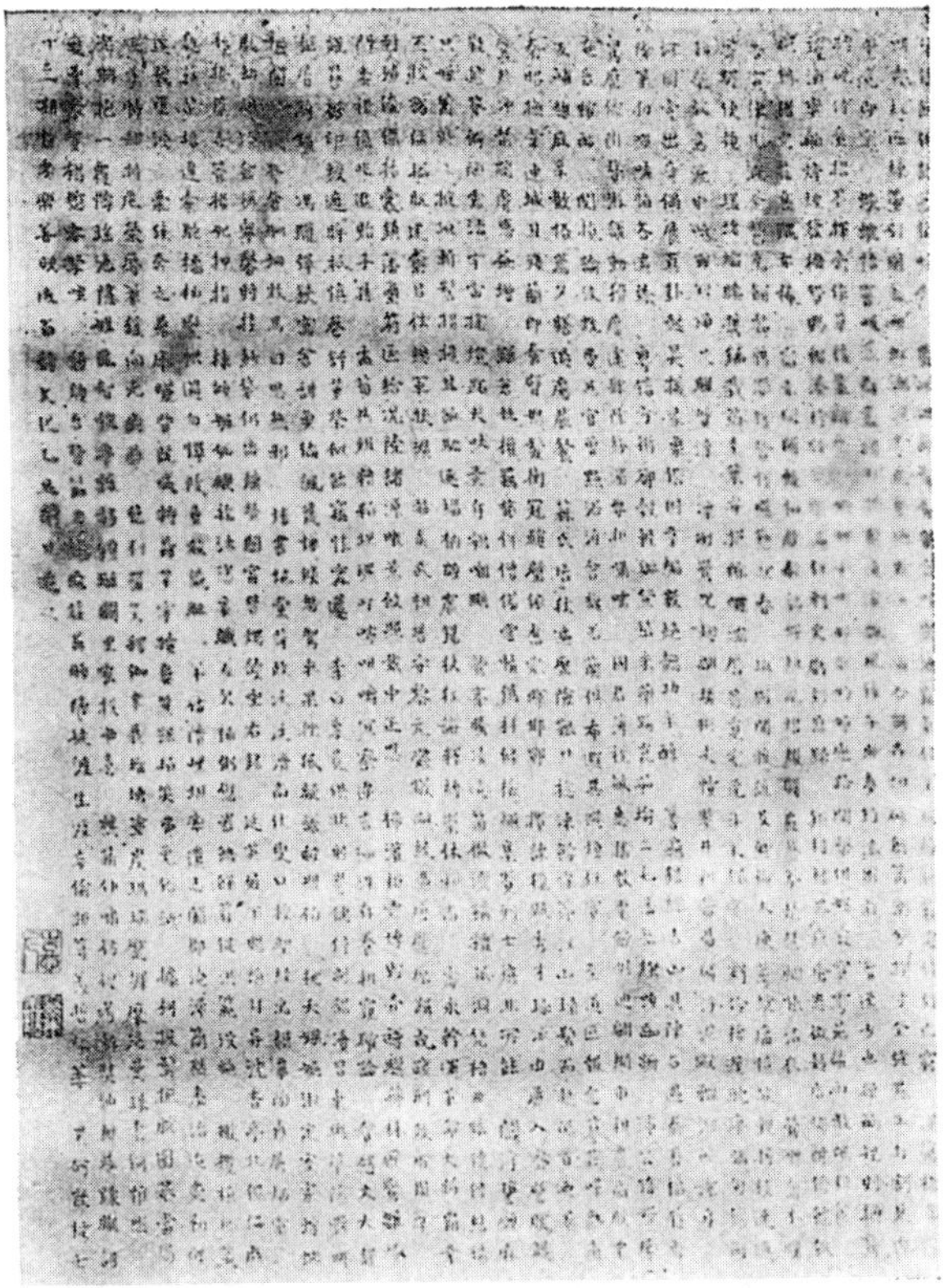

川口西洲筆蹟

川口宇太郎氏藏

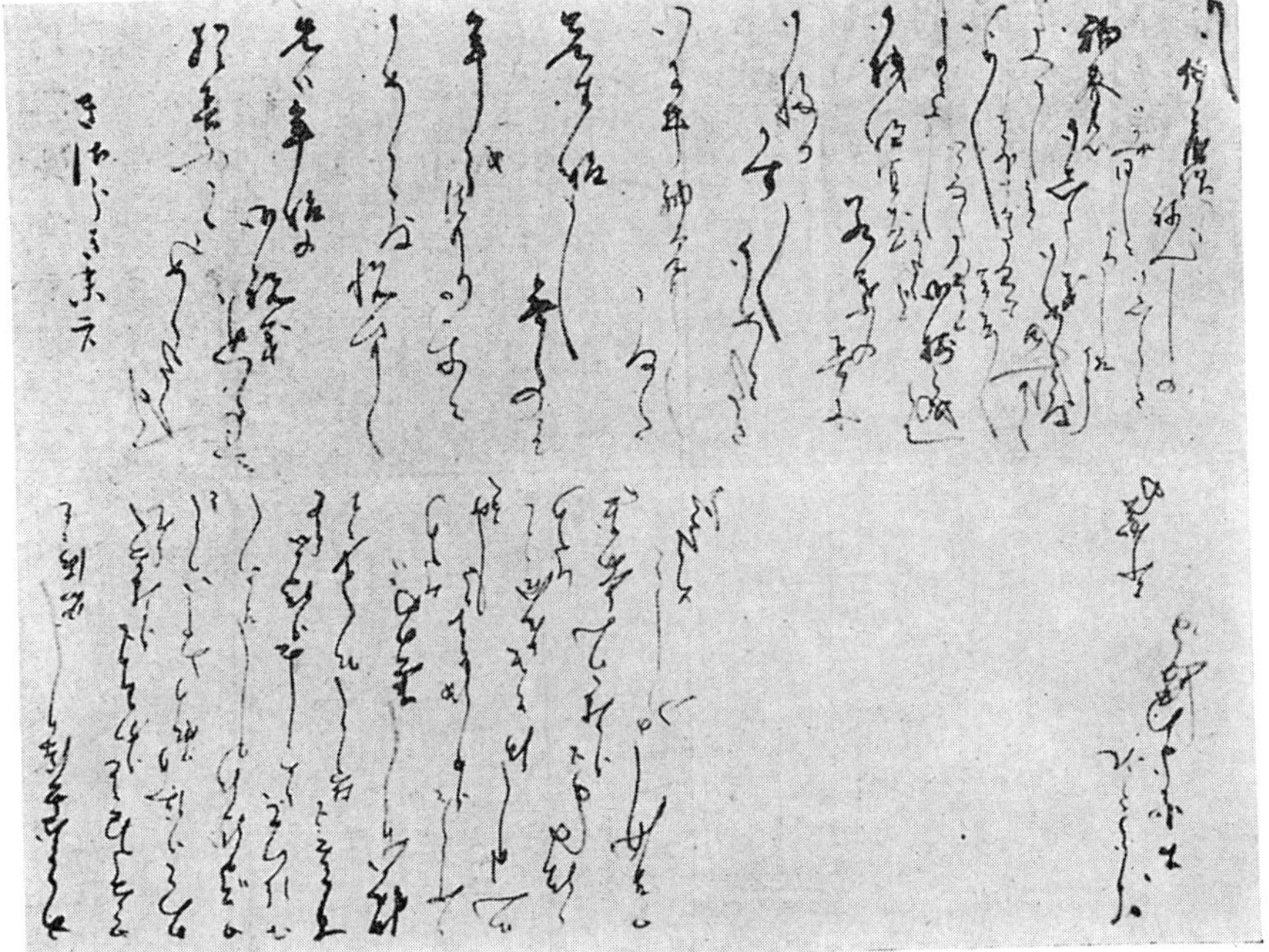

纖室筆蹟

楢崎仲兵衛氏藏

頼泰永碑文についての書簡

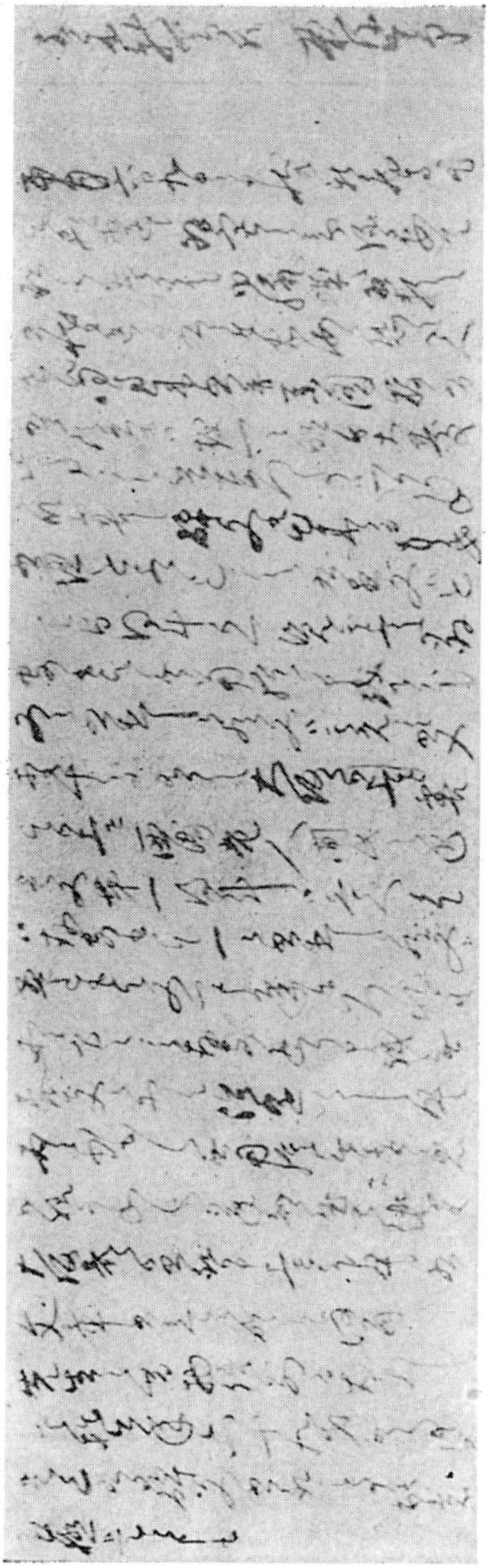

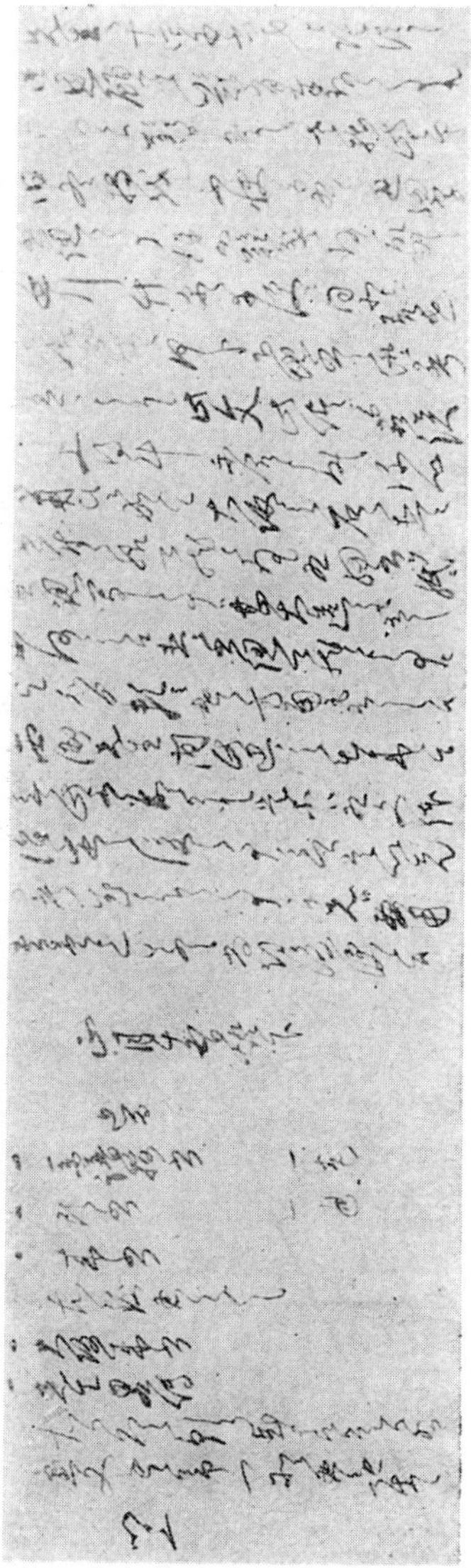

木原福郎氏蔵

經學者平賀晋民先生序

宮廷に仕へて通直郎に進み。幕府に聘せられて賓師となる。六經を註して和漢の先儒を品し。門下に頼春水間大業の二賢を出す。顯貴に出入するも詩文を以て名を售らず。忯々者流と選を異にす。日夕簡册に親んで聖賢の眞意を探り。四十餘年研鑚を事とし。齢古稀に及んで始めて大成す。身死して三百の遺著徒に世に存す。富貴を望まず聞達を求めず韜晦是れ力む。誰か晋民を醇儒にあらずと謂ふ。晋民は實に山水秀麗なる我が藝南が産出したる大偉人なり。徂徠仁齋に慊らずして立てる經學者なり。徳川三百年第一人者と謂ふも過言にあらざるを信ず。松平豆州が柴栗山に次いで彼を聘せんとするや。之を漢の四皓に比し。晋民出でずんば蒼生を奈何せんと言ひしもの亦宜なりと謂ふべし。春水既に彼に學ぶ吾が鄕土偉人の輩出せしもの洵に所以なきにあらざるなり。晋民逝きて百數十年。天王寺畔の碑石。靑苔深く鎖して秋風轉た寂たり。偉績湮滅して世に知られざること久し。澤井君深く之を慨し。東西考索して漸くその一斑を髣髴するを得たり。今や人心弛廢して倫常の何者たるを知らざるに。吾が鄕土に於て斯の一大敎化資料を得たるは欣躍に堪へざる所なり。猶之を聞く。當時及門の輩その學績の不朽を圖らんとするに方り。春水の起草したる碑銘今尙存すと。鄕人若し之を石に勒して後昆に傳ふるあらば。その効蓋し鮮少ならざるべし。望蜀の意を併せ寓すと云爾。

昭和四年杪冬

望月圭介識

序

好古先生之墓。在二大坂城南邦福丘一。無二姓名年月日一。是先生之遺命也云。故人川口則之。門人某。相議令レ刻二履歷一。以下知二先生一無中若レ余者上。屬二之余惟完一。青木潛。敬二慕先生一。亦能賛二成之一。川口青木。共三原人。余謂先生命謙也。今有二此擧一恐二其沈泯一也。豈曰レ負二于幽明一云乎。過二二十年一尚能議レ之厚矣。亦知二先生之德之遠一也。（下略）

是れは平賀中南先生の墓誌で、門人賴春水先生の筆に成れるものである。無姓名年月日　是先生之遺命也云といふ一句を讀めば直ちに先生の爲人を髣髴させることが出來る。大日本人名辭書を見ても僅かに其名を留めるだけ。儒林名鑑を尋ねても、近世儒林年表を繙いても先生の名は何處にもない。學殖先生の如く深く、人格先生の如く高く、名著先生の如く多く、閲歴先生の如く重くして、而かも世に聽ゆること先生の如く少ないのは、抑も何故であらうか。是れは全く、先生が名利の外に超逸せられて深く自から韜光晦藏せられた爲であつて、先生を知るものが少ないのは、愈以て先生の大をなす所以でなければならない。

とは云へ、先哲の遺風を顯彰し、其鴻業を宣揚することは、恩に酬ひ德を偲ふ點からも、將た、後世をして感奮興起せしめ、天下をしてその憑倚する所を知らしめる意味からも、寔に大切なことであつて、後進の士の負はざるべからざる樂しき責任であり、爲さゞるべからざる尊い義務である。殊に金甌無缺の國體と、一家族を單位とせる社會制度を樹立せる吾が日本に於て、特に又、世道人心の疑惧動搖將に甚しからむとする今日に於て、最もその然る所以を信ずるものである。その意味に於て、先生が心血を濺がれた春秋稽古八十一巻が、今猶ほ寫本としてのみ傳はつて居るが如きは、實に遺憾千萬と言はなければならない。

澤井君玆に見る所あり。斷簡を探り、零墨を尋ね、刻苦精勵、多年史料を蒐集せられ、以て玆にこの書を著はされるに至つた。その無比の熱誠に對して、吾等は、心より、多大の感謝と敬意とを表せざるを得ないのである。惟ふに中南なければ即ち春水なく、春水なければ即ち山陽もないのであつて、春秋の筆法を以てすれば、平賀晋民、王政維新の大業を翼賛せりと云つても、何人も之を拒否することは出來ないであらう。自分は幸にして、生れて先生と鄕關を同うし、この鄕友の手に成れる先生の傳記に後學として、一言を題することを以て、無上の光榮と信じて居る。

昭和四年七月十九日

歐米巡歷の途に上らんとするの朝

永井潛謹識

序

我藝備古稱人文淵藪。若西山拙齊。若菅茶山。若賴氏一門。其他以學問文章著者。指不遑僂。而好古平賀先生。則世未多之知也。先生生於藝之忠海。敎於備之三原。尤邃經義。專事編述。就中春秋稽古。累牘至八十一卷之多。亦足以觀其精通於古焉。天明中松平越州定信。松平侍從信明之參幕政也。越州拔柴野栗山。侍從徵先生。各資治敎。栗山學奉洛閩。先生則宗蘐園。並爲雙璧。而先生在任纔一年。辭病歸廬。日夜勵精。復修舊業。遂克成等身書。則其所蘊蓄。雖不至大施於世。其著乎文字。以垂惠後昆者。其爲尠乎。相傳當時大家賴春水間大業。亦出其門。則先生風化之所及可知也。鄕人澤井君常四郎。夙景仰先生。

探討其事蹟。搜求其著作。乃編是書。以闡前賢之幽光。使後人有所矜式。澤井君之勞可多也。屬者君來徵序。余固不文。然有誼不可辭者。聞我先世宇都宮士龍。與先生親善。三原城主。曾賜士龍以潮鳴館。士龍榮之。請先生撰館記。然則今君編先生行實。使余序之者。豈偶然乎哉。乃喜應請。及擱筆。感慨久之云。

昭和四年七月七日

花井卓藏識

中國醇儒持操堅　平生交遊盡名賢
曾遭幕府賓師聘　屢侍楓宸進講筵
子弟薰陶無歲月　春秋註疏忘餐眠
櫻山文庫遺編在　每對春風憶昔年

憶
平賀晋民先生　勝島翰

平賀晋民は忠海より出でゝ荻生徂徠の學說を以て硏鑽を積み高貴顯要の知遇を受け著書頗る多く世にもすぐれた碩儒である然るに大日本人名辭書に僅數行の略傳があるのみで鄕土に於てさへあまり人に知られてゐないやうである蓋し晋民が人に知られるのを好まなかつた故でもあらうまた我藝備には堀杏庵の門流や山崎闇齋の學派の學者が多く朱子學の系統に屬するもののみが著名であつたために晋民の如く異學を唱ふるものはおのづから聞えなくなつたものであらう此の如く人に知られるのを好まず鄕土にも聞えない隱れた碩學であるからその事蹟を調査することの困難なるは言ふまでもない澤井君が多年その資料を蒐集してこの書を著はされた苦心と努力とは容易ならぬ事である篤學なる澤井君が熱誠を以て世に紹介せられた事をば人に知られる事を好まなかつた晋民も嘸かし欣快とするところであらう。

和田英松

好古先生を慕ひまつりて

稀に見る國の

自慢や寒さくら

半日庵　掬月生

序

我が藝備の地山水秀麗を以て著はれ、古來偉人を産せるもの尠くない。平賀晋民先生の如き亦その一人である。然れども先生は多く鄕土の外に於て活動せられたから、餘り鄕人に知られて居ない。先生は忠海の産である。四十歳にして九州に遊びて大潮禪師に學び、又長崎に唐音を習ひ、歸りて本鄕、三原、尾道に講學し、賴春水も亦來り學んだ。先生は經書の硏究深く、特に徂徠派の碩儒として、朱子派の柴野栗山と並び稱せられた。嘗て京都の御所に仕へ、次て大阪に迎へられて子弟を敎授し、後閣老松平信明に聘せられて、江戸に講說された、しかし一年の後歸阪して專ら經學の硏究に從ひ、寛政三年の秋七十歳にして、遂に春秋稽古八十一卷の大著述を完成された。その他經書に關する著作等多く、その內刊行せられないものも少くない。先生の如きは、我が國の偉人として、大儒として永久に欽仰すべき士であると思ふ。しかもそれが我が郷土の先進であるに於て、我等は大なる誇を感じ、又大に後進を發憤せしめらるゝことである。

吾が友澤井常四郎君は篤學の士である。郷里三原に在つて常に研究調査を怠らず、從來世に隱れたるを顯はし、忘れられたるを揚げられしこと少くない。今次、また郷土に餘り知られない平賀晋民先生について多年廣く資料を蒐集し、拮据經營、その一生を傳せられた。この事業たる洵にその人を得たものであつて、地下の先生もさぞや滿足せられることであらう。偉人を世に出すといふことは大なる功績であつて、その功を仕遂げられる澤井君の喜びはまた我等の喜びであり、感謝であらねばならぬ。

昭和四年九月

後學　下田次郎

序

先輩を顯彰するは後輩を勵ます所以なり。好古先生の事蹟。今や澤井氏の高志により世に出でんとす。誠に意義ありと謂ふべし。予や文事なしと雖も。豈鄕土の爲め。其悅默過するに忍びんや。乃ち一言述べて卷頭を汚すと云爾。

昭和四年三月

工學博士　眞田秀吉

序

好古先生藝州忠海人。姓平賀氏。好古者吉田侯所謚號。先生少好學。歷遊于京畿崎陽之間。專修徂徠學風。夙有名。晚年志著述。著書三百有餘卷。悉裨補後世之藝林。先生爲人温厚篤實。不求名聞。不顧營利。人格崇高。曾奉仕宮廷爲大舍人。又應閣老吉田侯召。出于江戸講學。侯尤信其説。厚賜眷遇。後以病致仕而歸住大阪。寛政四年十二月二十四日歿。享年七十有一。葬大阪天王寺畔邦福丘。賴春水作墓誌銘。先生學德垂後世。其薫化之所及。不鮮少矣。夫學問者。明明德。格物致知。自修身。齊家。以在經世濟民。輓近我風致動傾物質的。弛廢國民精神。頽敗風俗。道義將拂地。如便佞爲仁。利巧爲賢。洵爲邦家不勝寒心也。救濟此弊風。一不可不俟道德之普及。予現時奉職大阪府。偶過先生墓前。音容髣髴猶在眼。思彼思是。轉不禁敬慕之念也。頃日澤井常四郞氏叙先生傳記。請予序。素雖非其任。予與先生同鄕。誼不得辭。敢陳蕪言。以塞責云爾。

昭和四年上春

於大阪

木島　茂

拝啓春寒尚嚴しく御座候處益々御多祥奉大賀候。

扨先般華墨難有拝見仕り候早速御返事申上候義に　御座候處生憎九州中國方面旅行中にて尾の道へも二日滞泊仕候様の次第に御座候。

今般平賀晋民先生に關する　文書御發刊の由にて序文との御下命に御座候も俗吏の小生到底其任に無之不悪御了承願度候。

尚同平賀先生に關係有之候小生家系第四世前豐公が　(前名輔忠公)　先考の爲京都墓所内に建碑したる碑文は篆刻家として　本邦第一人の稱ある高芙蓉氏の由にて諸方より　風化せざる内拓本をとの事にて先月作製仕候勿論篆刻にて刻し候様に御座候へば　軟質石なる爲風化の點もあり十

分の味も出で居り不申候も座右に献じ度御覧被下候へば幸甚至極に御座候。

右得貴意度如此に御座候。早々拜具。

十日

廣幡忠隆

澤井常四郎様

侍史

尊書拜見凛寒之節に御座候處益々御壯健奉賀候老生儀兎角健康不相勝
隨而御無音打過申候扨今般平賀先生御傳記御出版被成候趣誠に御美擧
として爲斯道慶賀之至に奉存候夫に就き拙序相認候樣御申越光榮之次
第に候得共何分病牀に引籠居思索筆硯一切醫師に禁ぜられ居候際乍殘
念難應貴命候此段不惡御憫恕可被下候先は右御斷迄匆々。

十二月廿二日

服部富三郎　頓首

澤井常四郎樣

机下

益御清康奉賀候平賀晋民先生傳種々御盡力多謝序文御要求の處餘りに多方面より取込居候事故小生丈けは此際御免蒙り度存候間不悪御了知相願候

尚豫てより高楠氏より貴台に於ては河野家の事御取調相成居候趣承居候御上京の節には是非共御面談竹原に通直公移られ候後の事承知し得ば誠に幸に御座候餘は御面談の上。

八月二十五日

松井茂

澤井常四郎様

旅行中等にて返書大に延引御宥恕相願候。

謹啓先日は御手翰下され候處折柄 旅行不在中にて御返事も不申上缺禮致候爾後歸宅致し候得共 何角と多忙の爲に御返事致し候事忘却致し荏苒今日に及び申候缺禮の段重々陳謝致候。

平賀先生傳御脫稿之趣何よりの事と 慶賀致候不取敢右缺禮御詫申述度匆々不乙。

七月九日

富士川游

澤井大人

左右

偃蹇腐儒知己少。縱橫大雅任君存。此中南先生寄西肥智雲上人詩也。先生山陽之碩學而天下之高士也。其在野也賴春水間大業在帷下。金龍大潮爲方外之益者。其出世也或侍王府或仕禁闕。後爲幕府閣老所聘。其大著春秋集箋八十一卷告成也。廣幡前豐公投資剞劂行於世矣。先生名聲如此而尙且自言知己少。或言除備之湯子祥外無一人知己。其抱負之大實不可窺知也。竊思先生恬淡不求榮利至將退。而其語其志自感知己至少者非乎。今見其遺著識見高遠機智縱橫。滔々天下誰能與先生上下其論者。

昭和二年十月十六日。偶逢雙親第七周祥歸鄕之次。讀平賀晋民先生之遺翰感嘆久之。先生碑文曾見之于藝藩通志。先生墓碣曾聞在大阪。而先生筆迹今始見之。竊喜存其遺墨。有其人而傳其遺績無其碑而可乎。

雪頂　高楠順次郞識

◎保成　美濃守居木原城　白市城主弘保弟

源左衛門　高屋大畠　村蟄居

孫左衛門　従大畠移白市　木原屋

助光　清左衛門　大文字屋

勝政　九郎左衛門　忠海白市屋

勝興　九郎左衛門

勝稠　吉郎左衛門後改吾一弟政次郎爲嗣

春女　早世

宇七　早世

忠次郎　早世

勝義　十左衛門讃岐仁尾嗣喜多氏

本瑞　喜世三郎三原極樂寺爲僧

清女　船木村嫁水野小十郎

治助　早世

叔明　惣右衛門本郷村嗣土生氏後稱平賀晋氏

兵之助　早世

敬美　政次郎後改權左衛門嗣兄後

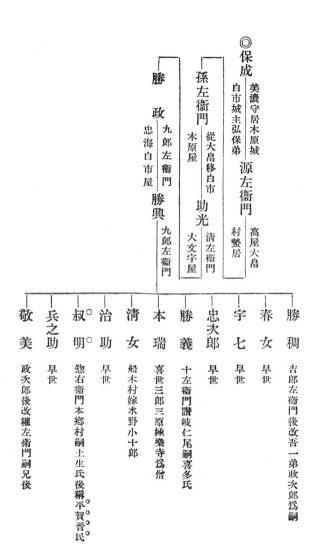

余はもと木原氏なり木原は平賀の支屬なり平賀其先は大職冠鎌足公六代の孫藤原冬嗣の嫡子舍人良門の末也良門より今長州荻府平賀九郎兵衛迄廿二代也往古は松葉と號し出羽國平賀に住す因て平賀を以て氏とす右大將源の頼朝公より北條數代世々の將軍家の幕下に屬し安藝上總越中丹後出羽尾張の內數ケ所の采地を領す足利氏の時に藝州に移る今考べき者は出羽守直宗明德二年正月十四日卒尾張守弘章應永十九年九月十九日卒頼宗弘宗弘頼明應元年五月十一日卒弘保明應の頃藏人大夫と號す尾張守と稱す弘保子山城守廣相廣相子杢頭元相是なり藝州賀茂郡高屋白山に城を築き代々爰に居る城下の町を白市といふ此外數ケ所に城を築き一族郎等を置く天文の頃同國吉田の城主毛利元就勢漸く振ひ尼子大内と戰爭の時隣境の好を結ばんと請ふ尾張守弘保請に應じて一味同心す毛利氏禮待甚厚し故に弘保及び廣相相續で毛利の爲に力を盡す廣相卒る時元相僅二歲なり毛利氏懇に撫育を加ふ此時毛利彌强大にして既に八ケ國を領す同國の士吉川小早川穗井田宍戸益田熊谷吉見山內など皆毛利に附屬し終に家臣となる平賀も元相より君臣の契をなす關ケ原の亂ありて毛利氏大に衰廢し殆ど絕滅せんとす是によつて杢頭浪人し一族郎從引つれ藝州高屋を立去り上方へ登る今の藝州侯紀州を領せられし時杢頭を招かる杢頭老年故に子清兵衛就祐紀州へ行き淺野家に扶持せらる後又毛利氏より招きに因て清兵衛歸參すさて清兵衛子久兵衛祐正其子九郎兵衛共昌其子某今に長州萩に在つて毛利氏に臣とし仕ふ木原は尾張守弘保弟に美濃守保成と云あり同郡高屋東の村木原の城に

居す世に木原殿と稱す依て遂に氏となる是木原の始祖なり保成永祿五年三月卒す嫡子源左衛門某天文中故あつて木原の城を立退き知行所大畠村へ蟄居す卒去の後幼子多くして養育なりがたき所本家平賀憐愍して扶助せらる夫故其城下白市へ移る慶長年中平賀浪人して白市を立退き一族引連れ京都にあり源左衛門の子孫は白市に殘りて町人百姓となり子孫繁榮し支族段々に分れ所々に散在す白市木原屋と稱するも正統の本家なり。

又舊記に木原刑部左衛門（元龜二年の證あり）木原又六木原三郎四郎（天文の頃の人）木原加賀守木原右衛門尉（永祿年中木原の城を守るとあり）木原備前守木原彥兵衛（天正十五年の證あり）是等は何れの系屬やら相知れず晋民《すすたみ》竊に考るに是等美濃守殿の弟又は其子源左衛門殿の弟又は兄弟の子にて源左衛門殿蟄居故此衆代て木原の城を守ると見えたり今子孫無之ものは凡そ平賀の一族に入野氏東村氏名井氏木原氏武元氏大畠氏南氏皆此邊に居城す此外郎等六十五姓あり杢頭殿浪人の時一族郎等貳百人計打連れ立退き在京の內困窮しおのが樣々に離散せし由なり此故に此庶族木原氏も此邊子孫斷絕するならん源左衛門殿子孫は庶人と成りし故今に見在するなり

右は白市木原屋幾左衛門子甚兵衛と云者大坂に住居し此方に記錄あるものを考合せ系圖の大意を序る事しかり。

天明八年戊申正月記之　　平賀惣右衛門晋民

一本書の研究は予が郷土史完成の一部で大正十四年友人楢崎仲兵衞君の宅で晋民が松平伊豆守に聘せられ百方辭退しても聽されず遂に東下を決心して其事を女婿井上又四郎に申送つた書翰を見て思立つたのである。爾來數年漸くにして稿を脱し剞劂事竣れば君既に亡し。懷ふて爰に至れば涙泫然たるものがある。謹んで一本を靈前に捧げて成を告げるのである。

一本書の爲めに望月前内相を始め多數先輩の貴重の時間を割き懇篤なる序文詩歌書翰等を寄せられたのは瓦礫の拙著を金玉にするもので予の最も光榮とする所爰に厚く感謝の意を表する。

一前豐公の後侯爵廣幡忠隆氏春水の後賴彌次郎氏晋民生家の當主木原福郎氏錦城の後太田才次郎氏西洲の後川口國次郎氏士龍の後宇都宮七五氏充延の後青木善四郎氏甚平の後三宅公平氏及び名古屋の老儒服部富三郎氏醫學博士文學博士富士川游氏文學博士和田英松氏其他の人々から資料を提供し指導援助せられたことは是亦感謝して止まない所である。

一寒鄉に僻在する我等の著書殊に範圍狹き郷土史類は都會にある書肆の一顧にも値せざる所で遂に止むなく乏しき囊底を拂ひ自費で出版するに至つたので郷土史完成の爲め讀者の同情を冀ふ所以である。

昭和五年二月紀元節日

柞原城内櫻山文庫に於て

澤井常四郎識

経學者平賀晋民先生　目次

經學者平賀晋民先生

文學博士　高楠順次郎閲
澤井常四郎著

一、緒　言

山容水態萃を抜き世の游士をして其明媚に醉はしめるものは藝備の海岸だ。名山名士を出すの言人を欺かないならば此地も亦英俊の士が出なくてはならない。曰く三頼曰く茶山曰く山陽。藝備の文學は菅頼兩家に盡き。人其他あるを知らない。他には學者は居ないのであらうか。人物は出ないのであらうか。齋必簡や佐藤直方は其名も知らないものがある。時代が早いのか學說が違ふ爲か。日光の赫々に群陰影を潜めたとでも云ふのだらうか。此種の人は隨分澤山あるであらう。中でも平賀晋民は其尤なるものである。嘗ては朝廷に奉仕し青蓮院に侍し柴野栗山と同時に幕府に招聘せらる。天子呼來不レ上レ船の慨があつた。一生を經學に委ね其著幾百篇朱熹を罵倒し藤物を辯駁し知己を百年の後に求めんとして遂に得ず。一片の碑石名を留めず。人名辭書亦僅に數行を存するのみ。嗚呼是れ一代の碩儒に酬ゆるの所以なるか。學者も亦幸不幸ありといはねばならぬ。時を隔つること百三十年。著述の世に殘るもの多からず。事實の調査容易に眞を得がたく。時に筆を投じて浩歎することもあつたが。數年の日子と幾多の勞力とに依つて。稍髣髴し得たものを纒めて世に問はんとする次第である。讀者一片の示教を吝むことがなければ幸福である。

二、出自

三泖五湖にも比すべき我が瀨戸内海の中部、海の子等が目標とする黑瀧白瀧の兩山を後に、嘗ては要塞砲兵の所在地として現今は火工廠を置かれた大久野島を前に見る一市邑。廣島縣豐田郡の南。忠海町と稱するは。是れぞ一代の經學者平賀晋民先生呱々の聲を上げた地だ。時は吉宗將軍享保七年で其前五年には水府より大日本史を献納し六年には荻生徂徠に六諭衍義の譯述を命じて國民の心を學問に向はせようとして居る時だ。三賴山陽を生んだ竹原と僅か二里を隔てゝ接近して居るのも偶然ではない。其生家は賀茂郡白市木原の城主美濃守弘成の裔で家衰へ民戸となり。白市屋といひ木原の姓を稱へて居る。父を九郎左衞門といつて晋民は其九男に生れ幼名を孫次郎といふのだ。後に惣右衞門と改めた。序に其名字を記して見よう。

名　晋民　初晋人《すゝんど》　叔明

字　子亮　房父

號　中南　果亭　南嶺　芭園（芭塾）

通稱孫次郎　惣右衞門

平賀圖書（青蓮院文學たりし時）

土生若狹介（大舍人出仕の時）

余少時慕二諸葛武侯陶靖節爲一レ人。竊謂出則爲二孔明一。處則爲二元亮一。乃自名曰二叔明一。字曰二子亮一。及二壯年一而自省レ之。侯之事業非二性所一レ堪。淵明亦不レ能矣。唯留侯雖レ不レ可二庶幾一。似レ有二萬分一之似者一。於レ是乎。更レ字曰二房父一。

性又退縮。孔子曰求也退故進レ之。嘗筮得ニ晋卦一。故改ニ名晋民一。（三賢賛序）

三、土生家に養はる

忠海の北二里山陽本街道に本郷驛といふ所がある。此地は小早川家が土肥實平以來の地頭として藝備兩國に跨り勢力を張りし高山城のある所だ。こゝに大名往還の時は脇本陣となる家格で新し屋といふ大農家があるのだ。是は中々の大家で門閥でも財産でも地方で押しも押されもせぬ家だ。城山の土は無くなつても土生の金はなくならぬと謡はれた家だ。此家の一族で酒と質屋を業として普通酒屋といへば分る家がある。是も相當の財産家と見える。共に土生姓を稱へて居る。晋民は十四歳の時此家に養はれたのだ。養父は八兵衛といつた。

四、學問好き

晋民は天性學問が好きであつた。時は享保元文の頃都會にこそ學者は少からねど。此山間の一寒驛。村中捜しても文字を書き得るものは庄屋と寺の坊さんだけだ。迚も書物の講義など出來るもののあらう筈もない。唯他所の話を聞いては憧れて居たのである。固より遊學など許さるゝ家庭ではない。隣村茅の市といふ所に專敎寺といふ眞宗寺がある。此寺の坊さんが孝經を和解したものを之を見よといつて貸して呉れた。是から一生懸命に之を讀んで愈學問の面白さを感じて居つた。丁度其村に寂照寺といふ之も眞宗寺だ。之に稱界といふ坊さんがあつた。同じく學問好きなので二人の心が合ふて相談して書物を讀み試みて居つた。時も時大阪から專助といふ本屋が來た。是れ幸ひと書物を買入れて讀んだといふことだ。是が晋民二十歳餘りの時だ。こんなにして少年期は終つたのだ。

僧稱界一名普巖本鄕村の人寂靜寺の主僧たり。名利に遠ざかり學殖あり。平賀三宅二氏と莫逆の交をなすといふ。(藝藩通志)

答普巖師　　　　僧　寰海

臺上談レ經坐二白雲一　只看幽石自爲レ群

有レ時佗界遙遊戲　不レ管十方名號聞

五、家　庭

晋民は二十六歳の時卽ち延享四年竹原から櫻井藤左衞門の妹順子を娶つたが時に年十六だ。澤山の子女を段々に產んだ。次の通りだ。

お和壽《わす》　幼にて痘死
お紀伊　土生八兵衞妻となる卽ち晋民養家の後を嗣ぐ
おいゑ　三原角《すみ》屋又四郞妻
おするゑ　竹原廣島周藏妻
勝　吉　夭　死
男　子　產家にて病死
女　子　母死後一ケ月にて夭死

以上の有様で七人も產んだが滿足に育つたものは三女のみだ。それも皆晋民に先つて死んだのだ。斯く父子の縁薄く家庭は晋民を慰めるには足らなかつたのである。

弔慰友人房夫喪女　　　　僧寰海

羽衣應ニ是到ニ蓬壺一　一夜蹁躚竟有無
可レ惜古來稀ニ大藥一　偏憐掌上碎ニ明珠一
碧桃春暖仙何去　翠帳曉間人自孤
憶爾翻レ經依ニ繡佛一　生レ天龍女在ニ須臾一

六、三年の喪に服す

其年は明でないが寶曆五六年の頃と思はれる。養父が病歿した。晋民は非常に之を悲み。哀毀度に過ぐともいふべき有様だ。彼の繙書が最初に孝經であつた爲か眞面目に喪を守らんとしたのだ。白木綿の喪服を作り頭は飛蓬の如く膚は凝漆の如く。鬚髭肩に被る指爪寸に及ぶといふ有様で日々墓參して遂に三年の喪を終つたのである。之を見て鄕人一人として涙を流さぬものは無つたといふことだ。晋民は此時瑗化といふ假名書の書物を著し喪を勤むるには斯んなにするものだといふことを書いた。

去春先君子寢レ疾。及二其劇一。謂レ僕曰。兒也汝所レ爲甚不レ善。我死汝不レ出二戸庭一三年焉。僕曰。謹聽レ命。而易レ簀。僕悲哀之中。思四先君子之慈愛無レ不レ至。與二乾々窮二力於爲レ家。及三僕不レ能レ爲レ子。與二放肆不レ堪レ家。而忙然不二自知一。於レ是胡蝶夢覺始知レ周也。遺命刻レ骨奉而行レ之也。故不レ問二人之疾一。不レ弔二人之喪一。及二歲時朔望冠婚慶賀一。不二窺レ戸而候レ人矣。既絕二人事一。容不レ可レ不レ變。故首如二飛蓬一。膚如二凝漆一。鬚髭被レ肩。指爪及レ寸。布襪百空。白袍變レ黑。既變レ容。內不レ可レ無二其實一。故不レ御レ婦不二飮レ酒食レ肉。（答南子禮）

以上は當時多少の非難があつて友人南子禮からの書簡に答へたものだ。以て當時の事情を知るに足るものがある。

七、復姓

晋民が思ふに自分が他人の姓を冒して居ることは頗る義に合はぬことである。何とかして養家を立てながら自分は復姓したいものであると。色々考慮して遂に同族の彌三兵衛といふものの弟に周藏といふものがあつた。之を請ひ受けて養子として、我娘お紀伊と夫婦にして家を嗣かしめて名を八兵衛と改めさした。是から自分は土生家を去り生家の本姓である平賀氏を名乘つた。暫く土生家を嗣いて居つたが本家へ家を戻して安心したといつて悦んだといふことだ。後に賴春水は此事に就いて次の通りにいつて居る。

先生の人に抽てたるは養子の一件なり。書を讀み道を信ぜらるゝによつて、我が養子になりしを悔まれしが、同姓のものを納れて養家の本姓に家を返し、自分も本姓に返ると、双方各其正道に歸するの義を考へ、同姓に周藏と云ふものあるを、貰受けて子とし、吾娘の幼少なれども、之を妻と定め、名を八兵衛と養父の名を名乘らせ家をわたし、自分は平賀と名乘り紋を丸に割唐花と改む。養家は分銅なり。先生の此一件は人の如此つゝまやかに出來ぬことなり。養家を本姓に返し、自分本姓に立復り、我娘と妻合せたれば親類のちなみも深し。是亦同姓の婚にてもなければ、倫理も分明なり。かゝることは世間に類多き樣にて、如此の志にて如此に至りたるは類なかるべし。先生の此一件全く人の鑑とすべし。

又春水が書きし碑銘に

初爲㆓人後㆒　歸㆓之族人㆒
姓系不㆑混　二宗各安
似㆓續由㆑義　又不㆑失㆑親

といつて居るのは此の事だ。

晋民は亦次の通りにいつて居る。

余皇考第九子。生㆓于忠海㆒。年十四。爲㆓沼田土生氏之義子㆒。冒㆑姓名㆓叔明㆒。義父亡而嗣㆑家。既而取㆓土生同族之子㆒。爲㆓余嗣㆒以自遜。因復㆓本姓㆒改㆓今名㆒。（祭忠海本皇考文）

八、郷先生

斯くて晋民は普嚴や三宅子恂等と常に往復し研鑽して居たが段々に學業も進み人物も出來て人々から敬意を拂はるゝに至つて遂に郷先生となつた。

僕不レ得レ辭二於一友人之請一。特講二易於豐水之濱一。

といつて居るから、本郷で書を講じて居たのは勿論である。其塾名は芭園といつた。又三原では當時郡奉行であつた宇都宮士龍の請に因つて帷を下した。士龍の所居潮鳴館記を作りて

余自二幼冠一相知。士龍曾請レ余。敎二導其邑子弟一。以故余數適二三原一。

とあるので明である。そして其講舍は高隆山順勝寺である。時は寶暦八九年の頃かと思はる。春水時に十五六歳亦三原に來て學んだものと見える。

芭園送三千秋省レ親暫還二竹原一　　寰海

堂中父母日劬勞　愛爾相思辭二我曹一
千里殊レ伸騏驥足　一時猶是鳳凰毛
霜降黄橘園中老　天遠白雲江上高
更爲二斷機一何得レ滯　讀書窓下有二綈袍一

九、西遊

晋民齡不惑に及んで學行共に進み熟々一世を見るに。徂徠周南已に逝き仁齋東涯も亦去り。東西兩都斯道を問ふべき人なし。獨り西陲に大潮老師あるのみだ。吾が道を問ふべき人は此の外になしと。時恰も本郷の北二里佛通寺といふ禪寺に周契といふ僧があつた。字は處中寰海と號した。春水の師友錄に依ると

天資聰敏善レ詩。與二平賀先生一善。常往二來玉浦三原竹原之間一。資レ余啓發亦不レ少。其於レ人不三必勸二異敎一。務導レ之。從二事文學一。東西栖々惟日不レ足。從三叟平賀先生西遊。問二文辭於僧大潮一亦此人也。健脚無比行二五七十里一。猶レ適二隣並一。機警辨捷雅俗皆悅。後歸レ山臥レ病三年許而逝。年未二四十一。有二詩集一上梓。

とあり。江村北海の日本詩史には

往有二僧寰海一。好二詩偈一已寂。有二遺稿二卷一。閱レ之疵謬殊多。蓋雖レ有二資才一。師承不レ正。

致二此鹵莽一可レ惜。

とあるのはこの人で此人に因て大に從臾せられて最後の決心をしたものである。四十といへば普通の人では學者生活よりも寧ろ家庭に親むの時である。然るに先づ復姓をなしては養家に對する義務を離れ、次に妻子を棄てゝ遠く西陲に道を問ふ。其志の堅き殆ど類を見ない處である。此一事以て其人の如何なるかを知るに足るものがある。

一〇、大潮老師に謁す

大潮老師は肥前蓮池龍津寺の住僧で名は元皓字は月枝魯寮といつたが物門に遊び詩名萬庵と相對し文藻は南郭と相並ぶといはれた人だ。博覧宏識亦南郭と聲望相敵せし人で。徂徠亦彼を門生と同一視せず、徂徠集中多數の詩文を載せ敬語遜辭を用ひて惜まないのである。例せば

奉レ和二大潮禪師見一レ訪

衡門樹影動二衣襟一　開士何來忽此尋
眞賞遙從二方外一得　冥搜偏向二定中深一
玄珠映レ戸窺無レ色　白壁投レ人叩有レ音
欲レ使二名山相應和一　爲レ君且戛少文琴

また送三魯子歸二海西一序に

西冥魯子。獨奮然自言。叚使瞿曇當二其世一。踰二葱嶺一以東。世所レ傳修多羅。豈盡出二於詩書下一哉。廼其辭下比二晋宋一。譯者之辠也。知言哉。魯子亦耻レ爲二什髴徒一也。故魯子之所レ修。雖三親稟二瞿曇一。而左莊筆受可也。故自レ有二浮屠一以來。未レ有二魯子一也。夫仲尼不レ興。我不幸而爲レ儒。瞿曇之道踰二葱嶺一。魯子幸而爲レ儒。況今海內立二不朽之業一者幾人耶。魯子信能儒哉。予又學三華音於二魯子一。是吾黨所三以有二魯子一焉。（徂徠集）

以て徂徠の大潮に重きを措きしことを見るに足るのである。魯子とは大潮の別名魯寮を指したのである。大潮も亦徂徠には敬意を表して居る。今其死を悲み墓に哭した二詩を示さう。

戊申春二月得㆓京洛宇生新正書㆒知東都物先生以㆓是歳正月十九日㆒易㆑簀矣不㆑堪㆓感傷㆒乃作㆓哀詞一章㆒

十年分㆑手阻㆓綈袍㆒　萬里懷㆑人夢思勞
豈謂玄亭遺㆓草稿㆒　遽聞明月沒㆓蓬蒿㆒
千秋俠氣淸宵滿　一代文章白雪高
方外知音今已矣　朱絃從㆑此好誰操

秋日哭㆓物徂徠墓㆒

莽々重泉路　斯人眞可㆑愁
遺文傳㆓四海㆒　同調足㆓千秋㆒
落日悲風起　荒墳宿草稠
交歡如㆓昨夢㆒　奈㆑哭㆓此山丘㆒（西溟餘稿）

大潮少より讀書に耽り矻々誦讀をなす、老いたりと雖未だ嘗て午睡したことがない。或時富永獨嘯庵が其居を訪ふた。丁度其時假寢して居つた。起つて云ふに昨夜暴風樹を拔き屋を撼かす終宵睡れなかつたので八十五になつて始めて午睡したと云つたといふことだ。後佐賀の長淵寺に移り、明和五年九十一の高齡で寂した。著す所に魯寮文集、松浦詩集、西溟餘稿等がある。今は龍津寺は烏有に歸し只師等數箇の塔婆のみを存すといふことだ。晉民の大潮に謁せしは龍津寺在住の時寶暦十二年の春で八十五歲の時だ。晉民は嘗て作る所の詩文を出して之を質した。師は點竄指授して方を示して遺さず敎ふべしと云つた。是より朝夕益を請ひ師も亦敎訓倦まず大に寵して行遊常に隨從せしめたのだ。晉民が祭大潮和尚文に當時の狀態を明に書いてある。

伏惟和尚天挺之資。生二于偏隅一。而獨立生レ知。夙振二宗風一。又精二義學一旁興二斯文一。依化遊戲レ與二蘐園諸士一。相頡相頏相唱相和。爰馳二聲於天下一。實爲二天人之羽儀一。弟子晉民僻境之寒士。自二早歲一守二先業一爲レ農。三十始志二于學一。旁視二於天下一。自二蘐門之徒皆逝一焉。無下可二與言一レ文者上矣。猶幸和尚巋然獨存。乃奮起而西走。而請二業師一。近二期順一而不レ拒レ我。卽出二嘗所レ爲詩或文一。而質二於前一。則點竄指授。示レ方不レ遺。云レ可レ敎矣。自是朝夕於二龍津㆒。奉承而請㆑益。師亦教誨不㆑倦。且寵㆑我光㆑我。顧復備至。其訪㆓高柳氏㆒。遊㆓頤老亭㆒。

必隨從陪侍。

如何に寵幸を受けて頗る奮勵する所あつたかを知らる。此時の詩に

奉呈大潮老師

西天來謁古先生　瞻㆓仰慈顏㆒伸㆓素情㆒
寶池春深甘露澍　瑤池水暖白蓮淸
淵才雅思高㆓沙界㆒　耆德禪心視㆓衆生㆒
一作㆓登龍門下客㆒　歸依共結社中盟

といふものがある。思ふに晋民の滿腔の歡喜を表したものであらう。又滯留中佛通寺寰海が來遊した。三千里の他鄕。親友の尋ね來るに遇ふ其歡び如何であつたらう。相擁して悅び且つ涙の流るゝものがあつたであらう。

垂裕亭同㆓潮老師房夫㆒見㆑邀賦㆓花塢夕陽遲㆒　寰海

江亭春色引㆓三車㆒　雨雪翩々前塢斜
坐久山々收㆓落照㆒　餘暉猶在㆓白梅花㆒

二、長崎に遊ぶ

晋民は大潮の指導を受けて研鑽日を重ねて居たが大潮の勸めによつて長崎に至り唐音を學ぶこととなつた。長崎は云ふまでもなく我國文明的智識の注入口である。此所で直接淸人に就いて學の蘊奥を極めんとしたので。頗る進歩した學問の仕方であるのだ。

先づ邦人では高陽谷。張孟瑞。山子順。魏君翼。劉仰之等と社を結びて互に研磨した。時に頤亭先生といふものがあつた。之も來りて相追逐した。頤亭は天草の農商の家に生れ。頗る富んで居つた。其父書を讀ましめ又禪を學ばしめた。遂に大に得る處があつて邑中の子弟を集め學に勉めた。爲に敎化大に行はれたと云ふことだ。長崎とは餘り遠くないので常に往返して社中に入つて居つた。別號鷗盟と云つた。そして其盟主は高陽谷だ。

壬午之春。余西遊抵㆓肥之蓮池㆒。謁㆓魯寮老師㆒。遂西抵㆓長崎㆒。抵則與㆓高君秉。張孟端。山子順。魏君翼。劉仰之。其他諸子㆒相得甚驩。乃相與論㆓天下事㆒。商㆓搉古今㆒。暇則講㆓習詩書一。或文或詩。竟乃結レ社而會矣。天草頤亭先生者尋至。以三天草之密二邇於崎一故。時々往返。諸君所二素厚相識一。卽入社中。（送頤亭先生還天草序）

三、芙蓉詩社

高陽谷名は彝。字は君秉通稱忠藏。渡邊氏本姓高階修して高といふ。長崎の人だ。義父春庵擢てられて譯士となる。陽谷其職を襲ふたが好まない。大潮に從ふて詩を學ぶ。自ら奇氣を負ふて詞壇に主盟たるを期として居る。寛延中平安に遊び諸名士と交つて聲價世に顯れた。赤石の梁蛻巖と共歌行近體の氣格を同うした。龍草廬平安に在つて歌詩を以て名があつた。嘗て陽谷に邂逅し其作る所の結交行の古詩を讀んで典雅整密高華綺縟白石南郭の下にあらずと云つた。陽谷亦草廬を推轂して其才情雋永豐藻富贍當今第一の人だと曰つた。陽谷平安にあること六年長崎に歸り屢來往す。北海澹叟皆歌詩に精なるを賞譽した。是れを以て業時に行はれた。詩社を結んで瓊浦芙蓉詩社と云つた。晋民の遊びしは此の時だ。明和

三年三月歿した年四十八瓊浦社草。暘谷詩稿等がある。（先哲叢談）
晋民長崎に在るの日暘谷室を失ふた。是に於て秋風三疊の詩を作つて之を悼んだ。其一を示さう。

秋風三疊爲㆓高君秉㆒悼㆑內

秋風淅々夕起兮　慘蕭索㆑氣變衰
零露霑凝滿野兮　勁風凄草木離披
心震盪而內傷兮　離群懭恨共贅肬
登㆓高岡㆒望㆓廣野㆒兮　雨冥々雲霏々
天高而風蕭々兮　欻夫松柏之摧
懷㆓美一人㆒兮　路遠而不㆑可㆑期
蟋蟀夜鳴㆓於堂㆒兮　風冷々之吹㆑帷
獨申㆑且而不㆑寐兮　撫㆓二孤㆒自歔欷
大兒齔能成㆑誦兮　斯惟汝之所㆑爲（生時自授句讀）

目逢音猶在レ耳兮　小兒呱々而不ニ自知一
月皎々風颯々兮　魂獨守ニ此空閨一
豈曰レ無レ衣邪兮　其與レ誰同被
竟長夜之曼々兮　中心繚悷而弗レ抒
逝者既不レ知兮　居者將何處

此詩を見て大潮は大に稱贊して居るのだ。

秋風三疊言々靡レ不レ絕レ塵。雖ニ古作者一宜レ不ニ多讓一也。讀レ之令ニ一字一淚一。一淚更復作ニ鮫人一珠一哉。方ニ夜梵罷一再披ニ誦之一。余雖ニ釋之人一也。泣下不レ止。陽谷室人靈其有レ知。豈不ニ愁然其神泣一耶。悲夫悲夫。其莫ニ容易以レ此賑ニ陽谷一哉。嗚呼室人棄ニ其二孤一。不レ克ニ輙起一。室人之變。可レ謂ニ人世之極哀者一。余蓋レ傷焉。此評房父必也亦復感矣甘露八十五翁大潮評

晋民が陽谷に種々の世話になり益を得たことも少くはないようだが此外には詩集中和韻が一つあるのみだ。尤も陽谷の請によりて壽詩賀詩を作つたものは隨分ある。思ふに是は其性格が異つて居たので自然興味が起らなかつたのではあるまいか。夫れは門弟間大業の書いた略

傳の中に

先生温順にして謙遜なり。識高く量廣く。未だ嘗て失言遽色せず。偶々人あつて聖訓謨誡文字規範など强て議論に及ぶものあれども。先生敢て所知を以て主張するの意なく。退いて其是非を判じ筆を援けて自ら意を述ぶ。先生崎陽に遊ぶの日。一儒者あり相倶に酒を飲み詩を賦す。先生性酒を嗜まず。一儒者爛醉のあまり。先生の詩其趣向拙し。何ぞ我齒牙に觸れて誦するに足らんやとて。大に嘲り竟に惡聲を發し先生を辱しむ。人傍に在りて忍びざるに至る。先生自若として怒らず默然として爭はず。謹で其言を聽く。時に金龍道人其席にありて親しく其事を視知る。或人此事を先生に問ふものあり。先生正に彼我に惡言を吐くも亦酒なり。酒は醒むるの期あり。此一小事何ぞ爭論するに足らんやと。後先生洛陽に在るの日道人亦洛陽にあり。崎陽の一事を人毎に語り先生の長者なることを稱す。聞者亦感ぜざるはあらず。

と云つて居るが。豈に圖らんや此一儒人とは卽ち暘谷のことだ。春水が此略傳に附箋して書いたものが今猶存して居る。

儒者は渡邊忠藏なり。高彜字は君秉號暘谷このもの門戸を張りて皆わが門人なりとす。然るに詩を造り忠藏に見せもせず。金龍を送る詩會なれば直に出せしを。足下は人に相談もせず自ら高ぶり人を忘れしなりなど云ひしとなり。忠藏詩は上手なりしが酒を使ひ親の頭を德利を以て打ちしとなり。德利先生と人みな笑ひさげしむ人物なり。

暘谷が淸商に托し沈歸愚に書を送つて欺かれて一時の笑柄となつたのは今詳しく云ふにも及ぶまい。

唐津七詠同高君秉世恭賦二節玉嶼河　　寰海

女皇曾欲レ伐二新羅一　龍駕西停玉嶼河
今見釣魚存二故地一　纖々初月落二淸波一

張孟瑞は愛日堂といふ晉民の寓所であつたらしい愛日堂に關する詩頗る多い。

寄懷張孟瑞　　寰海

錦浦瓊城一水流　相思難レ續舊時游
張華書劍今無レ恙　回レ首牛津望二斗牛一

山子順は村山氏筑後柳川の人父を近藤元點といふ龜縮堂と號す癸未の年卽ち寶暦十三年晋民を携へて父を省した。

劉君翼凌雲堂といふ

劉仰之龍藏といふ肥筑同行の約があつたが病を以て果さなかつた依て大に懊恨して送ること十里許りであつたといふのだ。

癡絕師鄕里より同行の友で今猶長崎に滯るといふのだ。春水在津記事に晋民在京病中に自ら装を理め二宮東昌を拉へ病を問ふ東昌は備後吉和人初僧となり後還俗す醫を善くす嘗て翁と同じく長崎に遊ぶといふのは卽ち此人だ。晋民の西遊寰海癡絕と同行し馬關に獨嘯庵を訪ひ共に年を守つた。

淸人では沈綸溪。游撲庵。龔廷賢等と交つた。沈綸溪については

余在二長崎一時。與二唐山人沈綸溪一者。甚相親好。及二余還一也。綸溪致レ書送レ余。余亦報レ書爲レ別。當時四方贈答之書牘頗多。而草稿皆失レ之。報二綸溪一書亦烏有。今止二綸溪之書一附二于此一。

頃接㆓張老爹進館㆒。得㆑悉㆓先生㆒。即欲㆑言㆑旋。但館間隔。未㆑獲㆔把手。親餞㆓都門㆒。深為㆓悵々㆒。未㆑知何日得㆑慰㆓繼見㆒也。第邇來炎暑。初臨㆓山川㆒。客路還宜㆓自愛㆒。今奉㆑上不㆑堪。小物二種。稍作㆓羽毫之敬㆒。祈㆓哂存㆑此。

上

中南平先生臺電

同學弟沈鈺綸溪拜

撲庵は屢晋民の詩文に批評を加へて居る。廷賢は克顯といつて漳洲の人だ。

一三、肥筑の游

山子順は長崎に在つて交遊頗る深かつた。寶暦十三年癸未の春。子順父を筑後柳川に省す。

晋民を要して同行し先づ長崎を發した。

發瓊浦

柳嚲鶯啼綠水淸　山花發處白雲横
海西春色行應レ遍　一路翩々匹馬輕

日觀峯

路入千峯天色分　蒼々空翠夕陽曛
樵歌隔レ谷入二烟絕一　只見東南起二海雲一

古賀

山亭立レ馬酒旗風　掌二兩流雲一積翠中
卽有二春醪解愁去一　關河萬里思無レ窮

矢上道中

雲擁二馬頭一驛路斜　青山到處入二烟霞一
春風不レ管他鄉恨　吹落孤村滿面花

夜發諫早津

雨霽寒霄雲未收　江空風色早潮流
扁舟解レ纜諫城口　天外疎鐘半夜愁

早望二溫泉山一

白雲高罩欝重々　紫海西南第一峯
淼々蒼波懸二旭日一　天邊擎出玉芙蓉

斯くして進んで龜浦に至つた。然るに風波甚しく一歩も進むことが出來ない。無聊に堪へず在崎の諸友に送つた。

阻二風波一次二龜浦一不レ堪二無聊一憶二長崎諸友一

携レ手天涯事二薄遊一　瓊城春色又離レ憂
灣頭孤客情何限　不レ識禪餘憶レ我不

右癡絕師

客路鶯花白髮悲　春風浦上轉凄其

何當㆑似㆑對㆓瓊山月㆒　愛日堂中連㆑榻時

右張孟瑞

海鳴風色夜凄々　分野星流紫塞西
篷裏篝燈芳草夢　楚雲湘水路將㆑迷

右劉君翼

瓊城自爾縮㆓垂揚㆒　客路孤舟入㆓水郷㆒
千里行春君無㆑羨　龜江早己斷㆓人傷㆒

右劉龍藏

遂に柳川に行つた。先づ子順の家に至り。父近藤老先生に面した。先生二子あり。皆出でて他家を繼いだ。長は卽ち子順だ。先生は唯一孫を携ふるのみで卽ち子順の子だ。

寄近藤先生

紫海春風七十强　從容劍舄白雲長
臨㆑流日釣柳川曲　曳㆑杖時歌三沼陽

更有㆓双珠堪㆑照㆑乗　豈惟一世燦成㆑章
尋常著㆑滕荀文若　對㆑客應㆑誇星宿光

次近藤翁韻却寄

柳畔時放范蠡船　春光烟水最翩々
雷鳴混㆑跡自稱㆑點　龜縮閉㆑關氣若㆑淵
世上交遊緩㆓天地㆒　篋中詞賦映㆓山川㆒
卽今相値情殊切　別後幾題雲樹篇

其他種々應酬があつた。共に舟を泛べて風景を賞したこともある。

柳川泛舟卽景

春水盈々泛㆓小船㆒　岸邊花柳映㆓妍々㆒
乘㆑流直出東門郭　筑紫雲烟横㆓暮天㆒
長溝負㆑水士民家　二八紅粧手折㆑花

舟過二急流一呼不レ應　　行々只見炊烟斜
蘭橈曲々水流清　　往々深陰鳧雁輕
翠竹橋邊浣レ衣女　　一時將三託濯二長纓一

晋民はそれから蓮池に至つて大潮老師に謁した。時恰も三月三日だ。

自二柳川一到二蓮池一三月三日奉レ謁二大潮老師一

桃李花開肥水清　　永和三日麗二春城一
風流遙以二晋時色一　　廬嶽重尋白社盟

又

百里來尋開士家　　水流無恙泛二桃花一
城中人醉知多少　　何似談レ淸烹二趙茶一

老師は如何程か歡喜に滿ちた事であらう。自分が優材と見込んで長崎に適かしめ。今多少の功を積んで訪ひ來る。喜ばざらんとして能はざるものがあつた全く屐齒を折るの感があつたに違ひない。

島季純や滕維敬は老師門下で晋民の兄弟弟子だ。是等の人々とも久し振りに應酬をやつた。

老師の許を辭して山内に到り。此處では明末の志士戴笠の望を得ずして僧となり獨立と號して遂に客死したものの故居を訪ふた。山内は筑後八女郡川崎村の内だ。

山内經ニ戴笠故居一

笠明末忠義之士。懷レ志而來不レ得レ遂。終ニ於此一。後爲レ僧號ニ獨立一。山内在ニ筑後一。墳今猶存。

一自三中原啣ニ莫回一。　皇紘不レ振更摧レ頽
僅棲偏師田横島　　空設千金郭隗臺
身立ニ秦廷一能泣血　魂留ニ異域一遂爲レ灰
風烟今尚懸ニ忠憤一　山樹蒼々赤日哀

玉垂宮 武内宿禰廟也 在南筑高良山

高良山上玉垂宮 金殿映レ雲自鬱葱
地道纒綿從レ北折 山川陸續向レ西雄
三朝典禮扶二王宮一 萬里威靈却二醜戎一
千載丕承縣二日月一 皇猷獨思二老臣功一

土窪村

峽レ流遠泝過二孤村一 桑柘土肥民物繁
鷄犬時聞水聲裏 行々疑是入二桃源一

宿大淵

幽僻窮レ源處 近レ天重嶺平
纖月啣レ山落 片雲縈レ樹横
縣レ霜人袂冷 響レ枕峽流鳴
遙夜不レ成レ夢 寥々萬里情

日向《ひう》神《がみ》道中

自愛名山渡遠溪　幬天蒼樹白雲低
長流斷岸僅通路　唯有春風送馬蹄

日向神石牕

闘奇巉巖夾流連　激石飛湍天闕穿
逐白雲窮幽邃處　千尋翠壁啓牕懸

出山内（地名）是離山道處

自出雲山峽路長　江風天濶野蒼々
更看花鳥媚春色　遲日漫々是異郷

登龜山

危峯高擢衝天台　地敞齊州指掌囘
仙子于今來煉藥　不知丹龜幾時開

地は八女郡に屬す。日向神の奇勝を探らんがためと見ゆ。之より引返し久留米に出で井元衡を訪ひ會集をなして詩を賦した。それから一路筑前姪濱に至り龜井道載を訪ふた。道載は大潮老師に學んだ一代の儒宗だ。然るに時惡しくも道載は京都に行つて不在であつた。父翁は晋民を留めて慰勞備に至る。遂に數日滯在した。父翁は和歌を詠じて旅情を慰めた。

姪濱訪二龜井道載一。往二平安一而不レ在。乃翁舍二余輩於一室一。慰勞備至。既信宿矣。乃翁賦二和歌一。以見レ慰二旅況一。作レ此酬レ之。

日暮倚門罷　雞黍饗二友生一
且遺二錦繡段一　因見二斷機情一

いほやすくぬる夜もありや
　知らぬ火の心盡しの旅のやどりに

又門下生城公庸。釋曇乘等とも應酬があつた。

龜井道載。儒醫なり名は魯。南溟と號す。筑前姬濱の人。父聽因醫を業とす。道載十四大潮に詩學を受く。既にして京都に出て吉益東洞に醫を學ぶ五六日にして其行爲を惡み辭しで大阪に行き永富獨嘯庵に就き儒術を受く。長崎にて山縣周南に物學を聞く。儒醫を以て行はれ聲名籍甚なり。藩公擢でゝ儒員となし。從來の朱學の外更に斐英館を設け道載をして之に當らしむ。大に物學を唱へ弟子大に進む。然れども道載豪放不羈禮儀を修めず。爲に憎怨を受け遂に職秩を免ぜらる。怏々として樂まず。心疾を發して歿す時に文化十一年七十一歲なり。南溟問答。辨惑論。論語語由。凾居小草南溟集等の著書あり。

今春已來東歸せんとの家人への約束もあり一旦心を決して遂に馬關まで歸つた。時已に仲秋だ。

自二瓊浦一暫還二赤間一仲秋之夜訪二野子敬一

曾別レ君時春色囘　江風今見二桂花開一
重來二關上一秋無レ恙　好對二月明一倶擧レ杯

或時子敬を訪ふた。時に子敬大醉して偃臥し鼻息齁々腹の便々たるを露して寢て覺えず依つて彼の腹に戯書して去つたこともある。又子敬に伴はれて五色浦に遊んだ。けれども猶心に滿たぬことがあつたと見え。再び長崎に赴くことを決心した。

赤間重赴二瓊浦一示レ別

久客逢レ秋無レ奈レ情　西風幾度旅魂驚
故園壤接山陽道　荒服路遙瓊浦城
雨引二斜暉一流水遠　天低暮嶺白雲生
硯瀛重渡囘レ頭望　文字關寒鴻雁聲

自肥還赤間關訪野子敬有詩却酬　寰海

阿蘇山北筑江流　孤錫漂遊還九州
此裏名區盡奇絶　那如㆓彭澤隱居秋㆒

此度は道を變へ筑前古屋瀬に至り原明敬の家に宿した。夫れより蓮池に至り重て大潮老師に謁した。

還到㆓蓮池㆒重謁㆓大潮老師㆒

千里遥尋赤馬秋　歸來黄菊著㆑花幽
月光高傍毫光炤　穩坐儼然老比丘

還て長崎に至れば詞友の待ちこがれしものが多い。山子順は先づ彼を邀へて南澗の別業に遊んだ。

山子順邀㆑余遊㆓南澗別業㆒

搖落蕭々白日流　江山何處不㆑悲㆑秋
園林强酌故人酒　無㆑奈尊前萬里愁

殆ど再會期し難かりしものの再び還り來る。手を取つて涙の流るゝを覺えざるものがあつたであらう。張孟瑞や文廷玉も共に詩を寄せて之を迎へた。之に酬和を試みた。

還ニ瓊浦一酬ニ文廷玉見レ寄

瓢然去レ國事ニ浮遊一　蓬鬢復尋ニ瓊浦秋一
莫レ問重關別來意　天邊仍有ニ白雲愁一

自ニ赤馬一還ニ長崎一張孟瑞有ニ秋日登レ樓見レ懷之作一和酬レ之

風烟澹々接ニ江樓一　瓊浦千家萬壑秋
西海長雲臨ニ紫塞一　東山明月卽丹丘
潭心波湧黿鼉動　橋上露寒烏鵲流
五夜砧聲搖落裏　天涯還念一披裘

一四、東歸

崎陽三年の漂浪或は詩文に或は語學に或は見識に於て大に得る處があつた。因つて遂に東歸を決心した。明和元年六月末を以て愈長崎の地を離れた。

余將レ歸矣六月二十八日瓊浦諸君餞二於南澗一

三年青眼此啣レ盃　雲擁二離筵一江上臺
總爲二故人一能惜レ別　秋風未レ至起二悲哉一

六月晦歸途諫早作

蓬鬢蕭々笑二腐儒一　短衣才到諫城湖
誰言不二是歸心切一　無レ那秋風獨先レ吾

嗚呼如何に歸心切なりしか想像するに足るものがある。それから佐賀の長淵寺に歸り老師に別を告げた。

奉レ呈二大潮老師一告レ別

千里追隨仰レ道客　三年奉レ別意重々
但知行過葛陂上　孤杖寧無二能化レ龍

又向井文煥は宴を設けて呉れた。

立秋前一日歸到二佐賀一向井文煥邀宴此夜又逢二星夜一同賦得二十一尤一

驚レ心孤客路悠々　明日諫江入二早秋一
幸遇二陳氏一能投レ轄　更有二杜康一唯解レ愁
梧井露寒砧杵響　紗窓月落漢河流
雙星此夜會二天上一　萬里雲霄人倚レ樓

愈老師の許を辭した。定めし老書生と袂を別つに當つて惜別の情に堪へないものがあつたであらう。老師も文を作つて送つたが今は存して居ない。
かくて旅行を續けて八月廿五日卽ち六旬にして漸く本鄕なる我家に着いた。家を見ざること三年學成つて故山に接す。其の得意や思ふべきである。されど六旬の旅行疲勞も亦甚しきものあり。昏々として爲す所を知らなかつたのである。忠海生家に居る兄頻りに來らんことを促す。依て漸く九月七日久振りに生家を訪ねて三日間滯在した。

九日忠海作

余本忠海之產。少居沼田。故兄弟多在忠海。余辛巳十一月出而遊筑紫。甲申八月二十五日還於家。我鄉距忠海僅二十五里。猶未暇省兄。兄友于之至情。促相見不已。而云余欲卽爾而見。以疾故不能也。於是百凡廢格。九月七日到于彼。則相持而喜且泣。歡愛切至。九日與俱間步郊野。遂登高而還。聊記喜云。

三歲淵明歸去來　黃花偏傍故園開
弟兄此日登高處　遍挿茱萸携手回

莫レ問秋霜侵ニ鬢邊一　鶺鴒原上倶翩々
尋常佳節多ニ風雨一　聽至ニ夜分一對レ榻眠

兄は丈右衛門といつて生家を繼いで居るのだ。感慨無量の手を分つに忍びないものがあつた。

一五、三友一龍

晋民が少年の頃から終始變らない友は。三宅子恂と僧普巖である。子恂は周鄕と稱し通稱甚平といつた。邑の名家で里正を務める家だ。普巖の事は前に述べた。子恂は天明元年六十一で逝いた。晋民より一歳の兄だ。普巖は其年は知れないが。其父遊外上人の明和三年に死亡せしを見れば又殆と同年であつたであらう。三人常に心を同うして共に遊んだ。實に芝蘭といはんか。金鐵といはんか。眞に心交ありしものだ。其の子恂を祭るの文を見れば其間の消息が明かである。

余年十四。自ニ忠海一來。家規嚴而不レ得ニ交遊一。十六既冠。間得レ接ニ鄕人一。始得ニ僧普巖一。徐而又得レ君。於レ是比々相會。愈會愈不レ厭。凡相會未ニ嘗不レ窮ニ日之力一。夜則必申レ旦。非ニ話之有レ餘。不レ忍ニ相離一也。三人締交遂成ニ親契一。不レ一ニ其人一。而一ニ其心一。不レ一ニ其心一。而一ニ其德一。不レ一ニ其德一。而一ニ其情一。不レ一ニ其情一。只是莫レ逆。而非ニ勉强一矣。君其心塞淵其性溫藉。不レ毀レ物不レ矜レ己。雖レ狎而不レ嫚。久而彌敬。天資聰明。非ニ余輩所一レ及。苟有レ事而託レ君。處置洒然。皆出ニ於人意之表一。年又有レ長ニ我二人一。每樂推レ之。以ニ普嚴釋氏之高足一。余讀ニ聖賢之書一。故謙下而不レ居。乃無ニ相雄長一。可レ謂ニ三友一龍一也。鄕人無ニ老少一。亦相許以ニ膠漆一。皆云管鮑見ニ于今日一。（中略）余中年志ニ於四方一。以ニ妻孥一託ニ君及普師一。則二兄同レ心。庇護撫恤無レ弗レ至。歸則又三人相集。相視莫レ逆ニ於心一。

三人の交遊實に膠漆も啻ならざるものあるを知るべきだ。故に子恂の爲には夫人高橋氏の碑文を作り挽歌を詠じ。普嚴の爲には其父遊外上人を祭るの文を作り。安永八年京都より歸るや子恂病中にあつたが屢之を訪ひ。贈子恂普嚴の四言及贈子恂の七言古詩あり。子恂の邑治に與る奸黠の徒之を奪ひしを詠ぜしものもある。其外兩人に贈るの詩數多ある。三宅氏の後裔今猶祭文幷に贈詩を藏して居る。

寰海も亦次の詩がある證據とするに足るのだ。

　示房夫宅子詢

世間翻覆是非新　浪跡偏憐江上春

何道舊交棄如レ土　親情君輩比無レ倫

一六、竹　原

竹原は晋民の室櫻井氏の里だ。自然交通の度數も多く交遊も少くなかつた。春水の其教子であつたことは既に之を述べた。父亭翁の古稀を壽し母道工氏の碑銘を爲つた。其時明和二年一家を知るに足るものがある。

家世ニ竹原一。姓爲ニ道工一。父名景房。字曰ニ卯仲一。母梨和人。配ニ於父翁一。實生ニ三子一。婦人其仲。資稟聰慧。有レ儀有レ容。在ニ家父母一。竭レ孝雍々。歳十有九。適ニ於賴氏一。其事ニ舅姑一。亦如ニ父母一。治レ內順良。不レ聞ニ叱詈一。一郷之人。莫レ不レ稱レ美。爰善ニ女工一。

聲於邑里。更又善書。兼好和歌。一時女流。無出右者。嬰病而卒。壽三十八。誕惟五男。珪是其長。次曰岩七。襁褓于殤。次年九歲。曰松三郎。其次六歲。曰萬四郎。季是四歲。曰富五郎。後母五旬。病痘而亡。珪七歲時。作大字書。人稱神童。到處聲譽。今年十七。才贍學富。濶藻如華。書亦益秀。松也萬也。並皆佳妙。善書善詩。振々耀々。家嚴命之。亦由內教。安此幽竁。福爾子孫。

珪は十七なれば已に其然るべきを見たであらうが。松也萬也並皆佳妙は當時全く溢辭たりしものが遂に彼が如くなつたのは栴檀を二葉に看破せしとでも云ふべきだ。

照蓮寺義達上人獅絃は晋民の頗る敬意を拂ひし人だ。周詩松驕を作つて其母を壽した。筑紫から東歸すれば直に詩を贈られた。

歸自長崎義達上人見寄次韻酧之

歸來喜見舊山河　光景依然氣色多
非上時成王粲賦　無毫竟換右軍鵝
爲留敝履千年跡　且破長風萬里波

那若故園青眼侶　與臨ニ流水一此悲歌

又獅絃か庭內に小園を設けて新室を作つた時も之が賀詩を贈つた。其他義達に關するものは澤山殘つて居る。

藤義質も亦親密の間であつたが。東歸した時には既に易簀して相見ることが出來なかつた。其遺稿を見るに晋民に贈る七言律詩四首を載せてあつた。實に惋惜久しく卷を掩ふて見ることが出來なかつた。遂に次韻四首を作つた。今二首を載せる。

余自ニ筑紫一歸竹原藤義質先亡矣閱ニ其遺稿一有ニ贈レ余七言律詩四首一掩レ卷惋惜久レ之乃依ニ其韻一悼レ之

頻思故友停ニ遊行一　歸至虛傳身後名
原上竹林望ニ丰采一　人間泉路隔ニ幽明一
不レ堪書幌風光慘　始信羈窓客夢驚
夜月山陽懷レ舊切　誰家工寫笛中情

堪悲竹苑舊時遊　況復蕭々逢二素秋一
宿草露寒滋二墓畔一　蒼梧雲落掛二城頭一
未レ開堂上黃金竈　早記霄間白玉樓
既秀二春花一而不レ實　遺文空有二數篇留一

又其祖先夫婦の碑文を作つて居る。

南子禮亦親交の間にて義父の死するや屢書を送つて之を慰め。東歸始めて櫻井家に行けば直に來訪し手を執つて相語つた。

又十月朔には柄崎氏に集り孟冬寒氣至の五字により詩を賦したこともある。

照蓮寺に寓して大學を講したのも此時の事だ。

賴惟淸。亨翁と號し又十郎と稱す。其先三原の人にて世々小早川氏に仕ふ。後賴兼村より竹原に移り賴と稱す好で和歌を賦す。烟霞の癖あり吾妻。高角。吉野等の紀行文あり三子春水。春風。杏坪といふ。天明三年三月歿す年七十七。

南維則。平十郎と稱す字は子禮。元廣島の人父を喪ひ母を奉じて竹原に來る。讀書を好み吟咏を廢せず。性寧靜溫雅能く子弟を教ふ母に事へて至孝。母の病に臥すや湯藥必ず嘗めて進む。此の如きこと數年其亡するや哀毀度に過ぐ。安永五年五月十三日病みて歿す年六十二西方寺に葬る。

釋惠明。照蓮寺八世の僧字は義達或は達元といひ獅絃と號す。學德並高く世の渴仰する所たり殊に詩文を善くす。孝女密の碑を寺内に建てしは此僧なり文化十年遷化す。

齋藤愿中。名は義質鹽谷鳳州の門人なり。祖父立軒曾て竹原一邑志及磯宮記を作る。愿中祖父の志を受け京都に出て力學して才名あり早世す。棗苑遺稿あり。

一七、三　原

三原は三萬石の城下で、地方主治のある處だ。本郷の東方三里で。地理的から云つても幼少から羨望の中心であつた。此地には二年の長たる宇都宮士龍が居る。士龍は初め下僚であつたが。大に用ゐられて郡宰となつた。特に士龍に命じて。主家の菩提所たる妙正寺の寄題詩を集めさせた。後本藩主も亦大に之を喜び。春水に命じて之を繼がせた。爲に數百篇を得當代の碩學大儒殆と悉く之を網羅して今猶彼の寺に保存して居る。晋民とは弱冠より交り。往復中々頻繁であつて。士龍の爲に作つた詩文は少くないのだ。賀士龍六十序に

余弱冠既與二士龍一相知。以二境壤相接一。時々會。詩文唱酬。相視莫レ逆二于心一。久要竟成二兄弟之契一。時抵レ家拜二其母一。葢士龍爲レ人。謹厚篤實。執友之際。雖レ狎必恭謙。以レ之赴二人

之急一也。毎傾レ身爲レ之。言則必果矣。而亦嚴格。人苟有レ過。不二敢少假レ顏一。故人亦憚レ之。後爲二鄉子弟一。請レ余敎二授之一。是以余淹二於彼一。則母君爲二雞黍一。爲二士龍一請レ余無二虛日一。於レ是乎數二於其家一。

以て其の三原に來りて子弟に敎授せし所以を知ることが出來る。此事は前にも述べた所だ。西遊の後も同樣來り講した。母君松田氏七十及八十の序を作り。祭文を草し。士龍六十序。內室田中氏行實。潮鳴館記を作り。詩は十數首も存して居る。潮鳴館記は今猶淺野侯爵家に保存されて居る。

川口西洲名は則之三原の名家で芥川丹丘の弟子だ。是亦懇親の間で或時は金を借りたこともある。與二川口西洲一文がある。又杉共叔安子桓宇士龍と同行して妙正寺に遊んだこともある冬日澤千里の園に會したこともある。

冬日雨同二杉共叔川則之山義卿桑新十一宴二集澤千里園亭一

園亭卜築倚二城隈一　相視淸樽風雨開
千樹層陰山色合　萬家烟霧海門來

天涯掛榻悲二蓬鬢一　江上彈レ冠入二酒盃一
乘レ醉一時歌二白雲一　坐中悉是楚人才

冬日旅次雨に阻てられ安子桓の宅に集つた。又安子桓の鷹山懷古作に次韻した。三原の僑居久しき爲に主家の老西川氏慰勞の爲に來訪したこともある。青木充延は晋民より三十餘り違つて弟といふより子ともいふべき年だ。手紙を送つて色々の事を尋ね。詩の添削を請ふた。或時は十三經註疏を買つて貰つたこともある。楢崎仲兵衞も亦親しき間で物品の送達を實家木原丈右衞門との間に取次で貰つたこともある。青木楢崎兩家共今猶十數通の書翰を保存して居る。井上又四郎は角《すみ》屋といつて晋民の女婿である。永井淳平に與ふるの詩もある。斯く關係が多いので此地へは度々往復したものと見える。歿後二十年にして碑文彫刻の計畫があつた時に關係したのは川口西洲。青木充延。楢崎仲兵衞である。是れ等は何れも三原の名家である。

賴春水も亦來り學んだことは前にも述べたが。春水の手紙の中に次の如きものがある。

　老拙今年六十九歲にて是迄碑文書取の事も本意至極。是と申すも先生へ十四五六歲と隨從

候御恩顧と誰有奉存候事共口外には難申盡候

とあり。又後江戸よりの歸途三原に立寄りて順勝寺に至り懷舊の情に堪へず次の詩を詠じた。

宿高隆山舍賦呈

藍輿來訊舊因緣　留酌三原酒若㆑泉
是我童時讀書處　燈前屈指五十年

晋民の詩にも

寓㆓順勝寺㆒對㆓晩景㆒

香閣鐘磬響　秋風望㆓裏海㆒
島白波起㆑松　晩翠煙㆓孤村㆒
火光明且滅　山雲影有無
回㆑頭都索莫　客思坐蹤躕

といふのがある。春水六十五六で最も世に用ゐらるゝの時舊因緣の地を尋ねて宿泊し。如何ほどか今昔の感に堪へないものがあつたであらう。

寰海にも亦次の詩がある。

房夫教授三原諸子賦贈

絳 帳 一 垂 黄 備 城　　三 千 賓 客 稱㆓門 生㆒

兒 童 五 尺 盡 爲㆑學　　天 下 應㆑傳㆓化 蜀 名㆒

此等に依て見るも此地の講義は相當の薫化を與へたものと見える。後に青木桑村も度々通信によつて益を請うて居り士龍も同前である。

宇都宮士龍名は維漂龍藏と稱す。淺野家の世臣なり。士龍文學を以て名あり。當時の碩學と交る。郡奉行となり邸を城東に賜ふ名づけて潮鳴館といふ。寄題詩數百首あり。天明元年十一月十五日歿す。日本詩選に一詩を載す。師友錄亦傳記あり。

川口西洲名は愷。諱は則之字は樂善。蕭洞は別號なり。京師に至り芥川丹丘の門に入る。大阪天王寺の文學となり寺主と同一の待遇を受くることとなる。才藻富贍四言に通じ晩成百首を作る。文化十二年正月卒す年八十三。天王寺に葬る。

山内儀卿字は周豐三郎兵衞と稱す寰海と深く交る安永貳年歿す。〇青木充延名は淵字は子讃新四郞と稱す家世商を業とす詩文に長ず。目代後見を命ぜられ頗る城主の信任を得。内命を受け諸藩の動靜を探りしことあり三原志稿八幡雜記を著す文化十三年八月廿九日歿す年五十七。〇安井子桓名は武。三郞平と稱し東里と號す日本詩史に曰く

彥章貽㆓書三原諸子㆒。爲㆓余西道主人㆒。宇士龍。安子桓。川則之敬待最至。三子好㆑詩。士龍最錚々矣

日本詩選又子桓の詩を載す。子桓後山科氏と改む。
澤千里名元起藤兵衛と稱す天明二年歿す。○永井明卿字は孝欽號は黄薇淳平と稱す寛政六年歿す。日本詩選亦一詩を存す。

一八、尾道

晋民の尾道に行き指導者となつたことは。主として西遊後の様に思はれる。歸東の冬即ち明和元年のことだ。宮地有政の翠雲樓に寓して居つたのだ。此時に次の譯詩が出來た。

甲申之冬。如二尾道一寓二宮有政翠雲樓一。有レ人齎下來一書生翻二世俗歌謠一爲二五言詩一者上。共音響全是子夜歌也。因亦作レ之以遣二旅中無聊一。五十首。

男選びに今年も暮れぬ又來る春を仇に咲く姿の花のうつろひし

擇レ偶猶末レ嫁　荏苒歳亦莫
東風吹二百花一　誰能使二春住一

娘々と澤山そうに云ふてたもるな物縫習ひ琴も習ふて讀書習ひやがて東へ行身じや者を

讀レ書復學レ琴　　吏工繡二鴛鴦一
君何輕二視儂一　　夫婿在二東方一

是は其一例であるが中々晋民も隅には置けぬ人ともいふべきだ。又次の詩がある。

尾道寓二宮有政翠雲樓一渡修平江國幹過訪。適壁上。揭グ物先生贈二湖上二子一詩。其詩曰。家臨二湖水一帝畿東。神女靚粧明鏡中。二十五絃風雨夜。知君伏レ枕泣二孤蓬一。同和之得湖字一。

古山甸服隔二皇都一　　萬頃烟波開二鏡湖一
直置二雲霄一清怨滿　　況逢二聽瑟一月明孤

長子温といふ人も交遊の中に居る。坐望亭とは如何なる人か。主人に贈つた尾道行は中々の力作と見える。尾道の前に向島がある其東南に嘉島があつて富豪松本達夫の四世の祖藩主から此島を賜はり樹を植え屋を架し一の蓬萊を現出したといふことだ。達夫と同行東遊して日光山まで到つたこともある。達夫の爲に詩を作り嘉島記を草した。寰海と賀島に遊んだこともある。

同二房夫世恭及渡正平一遊二泉達夫賀島一舟中　　寰海

揚レ帆欲レ問小蓬萊　一逐二仙舟一並二渡盃一
縹緲春雲孤島中　纔看十二玉樓臺

又兒玉元廸の碑文を作つた。寰海にも坐忘亭の詩がある。

宮地有政。島屋兵右衞門といふ翠雲樓と稱す寬政十年七月十五日歿す白雲庵浮水居士と謚す
宮地世恭。字は敬之彥五郎といふ。寬政八年三月十二日歿す。
江國幹。野上陸奧守と稱す字は允禮四亮と號す又藏人といふ。艮神職の子野上家に入りて廣島白神社司たり。
渡修平。渡橋氏（寰海集には正平とあり）尾道の名家なり。
松本達夫。東涯の弟子なり五代の祖藩侯より功に據り賀島を賜ひ之に樹木を栽え家屋を建て別業とす侯伯儒隱屢來遊す
達夫嘗て晉民と同行東遊せしことあり。

一九、東遊

第一回は何時だか明でないが。二度目は明和二年乙酉海路東上した。處が暴風雨に逢ふて。三月朔には通潮島に舟を繫ぎ。三日に犬島を發し牛窓に渡つたといふことだ。途中の詩

仙醉夜泊得二詩字一

山擁二滄溟一最擢レ奇　嶺頭仙子醉何爲
倚レ舷閑望雲煙裡　遙夜自歌招隱詩

登二福善寺一

滄海征帆望不レ定　遶レ腰島嶼翠光瞑
三韓聘使昔留レ軺　解道東方第一勝

白石灘

白石灘頭湖水分　鄉關渺淼但看レ雲
扁舟孤客殊寥寂　疇昔風流憶二使君一

朱明七子瞿毎在二使君灘交游一余寂寥之際憶二及之一故爲二三四之句一

白石燦々水作レ文　孤舟盡靜對二鷗群一
海門過去杳無レ限　澹々蒼波入二白雲一

乙酉春又東上三月朔暴風且雨繫二舟通潮島一而避レ之

三月桃花風信至　蹴レ天海若白波驕

安レ檣孤島幸無レ恙　懸雨旅魂自欲レ消
左右聳山長擁レ霧　東西開港遠通レ潮
呻吟寤寐蓬窓下　萬里愁心耐ニ寂寥一

三日發ニ犬島一渡ニ牛窓一

三月正三日　桃花何處求
布帆將ニ雨掛一　驚浪卷レ風流
犬島陰雲送　牛牕落日愁
孤山望不レ盡　咫尺意悠々

朔日は風を通潮島に避け。二日は犬島に泊し。三日朝少しく霽れたので發して夕方牛窓に達した。此間僅二里其艱苦知るべきである。此後は格別の事もなかつたらしい。大阪に着いて木世肅蒹葭堂を訪ふて居る。

初夏訪木世肅蒹葭堂得八回

瀟洒蒹葭月滿レ臺　薰風來處對啣レ盃

主人心似二秋江水一　千里幾茲欲二溯洄一

多分大阪から歸つたものであらう。此後の事は分らぬ。翌年は尾道に居つた。

第三回の東遊は丁亥即ち明和四年だ。此度は松本達夫と同行だ。

早發二玉浦一（明和丁亥遊二歷關東一）

旅衣侵レ雨曉風寒　萬里行程春未レ闌
嶺上梅花開二霧裡一　暗香吹送路漫々

諸子送二今津一留別

斑馬蕭々雨色深　驛亭傷レ別暗二春陰一
啣レ盃君綰二柳條一去　繫得關山兩地心

早下二矢掛川一

曉雲淡々路欲レ迷　水逐二桃花一來レ自レ西
一片輕舟披レ霧下　天邊聲斷遠村鷄

燒山石鏡

黄備春風道路難　燒山石鏡寫レ影寒
一劍無レ端千里客　蓬鬢蕭々不レ忍レ看

一谷覧古

可レ憐全盛舊衣冠　一旦西奔擁二玉鑾一
百里愴惶駐二仙蹕一　千官未レ暇計二登壇一
海天日沒波濤暗　原谷風荒芳草殘
路上空餘公子塚　黄雲徧入笛聲寒

兵庫楠公墓

荒涼蔓草古墳前　揮レ涙遙懷建武年
三世雄圖徵二夢卜一　兩朝開濟入二雲天一
庫山依レ舊長二風色一　湊水無レ窮空逝川
惟恨豺狼獨當レ路　鯨鯢漏レ網更吞レ船

此行松本達夫の外永井某（淳平か）なる同行者もあつたようである。足疾の爲め京都に止まつた。

明和丁亥遊ニ歴關東一。已到ニ京師一。同遊永井君以ニ足疾一不レ能レ進。滯ニ于此一。與ニ主人一相送到ニ逢坂山一而別。戀々見ニ于色一因贈レ之。

君滯洛陽花　我凌東山雲
遠遊君莫レ羨　歸雁不レ堪レ聞

琵琶湖

空濶琵琶海　春波積水微
花明雲雁渡　日落布帆歸
隔レ岸連ニ三越一　背レ京鎮ニ五畿一
飄々千里路　天地一儒衣

望富士

造化吐盡レ工　神秀鍾ニ此野一
歸客意不レ切　爲レ君數驅レ馬

宇津山

朝陟宇津阻　遙想古人心
猶有二故道在一　依レ舊薜蘿深

此後は詩の存するものがない。疲勞の爲め筆を執るの暇がなかつたか。將た幕府の盛を謡ふに忍びなかつたか今其深意を知ることが出來ない。其嘉島記に依て道筋だけはたどることが出來る。

丁亥之春。達夫要レ余抵二京師一。遂同探二東邦之勝一。琵琶湖既載。多賀南宮之壯麗。諏訪之渺漫。戶藏之巉巖。妙喜榛名。出流《イヅル》岩舟。凡有二名稱一者。莫レ不二取レ路而探索一也。直抵二日光一。欲三遂往二松島象潟一。適達夫足病不レ能レ行。以レ轎行レ之不レ韻。而不レ果。乃南出二於江都一。則達夫謁二瀧鶴臺一請レ記。鶴臺者長門侯之臣。而爲二海内之文宗一。與二達夫一有レ舊。嘗信二宿於嘉島一。孰二知其勝一。卽記而與レ之。乃循レ海而西。探二鎌倉江島之諸勝一。還二京師一。則達夫謁二伊藤東所一請レ序。東所之父東涯先生者。達夫所二師事一也。東所卽序而與レ之。

二〇、京都の僑居

晋民が京都の僑居は明和五年に始まつて居る。けれど僑居中の消息に至つては餘り詳細に知るべき資料がない。思ふに帷を下して學徒に授け其間兀々として經書の研究に腐心して居つたことであらう。詩を作らず文を作らず。世の學者とも交通を絶ち。一意專心日夜精進して居つたものと見える。五年の後安永元年には。室櫻井氏が遙々上つて來た。此時晋民は五十一歳病に罹つて居た。此時の僑居は富小路二條上る町であつた。櫻井氏は翌二年五月家に還り一女を產んだが。遂に九月五日を以て歿した。晋民の胸中如何なるものぞ感慨無量九腸爲に裂けんとするものがあつたに違ひない。其碑文を自ら草し。春水に頼んで書かせた。墓は本郷圓光寺土生家の墓地に在る。

妻者竹原櫻井氏之女。歲十六歸㆓於余㆒。生㆓二男五女㆒。余中年志㆓於四方㆒。抵㆓西陲㆒遊㆓東海㆒。今在㆓京師㆒六㆓年于此㆒。有㆓終焉之志㆒。欲㆓迎而致㆒㆑之。去年九月問㆓余病㆒而來。將㆓留而偕老㆒。猶有㆓不㆑可者㆒。今年五月暫還㆑家。至㆑秋生㆓一女㆒。尋逝矣。實明和癸巳九月五日也。生子亦月餘而死。嗚呼哀哉。其孝友才藝不㆓必序㆒。配㆑余二十七年。其十二年與㆓嫠婦㆒何擇。而始㆑之撫㆓三幼女㆒。中㆑之育㆓少男㆒。終㆑之嫁㆓二女㆒。葬㆓一男㆒。妻獨任㆑之。其他艱難辛苦不可㆓勝言㆒。而猶朝夕必祝㆑余而後食。節操絕固。鄉黨傳稱㆑之云。

嗚呼此の貞婦誰か傳稱せずして止むべき。今日の女子をして聞かしたならば或は驚死するかも知れない。

二一、青蓮院文學

此頃晋民は既に青蓮院法親王宮に仕へて居た。

青蓮院法王。往年奉㆑勅再任㆓天台座主㆒。今年安永癸巳八月。登山而行㆑香。且臨㆓勸學會㆒。恭賦㆓短詩㆒以記㆓盛事㆒　時余仕㆓官於院㆒

比叡岧嶤衡㆓大清㆒　鬼門深鎖鎮㆓皇京㆒

講筵貫主趣㆓千乗㆒　田相垂㆑衣覆㆓衆生㆒
三塔瑞烟捧㆓金輅㆒　四明仙氣引㆓霓旌㆒
無㆑由㆔與看㆓梵儀盛㆒　留滯自憐大史情

又次のやうのものもある。

青蓮院法親王歳首戒㆓飭多武峯㆒令

金雞唱㆑曉　雲開㆓三朝之元㆒
彩鳳見㆑歷　風傳㆓四海之春㆒
鬼神明德　馨香靡㆑弗㆓遠聞㆒
廟祧奉祀　謹恪勿㆓或慢怠㆒
時維孟春　日屬㆓穀旦㆒
爰循㆓舊典㆒　聊令㆓滿山之者㆒

其他秋夜王府に直衞す。法親王燕寢庭内菊花を觀ることを賜ふ恭賦奉献の詩がある。又此際に世說新語補索解を著した。此時は平賀圖書と稱へて居た。

三、宮中に奉仕す

段々昇進して安永三年には大舎人を拝し宮中に仕ふるの身となつた。此時は土生若狭介と稱して居た。此の官稱を自ら次の様に書いて居る。

大舎人通直郎從六位下若州別駕藤原朝臣土生晋民

といふのだ。通直郎は從六位下の唐稱だ。土生氏を稱へたことは同族のものの爲だ。

初余通二籍于朝一也。有三義家同族在二京師一。以レ余爲レ兄。余無レ子。後欲レ附二與門地於彼一。故復冒二土生一而出。

其同族とは土生家一族のもので龜屋善右衛門丹後屋藤兵衛の二人が京都にあつたのだ。

安永甲午冬。釋二褐宮闈一。主事永俊平。書下韓愈贈二盧四一詩上見レ賀。既元日趨レ朝而就レ事韓詩有レ槪二于心一。因賦レ之呈二俊平及僚友一。

寒霄向レ曙淑光歸　北極高懸瞰二紫微一

天仗風廻催二曉漏一　御爐香轉襲二朝衣一
獻レ春壽酒玉饗會　傳レ食遠魚紅腹肥
堪レ愧青雲照二黃綬一　二毛自笑守二仙闈一

晋民の書簡に去冬仕官致して永田俊平韓愈の詩を贈り候故當春一首致とあるのは此詩である

大江稚圭からも賀詩を送つた。之れにも次韻をした。

補二大舍人若州別駕一次二大江稚圭見寄韻一酧之

青雲忽向二草堂一開　野服公車奉レ詔回
別駕元無二虎符實一　舍人豈是鳳池才
寓レ躬未レ厭承明去　避レ世且隨二金馬一來
消渴或嘗二仙掌露一　龍鐘不三復臥二蒿萊一

又東洲といふ人からも賀詩がある。

賀三木原君進二大官一

何人今世書二忠良一　指是東濱大吏郎

多動二恩波一施二彼地一　偏垂二利得一及二他郷一
一朝遷進重二天祿一　幾度累功奉二國王一
今歳有レ年民又靜　德音千古不レ可レ忘

又

佳木蒼々正盛哉　枝々春色一時開
柏期抱得安民蹟　君是由來棟梁材

是は三年の後の事だが。西肥に桐の山上人といふ僧がある。其居る所の山が皆桐樹のみだ。それから此稱がある。其の名は智雲といふ。嘗て長崎に來り相應酬したことがある。此僧が仕官したことを聞いて賀詩を送つた。之に應酬したのだ。

寄二懷大舍人平君房父一二首　西肥僧智雲

綈袍湖海久暌違　豈料青雲侍二禁闈一
獻レ賦一朝揮二藻思一　抗二疎咫尺一冒二天威一
上林春色看二花過一　長樂鐘聲帶レ月歸

只道嗣音君莫惜　誰論戀々及寒微

其二

尙憶蓬壺會市門　淸宵華燭共玄論
適從暘谷唯君在　欲發廣陵猶我存
天上衣冠雲路隔　山中孤病世塵屯
再逢未卜相思切　不禁飄颻月夜魂

酬西肥桐野上人見寄懷　晋民

廿年相別臥都門　聚散人間誰肯論
偃蹇腐儒知已少　縱橫大雅任君存
交遊瓊浦昔時會　詩賦天涯何日屯
高氏蓬壺仙去後　唯餘一片未招魂

其二

病渇茂陵萬事違　倦レ遊不三復守二宮闈一
恩波通レ藉隨二衰晩一　咳唾九天隔等威
池邃鳳凰愧二名似一　門高神武掛レ冠歸
青雲試見上林色　春景何曾照二細微一

此事を安永六年九月廿日宇都宮士龍に送つた書簡の中に書いてあるのだ。

晋民は近年兎角病に犯され易いのだ。室櫻井氏の京都に來たのも病を訪ふ爲である。今又腫瘡を病んで居るのだ。是は其の書簡に次の一節があるので知れる。

不佞四月より腫瘡盆後より小瘡に相成。十月頃迄微熱惡寒有之候。甚心氣を惱し。腦腫相止み偏身ほろせの如くに出來。今に平復不申候。且腫毒手の掌背に聚り。把氣も今に不自由にて。中々急に可愈趣に有之不申候。千萬氣之毒に奉存候。四月以來一向學業相廢。餬口之爲口釋は勉强して不怠致申候。扨々年々の病氣こまり入申候。但し當年は脚氣の味は一向無御座候。何とぞ當年の瘡にて根を斷候へかしと奉存候事に御座候。

多年机側にのみ座して筆ばかり執つて居たので。各種の病氣を誘發したものと見える其困難實に思遣られるものがある。

此の間安永八年に一旦歸鄕した。此際の家庭の事情は更に知ることが出來ぬが。丁度三宅子恂が病臥して居た。加之も病勢は可也重かつたようである。そこで屢晋嚴と共に訪問した。子恂も亦疾を力めて相迎へて酒食を出して歡待したといふことだ。

天借二良緣一。今得二復歸一。故交無レ恙。靑眼相視。出歲在レ子。來時過レ亥。（贈三宅子恂釋普嚴）

斯くて子恂は十二月十五日を以て歿したのである。祭子恂文に次の通りに云つて居る。

自レ卜二居京師一。不二相見一者一二紀于此一。戊亥冬暫歸。時君久在二病褥一。勢甚鄭重。屢要二普師一而訪問。君則每欣然力レ疾而相迎。酒食歡待亦必申レ旦。得レ罄二平生之懽喜一。而後可レ知也。但竊懼二君疾不一レ起矣。既歸久無二消息一。寤寐忡々唯君爲レ憂。去年十二月君入二我夢一。覺而惡レ之。今春訃始至。以十二月十五日而歿。乃知昨夢是來而告レ訣也。於レ是大慟而哭。五內如レ裂。

翌九年春京都に歸つたのだ此時四條に住んで居た。歸京した時に門生に示した詩がある。

庚子歸レ自レ鄕寄二門下諸士一

故山遙問海西家　風雲空垂絳帳紗

春服爲レ懷狂簡士　歸來共見帝都花

二三、廣幡家の庇護

晋民は青蓮院文學となり。御所に仕へて大舍人となつたが、此間に於て公卿廣幡家の恩顧に預つたのである。元來廣幡家は正親町源氏といつて。故あつて臣下に降られ一家を立てられたので代々英俊の人が多い。時の當主は前豐公といふのだ。正二位大納言長忠の子で初の名は輔忠といつた。關白近衞内前の猶子となり前豐と改め青雲と號した。廣幡殿又樂圓樹院と稱した。從一位内大臣に至る。文學を好みて名儒と交り。貴賤の別なく膝を交へたといふことだ。又丹青の道を好み之を善くした。此事は扶桑名畫傳に載つて居る。天明三年十二月十九日薨去享年四十二である。藤原家孝の落栗物語に次の話がある。

廣幡内府殿源前豐公文學を好み道を重んじ給ひければ時の名儒多く參り仕へけり。其頃の大臣に成りたる人は。納言參議の來るにも。其身は茵の上に居ながら對面せらる。まして殿上人などは。座敷一つ隔て同じ所へも入らず。敬屈することにてありしに。此殿儒士を召さるゝに。官位の有無をいはず。何れも同じ所に召し入れて膝をすり寄せて。文作り物語などし給ひける。或時里亭にて詩の會を催されしに。冬の事にていと寒かりしかば、家司等主の座に茵を設けたりしに。文人ども入來て後大臣出給ひ。此茵を誰が敷せつるぞ。老儒の前非禮なりとて。頓て手づから推のけて座し給ひしとぞ。

青蓮院と廣幡家の間にも深く關係あることだから。其文學たる晋民が厚遇を受けたことは想像に餘るものがある。そして遂に其大著春秋集箋の出版を始められたのだ。其の文字の美しきことは他に多くの比を見ない程のものである。此の一事で恩顧の深かつたことが知られる當主侯爵廣幡忠隆氏を訪ねて資料を求めたが。同家の多數の文書は帝國大學に依托せられたものが悉く震災に罹つて一物を殘さず。舊臣京都の菩提寺。江州の舊領等を捜索せられたが遂に何物をも得なかつたのを遺憾とするのだ。猶此頃前豐公が先考のために建てられた碑石の柝本を贈られたので參考のために載せることにした。

故前權大納言圓照源公碑

平安　谷　　鸞撰
圯上　葛　　辰書
甲斐　高　孟彪篆

公姓源諱長忠　前内大臣豐忠公之子也
祖王考權大納言忠幸卿永祿
皇帝之曾孫也賜姓源號廣幡初關淸華之門地協山岳之鴻基焉　公以正德辛卯四月四日生享保
庚子叙從五位下年十四甲辰修冠禮庚戌任權中納言辛亥兼春宮權大夫乙卯任權大納言延享
甲子歴叙正二位其爲人也寛仁溫雅而勵精好學兼有知人之度不聽婬聲不視邪色夙夜在公退
食委蛇稽舊貫正古典攈摭爲編若干卷有仗儀類聚及新撰典故等之書以傳於後貽於子孫而罹
病延享丁卯遂致仕醫藥不捨手二十有餘年
聖恩未報棟梁之才早凋嗚呼天也乎明和辛卯疾大漸九月二十七日薨年六十一葬于京城北相國
禪寺　先公之塋有男二人女三人嗣曰輔忠今正二位權大納言兼右近衞大將其次曰信通出嗣
于　前右大臣源通兄公今從二位權大納言女子其長曰定子幼而亡次曰高子次曰年子布衣鸞

辱陪于　大將公之講筵以故使誌且銘謹銘曰

峩哉石其上而坎其中其下以爲　公之宮厥德克篤　朝之肅恭厥學克勤孫子維從

明和九年壬辰　　　　孝子輔忠建

二四、大阪移居

晋民が大阪に移居したのは何時頃だか明瞭に分らぬ。天明二三年と見える。其以前にも度々往復して講義をして居つたらしい。其内に段々尊崇する人が多くなつたので。遂に意を決して移轉せんとしたものらしい。間五郎兵衞といふのは十一屋といつて酒造家だ。之れが京都まで迎へに來た。處が京都人が頻りに留めるので遂に出發することが出來なかつたといふのだ。

余將ㇾ移二居於浪華一。間大業來而迎ㇾ余。已而爲二京都人一所二强留一不ㇾ果。大業空還。因贈ㇾ此兼簡二諸子一。

江天咫尺浪華城　誰謂索居滯二帝京一
君去常存雲樹望　同人莫レ背舊時盟

間五郎兵衛略傳には

京都に住すること凡二十年許。後浪華の門生等相集りて招請せんとす。因て先生居を浪華に移す。寔に天明初年の頃とす

と書いてあるのだ。五郎兵衛は大業の通稱だ。天明三年癸卯には。夏滯浪華五月十二日到二薙髪之寺一聽二杜鵑一寺在二生馬山一 といふ詩がある。四年二月には間大業の家が類燒した。後家樓記を作つて天は災禍を與へて警めるのだといつて却つて祝して居る。此時は全く大阪に移つて居るのだ。

二五、廣島に招かる

初め林某（明府とあるから郡奉行でもあらう）なるものがあつた。三宅子恂によつて廣島に招

き仕官せしめようとしたが。仕官すれば人に役せられて。到る處頭を下げねばならぬ。其上自分は學問が未熟だから是から十年も書物を讀み。都に上つて天下の名士と手を把りて交遊し。後家に歸つて優游歳を卒へたい。是れが自分平生の願であるから御斷り申上げるといつて謝絶したのである。卽ち復林君書に

諺曰寧爲二雞口一無レ爲二牛後一。出則役二於人一。傴二僂於所レ逢處一。則或役レ人座而指授勞逸何似。且僕學問未レ成。自今以往十年讀レ書。上レ都時握二手天下之士一。而後歸レ家優游以卒レ歳。是僕平生上願也。敢不レ奉レ命者。爲二是故一也。鄙々之情。請垂二憐察一。又其不レ輕二走國都一者。亦恐二形迹之見一也。

又曰ふ

雖レ然至二困窮一有二奉檄之情一。亦未レ可レ知焉。亦在二他邦一或然。本藩則否。何居。本藩有二加川元厚者一。在二醫官一。是僕少時同學之友也。嘗相與誓曰。苟得レ志仕二一邦一則不二相下一也。若爲二之下一。則何面目見レ彼乎。僕所レ不レ敢也。

と是れ彼が敢て廣島に出でざる所以である。加川元厚は實に幼時の友であるが後段に細說す

るであらう。
此時寰海も亦就官せよと勸めたのだ。

寄房夫　　寰海

林明府勸房夫就官余亦賛成

犢鼻布裩酒器香　凌雲志氣猶飛揚
風光空滿平臺上　月色孤明兎苑傍
高調比來能入ㇾ楚　文章今復堪ㇾ游ㇾ梁
雛枚爲ㇾ爾已虛ㇾ左　好去長裾見ニ孝王一

それから七八年を經て西遊の後と見えて藤田某なるものがあつて。亦招致せんとした。此時も藤田君に復するの一文を作つて之を辭した。其内に

已而林君進ㇾ階不ニ外出一。而尚久要不ㇾ忘ㇾ僕。在ニ筑紫一則時々存問。歸則頻々通ニ慇懃一。感ニ其善遇一。

遂に一たび廣島に出で。林に面し其紹介によつて藤田の門を訪れた。藤田は晋民を呼ぶに先

生を以てし。且つ數篇の詩文を送つて添削を乞ふた。且此時已に左氏折衷が出來て居た。曰ふ

僕不㆓自量㆒。欲㆑明㆓春秋㆒。以㆔左氏能得㆓經意㆒。將㆑注㆓經傳㆒。附㆑之以㆓折衷斥妄禦悔地圖指掌㆒。未㆑卜㆔其成在㆓何年㆒也。今之折衷者。但擧㆓其綱㆒耳。是稿甚草々。不㆑可㆑備㆓於觀覽㆒。請緩㆓他日㆒。若欲㆑急㆑之。雖㆓未成書㆒。繕寫奉上。

此時から春秋稽古の大綱が立つて居たのだ。而して畢生の大業を成し遂げたことは後條に詳述する。

何とかして之を招かんとして。此度は今田某から勸めて來た。固より仕ふるの意がないから斷つた。其書中には

安厚㆓於三原人㆒。而薄㆓於廣島之人㆒耶

の辭があつたと云ふことだ。斯くまで度々招かれたが斷じて應ぜなかつた。彼の意中は只經學あるのみだ。此事は皆上京以前のことだ。固より其何年のことだかは分らぬ。然るに十數年の後江戸から歸つた其時には春水が廣島に仕へて居つたが。事は春水に依つて起つたこと

と見え。香川南濱物故の後松島八郎を遣して招かせたが。時既に遲く晋民死病に臥せし時で藝藩多年の望も遂に目的を達せなかつた。或は學校の總長を望んだからともいはれて居る。折角治下に生れた俊傑を空しく逸し去つたのである。春水は之を其碑銘の一節に次の通りに書いたのである。

蒲輪有レ辟　致レ自二本藩一

槃莫レ尙レ焉

廣陵世談卷一（山下正英）

平賀惣右衞門は晋民と稱す藝州の產にて其名一時に高し平安に教授す南濱先生物故の後松島八郎をして聘せられしに學校の惣長たらんことを望む故に召されずと且程なく歿す平賀氏下世の後京都より彼人の著作の書左傳集箋を持來りて人人に示し上木せんことを勸む然れども其書殊に大部なれば同志の人なく竟に世に行はれず惜しむべし。

二六、幕府の招聘

老中田沼意次秕政多く。民塗炭に苦しみ。非難の聲囂々國中に湧いた。是に於て松平定信之に代つた。參州吉田侯松平信明は信綱七代の孫だ。聰明果斷信綱に次ぐといふので。小智慧伊豆といはれた。是亦擢でられて天明八年老中となつた。時に定信は三十一歳で。信明は二十六歳だ。元氣旺盛弊政を釐革せんには最も適材である。風教を改めんには教學を盛にするより外はないと。是に於て第一に招聘せられたのは柴野栗山だ。之と同時に信明の手によつて招かれたものは卽ち平賀晋民だ。栗山は五十三歳の分別盛りだ。晋民は六十七歳の高齡で、妻子に先立たれ。只一人の娘（井上又四郎の妻）あるのみだ。又世に立つの望は全く無い。一旦宮中に仕へし身の。今更幕府の吏となる考は起らなかつたのであらう。物學世に捨てられて朱學大に擡頭せんとするの時是等の人と伍せんは晋民の性格より論ずるも之を好まないのは勿論である。何れの方面から考ふるも東下は到底出來難い所である。それで色々口實を設けて屢辭退した。しかし中々容易に許されない。遂に仕官を好まぬならそれでよいから。仕官は止めて客分として扱ふから是非東下して吳れよと云つて來た。士は己を知るものの爲に死す斯くまで云はれては遂に辭するに詞なく一應東下することになつたのである。間大業は次の通に云つて居る。

偶國政維新の時に當り。相公吉田侯輔佐公白河侯皆雄才。學行其位に居し。國家の爲思を竭し慮を盡され。天下有用の儒を求めらる。阿州の柴氏既に東閣に登る。而して後吉田侯先生著す所の大學發蒙及其餘の著書を見たまひ。是れ有用の儒なりと。諸侯こゝを以て深く先生を知らる。依て吉田侯厚く先生を招かる。先生自ら思へらく。我性柔弱人と抗言すること能はず。事に臨み畏縮す。故に野に謀れば時に或は得べし。朝に於てすれば則ち得ざるなり。口固より利せず所思を吐くこと能はず。必ず人に謀る。故に人以て魯とし亦自ら以て魯とす。民間に在つて既に然り。況んや青雲に上り其任に堪へんや。唯一二の著書を以て聊か僕が長ずる所とするのみと。其厚く招かるゝや。汗顔自愧に堪へず。且齢既に傾き老疾の堪へざるものありとて固辭す。侯愈厚く頻に招かる。其言に曰く房父出でずんば蒼生を如何せんと。天明八年戊申某月竟に辭することを得ずして東都に移る。

晋民が女婿井上又四郎に送りし書簡により。最も能く當時の事情を知ることが出來るのだ。

一筆致啓上候愈御家内御安全に被成御入察居候。此元相替儀無之候。然て先日之便り略申進候江戸より内々ながら御召有之。其後數遍往復有之御斷申上候處。此度又々別紙の通り申參候。此書狀の趣にては參り不申候事難成御斷の申樣も無之候故。先一通御禮御目見へ旁參り可申候。此元にて社中打寄申談候處。此度は御辭退も難成候事と皆々被申候。左候はゞ來月の內出立可申候と存候。所詮御斷も叶不申候へば。早く候ても三年も居可申候。無左候はゞ永住にも可相成やはかり難く御座候。夫故ちよと下り皆々へもいとまこひ致度候へども。最早ひまもなく候故書狀にて御知せ申候。程に寄候はゞ一生の別れにも可有之や不相知候。於家事御不便可被下奉賴候一類中へも此趣とくと御申傳可被下候。其內誰ぞ御登り候はゞ對面致度存候事に候。急ぎ草々申進候　恐惶謹言

四月廿七日(天明八年)　　平賀惣右衛門

井上又四郎様

ふべきだ。

其の江戸から來た別紙といふのは次の書簡だ。而して其取次の加川元厚なることも一奇とい

十七日書狀差出候定て相達可申と奉存候。扨別書之通の趣に候へども。今夜松平伊豆守様拙者へ被仰候は。先生事高年の事其上朝斑の勤務は難儀千萬に可有之。其上男子も無之候

へば。家を起し候様なる望も有之間敷。一女子生わかれの情も。至極默止かたき儀に候へば此上何とぞ對面被成。御國政の筋合等御聞被成度。厚く御信仰に御座候へば。何卒三年之内御東遊被成候はゞ。伊豆守様へ御客分に御待遇被成由にて御座候。其義は少も其心遣之儀は無之。右之通に御座候へば御閑暇も有之。御著述隨分御卒業被成候事に奉存候。三年の後は又々御西歸も御自由と奉存候。官途の事はさらりと相止み申候て御客あいしらい之事に御座候へば。萬事御安心成る儀勿論萬事御不自由の義も無之候。扨伊豆守様被仰候は一日も早く御對面被成度間。何卒相成事に候はゞ大暑に相成不申候內。五月中にも御下向相成候に被成度。大暑をよけ候はゞ秋涼の節に可相成。夫にては御待遠敷と被仰候。右荒々得貴意候。縷々申進度候へども。拙者儀も只今迄御前に罷在。夜半前歸宅今夜中急便に差出候故及略書候。萬々御亮察可被成候　匆々頓首

四月十九日(天明八年)　　　　加川元厚

平賀惣右衛門様

秋涼の節となつては待遠しいといひ。夜半前歸宅今夜中急便に差出すといひ。如何にも吐哺握

髪にも劣らぬ賢者を求めるに急なる所。此の元氣を以てすれば如何なる國家の積弊も釐正せずしては止まぬであらうと思はれるのだ。晋民は又次の添書をつけて居るのだ。

此元世話内茨木屋か尼崎やか十一屋かの内壹人は付添行かずば成べからずと被申候。猶又道中諸入用等も此衆より世話致くれられ候趣に御座候猶晩程不殘打寄り相談有之筈に御座候。

我等年來學問天下中誰知りくれ候ものも無之所此度御見出しに預り御懇望被下候段生來の本望には御座候へ共甚苦勞に存候。段々御斷申上候へ共右の趣に申來り無是非事に御座候

陋巷に隱棲する貧儒が一朝知己を得加之も其人は國家の大宰相だ。如何に謹直謙讓なる晋民も胸中抑へ難きものがあつたであらう。眞に學者生來の本望であるのだ。若し晋民が命に隨ひ仕官したならば如何なるものがあつたらうか。

猶次に漢文の往復文書があるが之を書下しとして次に載せて當時の事情を詳にすることにしよう。加川元厚からの來書。

向也に書を足下に奉して以來。日々領を引き足を企て西の方邑を望んで。以て令音の至る

を俟つ。僕の汲々乎として足下に望むこと此の如く急なる所以のもの。豈徒に足下に舊交あるの故を以てならんや。唯是國家維新の時に當り。我が相公吉田侯。輔佐白河侯と、國を爽にするは哲に由る。力を戮せ憂を俱にし思を竭し慮を盡し。孳々として夜以て日に繼ぎ。衆庶をして化に嚮ひ厚きに歸せしめんと欲す。是を以て周く爰に咨諏の思切に。吐哺握髮の業急に。輔佐君の著す所。求龍說。求言錄の若き者。一に言路を開き沈滯を起さんと欲する也。方今閭巷一介の士。苟も言はんと欲する所あれば則ち言ふを得。頃日上書して得失を言ふ者。踵を臺下に接す。往々取用る所あり、然り而して都下輕俊の士。詞藻浮靡。曲學阿世、靜に言ふて用違ふものは國家の取らざる所なり。國家旣に都下有用の儒なきを知つて。而して諸を草莽に求む。阿波柴生の若き者已に東閣に登る。盖し今の郭隗と爲すなり。是れ必ず大に致す所あらんと欲する也。向者に足下の著す所大學發蒙及び日新堂集。平素僕と往來して志を言ふの書を併せて。私に之を相公に視せしむ。而して今參政本多公。侍中加納公。皆雄才學行を以て位に居る。二公輔佐公と亦此を以て深く足下を知る。乃ち相公の僕に命じて云々する所以なり。豈に漫然試に之を一問する者ならんや。此に之を視れば實に千載に一時なる者也。而して僕足下高尚の志を抗け。肥遁の節を操り僕の志に酬ゆる無きを恐るゝ也。是を以て心旌搖々寤寐にも神を馳す。越へて四月朔足下の報を得。忙手接讀すること數回。乃ち憮然として大息して曰く。嗚乎命なる哉房父出でずんば蒼生を如何せん。僕固より足下の志此の如きを知る。然り而して言ふて足下に及ばざる能はざる所以のもの。相公の僕に命ずる素より厚きを以て也。今は足下の高誼を聞き默して止まんか。相公慮を盡すの爲にする所以に非るなり。諸公足下の報ずる所を聞くや。益此の如くせずんば以て君の爲にするあるに足らざるを知る。旬日相公再び僕に命ずるに。此の生遂に出づるを肯んぜずんば。請ふ之れが三年を借らん。噫三年の日。髦士を敎育し儒林を矜式せん。蓋し諸公此擧に鋭意する彼に在つて是に在らざるなり。故を以て再び高風を汚瀆す。足下幸に諸を察せよ。蓋し足下の書。辭するに齡耆耄に近く。班に廟朝に列し。大政を裨益し。夙夜思慮を盡すに堪へず。且つ其の著作する所未だ業を果すを得ず。加ふるに令媛郷里に在つて眷戀割情するに忍びざるを以てす。足下齡耆耄に近く固より矍鑠の質なしと雖も。內嘉猷を献じ翼々の風を扶け。外諮詢に具へて諤々の議を立て。幾微を既往に研き。可否を前修に決するに至つては尙壯なりと謂ふ可し。周書に曰く。猷詢を尙び玆に黃髮なれば則ち愆る所罔けんと。此れ諸公の足下に望む所なり。且つ夫れ大公文武の政を興し。四皓孝惠の位を定む。皆是眉鬢皓白。髮彼が如く僮々たるなり。足下言を耆耄に託して。以て碌々たるの志を果さんと欲す。乃ち不可なる毋らんか。古は百姓を德化し功黎民を救ふ能はず。而して後言を不朽に垂れ。知已を千載に俟つ。後世儒者の空文私に淑しとし時を憂ひ人を患ひざる如きに非ざるなり。足下苟も德を立て功を立つるの業。全うして之を得可し。則ち夫の言を立つるものの若き亡しと雖も可なり。其或は公暇退食此の緒餘を修めんと欲すれば。亦文職優裕にして。俗吏肯徒の簿書期會の間に俯仰して。朝夕の爲に遑あらざるが如くならず。奚ぞ著作全く備はらざるを憂へんや。一女の膝下に遠かり久しく契濶なるを憫む。是人情の必ず有る所。路人と雖も之が爲に泣を垂る。況んや相識故人僕の如きものをや。然りと雖も足下何ぞ數年の不宴を忍びざるや。夫の禹の水土を治むるや三たび門を過ぎて入らず。啓生れて呱々たるも子とせず。古の人情なきに非るなり。義を以て之を制す。足下其れ能く之を輕重せよ。是れ足下少より晴誦する所豈に言を待たんや。僕明々乎として數百言を贅す。足下の高明迺ち齒牙に掛くるに足らざるなり自ら顧みて高風に慚づ。皇懼巳まず俯して恕宥を希ふ。

之に對して晉民の答へしもの全く其眞意を知るに足るものだ。

恭しく以みるに方今國家清明。在位の君子皆是れ稷契周召。心を同うして以て國鈞を執る乃ち天下寧ぞ憂へん。人安んぜずして猶吐握天下の士を引き。野に遺賢無からしめんと欲し捜索側陋に及ぶ。足下早く相公の知を受く。今又爾の知る所を擧げよとの命を奉じ。僕竹馬の遊を辱うするを以て。嘗て論ずる所の著書を以て謬つて相公に言ふ。相公亦人を得ることを競ふ。故に謬て取つて僕を見んと欲し。足下をして意を致さしむ。是より先書疏往復數囘僕の出づることを勸む。僕才人に及ばず。學亦成らず。京師にあること二十年。人に知られず。獨り備陽湯子祥(湯淺常山)僕の春秋說を見。謬つて稱譽を爲し。人をして交通せんと欲するの意を傳へしむ。僕喜びに堪へず。卽ち將に書を致し好を結ばんとす。子祥適ま死せり。是に於て命の薄きを知り。知已の望を天下に絕てり。獨り自ら沾々たり圖らずも足下に取られ知を相公に辱うせんとは。夫れ一夫を得るも猶足れり。而して縣官の宰知已孰れか大なる。況んや風雲の會に遇ふをや。則ち即日東下するに論なし。古に云く老いて將に知られんとして耄及ぶと。年虞淵に邇うして氣力衰耗し事に堪へず。是を以て懇辭す。足下最後の書を得。之を拒むに辭なし。副書に又相公或は足下に私語して不次の遇を許すを以てす。顧みるに僕何人ぞ。相公に辱うするの厚き此に至るや。已に肝に銘じ骨に刻む。道に徹れて死すと雖も且不朽なり。奚ぞ命に應ぜざらむ。故に前書既に之を報ず然れども僕の意拜謝せんと欲するにあり。即ち還た此に說あり。勞を厭ふに非るなり。凡そ人に能あり不能あり。來書に曰く。房父出でずんば蒼生を如何せんと。又曰く內嘉猷を献し翼々の風を扶け。外諮詢に備へて諤々の議を立つ。幾微を既往に研き。可否を前修に決す。而して猶大公四皓を以て僕に望む。是れ豈に僕の能する所ならんや。之を讀んで汗顏自ら愧づ。僕萬分得る所の者は學なり道の經なり。嘗て人君に諭さんと欲するもの。之を諸著述に具す。近ごろ輔佐公の著書を得。之を拜讀す。其國本論じ盡して餘蘊なし。公已に之を先にす。僕復た奚ぞ言はん。若し夫れ一日二日萬機事變窮極するなし。學の盡す所に非るなり。夫れ足下と舊知と稱するものは實に弱年にあり。契濶殆ど五十年。其間相見るもの僅に兩次のみ。反して亦句すること能はず。乃ち足下僕の平生に暗し。亦唯著述を以て僕を知るのみ。天性柔弱人と抗言する能はず事に臨みて畏縮す。故に野に謀れば則ち或は時に得ん。而して朝に於ては則ち得ざるなり。且つ口利ならずして所思を吐くこと能はず遲鈍にして事に應ずること能はず。何ぞ翼々謣々之れ能くせんや。凡て世故に於て甚だ拙し。毎に事に遇ふて處置すること能はず。必ず人に謀つて之を濟す。故に人以て魯となす。亦自らも以て魯となす。民間已に然り。況んや雲間の上。其の嘉猷を献し諮詢に具ふるは跂及する所ならんや。此皆僕の自ら知る所。況んや自ら知らざる所のもの數ふ可きに及ばんや相公僕を見て必ず大に失望して又足下を誤らん。僕何ぞ寵光を貪つて厚顏敢て出でん。前書粗之を逑ぶ。今裝を治むるに方りて然も心甚だ安からず又玆に娓々たり。恐くは足下僕遁れんと欲して之が辭を爲すと謂はん。且つ書意を盡さず。故に特に間某なるものを遣し之を口說せしむ。足下の書下悃を詳にし之を相公に致せ。而して請ふ所を許せ。此れ大願なり。僕自ら得る所富貴を慕はず。聞達を求めず。獨り著逑を以て任と爲し以て餘年を樂まむ。足下幸に憫察せよ。書に臨み恐懼自ら勝へず垂昭之れ祈る。

今は別に批評を加へるの必要なく晋民の心事明なるものがある。然らば之を信明に勸めた加川元厚とは如何なる人か。

元厚先祖は舊と三次の出產たり。故有つて當地へ來り居住すること久し。父を富田屋彥右衞門と云ふ。元厚幼少の時父は病に死す。母一人妹一人ありける。幼名孝十郎と云ふ。若年より書を好み。學問手蹟村內の人に勝れ。常に容義を正うし。書籍を見て人に逢ふことを嫌ふ。終に家財を盡したりといふ。或時鶴に乘り天上することを夢見しより大志を思立つといふ。夫より京師に登り醫家吉益の門葉に屬し。術を得ること衆醫に勝れしとかや。其器量あるを見て吉益の家を嗣がんと請ふ。肯んせすして江戶に行き一派を立て醫業をなす。大に用ゐられ醫名益高し。公に召され御醫列に加へられ立身世に稀なりと云ふ。妹は國にありて早く死す。母は江戶に招き育みて病死せしとぞ。其外生國に少々所緣のものありといへども。身近き親類これなき故音信絕へて其後を聞かず。風說に寬政初年の頃卒すといふ。

是れ藝藩通志編纂の際忠海より提出した國郡志御用書出帳と稱するものに載つて居るのだ。

けれども藝藩招聘の處に述べた晋民の文によれば廣島にも仕へて居つたようである。即ち元厚は竹馬の友であつて其時から互に出世して相讓るまいと誓つて居つたものと見える。それで此の推擧があつたものと見える。後の井上四明の文によれば字を子慶といつたとある。

寄忠海加川生在東都　寰海

長別故人如レ隔レ生　鴻書不レ到絶ニ交情一
山中獨往空相憶　虚谷丁々伐木聲
客天何事久離レ群　非土風光長留君
故國今猶城郭是　忠江明月許山雲

二七、在東一年

晋民天明八年五六月の頃。間五郎兵衛を使として先づ東下させ後自分も下つたのである。同行者は果して誰であつたか明でないが。後妻の弟顯次郎の隨行したことだけは知れて居る。

拜謝のため東下するので直に暇が得たいと云つたが到底其れは許されなかつたものと見える。間大業は次の通りに書いて居る。

居ること一年。講義殆ど虚日なし。侯深く信ぜられ。數懇命を蒙り時に病の愈加はるを以て再三辭す。侯其病の實に堪へざるを憐み。意に任せ之を許す。侯離別を惜まるるの情亦深し。此に於て再び浪華に歸る。

是に由れば元厚の推擧を辱しめさりしは明である。其病の狀態の如何であつたかは知り難いが。江戸でも他の儒者と更に交通せず。唯獨りを守つて居つたことは京阪に居た時と同樣であつたやうだ。井上四明の唐詩選夷考の序文に次の一句がある。

聘君客歳東遊。留ニ於本都一朞年。客居所ニ與往來一。鄕人加川子慶而已。以ニ潛與子慶相親善一。誤知ニ潛愚一。辱ニ愛朝夕一。

此間も猶二三の人の外交遊を避け日々講義の暇に著述を精進して居たものと見える。是等の資料に據つて見ると東都一年は信明の前に出て。若き人々に講義をする。著述をするといふ極單純な生活であつたことが想像せられるのである。歸西の理由は病氣に相違ないし。又信明から厚遇を受けたことも間違はないが。後の手紙によると此の生活が晋民を満足せしめるものではなかつた様である。第一元厚からも三年といひ。自分も三年は居らずばなるまい場合によつたら永住になるかも知れないといつたものが一年で西歸したことには多少の意味はあつたかと思はれる。長州から招かれそうだといふ噂のあつた時の晋民の手紙に。

たとひ實事に候とも最早致仕の年に御座候へば中々仕官の儀は不致候。望に候へば江戸より不歸直に居候。いや故に歸り申候。

いや故に歸り申候。是卽ち晋民の眞意なりしものと思はれる。又楢崎仲兵衛宛の書簡にも

愚老儀も江戸表首尾好相仕廻歸り申候。逗留中道中共隨分息災に罷在候。九月末京着十月初當所へ歸り伏見町へ致住居申候

二八、長州よりも招かれんとす

晋民が歸西したのは寛政元年だ。幕府では國田寒泉を見出した時だ。其翌二年には愈異學の

禁を令せられた。此の學界の趨勢も亦西歸の一原因であつたかも知れぬ。晋民歸西の後長州から招聘せられようとする噂があつたことは前にも述べた。けれど晋民には一顧の値もなく遂に沙汰やみとなつたのだ。此時青木新四郎への書簡に

長州表の儀此方一向存不申事に御座候。どうやら米山寺邊へ噂有之事の様に聞傳へ申候。たとひ實事に候共最早致仕の年に御座候へば。却々仕官の儀は不致候。望に候へば江戸より不歸直に居候。いや故に歸り申候。

二九、終焉

晋民歸西の後も猶經書の研究を續けて居つた。寛政三年十月に至つて。畢生の大業春秋稽古八十一卷を書終つた。之れあるが爲に名譽ある仕官も斷はつた。各地の招聘にも應ぜなかつた。今は此の大業を終つたのだ。最早世の中に思ひ殘すことは全くない。常に孤悽に泣かせた妻も死し。七人の子女も悉く先ち。云はゞ家庭の殘物だ。翌四年十月廿四日終に溘然簀を

易へたのである。七十一歳を一期として此の大賢は世を去つたのである。富貴を慕はず。聞達を求めず。獨り著述を以て任となし。知己を百年の後に期し遂に一生を終つたのである。七十年の生涯固より短しといふではないが。四十で志を決しては餘り長いとはいへぬ。夫れにしては中々の大事業を仕遂げたのである。終焉を告げたので直に之を信明に報じた。信明は卽ち之に好古先生の謚號を贈つた。晋民は死後も猶人の知ることを好まなかつた。故に遺言して墓石に氏名年月を記すことを止めた。それで大阪天王寺内邦福寺に葬つたが。墓表には好古先生之墓の六字を刻するのみだ。寺でも何人の墓とも知れなかつたが。近頃余が參拜してから漸く知れることになつた。

三〇、頼春水

晋民の高弟で畢生影の形に添ふが如く。尊敬し且つ庇護したものは春水である。十四歳から晋民に從うて讀書を學んだ。今共の略傳を次に記して見よう。

春水は藝侯の文學。名は惟寛字は千秋又伯栗といふ。又霞崖和亭の別號あり。彌太郎と稱す。幼にして平賀晋民に學び。十七京師に遊ぶ。十九大阪に出で徒に授く。葛子琴混沌社に入り詩豪と稱せらる。洛閩の書を得て之を悦び故と學びし處を棄つ。天明元年冬藝侯に辟さる。三年江戸に出で世子の侍讀となる。世子封を襲ぎ東覲必ず從ふ。封三百石に至る。三博士登庸せられて業を東都に唱ふ。春水竹山拙齋等と相應して異を攘ふ。玆に於て儒風一變す。文化十三年二月十九日歿す。年七十一

春水十七歳の時母歿す。晋民碑銘を書きしは前に述べた。明和二年晋民子を擧ぐ蓋し初めての男子勝吉であらう。此時春水詩を作つて之を賀した晋民の答禮の詩がある。

余四十有四始擧子謝賴秀才見賀之

閨門牀上聽二呱々一　博レ愛掌中明月珠

舐犢老牛君莫レ笑　對レ人時唱鳳將レ雛

次に憶を寄せらるゝの和歌もあるが。其他には詩の存するものがない。安永五年二月は春水の父亨翁の九十の壽だ。大阪から京都まで來て壽詞を請ふた。依て之が序を作り惇々として

子たるの道を説いた。此頃春水は晋民の依賴に應じ天野屋利兵衞傳を作つた。
晋民の多病なることは前に説いたが。何時の事か。春水は大阪から態々二宮東昌と共に京都に行き。病を問ひ十八九日間も湯藥の勞を執つたといふことだ。

平賀翁在レ京罹レ病。予東ニ門人一問レ之不レ審。乃自理レ裝。拉ニ二宮東昌一問レ病。侍執ニ湯藥一十八九日。翁稍就レ安。乃辭歸ニ浪華一。後數年翁納ニ繼室一。嘗謂レ之曰。自ニ吾寓レ京。唯有ニ一事不レ可レ忘。吾得ニ篤疾一也。賴某自ニ大阪一來曰。先生安レ之僕來在レ此。吾心乃大安。繼室爲レ余語レ之　（在津記事）

此時晋民は單身旅寓に居る。衣食は一に門弟の手にあつたのだらう。其時に當つて篤疾に罹る。其心細さは大抵でなかつたであらう。此時に舊門下の遙々大阪から來る其嬉しさは譬へるものがなかつたであらう。又春水師友志を著し知人の傳記を載す。其數凡て四十余人。其中先生の敬稱を用ふるもの僅に二人。一は栗山で一は晋民だ。其の常に尊敬せしことも知れる安永末年の事か晋民一たび大阪に下つた。然るに下つて見れば春水は病の爲に歸郷して居た。此時賴珪に與ふといふ文がある。それによると大阪には一人の相識もないのに來て見れば君は病を以て歸郷して居る。自分は憫然として自失したといつて居る。是等を見ても晋民の賴りにして居たことも分る。又春水の書いた傳記に

老拙とは後になり學意大にちがひし故に學談はせず。幼年にて物學びし師恩あれば。その親みは失せず。江戸往來には大阪にて必ず尋ねしが。後に阿波座堀に尋ね逢ひし後は居所も知れず。今に至り先生の跡吊ふべき道もなし。

春水の後たる賴彌次郎氏は今猶其故居を守り。多くの遺物を秘藏して居られるが。其中に一書生作悼亡詩來乞正云々の晋民自筆の文がある其紙末に

是故平賀先生手書也。檢二故紙一而得レ之。文化十年癸酉十月十日賴惟寛識

としてある。其尊崇の狀は歷々と見えるのだ。晋民歿後二十年。三原人川口西洲靑人充延等に依つて碑文彫刻の事あるや。大に之に賛同し。遂に碑文を作り且つ肖像には賛辭として碑銘を書いて居るのだ。西洲宛の書簡に

平賀先生碑石彫刻今度出來候事は於私甚以難有御義。かく犬馬の齡には候へども。何角預御相談事本懷至極存候。右に付金子貳百疋差進申度候。右彫刻諸費の內へ御加へ御計被下

候様奉願候。尤此御取計方如何相成候哉。得斗承知不仕候得者御見計被成下度候。个様の事申出候。不可然候次第に候へば一向に御手元限りに御計可被下候。私方にては大阪へ上り一同に御世話も仕可相成候はゞ寸志之働き仕度と申迄の事にて候。兎角御任申候へば宜敷頼入候以上

正月廿五日　　　　　　賴　彌太郎

三一、間　大　業

晋民が大阪に居を移して以來。最後まで庇護したものは大業である。今例によつて其略傳を記さば

間大業諱は重富長涯と號す後耕雲主人と云ふ。十一屋五郎兵衛と襲稱す。年十二渾天圖を見て反覆之を翫す。後數日自ら竹木を揉輪して一儀器を造る。少しも違はず人皆驚く。十七人算法を學ぶ。弱冠始めて星象の學に志し。遍く古今の暦書を求めて之を讀む。後洋暦

の精なることを知つて之を改む。豐後麻田剛立浪華にあり就いて學ぶ。遠鏡加衡視心差の法を覩む。寛政中改暦の擧あり七年徵されて江都に赴く暦局にあつて其事に與る。暦成りて賞賜多し。享和二年長崎に行き食限を査し沿海を測量す。文化元年正月。日官高橋東岡歿す復た召さる。同十三年三月廿四日歿す年六十一。佐藤一齋碑文を作り林祭酒銘を贈る石碑大阪淨福寺に在つて晋民に隣せり。亦碑陰一字を止めざるなり。

大業の京都に晋民を迎へて目的を達せず。空しく歸つたことは既に述べた。天明四年二月隣家火を失した。遂に類燒して纔に一庫を餘した。晋民は柳子厚に傚ひ之を賀した曰く。

貨殖家折二本於居業一。以爲レ患焉。耗二損於天災一。則非レ所レ憂也。余鄕有二古老一。業二釀酒一者嘗戒二子弟一曰。人一世一兩次必有二厄難一。或有二一年之釀盡腐敗一矣。或有下遇二水火一而家資泯上焉。苟知三財所二從來一。不レ憂レ不二復富一矣。少年之時。聞而記レ之。蓋自レ古之言也。子今方嚮レ富而遇レ災。是天助レ子也。觀二世務レ富者。鬪レ智爭レ時寐夢寤思。熙々爲レ利往。壤々爲レ利來。心神與二形體一。爲レ之所二驅役一。是何用也。所レ期乃煖衣飽食。極泰奢侈耳。(中略)子因二天警一而務レ本不レ求レ厚レ富。不レ懈二于素一。則其復レ舊在二五年中一。且子之業幸無二與レ人爭㆒。不㆑用㆓栖々㆒。然財所㆓由來㆒貧戶也。哀矜而勿㆑喜。柳之賀也。欲㆑使㆓失㆑富而求㆑貴。余之賀也。欲㆑使㆓子不㆑失㆑富也。

晋民の東下せんとした時に與つたもの三人。茨木屋尼崎屋十一屋だ。其の十一屋卽ち大業が晋民に先ちて使として東下して居ることも既に述べた。石碑彫刻の際も重要なる斡旋者で其の略傳も書いて居るのだ。尼崎屋は五兵衞といふのだ。

三二、金龍道人

長崎にて心交あり。其の東歸の送別の詩偶高暘谷の怒りを買ひ。却て晋民の堅忍の德を世に知らせ。金龍之を京師に推賞して人々を感動させ。其世說新語補索解の佛語には悉く自分の詳解を入れ且序文を書いて居る。晋民の詩に

京師重陪㆓金龍上人鶴書樓諸儒筵席㆒。次㆓源甲山韻㆒。樓後有㆓一諸侯之園㆒。々中皆是桃。而花盛開相㆓映樓上㆒。

千樹紅桃傍ニ水隈一。　束風相映興悠哉
孰將ニ金馬一偸ニ餘子一。　何歳芳園移得レ栽
歌與ニ陽春一樓上滿　花兼ニ新筆一酒中開
豈圖重値ニ群賢會一　長路關山思幾回

といふのがある。其他數首の詩が殘つて居る。

金龍は敬雄といふ字は韶鳳金龍道人と號す。瘤道人道樂庵主人の別號がある。武藏足立天台宗吉祥寺の學僧なり。幼にして比叡山に登りて宗義を學び後江戸に行き淺草金龍山に寓して學譽高く時人呼んで金龍道人といふ。寛延の初め常野に遊び。寶暦二年下總正安寺の法席を董す。蒋いで輪王寺宮公啓法親王の懇命により吉祥寺に轉ず。明和六年四十七歳四方に漫遊し畿內より長崎に至る。美濃安八の善學院に閑棲す。天明二年正月寂す年七十。

三三、永富獨嘯庵

永富獨嘯庵は當時の大家である。之を長崎に送つては詩五首を得。

長崎送ニ獨嘯庵還ニ赤間一五首

共作遠遊客　聊翫人間世
秋風君自返　獨憐滯荒裔

秋深諫江水　東流作白雲
何堪千里別　臨岐泣離群

山至豊城盡　海環紫塞通
囘頭君試望　何處不秋風

客路瓊城隈　江山秋未半
聞君重囘軫　及菊不爛漫

一夜中秋月　赤間關上寒

天涯無限色　　應レ爲二故園觀一

外に博多に次韻の詩もある。大阪で天野屋利兵衛傳を託されたのは此人だ。

初め晋民西遊の時獨嘯庵を訪ふた此時は寰海。絶公も同行したと見えて次の詩がある。

獨嘯庵同絶公房大守歲　　寰海

除夜蕭條硯海濱　　主人眠熟歲將レ新

爐邊寄客二三子　　頭上戴レ灰添二濕薪一

同元日作

雞鳴關上是新年　　擁レ褐主人依レ舊眠

擡レ首石爐吹二宿火　　室中猶滿濕薪烟

永富獨嘯庵名は鳳字は朝陽。昌安後に鳳介と稱す長門の人。本姓勝原氏。荻に至り山縣周南に師事す。努力人に過ぐ。周南之を賞譽して蘐園之餘響鳳能獨嗣二其所一といひしといふ。二十歲の頃山縣東洋に謁し優遇せらる。長崎より長慶といふものを召し製糖の業を究め。名古屋及荻に創む。始め疑を受けて囚へられしが後賞賜を受く大阪に於て醫業を開く。明和三年三月五日歿す年三十五。

三四、學　說

晋民は徂徠派に屬すといへども。必ずしも徂徠を墨守するものではない。學問捷徑卷上學儀の内に細說して居る所を見れば其意見が分る。先づ經學を說いて

經學は十三經漢儒の說。程朱の學。仁齋の說。徂徠の說。この外に陸象山。王陽明。郝敬山などが說あれども。大數前の四家なり。其中漢儒の說は名物度數と訓詁の學にて道の筋立たず。宋儒に至つて筋立つ。其學は佛家に擬して窮理して聖人になると立るなりこれを性理の學と云ふ。仁齋は四端を擴充して。仁義禮智の德を成就すれば聖人なりと立る。徂徠は先王の道は天下を治る術なり。孝悌忠信を本として。禮樂を以て化を敷き熈暭の風をなす。これその功なり。これを經濟の學と云ふ。道はこの三家より外に立つべきなし。

といふ。是れ晋民の徂徠說に屬する所以である。それから硏究の順序を次の樣に云つて居る。

先づ十三經を學んで漢儒の說を明らむべし。次に宋學に入り二程全書。語錄。朱子の語錄近思錄。四書の集註。或問。其他宋儒元明の說。旁陸王の書までも明めて其理を會得すべし。其後に仁齋の古義。語孟字義。童子問等凡仁齋の書ことごく涉獵して其學を知るべ

し。又郝敬山が九經解。及山草堂集を見るべし。仁齋の說に似たること多し。其後に徂徠の辨道。辨名。論語徵。學庸解を見て其道を明らむべし。かやうに遍く學んで我が力を以て古書に考へ合せ。これぞ聖人の心なりと思ふものを主とすべし。

といつて取捨選擇の方を說き。次に誰れの說にも偏りてはならぬと云つて居る。

凡そ學は人の說を信ずべからず。朱子も仁齋も徂徠も打かへす心に成て明らむべし。己一家の說を建るは格別の事なり、左もなければ三家の中による所出來るなり。依る所ありとも其人の言を一途に信ずべからず。誤りあらば必ず正すべし。而して後六經を明らかにすべし。是經學の大綱なり。

是れが卽ち晋民の見識で取捨を誤らなかつた所以であらう。又闇齋に對して次の樣に云つて居る。

今の人多く云。經學は本なり學者經學より入るべしと。これ無學者の言にて聖人の敎に戾ることを知らず。恐くは山崎學者の言なるべし。勿論經學は本なり。然れども經學は至てむつかしきものにて初學の中に企て及ぶべきものにあらず。

又云ふ。

されども山崎家の儒者はすべて禪僧の氣質にて。己を高ぶり人を責むるを事とし。且世故を知らず。人情に達せず。故に國家の用にならず。却て國治の妨げをなすなり。

こんなことも云つて居る。

扨身は小人に居るとも心は君子の場に居るべし。然りとて闇齋流の如く。己を高ぶり常袴にてぎく〳〵するにあらず。凡そ彼流のする所は禪僧の氣象にて人情を離れしものなり。それは聖人の道にはあらず。

と云つて闇齋流に對して鐵槌を下して居るのである。次に物說を取りし所以に就いて細說して居る。

予自ら思ふに諸家各臆を以て說を立つ。我も亦試に六經を考へて說を立て一家の學を成んと思ひ。先づ三家を立て經に考て其非を以てこれを廢せんと欲し始めに程朱を考るに伊荻二家の非斥する所は百分の一にして悉く道に合はず。仁齋は六經を廢すれば云ふに足らず徂徠に至ては予が學力の足らぬ所か。才識の及ばぬ所か。章句の中には議すべきものあれども。道の大統一々六經と吻合す。なほさまぐ〵難を入れ見しかども。ついに克つこと能はず。こゝに於て角を崩して心服し。物說を以て聖人の眞旨としてこれを奉ず。宇鼎論語考を著して論語徵を駁す。間當ることあれども宇が學問道の大統なし。章句の末を摘て論す言ふに足らず。それより以來とやかく言ふものあれども。みな蚊蠅の聲の如し耳を聒するのみなり。予が徂徠を主とするは世間聲に吠る徒の類にあらず。今これを云ふものは。予吟味の上にて徂徠を主とする故。門生達も徂徠を主とせられよと云ふにあらず。とて自由選擇に任して居る。仝く仁を取つては師に讓らずとでも云ふべきである。猶程朱に就ては

程朱の學は佛意を竊んで建立せしものなり。大抵九分の禪に一分の敎相を配濟せしものなり。儒者佛理を知らず。其高妙に服す故に尊崇す。佛家より見れば甚だ下劣にて彼の家の聲聞緣覺にも至らぬものなり。夫故彼の家と戰はしむれば一時に敗北す。又その立る所の名目皆佛理を借て名く。其最も大事とする無極而大極。體用一源。顯微無間は唐の時の華嚴僧の語なり。其學由て來る所あり。此の所用にあらざれば辨せず。予僧に就て華嚴。天臺

眞言。禪。法相。倶舍等の大意を聞く。宋學鏡にかけて見るよりも明なり。故に學者は佛理も知らねばならぬものなり。

朱說を解き得て餘蘊なきものだ。又仁齋說に就ては

仁齋の學の誤りは孟子を主として道を說かるる故なり。孟子は戰國の時先王の道をば公然として廢して用ひぬ世界に出でゝ。天下の人を吾道に誘入せんとせらるる故。心にも思はぬことを作り出し云るゝこと多し。性善四端の類は楊墨を拒んが爲なり。畢竟孟子の書は釋氏に所謂方便品なり。道の正道となるものにあらず。且又禮樂廢せる時なれば孟子といへども知らざる所多し

仁齋顏色なしといふべきだ。徂徠に就ても次の如く云つて居る。

徂徠老爺の說頗る取捨すべきものあり。又足らぬ所あり。予辨正採擇の志あり。予不才にして四十歲に至て始めて無學唐人となりたり。(本書參照)それまでは一向に文學のみをせり既に無學唐人になりたれば詩文學を廢して一向に經學に入る。物子六經に手を下すに暇あらず。六經明ならざれば道明かならず。故に先づ六經を治む。

眞淵國學を始めて宣長大成せしが如きか。寛政の際異學の禁がなかつたなら。晋民の後世尊崇を受けしこと頗る大なるものがあるのを想像せしむるものがある。

三五、諸家に對する批評

晋民は交遊を好まないから知人は極めて少い。隨て餘り多く當時の諸家を批評したものを見ない。只學問捷徑に據つて一二其見る所を窺ふに足るものがある。

服部南郭

南郭が肥後侯に答へしところ甚理なく。其上己れいかほどの才能徳智有て大膽に宰輔を望むことぞや。夫子の聖といへども最初に委吏となり。司樴吏となり。後に中都の代官となり玉ふて。治め方善くて他國までも手本にするやうになりしゆへ。司空に進み。大司寇に昇り其後に相事を攝行し玉へり。近來聖人の道にも教にも無きことを作りこしらへ。愚民を惑す類もあるよし。是等は道の賊と云ふべし。又南郭肥後侯に答へしも非なり。君子は本を務む。然るに瑣々たる有司の職とする末を論ず。是にて足りれとせは國々隨分の治は既に成ぬれば聖人の道は無用の長物となるなり。それを知らぬ南郭にはあらねども。彼は文人にて聖人の道は志さゝぬ人なり。然らば我いまだ道を學ばず。其人に尋ね玉ふべしと答ゆべきはづなるに。巧辭を舞はして論ぜしは例の負け惜みか。さては又彼國の執政有司の心を取こむ媚辭か。予これに因て其人となりを甚だ疑ふ。

是は南郭先生文集四編の五にある贈熊本侯序といふ長文に對する批評であらう。

予長崎に在りし時肥前に趣き大潮師に謁せしに。和尚予に告て云く。此邊此頃専ら傳るには徂徠集唐へ渡すと實なりや否やと。予答へて云には長崎にて曾て沙汰なきことなれば虚說にて候はんと和尚の云それは宜しきことなり。徂徠集は唐人に見せ難き所多し。因て遂に云。徂徠は唐音に通達の人なれば唐人に見せても耻しからず。今の徂徠集は徂徠歿後に南郭校合して。己が心を以て改し所多し。南郭は唐音を知らぬ人なり故に詩文共に協はぬ所多し。紀州の山県といふ門人の母より國産の橘子《ミカン》を贈る。其謝詩に南州嘉樹后嘗栽。生子欲レ如二屈子才一と。徂徠の心屈子の唐音ケツウなり。橘子も亦ケツウなり。此口合にて屈子と用ゆ。南郭唐音を知らぬ故原字に改めて屈原才とす。大に殺風景なり。是は害なけれどもこの外害になること間多しと語られたり。

鼎也毋饋レ橘南紀人也南紀物也　徂徠集七

南州嘉樹后嘗栽　生子欲レ如ニ屈原才一
洒以ニ陸郎懷裏物一　慇懃千里饋レ我來

南郭師の詩文を縦に改むべきことはあるまじき聞及びしことあり。徂徠は楷書不得手にて草稿みな草書にて記録せらる。南郭校合の時甚だ困窮せられし由なり。然らば推量にて眞字に寫し違ひしこともあるべし。それより一句の内に子字重る故に原字に改めしか。いかさま南郭は唐音知らぬ人か。京師占居の初め金龍道人。長尾文作。建凌岱と云ふ畫師予と四人。武田孝順の宅へ集りしに建凌岱南郭の詩を稱歎し。鶴脊關西天目山と云ふ句を唱ふ。予その時までは唐音の癖ありし故竊に唐音にて唱へて見しに。聲律甚だ協はず。鶴脊目皆入聲にて音促り唱へがたし。餘の四字皆平。且つ關天山韻相近し。たゞ西の一字少しくつやを取るまでにて一句よからず。

大宰春臺　孔注孝經隋の世始めて出づ。當時の人既に之を劉炫の僞作と謂ふ。後儒亦辨論あり余別に之を詳たす。春臺先生は之を信ずるは何ぞや。云ふ尙書を傳ふるは學士大夫の爲なり故に其說を盡さず讀者をして思ふて之を得しむ。孝經を傳ふるは凡人の爲なり故に其言を丁寧にし以て之を告諭す此其の同じからざる所以なりと。夫れ註家の體例各異なれり尙書亦安國に非ざるも然も尙書の孔に擬する甚だ似たり。此註豈に漢時の氣象ならんや。且其說多く管子を取る。經濟に屬するもの。義本文より艱し。是れ學士大夫の孝經にして凡人の及ぶ所にあらず。安國其れ之れあらんや。春臺先生大儒なり。然れども間々此僻あり其疵瑕惜しむべしとなす。

僧文雄

音韻の學は韻書多し本朝僧文雄の著せし磨光韻鏡。同く後編を熟覽して音韻の旨を曉り。後に韻書を見るべし。韻學本朝に在ては文雄師前に古人なく後に來者なく誠に尊崇すべし。

仁齋。東涯。徂徠。春台等

仁齋東涯徂徠春台等の諸老爺天縱の才を持ちながら。乾々として日も足らずとして務められし故にこそかゝる大儒とはなられたり。

南郭蜕巖

南郭蜕巖其他の諸名家皆詩は名人なれども拘泥せし故十首も百首も詞かはるのみにて意思同じことなり。是を雷同といふ。

高君秉

予が觀る所長崎の高君秉諸の格詩を兼ねたり。但字義を知らず字を誤り用ること多し。長崎の高彜が詩に東方曼倩漢廷賢（平々仄々仄平々）平仄の配り和例に在ては甚よし。唐音にて唱れば東《トン》方《ハン》曼《マン》倩《ゼン》漢《ハン》廷《テン》賢《ケン》みなはねる音にて一向に聲律に協はず。

屈景山

今の人唐音は詩文の用にはならぬと云ふ。屈景山だにまのあたり予が友松子純に向て云れしと松子純予に語りたり。皆唐音を知らぬ故なり。

大潮和尚

大潮和尚予を戒て云ふ四十以後は夜を勤むべからず生靈を害すと。

是に（唐の聲律）達せしは大潮和尚なり。予詩や詩經の唱へやう和尚の弟子玄翃より受けたり。和尚は唐僧筑菴などに就て正し。又其比は岡島などの通事のよき人あつて徂徠などと切磋して學びし人なり。

藤東壁　和尚の談に嘗て人に小說を讀ませて暗に聞て一囘の中通せぬ所僅に三個所ありしとなり。前修の學に精熟なること是に於て知るべし。

南郭。蛻巖。徂徠。

詩南郭蛻巖ほどに至らんと思へば。一生詩三昧に入らねば能はず。これにて徂徠の天縱の才なることを知る。徂徠は皆其長を兼ねたり。前に古人なく後に來者なしと云ふべし。又今天下の書生詩文に目の明やうになりしは皆徂徠の庇蔭なり。近來好んで譏るはまさに其量を知らざるを見る。

宇野三平

呼レ火口乾呼レ雪齒寒と云ふことあり。火音はホウなりホウといへば口中暖になる故に口乾くといふ。雪の音はシなりシといへば齒に風しむやうなり。故に齒寒しと云ふ。大潮和尚この事を宇野三平の前にて唱へられしかば。三平取りあへず呼レ虎風生と云れたりとて。其俊抜を歎ぜられたり。虎の音フウなり、宇野は學問と討死せし人なり。それ故僅に三十餘にてかゝる大儒となれり。

江村北海

江村君錫は京師の文宗なり四方斗山の望あり。且つ浪華諸士と相暱しむ庶はくは傳ふるに足らんか乃ち之を託す。則ち速託して果さず。之を促せば則ち曰く日本詩選の事あり未だ着手するに暇あらずと。而して佗の請託の文は往々之を見る。乃ち余の貧にして潤筆なきかと疑ふを知る。余卽ち黽勉して之を辯ずるも義氣之を行ふに非れば亦之を爲すを屑とせざるなり故を以て之を辭す(天野屋利兵衛傳跋)

三六、性　行

性行の大體は既に前節に屢述べた所であるが。猶主なるもの二三を誌して見よう。

專心經學を研究す。詩文を作らず人と交らず專心經學を修めて只管大成しようと志した。

略傳に

日々讀書數卷殆ど手卷を措かず。卷を措けば著書作文に耽り。時に傍に人の來るをだに猶之を知らず。筆硯亦暇あらず。草稿常に机畔に堆し。其他一切の事に拘はらず又應接の間頗る言語少く。世之を驚嘆し。篤學高風人之を敬信す。其道に志すの厚き。其文に長ずるの高き。著書に就いて知るべし。

又士龍宛の書簡に

此地にて諸英相集り唱和可致との事扨々思召違に御座候。ぜんたい住京致候初より經學研究の志に御座候故。詩文章は誓て廢絕致候。併今時學者といへば。詩文章するものと心得候故。あちこちより託御座候。是も百人中に一つ不得已肯候て致候。本より不才構思に苦候故。猶更作るに懶く。不得已受合候所もとかくのび〳〵に相成申候。去々年書生より詩會を賴まれ候。金もうけの爲に致候て廿首計りも致候にて其後會もすたれ候て不致候

といふのがある。

人と交らず。是亦前節に屢述べた處であるが。片山順甫に送つた書にも次の語がある。

夫れ平安は天下の大都會なり。人物多からざるにあらず。十年久しからざるにあらず。而して一の合ふ所なし。僕たるもの知るべきなり。

士龍への書簡にも

又京師の諸先生と氣象合不申候故出合致候ても學談等の事一向無御座候

江都滯在中も加川元厚。井上四明等二三の外は更に交らなかつたといふことも既に述べた。揮毫を好まず。能書といふ程ではないが。去りとて惡筆では無論ない。それに頗る揮毫を好まなかつたから。今日遺墨を求めようとしても。容易に得られない。青木新四郎への書簡に

老夫贊の儀御申越贊は易き事に御座候。自筆の事は是亦難題にて御座候。老夫惜むにては無之候。性得惡筆のみならず。文字存不申候。近來虛名御座候て。掛物額屛風など方々より賴參候。惜にはあらざれども末世まで耻をさらすいやに御座候故。何方より賴參候ても辭し申候。强て乞はるゝは耻をかけよとの事にて甚不深切の事に御座候。此心を不存もの賴被申事御座候。此元門人内にも有之。不得已ものには匿名にて書遣申候。又扇子等のものも。遣ひ捨り申候者故。江戸戻りの土産には。手書にて名印を加へ遣し申候。是等にて

御推量可被下候。達て御望ならば名印なしならば自書可致候。夫も外へ老夫書と御申被下候は成不申候。又名印すへ候には代筆にて御座候。無名自書も門人ならでは致不申候。兼て左様思召可被下候。

物に驚かず。大阪に於て一日隣家より火出で類焼したことがある。それに晋民は更に驚かなかつた。略傳に

浪華一日火災の事あり。先生時に琴を弾し静座す。延焼居屋に及ぶ。一曲畢りて徐々として去り。門生某の家にのがれ面貌常の如し

と記されてある。晋民の書簡に

如仰仲夏には此地火災。殊に近火にて弊家罹遠焼甚狼狽致候事に御座候。されども人助多御座候て。家財損失も無之悦申候。暫堀江（北堀江三丁目尼崎五兵衛）に致寓居七月朔日中之島常安裏町に移り只々安頓致居申候。御安意可被下候。

又他の書簡にも

如仰當地大火に御座候て。老夫抔も逢類焼甚難儀致候。併家内別事無之罷居候御安心可被

下候。當分北堀江三丁目尼崎屋五兵衞と申方に致托宿居候。被懸御心御訪被下忝奉存候。

常に芝居を見物す。人は見かけに寄らぬもの。此人にして此樂ありとでも云ふのであらう。

浪華人傑談によれば

先生常に劇場を好みて見物に越されしが。何時も價安き場所にて見て居られし依て世の人平場先生と異名せしとかや（此項平賀鳩溪を誤り傳へしに非ざるか。）

以上に因て大體晋民の性行を知るに足るものがある。

三七、著書

著書は晋民が畢生沒頭した大事業である。今其一斑を記して見よう。略傳に依れば。

著書數百卷に及べり。或は世に公にするあり。未だ梓に上せざるあり。未だ大成せざるものあり。小冊の如き散逸するあり。大略余記憶する所を以て左に列記す。

春秋集箋　一名春秋稽古　全八十一卷未刻

經折衷　經註　傳折衷　總論　禦侮斥妄

詩　經　原　志　　　　　　　　　　　　全九卷　未刻

晰義三卷　國風二卷　小雅二卷　大雅一卷

世說新語補索解　　　　　　　　　　　全二卷　刻成

唐　詩　選　夷　考　　　　　　　　　全五卷　刻成

大　學　發　蒙　　　　　　　　　　　全一卷　刻成

日　新　堂　集　　　　　　　　　　　全二卷　未刻

論　語　合　考　　　　　　　　　　　全

學而より八佾の初めに終り未だ大成せず諸家の說折衷三卷あり

學　問　捷　徑　　　　　　　　　　　小册三卷　刻成

とあり。春水の傳には

天野屋利兵衞傳があると附箋してある。

之を現在のもので余の搜索發見したものは次の通りだ。

春秋稽古 八十一卷　寫本帝國圖書館所藏（河邊氏印及び櫻山文庫の印が押してある。）

經　註　卷一——四

左氏傳　卷五——卅四（卷九、十を缺く）

折　衷　卷卅五——六十九

左氏禦侮　卷七十——七十五

公穀胡斥妄　卷七十六——八十一

總紙數二千三百四十一枚で。用紙の柱には春秋稽古。卷。傳。日新堂の文字を刻されて居る各卷の初めには必ず皇和安藝平賀晋民房父著の十一字を入れてある。其最も心血を灑ぎしは折衷以下だ。此に至つて始めて著者の見識が見られるのである。一例を云へば春秋の二字に就いて賈逵。劉熈。賀道養。杜預。物徂徠の說を引き。次に折衷に曰として三枚程も自己の意見を述べて居る。晋民は始め徂徠派に屬して居ても。學說に至つては決して盲從はしないのである。斯くして最後に

寛政三年辛亥十月二十有六日卒業于是齋　　平賀晋民時年七十

と書いて居る。終焉前十四ヶ月に書終つたので。恐くは畢生の重荷を卸し。是から大に安心すると同時に病勢も頗る增したことであらう。此本は全卷通じての同筆ではないが。最終は晋民自筆であるから原本であらうと思はれる。最初は門生等も出來上るに随つて。寫し取つたであらうが。終には誰も寫すものもなく。恐くは完成本は此一本であらう。其原本の世に殘りて居ることは何よりの仕合である。余は此の跋文を讀んで覺えず涙を催したのである。

春秋集箋　七十三卷內卷三十四、三十五刊本　安永四年刊

　　廣島賴彌次郎氏名古屋服部富三郎氏及び著者所藏

是は前の春秋稽古と同じ本で。稽古は三十五から折衷だが。此方は卅四卷からで卽ち折衷の一、二なので。總論から隱公までであるのだ。是は公卿廣幡家で出版したもので、非常に美しく殆ど他に例のない程の文字である。每卷終に廣幡殿藏版として廣幡之寶の印を押し

此書不レ許三他有二刊行一若或敢犯レ之則無レ赦矣每冊圖記以爲二證驗一無者係二贋本一

と記され。春秋經傳集箋全部七十三卷。發行書舖文錦堂京二條通林伊兵衞とあつて。各一丁の柱に安永乙未の文字がある。乙未は安永四年で宮中に仕へて居つた時である。賴氏所藏の

ものは勿論春水手澤本であるが之には紙片に

春秋集箋經　隱公 莊公 / 桓公 閔公　一冊

同　　傳　隱公 / 桓公　一冊

右二冊續發

と印刷したものを附せられてある。卽ち第一卷から次第に出版の積りであつたらしいが。之が果して出版せられたか否かは不明である。服部氏は多分出版せられないのだらうと云はれた。

又山下正英編輯の廣陵世談に

平賀氏下世の後京都より彼人の著作の書左傳集箋を持來りて人々に示し上木せんことを勸む。然れども其書殊に大部なれば同志の人なく。竟に行はれず惜むべし。

とあるので二冊以外は出版しないのであらう。

大學發蒙　一卷　刊本

天明五年春刊

廣島　淺野圖書館　名古屋服部富三郎氏所藏

京都堀川通錦小路上町日新堂文臺屋次郎兵衞の發行である。此中には時々徂徠の說を駁した所があつて晋民の意見の見るべきものが少くない。松平信明が晋民を招いたのは此書を見たからだといふことだ。

詩經原志　**六卷**　刊本

大阪圖書館所藏

卷一二　風

卷三四五　雅

卷六　頌

總紙數二百七十九枚で日新堂所藏とあるのみで出版の年月日も發行書肆もない。

詩經原志晰義　三卷　寫本

大阪圖書館所藏

卷一　詩義古訓

卷二、三　排　非

春秋集箋と印刷した紙に寫してあつて總紙數百十二枚ある。

世說新語補索解

二卷　刊本

名古屋服部富三郎氏　東京太田才次郎氏及び著者所藏

是は靑蓮院文學たりし時卽ち安永三年四月の刊行で安藝平賀晋人房父著備後島邦俊子昌校訂としてある。總紙數九十二枚京都書肆林九兵衞風月庄左衞門林權兵衞田原勘兵衞梶川七郎兵衞の共校である。云ふまでもなく世說新語補の解釋で。其佛語に關するものは悉く金龍道人の說を入れてある。且金龍道人の序文が載つて居る。

庖丁之解レ牛也。若惟因二其固然一。批二大卻一。導二大窾一。則族庖良庖。何以分レ之。但其遇二於族與二肯綮一。而方可レ試二絕技一哉。夫學者於二世說一。亦猶レ解レ牛乎。其書固盤根錯節。難二遊刄一者多。故古今皆以爲レ難。而說聽者多。討論者多矣。然亦惟批二大卻一導二大窾一。因二其固然一者而已。至三其族與二肯綮一。非下竭二精思一。彈中才力上欲レ解レ之而不レ可レ得也。吾友平賀房父。嘗講以授二諸子一。諸子悅隨。戶外履滿。於レ是錄二其所レ講。題曰二索解一。余見而謂曰。房父是世說之庖丁也哉。乃至其族與肯綮。輙謋然已解。如土委地。恢乎其遊刄。必有餘地。兼判諸註臧否。嗚虖。奚其至也哉。曩昔達磨門下有三人。其得法淺深不同。尼總持得皮。道育得肉。惠可得髓。而今亦如是。諸註唯得皮肉。房父猶至其骨髓也。己論者饗桑經之妙與否耳。不啻註家應斂衽瞠若。卽使臨川王起。則應有譆善哉之嘆矣。余感深古今。故爲序以辨于簡端云。房父名晋人號中南。平賀其姓。藝州人也。今爲靑蓮大王文學。篤厚長者。其所好者道也。進乎技矣。志在明六經焉。春秋左氏集箋。既有成書。易又爲緒。行將壽梓以問世焉。今此解雖不盡房父。亦足以見一斑云。

安永癸巳秋七月　金龍道人敬雄撰

唐詩選夷考　七卷　刊本

天明元年十二月刊　帝國圖書館所藏

江都書肆小林新兵衞出版で。其主旨は末尾に附したる自跋に明である。今は書下しにして見よう。

蘐園が古學を倡へてより詩は必ず盛唐文は必ず李王。愴溟又唐詩の選あり。服氏故と之を東都に刻して大に海內に行はる。人として之を挾まざるものあるなし。而して五尺の童も輙ち唐詩々々と曰ふ。夫れ唐詩の唐詩たる解して盡す所に非ず。然れども詩意を得ざれば則ち初學由て入るべき無し。李選の解彼是頗る多し。今盛に行はるゝもの訓解。句解。兒訓。約說。國字辨等。而して訓解の詩意を解する俗陋にして謬多し。據となすべからず。然も大意を平說するのみ。故に學者を誤ること猶少し。句解に至つては則ち之を句說し之を字釋し。穿鑿詳備必ず言はんと欲する所を盡して止む。且つ大體を謬るもの少からず。諸訓解を視るに其謬り相千百す。人此を認めて眞と爲す。所謂邪路に陷るなり。何ぞ唐詩の正味を得んや。則ち學者に害ある此より甚しと爲すは莫し。今の考ふる所。將に學者をして從ふ所に惑はざらしめんとするなり。故に訓解句解二書に就き其過を指摘し其正意を採る。間鄙見を附して以て初學に便するなり。而して其二解に止るもの世に甚だ流布せざるものは之を問ふに暇あらず。且其得失博く之を辨ずるに及ばんや。若夫れ兒訓。約說。國字辨は是れ目に一丁字を知らざる者の用にして射利者の設爲する所なり。寸長ありと雖も而も學者の齒せざる所なり。故に置て論せず。客余を難じて曰く。古の諺に云ふ人其子の惡を知ることなし。其苗の碩なるを知ることなしと果せるかな。孰か子を之れ是とせん余之に應へて曰く。人各其見る所を言ふ。我の是豈必ずしも是ならんや。然ども是にして言はず。孰か我を非として當らんや。若し高明のものあつて之を裁せんか唐詩遂に正に歸せん。是を以て醜を售るのみ。

是れ晋民の總ての註解を施す所以のものだ。全註解の總見とでも云ふべきものである。此文の終に明和巳丑夏五月平賀晋民書于蕉牕としてあるのだ。次に井上四明と藤本惟恭の二序を載せよう。

詩以レ世變。從二風雅一而騷而漢魏而晋宋齊梁至レ唐而極矣。故近體唐爲レ創。宋元明淸各雖二其格一也或以レ所レ好異。或以レ用レ巧別。若夫體則唐焉。依而不レ改。唐詩之選數十家。今所レ行濟南爲レ盛。諸家頗取二巧麗者一。嚇二乎一世人一。雖二好奇一而久則衰焉。李選務去二其巧麗一者。獨取二其雅馴者一。所二以久而不レ衰也。其詩雅而馴。其意婉而曲。一路多岐。人困二於學一矣。奇巧之言猶二之大行蜀道一邪。怪巖絕壁。峽流棧道應接不レ暇。則不レ弍二羊腸虎踞一。而聞者吐レ舌。雅馴之言。譬如二坦然大路一也。無三曲折之可二以名一。所レ望泰山。所レ遵勃海。魏々而已。洋々而已。人一耳レ之芒乎誰適從。若夫萬仞之高。九重之深。不レ可二一俯而端倪一。不レ可二一測而窮盡一。談豈容易。故奇巧者意似二勾棘而易一レ解。雅馴者義在二深奥而難一レ通。至二枉割輒戻設鉤距發一。其不レ發則拂二本旨一而大失二其歸一矣。夷考之所二以出一也。平賀聘君少有レ志二於經術一。家居不二筮仕一。謝二絶賓客一。閉二修其義一。毛詩左氏春秋。門人抄二其十一一。己行二於世一。風雅者詩之本宗也。至レ若二近體一固其支庶雲仍。然則聘君此解裁其緒餘耳。修レ經之間筆レ之。授三其徒之叩二唐詩一者。以供二一省煩具一云。聘君客歲東遊留二於本都一。朞年客居所二與往來一。鄕人加川子慶而已。以下潜與二子慶一相親善上。謬知二潜愚一辱二愛朝夕一。方三其門人上二木夷考一。特徵二潜言一辨二髦其首一。本都操觚之士不レ乏二其人一。潜豈攘二臂其間一乎。聘君寡交如レ彼。悉二潜也謭劣一亦如レ此。潜之所二以於人不一レ讓レ賢。於レ文不レ辭レ拙也。於レ此爲レ序。

寛政改元之歲閏月庚申之日

荏土　井潜撰幷書

蓋古今一是非也。人我一是非也。古之是而今以爲レ非。人之是而我以爲レ非。夫是非者講二明斯道一之用。其爭也君子。雖レ然自然折二衷聖者一孰得レ定二其是非一耶。中南先生唐詩選夷考。其中斥二訓解句解二書之非一居レ多。而證二妙詮一發二神解一亦復不レ爲レ尠矣。要示二唐詩之正路一。使二黄吻生無二多岐之惑一耳。其言曰我是豈必是。然是而不レ言。孰非レ我而當也。乃待二高明裁レ之。則唐詩遂歸レ正。固謙讓長者之言也。不佞敬雖二執鞭之日淺一哉。深知二先生一。潛二心於六經一。詩也書也俱有二成說一。既又折二衷左氏諸說一。以問二于世一。則先生之大業。非二世之所謂嶌々之論一。若夫世說索解及此編。乃強弩之餘力耳。猶尚貫穿如レ是。敬力田不レ暇下是非此編之是非上。然私淑造次不レ忘レ講二明斯道一。格物盡レ言。於レ是乎漫綴二贅語一汚二佛頭上一云。

天明戊申秋藤本敬謹二書和州三山下田居一。

學問捷徑　三卷　刊本

安永八年正月刊

帝國圖書館名古屋服部富三郎氏及び著者所藏

是は晋民が親炙の門人に教戒のために著したものを。門人が竊に出版したものだと云ふことだ。赤井子達の序文がある。

此編は我が中南先生親炙の門人に教戒の爲めに著せし書なり。大方に公にするものにあらず。不佞門下に列するを以て與り見ることを得たり。此編學の法を論ずること諄々として遺すことなし。初學見ずんばあるべからざるものなり。因て思ふ寒郷學其法を得ざるものの爲に刊して之を行はば。其惠これより大なるはなしと。之を同志に詢る。皆云く請ふ時は許されず。しかれども先生は長者なり。必ず既往を咎めじ。私に刊すとも何の害かあらん。乃ち相共に校讐して剞劂に授く。此編もと題號なし今新にこれを命じて學問捷徑と名づく。これ本文の中に語を取るなり。敢て私に命ずるにあらず。

平安門生　赤井通子達謹識

内容は學範。學儀。作詩法。作文法。稱呼の五部に分ちてある。

學範

入學素讀の仕樣。書物の見樣。抄書《ぬき》の仕樣。詩文經學の次第。國を治むるものの學問の仕樣。國を治むるものを敎へ導く仕樣。儒者の心持の事。經學の仕樣。末に書籍のあらましを示す。

學儀
一日の中。科を立てゝそれ〳〵の學問の仕樣。書生の行儀作法。書生の心持の事を識す。
作詩法
初、詩の作りならひの仕樣。諸體の方式平仄韻字聲律の事まで詳に識す。
作文法
譯文の仕樣より字義の見樣。助字の法。文章の作り樣を示す。
稱呼
凡その名物漢文に書樣の事を論す

假名交りにて書かれたもので。文中には晋民の人となりや見識を見るべきものが段々ある。徂徠に對しても妄從するものでないことも書いてある。平安書林澤田吉右衛門赤井長兵衛の出版で群書樓印記といふ證印が押されてあつて

毎部按二此印記一無レ印者爲二僞本一

と書いてあるが。果して當時には必要があつたものと見える。予の藏本は全く僞本で。序文

と目錄の處には學問捷徑とあるが。本文の始めには三卷ともに

日新堂學範卷上

と記してある。中下共に卷上と書いてあるのは面白いことである。特に中南先生著の五字を加へてある。勿論印記はなく。發行日は同一だが。江戸須原屋茂兵衛。京都堺屋仁兵衛。大阪加賀屋善藏といふ三都聯合の僞版だ。斯くするまでに當時讀まれたことを證明するに足るのだ。

日新堂集 一名蕉牕集　十卷續一卷　寫本

三原楢崎仲兵衛氏東京富士川游氏所藏

詩文集で詩六卷文四卷。外に續錄一卷ある。續錄は極めて錯雜して居つて其數も餘り多くはないが。是は誰かゞ記憶に存して居たものを集めたもの丶やうに見える。尤も今回新に得たものを加へて稍整理して置いた。晋民の動靜を知るには唯一のもので。九州から京都に行くまでは之を辿ることが出來る。經學が進むに隨つて作詩は少くなり。大阪及東下中は絶無と云つてよいようだ。始め二卷だけ纒まつて居つたものと見え。間の略傳にも二卷と書いてあ

る。富士川氏の所藏も二卷だけだ。寫本が斯く全部保存されてあつたのは實に奇蹟ともいふべきだ。

逸史 **天野屋利兵衛傳** 一卷 刊本

安永五年正月刊

三原川口國次郎氏所藏

是は大阪の町人鹽屋伊兵衛の家に天野屋利兵衛の事蹟を傳へて居つたが其泯滅せんことを恐れて富永獨嘯庵に文を作つて版行せんことを賴んだ。時恰も晋民獨嘯庵を訪ねた。それで又之を晋民に托したのだ。晋民は數年の後春水に托して漸く出來上り。跋文二篇を載せて當時の事情を詳にして居る。此本は晋民の友人であつた天王寺文學川口西洲の手澤本である。又此文は甘雨亭叢書にも入れてある。

十數年前余鄉里より暫く京都に抵る。浪華よりす。時に長州獨嘯庵在り之を訪ふ。則ち坐上一商客あり浪華人なり。獨嘯余を介して姓名を通ず。而して曰く。是の子商旅と雖も能く風塵を脫洒し。慷慨之を以てす。是の故に義氣相許す。日々以て周旋す。君善く之を視る可しと。顧みて彼に謂て曰く是れ余の舊なり。文章を善くす子平常の志願托す可し。是の君之を遂げん。因つて余に說いて曰く是の子常に世の赤穗四十餘士の義を盛にして天野屋利兵衞を傳ふるもの無きを歎ず。自ら以ふに四十七士の義は至高なり。而して之を成すものは利兵衞なり。且其忠憤四十七士と雖も之に過ぎず。而るを況んや君臣の分あるに非ざるをや。況んや士太夫の望あるに非るをや。身辛蓼に集る四十七士も如かざる所あり。其事業四十七士の爲す所より難きこと十倍せり。而して之を傳ふることなきもの何ぞや。其疋夫を以てするか。疋夫にして之を爲す特に嘉賞すべきなり。世に萱野三平を傳ふるものあり。萱野氏豈に傳ふるに足らんや。其稱す可きものは射を殞するのみ難事に非るなり。憤激の餘り異聞を採摭し其事を狀し錄して藏す。將に文人を俟つて之を傳へんとす。今君來る庶くは爲に具列して是の子の素願に副へよ。予の幸亦甚しと。彼人踴躍して喜び大に肝膽を攄ぶ。乃懷中より草錄を出し余に附與して懇求す。余其時客氣未だ除かず卒爾之を諾す。既に別れて國に歸り。四方に奔走して毫を執るに遑あらず。重ねて東上すれば則ち獨嘯庵已に死し。其人所住姓名を倂せて之を失す。（中略）江村君錫は京師の文宗にして四方斗山の望あり且つ浪華諸士と相暱む。庶くは傳するに足らんか。乃ち之を托す。則ち速諾して果さゞること此に三年なり。之を促せば則ち曰く日本詩選の事あり未だ着手に暇あらずと。而して佗の請託の文は往々之を見る。乃ち知る。余の貧にして潤筆なきを疑ふと。余卽ち黽勉して之を辨ずるも義氣之を行ふに非れば亦之を爲すを屑とせず。故を以て之を辭す。我が同邦の人賴千秋今浪華に在つて敎授す。而して聲價攝洛の間に藉甚す。余少より相知る所。其人大に義氣あり。之に請へば則ち惠然として肯じ來る。今其文旣に成る。燦然見るべきなり。是に於て滓澄煙消余の心灑然たり。其人存すれば則ち當に氣を吐くべし。若し亡ければ則ち少か靈魂を慰めん。聊か言を附して以て其人の志を顯すと云ふ唯姓名を傳へざるを恨となすのみ。

是が安永四年の冬である。然るに刻成り將に發行せんとするに時に春水が大阪から手簡を送つたそれによると。

頃日醫生松田元龍といふものが一商客を引いて來た。之を見れば商の云ふには

先生は藝州平賀某の爲に天野屋利兵衞傳を書くと聞けり如何。

余曰く

然り平賀氏曾て本都に於て獨嘯庵の託を以て一商客の爲に此傳を作らんことを約す。獨嘯庵の死してより其人と相通ずるに由なし。其文即ち成るも之を致す能はず甚だ病へり。遂に之を措く能はず。余をして之を叙せしめ刊して之を傳へ。一は則其人をして之を知らしめんと欲し。一は則ち其人の素志を遂げんと欲す。既に剞劂に命じ今當に成るべし。

商曰く

平賀氏に託するは僕即ち是なり。之を託して以來日として之を思はざるはなし。而して千里外の人之を問ふことを得ず。大に失望せり。既にして自ら慰む。謂へらく獨嘯の友とする所則ち其人必ず約に背かず其文當に成るべし。縦ひ世に傳はらざるも苟も之を天地間に留む亦足らんのみ。我之を觀るを得ると否とは實に天に在るなりと。今其文先生の手に成り且つ刊して天下に布く。僕手の舞ひ足の蹈む處を知らず。素願の遂ぐる平賀君の信と先生の義氣賛成の功とにあり。其の恩惠謝する所を知らず

是日賓客雜沓して應接詳にすること能はず。草々にして別る。

と晋民は此手簡を得て大に喜び全く心が解けた。而して其人は鹽屋伊兵衛といつて綠橋畔に糕餅を賣つて居るものだと再び書副へて居るのである。是が翌年正月の事で。此事を春水は在津記事にも載せて居るのである。

蕉窓華記　一巻　寫本　　東京富士川游氏所藏

是は隨筆の如きもので始めに自分の考へたこと二十ヶ條ばかりを記し。次に時々の詩や文章を載せてある。固より不完本である。以上は余の搜索し得た處の著書である。

論語合考　未完

前にも略傳にあつた通り未完本のことで到底發見することは出來ない。青木新四郎への書信に

論語の義徵幷に古訓。外傳皆々得失御座候て全く信用し難く。鄙著題號論語合考と申候て本文鄙見を註し古註。義疏。朱註。古義徵。外傳考悉く辯論致候。夫故中々急には出來不申候

とあるので未完に終つたのは遺憾である。

以上が問傳春水傳及び其他の傳聞に殘つて居るもので。日本人名辭書には是等のものは一も載つて居ないで。僅々五行の記事中次のものを載せてある。

周易洗心解　（十二卷）

尙書梅本辨說　（廿四卷）

周官集義　（十八卷）

周官義疏刪　（四卷）

周官名物考　（二卷）

禮記纂義　（廿四卷）

是は何に據つたかが明でなかつたが最新の日本人名辭書には浪華人物志と出所を書入れてある。併し浪華人物志は幾種あるのか知らぬが余の見た人物志には載つて居ない。此頃發刊の大阪人物誌にもない全く出所が不明だ。又更に慶長以來諸家著述目錄には右の六部に夫々下記の通り卷數を入れて其上に次の六部が載つて居る。

禮記鄭註辨妄　五卷
儀禮說蘊　二十卷
孟子發蘊　三卷
壁經解　六卷
蕉窓寓筆　六卷
蕉窓日記　一卷

又近代名家著述目錄續篇には更に

象致解

なるものもあるが。何れも發見することも出來なければ成否さへ知るの材料も得られない。

併し前に掲げた金龍の序に

春秋左氏集箋既有二成書一。易又爲レ緒。行將二壽レ梓以問レ世焉

といひ。藤本惟恭の序に

詩也書也倶有二成說一。既又折衷左氏諸說。以問二于世一

といふを以て見れば易經書經も出來上りたるやうである。春水の傳にも

著書は易を一生の力といひ居られたり

學問捷徑には

物子六經に手を下すに暇あらず六經明ならざれば道明ならず。故に六經を治む春秋既に成り詩の注釋も亦成る。易は大綱已に立ち禮粗論辯す。不知何れの日か成就せん。年齢すでに傾き精神徐く疲る。其上餬口の業に日を費す。恐くは辨正に暇あらざらんことを。

とあるので易や書經や禮記も出來て居つた樣であるから右樣の書名が傳へられたのであらう又如何樣に計算したか晋民著書廿五部三百卷と書いたものもあれば。現在發見せしものより外にも慥に有つたことは間違ないようである。

三八、後 繼 者

晋民は櫻井氏死亡の後何時の頃か繼室を迎へたのだ。それは春水の傳に

後妻は京都にて迎へられたり。象牙屋某といふものなり。先生と同年か少しは上にてもあらんほどなり。其弟一人あり。扇子か扇子の畵などせしか右樣の取扱せしものなり。後には先生に寄寓し。大阪に移り江戸に往來せし皆此人隨跟せり。先生歿後平賀健次郎と名乘り。先生琴書の類其人の有となり。大坂阿波座堀に居住なりしが其後の事は知らず。

間傳には

後妻の弟に通稱顯次郎諱惟濟といふものあり。先生の宅に同居す。先生歿後平賀の姓を冒し自ら孤子と稱す。門生亦拒まず。然れども深く先生の意を知るものは。恐くは是先生の遺意に適ふべからずとす

此の顯次郎が自ら後繼者と稱し敎授をなし。後には京都に移つて居つたのである。當時は下岡崎滿願寺裏筋に居つたといふことである。平安人名錄や墓所集には晋民の名なきものにも却て顯次郎の方が載つて居るものがある。

平賀東巖京都の儒者なり名は季忠字は君成謙次郎と稱す安藝の人天保九年二月廿五日歿す年八十九京都東山黑谷に葬る（日本人名辭書）

因に後妻は非常の能書だつたが文化九年七月十五日病死した。

三九、碑　文

晋民歿後二十年を經て文化十年の頃門人間に碑文彫刻の議が起つた。それで事蹟を各方面から蒐集することとして。大坂から間大業が後半生の事を集めて送り。春水は郷里の事やら前半生の事を主として書いた。之に依つて碑文を作つたのである。之を企てた人々は碑文にある川口則之卽ち西洲。間某卽ち大業。中西某は明瞭にないが。川口西洲の子梅庵の詩集に中西子翼といふ人がある。多分此人であらう。青木潜は勿論充延の事だ。之に關する春水の書翰は次の通りだ。

當月六日九日の御狀共新藏方へ登り今朝相達候餘寒之節彌安全難有御儀に御座候。舊臘城へ相賴書狀も返候由。右に付忠海へ態々御人遣候。同方來書幷系圖拔書外に頭書も御越一々明白大慶此事に候。兵右衛門事は分り兼候段不苦候。碑文も出來候てもはや書認進上候迄にて候。右愚文は進有之候間得斗御一覧其上の御存寄も候はゞ無御用捨御申越可被下候。又々書直し候か又は其元にて書入等も十分に有之。大坂へ御上せ不苦。其上を西洲老人間氏の邊是亦第一得斗御しらべにて御存寄も候はゞ一々書直し候か又は愚意も候へは又可申承候。いづれにも所々方々存寄り通り申試無差支處にて治定致度候。必ず少もく無用捨無遠慮候様かねく御承知被致候。其趣をも大坂表へ御書取御申上被下度候。右文章書立被成候はゞ兎角先生之昔物語別而存出候。老拙今年六十九歳無事にて是迄碑文書取の事も本意至極是と申すも先生へ十四五六歳と隨從候御恩顧と難有奉存候事共。口外には難申盡候。老拙此節舊冬持越し不快にて。右之通細字書認候事殊別難義に存候故。少し延引竹原へ幸便に同所迄差遣候様可仕候。何分下地書之趣に御考置可被下候。此文此儘にて御相談得斗示合申度候。彌以御用に成候はゞ大坂にて石に直に書付候様可然と存候。右細書を紙に書認め寫し候事は甚大造にも有之。如何にしても直に書認め可然と申事に候はゞ。私より賴み遣候方角も有之候。西洲先生間氏邊にて出來候はゞ無此上御儀に御座候。是等は右文體治定の後の事に候へば是以先以御考置被下候事に候。先は要用貴答迄草々尙期後便

候以上

正月十五日燈下（文化十一年）

追而

一系譜抜書　一巻

一頭書　一通

一來書

右返上致候

一大坂來書

一先生略傳

右久々預り置申候是は右愚文進候節一所に返進可仕候　以上

賴　彌太郎

青木新四郎様

猶次の添書があつて事情が能く知れる。

先生御墓銘字の事

別紙の通書立申候。文字字句は成るだけつめにつめて斯様に相成申候。此上にも減少と申事に候はばと下に附紙いたし候。發端一段別而無用の様には候へども。是もかく有之候へばその由來出所も相分り候事に候。

一文字刻立は下地の石碑仕候石工可有之候へ共自然又外に申付られ可然候はゞ西横堀戸屋町より南の方に和泉屋仁右衛門と申候は拙者も存知候者に候。是等へ御談しにても可然やに候

一小字は一字に付何程と申工料に取計ひ先年は極上々と申候と凡そ一寸四方位にて一字壹匁下直にては一字三分と申位に覺申候又は一つに籠て何程と申様にも積立候義に有之候乎

一小字は紙に書認之分寫取り候事は別而手間取工料もかゝり候へば同じ石に直に書付もらひ候事第一に候へば其人物へは老拙よりたのみ遣し可然候。

一行文字面の割方御座候事にて。先は竪壹寸に横壹寸貳歩と申位可然候へども石は下地定

り有之共三方へ文字數を書合せ候へば至極手間取之事にて候
一右字割至而大切に候へば。彌別紙文章被相用候事に及候へば。下地石面寸法彫(金さし)
得斗承り此元にて字割致し(大凡此位にて可然と申處を)書認遣可申候。
去春拜參の節表之文字は打摺いたし歸り有之候へ共。三方の寸法は書取り不申候故石同
じ寸法承り度候

正月　　　　　　　　　　　　　　頼　彌　太　郎

斯くまで計畫の進んだ所で。例の後繼者平賀顯次郎へ相談にやつた所次の返事が來たのだ。
先人碑文の儀御申越被下御深切の御事かなと奉存候。此儀は先人存命の內より被申置候儀
にて仕不申候。歿後早々墓所の印は丁寧に出來候へども門人一統に碑文の沙汰には及不申。
其節論を
伊豆守様へ願申候砌も碑文は出不申旨申進候。右の儀左様御承知可被下候

九月十二日　　　　　　　　　　　平　賀　顯　次　郎

楢崎仲兵衛様

好古先生

是は歿後早々關東より參申候送り號にて御座候

此のにべもなき返事で折角計畫せられた。碑文彫刻の事は沙汰止みとなつたものと見える。惜しい事であつた。猶間傳に此遺言の事か書いてある。

而して醫療すること二年疾愈篤く終に起きずして死す。時に寛政四年壬子十二月廿四日享年七十有一。攝城の南天王寺邑荒陵の地邦福禪寺に葬る。先生終焉に臨み門生に告て云。我が思ふ所あれば歿の後墓域に片石を表するとも墓誌死日を刻むこと勿れと。則ち歿後高四尺の石を建て。以て先生の塚とす。墓誌死日を記さず。唯諡を刻む。是易簀の命に依るの故なり。蓋し其諡に至ては門生相議して吉田侯に乞ふ。侯先生の死を聞き。哀愁の情に堪へす。手書して好古の二字を賜ふ。遂に石面好古先生之墓の六字を刻す。

とあるのだ。故に寺でも無縁墓となり誰れのと知れなかつたのだ。今は其碑文を載せておく。

平賀先生墓誌銘　　賴　春　水

好古先生墓在ニ大坂城南邦福之丘一。無ニ姓名ニ不レ記ニ日月一。先生遺命也云。故人川口則之門

人間某中西某等相議令レ刻二其履歴一。以下知二先生一者無上若レ余。屬二之余一。青木潜敬二慕先生一深亦能贊二成之一。川口青木共三原人。余謂先生之命謙也。今有二此擧一恐二其沈泯一也。豈負二於幽明一云乎。過二二十年一尚能議レ之厚矣。亦知二先生之德之遠一也。余初從遊辱二其知一。顧二于今一不レ忘何其可レ辭。乃敬叙二其事一銘レ之。先生平賀氏諱晋民字房父號二中南一稱二總右衞門一。安藝忠海人。幼養二于本鄉土生氏一。平賀土生皆良族也。先生志レ學僻鄉無レ師。堅苦累レ年乃知下冒二異姓一之非義上。因斬二嗣其族一而獲レ之。配以二長女一。卽返二諸所レ承。得二復歸宗一。而親眷益渥。時年四十餘。始求二師友一遊二西長崎一。東留二京師一。又徙二大坂一專以二著書一爲レ志。而從遊亦多。所レ著或已上梓。尚能自言吾著體裁議論整二然于胸次一。但未レ涉二于筆一也耳。吉田侯相于大府。聞二先生之名一召レ之。辭而後往。優待踰レ年後歸二大坂一。四年病歿。實寬政四年十二月廿四日年七十一。妻櫻井氏生二二男五女一多夭。三女嫁二于人一皆先歿。吉田侯聞レ訃乃謚レ之曰二好古先生一。以表二其墓一。本藩亦將レ有レ辟。既歿因賜二銀錠一襚レ之。嗚呼哀哉。銘曰

學無二師友一　爲二一家言一

立レ志之確　何問二淵源一

初爲㆓人後㆒　歸㆓之族人㆒
姓系不㆑混　二宗各安
似㆓續由㆑義　又不㆑失㆑親
著㆑書自樂　修身華㆑門
幕府之相　墓題是尊
蒲輪有㆑辟　致㆑自㆓本藩㆒
榮莫㆑尚㆑焉　庶慰㆓精魂㆒

文化十年癸酉十二月　賴惟完撰

四〇、諸家の見たる晋民

前に述べたる所にて大體當時の學者達との關係は明であるが。今は猶諸家の見たる纒りたるものを集めて最後に附記することとする。

頼春水

平賀先生之事

豊田郡本郷にて新屋《あたらしや》と云ふ大農家あり。御大名御往來に脇本陣になる家なり。其の分家に同名の家あり。皆士生氏なり。其一家にて新屋八兵衞といふ（農家なり所にては酒屋といふ酒と質を業とす）ものの養子に先生を呼びたり。先生の産は同郡忠海にて白市屋といふ。（父九良左衞門 木原氏にて白市三津に同姓多し。先生幼年にて本郷に來り。妻に加茂郡竹原の櫻井藤左衞門の妹順と云ふを親迎す。先生天姓學を好みしが一人の師なし。茅市と云ふ所に專敎寺と云寺あり。其住僧が是を見るべしと一巻の書を見せしが孝經を和解したるものなり。夫より益學を祟みてありしが一字の師さへなかりしに。本鄕に寂照寺と云寺に稱界と云ありて。是と心を合せて書を讀み試み其節大坂の本屋專助と云もの來りて書物を買ひます〳〵之をよめり。此時先生廿歳餘なり。養父病死せし時は白木綿にて喪服を制し日々墓參三年の喪を嚴に勤められたり。一鄕の人みな〳〵涙を落せしことどもなり。是時瑗化と云ふ書を著せり。假名ものにて喪をつとむることを書きたるものなり。其後わが佗姓を冒せしことの不義なるを知て。同家の彌三兵衛と云ものの弟に周藏といふを請受て養子とし。我娘と夫婦として家を讓られたり。周藏を八兵衛と改め我は平賀を名乘られたり。暫く土生を嗣ぎしが本家へ家は戻したりと悦べり。是より長崎に遊學して三餘年して歸り。近郷の請に應じて講書せられしが。上京して學肆を開き。ます〳〵著書に力を盡し又大坂に居を移し。江戸へ招かれしこともありしが。大坂にて病死せり。（江戸に居ること一年天明八年）（法名晋民至玄居士行年七十一寛政四年壬子十二月二十四日卒所は大阪天王寺茶臼山邦福寺へ葬る當年廿二年になる墓石は好古先生とはがりあり）妻櫻井氏に子多し男子二人あれども產家にて夭し。娘は三四人も成長し皆嫁せしが孫は一人もなく。皆早世にて先生に先ちたり。櫻井氏も先生六十より內に病死。後妻は京都にて迎へられたり。象牙屋某と云ふものなり。先生と同年少しは上にてもあらんほどなり。其弟一人あり扇子か扇子の畵などせしか右樣の取扱せしものなり。後には先生に寄寓し大坂に移り江戸に往來せし皆此人隨跟せり。先生歿後平賀健次郎と名乘り先生琴書の類其人の有となり。大坂の阿波座堀に居住なりしが其後の事は知らず（惣右衛門妻去申七月十五日病死いたし候）

先生幼名は知らす歸宗の後は度々姓名ともにかはりたり（惣右衛門は幼名孫四郎）

平賀南嶺

平賀惣右衞門

平賀圖書　靑蓮院御家來の時

土生若狹介　大舍人の時（京に龜屋善右衞門丹後屋藤兵衞みな土生氏同姓なり此求めにて大舍人となられたり）

先生初は土生亮字叔明號中南

　芭園叉芭塾と云

後は平賀晋人後に民と改む字房父號果亭　中南故の如し

平賀と木原は同じことなり。木原といはずして平賀と稱せしは三津白市屋保右衞門後に一要と云同姓なり。先祖の墓に銘など立しことあり。其時先生より取合ありて細かに辯ぜられたるとの事を聞たり。必ず其方に文章あるべし。（家紋丸に分銅。家紋改め丸にワリカラ花）

先生本鄕へ引越の年齡養父を喪せし年齡は知らず長崎へ行れしは四十五歲の頃なり。京住は五十以上なり。

著書は易を一生の力と云居られたり。

その業をなせしは

春秋集箋

春秋折衷

左氏禦侮

世說索解

唐詩絕句夷考

（外に日新堂集。天野屋利兵衞傳。學問捷徑右樣のもの御座候私方には春秋集箋天野屋利兵衞傳御座候學問捷徑も御座候處貸失申候）

右の外に詩經もありとなり。老拙とは後になり學意大にちがひし故に學談はせず。幼年にて物學びし師恩あればその親みは失せず。江戶往來には大坂にて必尋ねしが。後に阿波座堀に尋ね逢ひし後は居所も知れず。今に至り先生の跡吊ふべき道もなし。（平賀顯四郎當時居處京都下岡崎滿願寺裏筋二軒有北の方）本鄉の八兵衞なるものは養父の學を好み財產を損せし樣に思ひ家業に力を盡せしが。段々落ぶれ行きて今は行方も知れずと云。其宗家分家みなみな落魄すとなり。

先生の息女　お和壽　幼年にて病死
お紀伊　八兵衞妻
おいゑ　三原角屋妻
おすゑ　竹原廣島周藏妻
男子　勝吉　夭
男子　産家にて病死

養子八兵衞なるもの人情にうときほど家業に身をつとめしが。又治遊に金銀を費せし事共ありて身體あしくなりたり。京より養母の妊娠にて歸りたる時に。おきいも妊娠にて兩人ともに難産にて病死かと聞へ。先生の家來に新屋利兵衞といふものありて家を助けしが。今は如何ありや。八兵衞は後に兵右衞門といひ後妻に子多く。夫婦に子連て四國に遍路に出しと去冬本郷邊のもののいふ。（哀れの物語也）この割書は元頭書にせしもので忠海木原などの書入れしものだらう。

猶春水の師友錄には

中南先生初名叔明。字士亮後改二晉民一。字房父稱二總右衞門一。藝忠海人本姓平賀氏。幼養二於本郷土生氏一。年廿歳餘志レ學。寒驛無レ師獨自苦學。躬執二賤業一而繙二閲十三經廿一史一。義父沒執二三年喪一鄕人皆怪レ之後皆悅服。生二女子一爲求レ壻後得二土生氏同姓一男子一以レ女妻レ之。而身復二本姓一二家各得二其所一。後遊二長崎一寓二京師一又徙二大坂一而終。無レ子。以二著書一爲レ志其學不レ出二蘐園一。

又在津錄には

平賀翁在レ京罹レ病。予柬二門人一問レ之。不レ審。乃自理レ裝拉二二宮東昌一（備後吉和人初爲レ僧後還俗善レ醫嘗與レ翁同二遊長崎一）問レ病。侍執二湯藥一十八九日。翁稍就レ安乃辭歸二浪華一。後數年翁納二繼室一。嘗謂レ之曰自二吾寓レ京唯有二一事不レ可レ忘。吾得二篤疾一也。賴某自二大坂一來。曰先生安レ之僕來在レ此。吾心乃大安。繼室爲レ余語レ之。

浪華有二一翁者一。（鹽屋伊兵衞）家傳二天野屋利兵衞事狀一。惜二其泯滅一欲下待二其人一以文上レ之。乃托二之獨嘯庵一（永富鳳）獨嘯庵托二之平賀先生一。平賀先生托二之余一。始立レ傳上梓事詳二先生跋一。余著二利兵衞傳一其名不レ詳。西村孟淸好レ善之人也。乃彙緣就二其故里一。藉二得其名押一。始詳二其名直之一。非二孟淸一則不レ得也。

間大業

中南平賀先生略傳

先生諱は晋民字房父姓は平賀中南は其號也俗稱惣右衛門といふ。藝州豊田郡忠海の人なり。其先は同州加茂郡高屋東野村木原の城主美濃守弘成の裔にして。亂に遇ひ家衰へ終に田戸となる。先生幼にして書を讀むことを好み。强記人に超ゆ。初め沙門大潮に從ひ古文辭を聞き。又長崎に遊び專ら先王の道を崇信し。常に復古の志深く之を漢以上に求め。竟に六經を明にし。自ら一家をなす。京師に住すること凡二十年許。後浪華の門生等相集つて招請せんとす。因て先生居を浪華に遷す。寔に天明初年の頃とす。先生温順にして謙遜なり識高く量廣く。未だ嘗失言遽色せず。偶人あり聖訓謨戒文字規範など强て議論に及ぶ有れども。先生敢て所知を以て主張するの意なく。退て其是非を判し筆を援て自ら志を述ぶ。先生崎陽に遊ぶ日一儒者あり。相倶に酒を飲み詩を賦す。先生性酒を嗜まず。一儒者爛醉のあまり先生の詩其趣向拙し。何ぞ我齒牙に觸れて誦するに足らんやとて。大に嘲り竟に惡聲を發し先生を辱しむ。人傍にあつて忍びざるに至る。先生自若として怒らず默然として爭はず謹て其言を聽く。時に金龍道人其席に在て親しく其事を見知る。或人此事を先生に問ふ者あり。先生云彼我に惡言を吐くも亦酒なり酒は醒むるの期あり。此一小事何ぞ爭論するに足らんやと。後先生洛陽に在るの日道人亦洛陽にあり。道人亦崎陽の一事を人毎に語り。先生の長者なることを稱す。聞者亦感ぜざるはあらず。

儒者は渡邊忠藏なり高彝字君秉號暘谷このもの門戸を張りて皆わが門人なりとす然るに先生詩を造り忠藏に見せもせず金龍を送る詩會なれば直に出せしを足下は人に相談もせず自ら高ぶり人を忘しなりなど云しとなり。忠藏詩は上手なりしが酒を使ひ親の頭を德利にて打しとなり德利先生と人みな笑ひさげしむ人物なり。(春水)

又浪華一日火災の事あり。先生時に琴を彈し靜坐す。延燒居屋に及ぶ。一曲畢り徐々として去る。門生某家にのがれ面貌常の如し。其識高く量廣く温順謙遜なること此に於て見るべきなり。日々讀書數卷殆ど手に卷を措かず。卷を措けば著書作文に耽り。時に傍に人の來るをだに猶之を知らず。筆硯亦暇あらず草稿常に机畔に堆し。其他一切の事に拘はらず。又應接の間頗る言語少く世之を驚嘆し。篤學高風人之を敬信す。其道に志すの厚き其文に長ずるの高き著書に就て知るべし。凡そ人の先生に周旋するもの貴賤となく老少となく亦皆悦服せざるはなし。こゝを以て其徳を慕ひ業を門に受くるもの亦少しとせず。

先生常に云ふ我生平を考ふるに人の爲に謀れることは皆巧にして自ら爲にすることは皆拙なり本郷にありし時に商用までも人に謀りつかはすに皆利ありしと一笑せり我れ張良に似たる所あれば名字もこれによるとなり。（春水）

偶國政維新の時に當り。相公吉田侯輔佐公白河侯皆雄才學行其位に居し。國家のため思を竭し慮を盡され天下有用の儒を求めらる。阿州の柴氏既に東閣に登る。而して後吉田侯先生著す所の大學發蒙及其餘の著書を見たまひ。是れ有用の儒なりと。諸侯こゝを以て深く先生を知らせらる。因て吉田侯厚く先生を招かる。先生自ら思へらく吾性柔弱人と抗言すること能はず。事に臨み畏縮す。故に野に謀れば時に或は得べし。朝に於てすれば則ち得ざるなり。口固より利せず所思を吐くこと能はず。必ず人に謀る故に人以て魯とし亦自ら以て魯とす。民間に在て既に然り況んや青雲に上り其任に堪へんや。唯一二の著書を以て聊か僕が長する所とするのみ。其厚く招かるゝや汗顏自愧に堪へず。且齡既に傾き老疾の堪へざるものありとて固辭す。侯愈厚く頻に招かる其言に曰く房父出でずんば蒼生を如何せんと。天明八年戊申某月竟に辭することを得ずして東都に移る。居ること一年講義殆と虚日なし。侯深く信ぜられ數懇命を蒙り。時に病の愈加るを以て再三辭す。侯其疾の實に堪へざるを憐み意に任せ之を許す。侯離別を惜まるるの情亦深し。此に於て再び浪華に歸る。而して醫療すること二年疾愈篤し終に起きずして死す。時に寛政四年壬子十二月廿四日享年七十有一。攝城の南天王寺邑荒陵の地邦福禪寺に葬る。先生終焉に臨み門生に告て云我が思ふ所あれば歿の後墓域に片石を表するとも墓誌死日を刻むこと勿れと。則ち歿後高四尺の石を建て以て先生の塚とす。墓誌死日を記さず。唯諡を刻む是易簀の命に因るの故なり。蓋し其謚に至ては門生相議して吉田侯に請ふ。侯先生の死を聞き哀愁の情に堪へず。手書して好古の二字を賜ふ。遂に石面好古先生之墓の六字を刻す。先生國にあるの時妻あり先つて死す。一女あり鄕里某家に嫁す亦早く死す。（三原鄕角屋又四郎妻となる）京師に來り後妻あり亦子無し。其墓誌死日を記さしめざるも亦故あるかな。後妻の弟に通稱顯次郎諱惟濟といふものあり。先生の宅に同居す。先生歿後平賀の姓を冒し自ら孤子と稱す。門生亦拒ます。

然れども深く先生の意を知るもの恐くは是先生の遺意に適ふべからずとす。先生初め郷里に在て弱年より本郷某家の嗣子となり其姓を冒す。俗稱新屋某といふ。先生固より大志あるを以て俗累を厭ひ。因て其甥を子とし養ひ其家を嗣がしめ嗣子よく家を治む。新屋兵右衞門といふ。

甥にあらず養家の同姓新屋彌三兵衞の弟周藏なり家も向ひなり先生の養子となつて祖父の名八兵衞に兵右衞門と改む。（春水）

先生乃ち閑居して心を文學に竭し身を有道に正しうし。遂に郷里を去る。聞く先生の族郷里忠海三原本郷の邊に散在し有ると。蓋し先生國に在ての行狀及び進退は郷里の人知るべし。余は未だ審にせず。先生浪華にあること前後凡十年許りとす。著書數百卷に及べり。或は世に公にするあり。未だ梓に上せざるあり。未だ大成せざるもあり。小冊の如き散逸するあり。大略余記憶する所を以て左に列記す。

一左傳箋註　一名春秋稽古　全八十一卷　末刻
　經折衷　經註　傳折衷　總論　禦侮　斥妄

一詩經原志　　全九巻　未刻
晰義三巻　國風二巻　小雅二巻　大雅一巻　頌一巻
一世説新語補索解　全二巻　刻成
一唐詩夷考　全五巻　同
一大學發蒙　全一巻　同
一日新堂集　全二巻　未刻
一論語合考
學而より八佾の初めに終り未だ大成せず諸家の説折衷三巻あり
一學問捷徑　小冊二巻　刻成
片假名本童蒙に解し易きを専要とす
文化十年癸酉六月浪華間五郎兵衛手書贈之
先生の人に抽でたるは養子の一件なり書を讀み道を信ぜらるゝによりてわが養子になりしを悔まれしが同姓のものを入れて養家の本姓に家を返し自分と本姓に返すと双方各そ

の正道に歸するの義を考へ同姓に周藏と云ふものあるを貰受けて子としわが娘の幼少なれども之を妻と定め名を八兵衛と養父の名を名乘らしめ家をわたし自分は平賀と名乘り紋を丸に割唐花と改む養家は分銅なり先生の此一件は人の如此つゝまやかに出來ぬことなり養家を本姓に返し自分本姓に立復りわか娘と妻合せたれば親類のちなみも深し是亦同姓の婚にても無ければ倫理も分明なりかゝることは世間に類多き様にて如此の志にて如此に至りたるは類なかるべし先生の此一件全く人の鑑とすべし

文化十年癸酉臘月廿八日　頼惟完校閲

菅茶山

晋民像賛

翁與㆑余家相距一日程。而不㆓相見㆒。翁之寓㆑京。余受㆓其主人托㆒。勸㆓三諸生㆒入㆓翁門㆒。而余則不㆓相見㆒。翁注㆓左氏㆒。或盛㆓稱其詳確㆒。而余未㆑見㆑之。事有㆓五十年前㆒。既己屬㆓易地㆒。而今忽見㆓於畫㆒亦奇　晋帥拜題

聞く晋民の肖像を同時に三枚を書きて一は春水賛を書きて木原家に藏め。一は茶山賛し

て伊豫喜多家に藏め。他の一は賛者と所藏を知ることが出來ぬ。木原家のものは今忠海小學校に喜多家の分が木原氏にあるのだ。

江村北海

近時竹原邑有二賴惟寬一。有二才子稱一。今往二浪華一。本莊邑有二平賀中南一。在二京師一講說。（日本詩史）

勝島惟恭

近世にては平賀中南齋靜齋共に京師に住せらる。中南名は晉民字は房夫又是齋と號す。俗稱を總右衞門といふ本鄕の人なり。靜齋名は必簡字は大禮俗稱を第五右衞門といふ。南郭の門人にて中野村の人なり。中南所著大學發蒙。春秋集箋。世說索解。唐詩夷考。學問捷徑等あり。靜齋所著孝經齋氏傳。靜齋文集。音例。初學作文法等あり。靜齋既に歿せられ中南今猶存せらる。（寬政三年行餘紀聞）

浪華人物誌　岡本撫山

初名叔明字士亮後晉民と改む字房父通稱總右衞門藝州忠海の人幼より土生氏に養はる廿歲にして學に志せしも寒驛にて師とすべきなし獨自ら苦學し躬に賤業を取りながら十三經廿

一史を繙閲せり。義父歿するに及び三年の喪を行ふ郷人皆之を怪みしが後遂に悦服す。女子有り土生氏同姓の男子を迎へて之に妻はせ家を譲り身は本姓に復し。長崎に遊び後京師又大坂に住す。著書を以て志となせり。松平伊豆守稱して好古先生といふ。歿年詳ならず墓は茶臼山邦福寺にあり其詩

宿田城

客裡逢秋又遠行　蕭々白髮坐來生
西風影冷他郷月　更聽寒砧處々聲

浪速人物談　政田義彦安政乙卯

平賀名晋民中南と號し宗右衞門と稱す。藝州廣島の人なり。天性方正廉直にして文學に達し儒名世に高し。此人奇なることには父母の喪に三年まで勤められしとぞ。其愼密なること思ふべし中年の後浪速に移り專ら子弟を教授せられたりし。松平豆州先生の學德を聞せられ大に尊賞を加へられ且好古先生の號を下されしと文化の初に卒せらる。茶臼山の側邦福寺に墓石あり。門人に遺言して年月を記さず好古先生の墓とのみ記せり。近世の惇儒な

りし。著述に大學發蒙唐詩選夷考等あり世に行はる。先生常に戯場を好みて見物に越され
しがいつも價安き場所にて見て居られし依て世の人平場先生と異名せしとかや依て草稿に
多く戯作のものありしと或人語りぬ
近年發行の大坂人物誌には前二書を折衷して本文をなし、之に著書十二部を書加へてあるの
だ。

經學者平賀晋民先生　終

四一、遺　著

1、書簡集

2、學問捷徑

3、大學發蒙

4、日新堂集

5、蕉窓筆記

書簡集 目次

一二、木原丈右衛門宛
一三、同　上
一四、平賀内より楢崎おとよ宛
一五、青木新四郎桑村新左衛門宛
一六、青木新四郎宛
一七、同　上
一八、青木新四郎桑村新左衛門宛
一九、青木新四郎宛
二〇、桑村新左衛門青木新四郎宛
二一、青木新四郎宛
二二、同　上
二三、同　上
二四、同　上
二五、同　上

二六、同　　上
二七、同　　上
二八、同　　上
二九、同　　上
三〇、同　　上
三一、同　　上
三二、同　　上
三三、頼春水より川口西洲宛
三四、平賀顥次郎より楢崎仲兵衛宛

以上

書簡集

一、宇都宮士龍宛

乙未（安永四年）極月二十六日返書閏十二月廿一日千齢より本郷へ廻し來る大成和尚へ返書來る（士龍記入）

先月十八日之御狀相達忝致拜見候頃日は寒氣に趣候得共御家内益御清福可被成御座候珍重奉存候不佞相替儀無御座候

一大乘返簡不出來には御座候得共相調進申候

一同人詩書讀めぬ所御同事に御座候

一兩度之御佳什添削返璧仕候

一尊堂祭文とくに可調候所行實御示し可被成由前度被御聞候故相待居申候其内祭文之事に御座候へは此方之情實計相調可申候何とそ年内に出來候へかしと奉存候

一不佞四月頃より腫瘡發盃後より小瘡に相成十月頃迄微熱惡寒有之候甚心氣を惱し腦腫相止

み偏身ほろせのごとくに出來今に平復不申候且腫毒手の掌背に聚り把筆も今に不自由にて中々急に可愈趣に有之不申候千萬氣之毒に奉存候四月已來一向學業相廢糊口之爲口釋は勉强して不怠致申候扨て年々の病氣こまり入申候但し當年は脚氣之味は一向無御座候何とぞ當年の瘡にて根を斷候へかしと奉存候事に御座候

一此地にて相集唱和可致との事扨々思召違に御座候ぜんたい住京致候初より經學研究の志に御座候故詩文章は誓て廢絕致候併今時學者といへば詩文章するものと心得候故あちこちより託御座候是も百人中に壹つ不得止肯候て致候本より不才搆思に苦候故猶更作るに懶く不得已受合候所もとかくのび〳〵に相成申候去々年書生より詩會を賴まれ候金もうけの爲に致候て廿首計も致候にて其後會も廢れ候て不致候去冬仕官致候て永田俊平韓愈詩を贈り候故當春一首致久川靭負より贈賀致候故此和を致去春俊平大字を書候節詩作賴まれ候度々にて漸く當夏致遣候程之事にて一向に集會唱和などと申事は無御座候必御羡被成間敷候又京師の諸先生と氣象合不申候故出合致候ても學談等之事一向無御座候

一村上有五郎學問好殊人物宜珍重に奉存候書物望に御座候由書籍は數々御座候先第一に十三

經被求候て可然奉存候
汲古閣本新渡　十三四兩
同　古渡上本　十七八兩不自由
萬暦本　廿四五兩より三十兩位
嘉靖本　拾兩位
但摩滅多
一佩文齋韻府　大下の本　拾貮兩位
大抵新逮秘書秘笈漢魏叢書之類拾兩餘廿兩計之ものにて御座候何なりとも可被仰下候相調下し可申候
一淵鑑類函は唐類函の大なるものに御座候
一詩作も唐詩類苑　詩雋類函是等無之ては縱横に作りかたく御座候
詩雋類函八九兩位　唐詩類函七八兩位
一當年新渡に淵鑑に類し候本登り申候淵鑑よりは便利に御座候是も廿兩位

一書物之儀御不得手に御座候はゞ唐本類書考二酉洞書目等御覧可被成候
一御託之詩文致候はゞ文體明辨可被遣旨思召寄忝奉存候但左無之ても足下は莫逆の事に御座候へば早速可仕候所前々申通之事故及延引申候且右之肺腑より出候詩文なれば精力を用候事も無候故中々不朽之用には成不申さりながら御託は可致候詩文廢絶之事に候へば明辨もさして入用の事も無御座候必々心遣被下間敷候
一大乘へ返翰之書式大抵あの方より來り候趣に可被成候凡ての書式は書簡式に委く御座候御求め御覧可被成候委く書記進し度候へ共書簡式も人に奪はれ候故暗記の所計申進候

恐惶謹言

（安永四年）
極月廿六日

土生若狹介

宇都宮龍藏様

二、宇都宮士龍宛

丁酉（安永六年）九月廿日出十月九日永井丹治持參潮鳴館記文來、肥前作者智雲唱和の詩あり十三經十七史直段下直

の事好印色有之由事（士龍記入）

其後久々不聞問時分柄冷氣御座候益御家内御安寧可被成御事珍重奉存候愚拙不相替罷居申候御聞及も可有御座候不幸の憂に嬰り今に欝々として罷居申候

一貴館之記先日迄に出來申候故此度丹治下り候便に呈上仕候極て鄙陋にて却て貴館を穢し申にて候得共辭するに所なく相調進申候表裝致可進候へども外諸詩と一卷に共被成候か又改候所も可有御座候半と共儘にて進申候

一岩垣長門介も出來居申候樣に承候へ共頃日病氣し居申候故跡より指下し可申候横尾文助と申して肥前の作家近來此元に儒業致居申候是へも賴置申候出來候はゞ後より下し可申候

一久川先達下し申候久川岩垣兩士、乾柿一箱宛に謝儀に御登し可被成候此方にて宜敷披露可仕候

一十三經廿一史殊の外下直に相成申候十三經八兩餘にて御求られ候十七史弘簡錄は十六七兩にて御座候御求被成間敷候や

一日外唐詩解しかへの儀御申越最初下候節段々致吟味候所右より宜敷本は無之物に御座候左

様思召可被下候

當秋不得已久しぶりに詩二首作り申候入御覽申候

寄懷大舍人平君房父二首

綈袍湖海久睽違。豈料靑雲侍禁闈。献賦一朝揮藻思。抗疏咫尺冐天威。上林春色看花過。長樂鐘聲帶月歸。只道嗣音君莫惜。誰論戀々及寒微。

共二

尙憶蓬壺會市門。淸宵華燭共玄論。適從暘谷唯君在。欲發廣陵猶我存。天上衣冠雲路隔。山中孤病世塵屯。再逢未卜相思切。不禁飄颻月夜魂。

西肥　僧　智　雲

右肥前の作手にて御座候故是を御目にかけ度次に鄙詩を錄し申候

酬西肥桐野上人見寄懷

廿年相別臥都門。聚散人間誰肯論。偃蹇腐儒知已少。從横大雅任君存。交遊瓊浦昔時會。詩賦天涯何日屯。高氏蓬壺仙去後。唯餘一片未消魂。

長崎にて高陽谷が蓬壺樓にて上人に會合せし故双方此事を用高氏今既に死

共二

病渴茂陵萬事違。倦遊不復守宮闈。恩波通籍隨衰晩。咳唾九天隔等威。池邃鳳皇愧名似。

門高神武掛冠歸。青雲試見上林色。春景何曾照細微。

平賀晋民

近來甚好朱肉出候卽記文に押候朱にて御座候愚拙も頃日求申候御望に御座候はゞ可被仰候

以上

（安永六年）九月廿日

平賀惣右衛門

宇都宮龍藏様

三、井上又四郎宛

一筆致啓上候愈御家内御安全に被成御入察居候此元相替儀無之候然而先日之便り略中進候江

戸より內々ながら御召有之其後數遍往復有之御斷申上候處此度又々別紙之通り申參り候此書

狀之趣にては參不申候事難成御斷之申樣も無之候故先壹通御禮御目見へ旁々參り可申候此元にて社中打寄申談候所此度は御辭退も難成候半と皆々被申候左候はゞ來月の內出立可申候と存候所詮御斷も叶不申候へば早く候て三年も居可申候無左候はゞ永住にも可相成やはかり難御座候夫故ちよと下り皆々へもいとまごひ致度候へども最早ひまもなく候故書狀にて御知せ申候程に寄候はゞ一生の別れにも可有之や不相知候於家事御不便可被下奉賴候一類中へも此趣とくと御申傳可被下候其內誰ぞ御登り候はゞ對面致度存候事に候急ぎ草々申進候恐惶謹言

（天明八年）四月廿七日　平賀惣右衞門

井上又四郎樣（井上又四郎は角屋といふ晋民の女婿）

此元世話內茨木屋か尼崎やか十一屋かの內壹人は付添行ずは成べからずと被申候猶又道中諸入用等も此衆より世話致くれられ候趣に御座候猶晩程不殘打寄相談有之筈に御座候（十一屋間五郎兵衞なり江戶へ先行せり）

一我等年來學問天下中誰知りくれ候ものも無之所此度御見出しに預り御懇望被下候段生來の本望には御座候へ共甚苦勞に存候段々御斷申上候へ共右之趣に申參無是非事に御座候

一本郷忠海竹原めいく書狀遣度御座候へ共甚心せわしく御座候故貴様より早々くわしく御申送可被下候皆々へ不得御意是のみ殘念に御座候

廿七日

（吉田侯よりの命を傳へし書簡の寫）

十七日書狀差出候定而相達可申候と奉存候扨別書之通の趣に候へ共今夜松平伊豆守樣拙者へ被仰候は先生事高年の事其上朝斑之勤務は難儀千萬に可有之其上男子も無之候へば家を起し候樣成る望も有之間敷一女子生わかれ之情も至極默止かたき儀に候へば此上何とぞ對面被成御國政之筋合等御聞被成度厚く御信仰に御座候へば何卒三年之內御東遊被成候はゞ伊豆守樣へ御客分に御待遇被成度由にて御座候其義は少しも御心遣之儀は無之右之通に御座候へば御閑暇も有之御著述隨分御卒業被成候事に奉存候三年の後は又々御西歸も御自由と奉存候官途之事はさらりと相止み申候て御客あいしらいの事に御座候へば萬事御安心成る儀勿論萬事御不自由之義も無之候扨伊豆守樣被仰候は一日も早く御對面被成度間何卒相成事に候はば大暑に相成不申候內五月中にも御下向御座候樣に被成度大暑をよけ候はゞ秋

涼之節に可相成夫にては御待遠敷と被仰候右荒々得貴意候縷々申進度候へ共拙者儀も只今迄御前に罷在夜半前歸宅今夜中急便に差出候故及略書候萬々御亮察可被成候　匆々頓首

四月九日　　　　　　　　　加川元厚

平賀惣右衛門様

此狀廿五日相屆

此外段々往復之書狀候へ共悉く書寫しかたく手詰之書狀のみ書寫し懸御目申候（晋民書入）

四、喜多重右衛門宛

尙々扇子壹把お印迄に進候御受納可被下候　以上

本月九日之御狀相屆忝拜見致候當年はけしからぬ大暑に候へども御家内益平安に御入之由大慶に存候此元愚老始皆々無恙居申候御安心可被下候久敷左右も不承いかゞと存候處先月三原楢崎屋忠兵衛上阪逗留にて貴境之事抔具に承り悦居申候愚老儀も去る御大名より御懇望にて被召候故老年故御斷申候へばちよつとなり共參りくれ候樣にと被仰候て無是非去々年五月

の末當所發足參り早速可歸存候所達而被留去九月暇をもらひ歸申候今は大阪伏見町に住致居候不相替居申候間御安心可被下候歸候て早速御左右も可申所老衰筆不せうにてとかく書狀調候事成難く候且又忠海よりとく御聞可有所漸々此頃忠海にて御聞被成候よし尤之事に候且又男子も二人出生息災に成人致候由珍重に存候隨分大切に御そだて可有之候但したんとあまやかし候は却て爲に不相成候御心得可有之候干肴一箱被贈下何よりの物辱甚重寶致候御內方へも宜敷御禮申傳可被下候妻も能々御禮申候且御傳言具に申傳候是又能々申進候樣に申候三原よりも度々下り候樣に申候へとも得下り不申候萬一下候事も有之候はゞ貴方へも立寄申度存居申候其內何とぞ御登り有之度存候先は草々御報斗如此に候　頓首

（寛政二年）
六月二十七日　　　　平賀惣右衞門

喜多重右衞門樣（伊豫波止濱にて晋民兄弟）

尙々外より御賴れ候とて愚筆額御所望之由御存之通愚老大悪筆に候故何方より申參候ても辭退申候此儀は御斷申候間宜敷御申入可被下候

五、楢崎仲兵衛宛

尙々愚妻も御祝詞申上候樣に申候思召寄鹽鰡三本御恵投被下忝受納致候淺草海苔少々御祝儀印迄致進上候御笑納可被下候

改春之御慶無盡期目出度申納候先々御家内御揃被成御堅固に御重歳被成候由珍重奉存候此元皆々不相替致加年候乍慮外御安意可被下候乍略儀御報旁々御祝詞申上候猶期永日之時候

恐惶謹言

二月廿一日　　　　平賀惣右衛門（花押）

楢崎仲兵衛樣　御報

六、楢崎仲兵衛宛

尙々至微之物に御座候得共江戸產物故右印迄に進申候御笑納可被下候御家内何も樣能々奉願候愚妻へ御加書能々御禮申上候樣に申候

御狀被下忝致拜見候寒氣之節御家内益御安寧被成御入候由珍重此事に奉存候如仰之愚老儀も江戸表首尾好相仕廻歸申候逗留中道中共隨分息災に罷在候九月末致京着十月初當所へ歸り伏

見町に致住居申候數々御安意可被下候思召寄御祝書被下殊に何より珍敷あなご被贈下別而忝奉存候誠に粕汁宜御座候得共此元酒のかす一向無之有之候ても當所之かすは一向に汁氣無之用られ不申候正月雜煮用に可致大慶存候繁用に御入被成候由御家業體之事なれば隨分珍重之事に奉存候先は御禮御報如此に御座候　恐惶謹言

（寛政元年）
十一月三日　　平賀惣右衛門

楢崎仲兵衛樣

七、楢崎仲兵衛宛

令兄去正月四日御死去被成候由御哀傷之段可申樣も無之候早速永木より東都へ知らせくれられ承り驚入御殘念奉存候事に御座候早速以書狀御悔可申進心かけ居申候内何角紛々として致失念其儀無之扠々乍存失禮致候御病中芳野之事先達永木手代被參委敷咄被申承候猶又此度くわしく被仰聞扠々奇事にて御座候然れば御病苦も無之趣乍此上宜敷事に奉存候右之次第故千本之櫻墓畔に御植可被成御企至極御尤に奉存候千載に名の殘る風雅に可有御座候又風雅の句

抔御集被成御企是又御尤に奉存候就夫發語の文章書候樣に被仰下致承知候併和歌徘諧等に漢文は餘り不出來の物に御座候右之事別に記文共致候は格別序言はいかゞに御座候但し此頃甚多用にて中々文事の暇無之ゆう〳〵たる事ならば出來可申候文章之借金大分御座候ていまだ得償不申候御察可被下候來正月第一周忌之御とむらい被成候とて椎茸壹箱御惠贈被下忝致拜受候此方よりも何ぞ靈前へ御備物進度奉存居申候新次郎船今一度參候樣に申候故今は打過申候故其節微物に而も捧げ可申奉存居申候來春は御登り可被成よし必々相待居申候先は草々

惣右衞門

楢崎や忠兵衞樣

尙々罷歸甚多用に居申候諸事草々之事御察し可被下候（以上寛政元年か）

八、楢崎仲兵衞宛

一筆致啓上候寒氣益御堅固に可被成御座奉珍重候此元皆共不相替罷居申候御安意可被下候年内最早日月相迫り申候早春には令兄小祥忌嘸かし如夢幻可思召奉存候隨而土產饅頭五十此度

便船に相托し進申候小祥祭の節靈前へ御供し可被下候乍慮外令嫂御内室へも能々御心得可被下候此元愚妻も宜敷申進候様に申候猶來陽緩々可申承候　頓首

（寛政元年）
十二月九日　　平賀惣右衛門

楢崎仲兵衛様

まんちう正月迄は隨分もち申候とらやの妙は御座候其節むし直し御用可被成候

忠兵衛様　　惣右衛門

九、楢崎仲兵衛宛

兩度之御狀忝致拜見候此度被遣候鰡甚風味宜敷御心付られ被下候段別而忝奉存候

一前方も被仰聞候文章之儀被仰聞とくと考見申候所記文抔は格別の事序文には出來申間敷候紀事共に被成候て可宜奉存候御不得手之事故同樣に思召と被存候且又及老年記憶なく候而文字等覺不申候文章甚出來がたくこまり入申候其内紀事に被成候はゞつゞくり見可申候左候はゞ右之次第こまかに御書しるし御越可被成候

一青木氏段々被仰聞致承知候先達而いよや新左衛門より被申越最早彼方へも承知之趣申遣候
猶又心置なく何なりとも尋越され候様にとくと御申可被下候
一忠海白市屋丈右衛門悴舊冬より腫氣病相疾申候由氣の毒之儀に御座候丈右衛門より一向書
狀差越不申候故存不申候併此節には先本快之方に御座候由悦申候御心添られ被遣被下度候
先は草々　以上　（白市屋丈右衛門は即ち木原氏にて晋民の生家）
（寛政二年）
二月廿一日　　平賀惣右衛門
楢崎仲兵衛様

一〇、楢崎仲兵衛宛

一筆致啓上候其後は御左右も不承候時分冷暖不定候へ候御家內愈御堅固に御入被成候哉承度
奉存候此元相替儀無御座候當春は御登り被成候と切角相待居申候いかゞ御座候や何とぞ近々
思召立可被成候
一先而忠海丈右衛門方へ賴遣候儀御座候は調物其の店迄出置くれ候樣に申遣候指急申ものに

て其趣申遣置候へば此度之便船に登り可申存居申候所無左候へばいまだ其店へも出し置不申と被存候夫故此度又々催促狀遣候貴方か又四郎方かへ出し置くれ候樣に申遣候間參候はゞ急便之節御登せ被下度千萬奉願候猶又此書狀忠海急便に御遣候て可被下候數々乍御世話奉願候右御願申上度如此御座候乍慮外御家內へ宜敷御心得可被下候此元皆共能々申上候樣申候

恐惶謹言

（寛政三年か）五月十一日

平賀惣右衛門

楢崎仲兵衛樣

一一、楢崎仲兵衛宛

先月廿二日之御狀孫市船にて候やらん永木より屆參致拜見候時分柄寒冷相雜り候へども御家內愈御堅固に御入被成珍重奉存候此元皆共不相替罷居申候乍慮外御安心可被下候誠に當夏は御上坂被成久ぶりに寛々得御意大慶奉存候切角御登り被成候所何の風情も無御座ふつゝかの家內耻入申候事に御座候御禮被仰聞痛入申候其邊親類共無別條趣數々被仰聞被下忝奉存候丈

右衞門妻娘召連讃州へ參候由幸便に御內方へも金毘羅參墓參旁御出之由珍重奉存候御留主無々御繁多奉察候丈右衞門方仕向も有之候由尤之儀に御座候夫婦日々爭論承及候左様に而は家之不吉に而出世出來難きものに御座候とくと御示し宜敷御相談被遣可被下候家業も度々かゆるは不宜ものに御座候一業に取付いつ迄も其業にて相立候様に心得可致御傳へ可被下候廿四日の御狀今日永木より届參候定而仙次郎船と被存候福山より到來とて何やら御惠贈被下候由いまだ參り不申候へども思召寄忝先御禮申上候重而よりは御狀の表に外に何々相添と御書印し御越可被成候京大阪の飛脚屋抔は其書付無之書狀はたとひ金銀にても届不申候とても申分無御座候田舍に無之事故御存有間敷と存じ申進候先は草々　頓首

十月六日（寛政二年か）　　平賀惣右衞門

楢崎仲兵衞様

一二、木原丈右衛門宛

尙々御內方へも能々賴入候妻も同事に申入候　以上

御狀忝致披見候如諭新年之賀無盡期目出度存候御家内無事御越年之由珍重此事に候此方皆共無恙致加年候御安意可給候乍略御報旁々祝詞申入候　謹言

三月十二日（寛政二年か）　　平賀惣右衛門（花押）

木原丈右衛門殿

追而

舊冬貞之亟大病之由先達て三原楢崎忠兵衛より申參猶又快氣之様子も申越致承知候安心致居申候此度病狀委細申越扨々大病驚入候嘸々御氣遣察入候併全快と聞候而大慶存候よしもなく腫氣に成候事は何ぞ食物に喰合か扨は膀こう抔の申分に候半と存候か様の節良醫無之て非命に死を致事多く有之候惠美三伯流抔輕々敷用候ては又却て命を失候事有之候古方家は輕々敷用かたきものに候夫故我等はきらひにて候世間之古方者中に病氣は得直し不申候され共古方ならではならぬ事有之候とかく運命次第にて候

一六君子に紅花こんにやく玉を加へ服用致候腫氣之大妙藥に候此藥全快致候迄は御用ひ可有候右藥楢崎やにて上藥種調合致させこんにやく玉は手前にて入煎湯にて御用可有候右玉

細末するにも及不申候此薬良方にて候
一鰹壹連御越被下忝存候　以上
三月十二日
平賀惣右衛門
白市屋
丈右衛門様
（以上檜崎仲兵衛氏蔵）

一三、木原丈右衛門宛

副啓
其己後も久々御左右不承いかゞやと存候所當春は伊勢參宮も可被成趣扨々悦敷存候久しぶりに對面可申指を折り相待居申候必々御登り可被成候當年は角屋又四郎も登り可申様に申候何とぞ同伴御登り可被成候相待申候
一、渡世方相應に相立候由是第一之儀甚致安心候鹽濱も被致候由取〆相談可被致候家業替候は不宜ものに有之候不絶致候へば相應のもうけは有之候ものに御座候酒こも是等も如前々候

由珍重に御座候多用に可有之候相談可被致候酒鹽濱にて渡世成長致候はゞこも酒抔はやめ候ても可然候是は此後の事に可有之候

一、町村兩組頭又庄屋之事も御引受候由甚役過申候理り願候てはぶき被申候て可然存候且又眞珠一粒も化欲無之樣御心得可有之候家之福に無之候つゝしみ第一に御座候猶又町地方共下々の爲に成り後世よりも難有がる樣の事有之候はゞ隨分考可被致候家長久の事に候先は草々申入候　以上

二月二十一日　　平賀惣右衞門

白市屋　丈右衞門樣

尙々去年廣島の出生兩人御狀御添御越候爰元にては學問も難出來候趣すゝめて京に登し候定めて京都にて修學可被申存候但し重てよりが樣の事人相賴候ども書狀御添被下間敷候いとひ申には無之候へどもか樣の事我等の世話にて出來候事は無之候故外に又々相賴み申さればならず候いなかにて思召と違候て是等の事は甚六ヶ敷事に御座候て大に先樣に苦勞をかけ申事に候間親類のものなら格別の事不知の人は決て書狀御添被下間敷候此儀偏に賴申候　以上

（以上木原福郎氏藏）

一四、楢崎およ宛

尙々仲兵衞様へもれんしの御しうき御文同じによろし九御申つたへまし被下度候其外どなた様へも宜敷〳〵御たのみ上まいらせ候めて度かしく

初春の御しうぎ御めで度ぞんじまいらせ候いよ〳〵どなたさまにも御揃被成候て御機嫌宜敷若葉の春に御移りかす〳〵御めでたさいわゐ納めまいらせ候こなた先生始めまし無事にて年をつもり御互に御めで度祝ひまいらせ候先は年始の御祝義御返事迄に猶春ふかくと

めで度まいらせ候

きさらぎ末二日

めで度書添まいらせ候忠海にもどなたさまこと御かわりも御座なく候や久々御便り承り不申いかゞと御噂致居まいらせ候また〳〵御ついでによろしく御傳被下度候すみやにも皆々そく才にて祝ひまいらせ候長の内にはくだり候やうに御申越被下かたじけなくぞんじまいらせ候何とぞ見合候てくだり候様の事も御座候はん委敷は御めんもしのふしとめで度かしく

平　賀　内

ならさき　おとよさま

返事

（楢崎仲兵衛氏藏）

一五、青木新四郎桑村新左衛門宛

二位兩次之芳簡辱拜見候皆寒氣に趣候に益御安意に御入被成珍重に奉存候老夫無恙居申候乍慮外御安意可被下候青木君先達ては令弟歿故之由扨々驚入申候日者保田屋清兵衛上阪之節具に來り諸事くど〳〵致候事も有之候由旁々以御哀傷之程察入候弔書も進不申候失禮之至御用捨可被下候且又頃日より御家業繁多殊に公役等の事有之讀書之御暇も無之趣人間世の常にて候とかく閑暇に御覽可被成候扨此度も二位より栗澤山に御贈惠段々御懇切之至忝奉存候桑村君韵書の儀被仰聞唐韻書は數々有之候内佩文詩韻笠翁詩韻抔申もの御座候へ共熟語無之候此方之書には詩法掌韻たく山に御座候へ共是には險韻多く候て用ひがたく御座候近來唐詩礎增益之書御座候原本並明詩礎よりも多く御座候幸に鄙藏御座候故此方入用の事も無之故遣し申候代物には及不申候是にて大體可宜候此上は唐韻ならては無御座候

一、詩語碎錦と申もの有之候甚はやり候故定て御所持と被存候りこうなるものに御座候

一、絹御越被成書御望之由書師甚多御座候へ共名望の人は容易に得がたく御座候圓山御申越被成候得共是等は謝禮甚六ヶ敷事にて御座候其上只今より申入候ても五年十年に出來候期相知れ不申候計に及難事と承候其地抔の思召と大に相違の事に御座候前方又四郎方二枚屛風調遣候是甚もうけものに候間違に御座候が却て仕合に相成候京師今日の出の名望は月溪統洲にて御座候

一、老夫讃之義御申越贊は易き事に御座候自筆の事は是又難題にて御座候老夫惜むには無之候性得惡筆のみならず文字存不申候近來虛名御座候て掛物額屛風抔方々より頼參候惜にはあらざれ共末世まで耻をさらすいやに御座候故何方より頼參候ても辭し申候强て乞はるゝは耻をかけよとの事にて甚不深切の事に御座候此心を不存もの强て頼被申事御座候此元門人內にも有之不得止ものには匿名にて書遣申候又扇子等のものも遣ひ捨り申候者故江戸戻り之みやげには絕句を作り手書にて名印を加へ遣し申候是等にて御推量可被下候達て御望ならば名印なしならば自書可致候夫も外へ老夫書と御申被下候ては成不申候又名印すへ候には代筆にて

御座候無名自書も門人ならでは致不申候兼て左様思召可被下候書はいづれへなりとも頼上申候大てい其人を御さしこし無之候てははからひかたく御座候月溪抔は随分出來可申候是も謝禮等何程なやら存不申候承合置可申候扨又墨畫か中彩色か極彩色か斯様の事も御定め御越可被成候又書師により得手不得手有之候人物山水花鳥それぞれならでは不宜候

一、元禮子も随分息災に被居候頃日は吉益氏に寄宿被致候加書可申達候（備中岡元齢なるべし吉益東洞ならん）

青木氏へ申置候鄙箸之事に付詩經は全部出來居申候春秋左氏未卒業に候故其外へはいまだ手を付け不申候尤論語は少し致かけ有之候

著書下候様に被仰越候へ共印行無之分は手を離候事難成御座候其上此地皆々寫居候故明き本無御座候

經書之類は先十三經御覧可被成候經濟の學問被成由先經學熟し候上ならては經濟は輕々敷論じがたき事に御座候論語之儀徴幷に古訓外傳皆々得失御座候て全く信用し難く鄙著題號論語合考と申候て本文鄙見を注し古註義疏朱註古義徴外傳考悉く辨論致候夫故中々急には出來不申候

詩作御止め可被成旨是も亦廢しがたきものに御座候やはり被成候て可然奉存候

一近來三都にて著述もの一つも益に立つものは無御座候とかく唐本を見るにしくはなく候初學の捷徑抔と云事は一向無之事に御座候達て御望ならは間に合早學問と申者御座候是等可然や經學餘師抔と申もの御座候足下方は庶人の事なれば只慰に詩文讀書古今の事を知る迄にて能御座候唯士大夫之類表て道具にも學問せずして不叶ものに御座候然れども今入用にもなき武藝を表にし學問を留て心を用さるは誠に倭奴島夷之態にて御座候されどもナミクジりも一代にて濟めば濟むものに御座候

一六、青木新四郎宛

尙々杉江寧朔も無難に歸着珍重奉存候元禮は京都に滯留致候逢候節は御傳言可申達候元子詩作之事は不承及候重而見申候て下し可申候

御狀忝致拜見候寒氣趣候得共愈御安寧御入被成珍重奉存候老夫無恙居申候然て先達て御申越被成候十三經御止被成候由御尤に奉存候餘り高直に御座候あの位の物は十四五兩にて此元に

ていつにても相調申候先日中渡之上本御座候て左傳壹卷書足御座候へ共善本に有之候十六兩と申候最早外へ參り候由に御座候新渡物は大てい先日之通りのものに御座候此方にて間合相調可申や見せ本下し候ては拂本抔は出來不申愚老に御任見置候はゞかくのはつれ候儀は有間敷候其內何分一通御覽被成候はゞ相働可申候古渡之極上本千一有之候へば甚高直に御座候中ものにて可宜候是等の事其元にては御不得手に可有之奉存候近年唐本渡し不申候故諸事甚高價に御座候

一、御佳作添削致遣候令弟の事先達淸兵衞より承甚氣之毒に奉存候御作宜候

一、七夕鄙作の儀心得申候草稿外へ遣置候跡より調遣可中候壹首覺居候左之通

一七、青木新四郎宛

御狀致拜見候秋分に至候ても暑氣甚候得共愈御堅固に御入被成候由奉珍重存候老夫隨分無恙居申候御安意可被下候然て十三經御望御座候て此頃尾道より參候由にて禮記之中壹套御登せ致落手見申候處新渡本にて甚摩砂多御座候只今之新渡は多は此位のものに御座候

一御佳作拜見申候宜候存寄副書致候とくと御考可被成候とかく古人の詩を熟覧被成御作被成候事肝要に御座候愚作前方七夕の作七律貳首有之候書作可遣候得共草稿人にかし置候故暗記不致候　草々頓首

八月十日　平賀惣右衛門

青木新四郎様

一八、青木新四郎桑村新左衛門宛

御狀被下忝致拜見候當年はけしからぬ大暑御座候へば益御堅固に御凌被成候由奉珍重候此頃冷寒交至候へ共御無恙御入重疊目出度奉存候老夫隨分無病に居申候御安意可被下候如仰仲夏には此地火災殊に近火にて弊家罹遠燒甚狼狽致候事に御座候され共人助多御座候て家財損失も無之悅申候暫堀江に致寓居七月朔日中之島常安裏町に移り只今安頓致居申候御安意可被下候然て疊の表儀として金壹兩御惠贈被下扨々御懇切別て忝致拜受候每々御深切却て痛入奉存候桑村君とかく多病之由氣之毒に奉存候必酒傷と奉存候脾胃壯健に相成迄は戒酒被成候て可

然奉存候爲口腹に身を苦むる事は有間敷事に御座候青木君又々目代加役御座候て罹奔命之由是亦病にて御座候何とぞ假病を以て眞病を御免れ可被成候凡俗中之俗なるものは小役人より大なる者は無之候

一、詩稿御越被成春來之貴稿も存在致候故一所に添削致遣申候右之内咏物多御座候咏物は別て難事に御座候それ〴〵之材木を用て形容致さねば出來がたき物に御座候夫より咏物之詩選多く御座候

詩儁類函　唐詩類苑

六代咏物　唐詩物選

歷朝咏物詩選　佩文咏物選

王元美咏物百首

唐本にも右之通數々御座候斯樣のものに熟し候て作候宜御座候此方にて出來候日本咏物詩と申者御座候則青木氏へ致進上候是にてとくと見合御作り可被成候

一扇子貳握是は此地態嶽と申書師之書にて御座候桑村氏致進上候偕々御笑納可被下候此頃少

し不豫に居申倦把筆候故草々御報申上候　頓首

九月二日　　平賀惣右衛門

桑村新左衛門様（伊豫屋）

青木新四郎様

一九、青木新四郎宛

御狀被下忝致拜見候時分柄冷寒交至候へ共御家内益御堅固に御入被成候由珍重奉存候此元相替儀無御座候但老父先月より少々不快に御座候て床に付程にも無之候へ共とかく氣分勝不申根氣に薄相成候樣に御座候切角服藥致居候中々急には快復も見えがたく御座候されども氣遣敷儀に無御座候間御安心可被下候此度炭壹俵御惠投被下何よりの者甚重寶致申候殊に名炭にて此元にて此位の炭無御座候追々可被下旨忝奉存候但し當年中遣候程は最早買調置申候又々きれ候はゞ可申上候間御惠み可被下候

一、貴稿二首致拜見候九日之詩第五句甚不宜候殊に老年實事あらず此句之作りかへ可被成候妨倚臺妨字一向義相分り不申候東海鴻雁來義を成し不申候斯様の處御心付御作り可被成候新左衛門とかく酒病氣之毒に存候廣島之香川周藏常酒常病に候折節異見加へ候へ共足下酒中之趣を知らぬ故とへらず口申越候が先月遂には酒の爲に命を奪はれ申候大丈夫口腹之爲に性命を失ふとは扨々淺ましき事に御座候然れども是亦天命なればいかんともすべからず候桑村氏も多くは酒の爲に性命を失ひ可被申候　草々頓首

十月四日　　平賀惣右衛門

青木新四郎様

五律可作や否の御尋隨分宜敷御座候御作り可被成候五律のみならず七律も可然候但五絶は今暫御待古詩抔被成候節宜敷候

二〇、桑村新左衛門青木新四郎宛

御狀被下忝致拜見候彌御兩家御安全に御入被成珍重奉存候如仰又四郎妻致死去不便存候事に御座候遠緣御弔被下殊に御菓子壹箱被贈上忝早速牌前へ供し悅奉存候右御禮爲可得御意如此

に御座候　恐惶謹言

十一月廿九日　　　　　　平賀惣右衞門

桑村新左衞門様

青木新四郎様

二一、青木新四郎宛

副啓

先達て被仰聞候十三經段々聞合候所近來渡りすくなく書甚不自由の上京師大火以後書價湧貴殊に諸方學問はやり候て漢和書共に一倍高價に御座候十三經通り直段は十二兩位に御座候處今は十五六兩ならでは得られ不申候先日壹部有之故寄見申候所先達て御上せ被成候通の新渡本にて十六兩と申候故餘り高直にて求め不申候あちこち申遣候所此間京師より壹部有之由申越是は四五十年前渡りの中渡と申にて新渡よりは格別宜敷尤紙のバン狹く御座候へ共直段下價に御座候故買切申候代金十七兩にて御座候見せ本貳冊指下申候甚よき買物にて御座候指銀

に御座候間急に代金御登し可被成候昨日壹部當所之書肆持參申候板は此本と同位に宜敷御座候本も大く御座候貳拾兩と申候只大小の違にて貳兩違申候間前本に取極め申候此間當所藏書家拂本數々御座候內百年己前渡りの十三經御座候今迄見及ばぬ上本にて御座候書肆中間市にかけ候處貳貫三百目に書肆買取申候凡十二三貫目之高の市にて御座候同じ汲古閣にても斯樣に高下御座候當今書物はしやぎ申候故中々遠方かけ合候ては手に入不申候故此書買切申候代物急ぎ申候間其地便船御座候はゞ尾道便にても金御登し可被下候銀にても相場になされ不苦候

二二、青木新四郎宛

別紙之通相認候へども右は京師に有之本にて全部不致檢閱候外より聞候へば疵も有之樣に噂御座候故全部見分之上にて買取可申とて變改申候當地之本前書廿兩と申候分是も中渡にて板十七兩之分と同事に御座候十八兩には得られ可申候一兩違候へ共大本にて無疵に御座候此分被求候て可然奉存候節氣に向候故かく下直に御座候春に成候へば直段上り可申奉存候何分愈

御望に御座候はゞ金御登し置可被成候かけ合候ては間に合不申候是節氣前故如此に御座候春に候得者尙物下候後にても不苦候但し新渡無之甚不自由に御座候たとひ此後新渡有之候ても先日其元へ參候本のごとく摩砂本にて不宜候故十三經は追々直段上り申候て下り候事は有之間敷候右十八貫本も春に成候はゞ廿兩より內は賣申間敷かと存候御思慮被成急便に御申越可被下候書物は甚はやり申候　以上

十一月二十九日　　平賀惣右衛門

青木新四郎様

二三、青木新四郎宛

仙次郎船下り候節書狀遣候相屆可申奉存候寒氣甚御座候へ共愈御安寧に御入可被成致恭喜候老夫無恙罷在候御安意可被下候然し先達て申遣候十七兩之十三經致吟味候所一向疵無之甚善本に御座候故調可遣存候へ共代銀火急に急ぎ申候夫故格別下直に御座候夫故當地門人內望申候故此方へ買遣申候又廿兩と申候も善本に御座候是も十八兩には出來可申候とかく節氣故斯

様の拂物出候彌御望に御座候はゞ銀子御上せ可被成候年内日詰り候故無左候ては善本は手に入り不申候若又御止め被成候はゞ共趣急に御申報可被下候

いつぞや御上せ被成候新渡本は磨滅して悪本に御座候是も近來渡に無之故不自由に御座候夫故相場は十二兩位に御座候へ共十五六兩致可申候十三經は今の內調不申候へは年々に上り申候右申進度草々以上

十二月八日　平賀惣右衛門

青木新四郎様

二四、青木新四郎宛

副啓

愈御安寧可被成御座珍重奉存候舊冬來申遣候十三經相調候故此度指下申候御落手可被下候舊冬相調置候へ共便船無之相待居申候是は中渡にて新渡よりは格板宜敷御座候尤大摩滅之所御座候是はいかなる上本にも有之者に御座候落丁も相改させ候所一二枚も有之様に相見え申候

是もどの本にも少々は必有之者に御座候摩滅の所落丁御書入被成候はゞ其分の本御申越可被成候我等の本指下し可申候間御書足し可被成候

右代十七兩何とぞ急便に御登し可被下候別紙書付相添遣申候十三經隨分御覽可被成候猶追々博覽可被成候

一、去年申遣候貳貫三百匁之本舊冬三貫目に爰元にて賣申候驚入候事に御座候猶追々可申承候以上

正月廿九日　平賀惣右衞門

青木新四郎様

二五、青木新四郎宛

副啓

足下儀當年賀正御目見被仰付早春廣都へ御出被成候由御苦勞奉存候程能御歸猶又竹原邊へも御越候て嘸々奔命に御疲察入候然とも息災御勤奉珍重存候桑村氏とかく病氣に御座候由氣之

毒に御座候過酒内傷と被存候禁酒にて服薬保養被致候様諫言可被成候
一、十三經調先達て仙次郎船に差下し候頃日定て相屆可申候と奉存候先達て申遣候少し小形之本是は甚上本にて御座候處現金にて代間に合不申候故爰元門人へ買せ申候甚残念に御座候此度下候も今渡りの本よりは格別宜敷御座候先達ても申進候通り大摩滅ばいかなる上本にも必有之候御正し被成候はゞ追々手藏の本下し可申候
一、尾道船替せ銀可被遣旨致承知候今に參り不申候但右代金三月前迄に參候へば宜數御座候上方は五節句の取引御座候故三月拂間に合候様に御登し可被下候
其頃帳合もつれ日々繁多之旨書籍御覽も被成がたく候由御尤とかく閑暇に看書可被成候足下御手前には得失も無之一向に御たづさわりなく候由珍重に奉存候本博奕物にて不實商賣に候得者亡家に至程の事も出來申候御愼専一に奉存候
一、佳稿三首致拜見候少々加添削置申候
一、令尊當年古稀之齡にて甚鑊鑠に御入被成候由奉珍重候三月には被設壽筵候由御尤に奉存候鄙作之儀仰聞候致承知候僕も來月十日頃より京師へ參り十日計致逗留歸申候其内に相調置

可申候上船さへ有之候はゞ間に合可申候
一、鹽鰡壹尾海苔四把被贈下別て辱甚致賞味候猶追々可申承候　以上
二月二十九日　　平賀惣右衛門
青木新四郎様

二六、青木新四郎宛

御狀被下辱致拜見候時下餘程暖氣暮好なり申候益御家内御堅固に貴様隨分健食御世話被成奉珍重候老夫隨分無恙居申候御安意可被下候然て此度仙次郎船金子七兩御登し被成慥受取申先樣受取書遣申候尾道權四郎船かわせ今迄參不申候へば最早參申間敷候貴地にて御吟味被成可然奉存候殘金當月中に參候へば宜敷候但し三月三日の間に合候樣に奉願候且又銀にても不苦候定て御地金不自由に可有御座候折節取込早々申遣桑村氏病身氣之毒に奉存候とかく酒と被存候　頓首
閏二月五日　　平賀惣右衛門

青木新四郎様

二七、青木新四郎宛

一書致啓上候其後は頓と不承候暖氣増申候へ共愈御安全御入可被成珍重奉存候老夫無恙居申候然て令尊古希之壽筵當月可行奉珍重候先達被仰聞壽詩結構致候故此度遣申候久々廢替致候故好詩は出來不申候へ共只是祝壽而己に致候御笑覽可被下候

一、十三經代節前參不申候甚こまり入候仙次郎船參候故悅居候處右之物不參甚致失望候何とぞ後便に御登せ被下度一入奉願候尾道船一向此方へは參り不申候替せ銀抔被遣間敷候爲其如此に御座候　頓首

三月三日　　平賀惣右衞門

青木新四郎様

二八、青木新四郎宛

御状忝致拜見候次第春暖に相成候愈御安全に御入被成奉珍重候老夫相替義無御座候然て此地珍敷燒鹽二苞御惠贈被下忝每々御厚志感戴致候御佳作數首大分進步致珍重候點竄相加へ申候律詩被成宜數候隨分精出し御作り可被成候

律詩之爲に成る書物とては無之候とかく古人の詩を廣く熟覽致すに有之候其外珍書は數々御座候へ共是ぞと指して御申越無之候ては分ちがたく候

一、長州表之儀此方一向存不申事に御座候どふやら米山寺へ噂有之事之樣に聞傳へ申候たとひ實事に候とも最早致仕之年に御座候へば中中仕官之儀は不致候望に候へば江戶より不歸直に居候いや故に歸り申候　草々頓首

三月十四日　平賀惣右衞門

青木新四郎樣

二九、青木新四郎宛

御状忝致拜見候先々貴樣益御安寧に御入被成候由珍重奉存候愚老隨分無恙居申候乍慮外御安

意可被下候

一、御佳作二章御越被成致拜讀候中々宜敷御座候少々添削加へ申候一章は御惠贈之詩にて御座候へ共副墨致候故先返し申候重て御清書可被下候和を致度候へ共久しく廢絶致候へば出來がたく殊に著述に追れ候て詩思無之候御免可被下候

一、唐詩夷考之御申越愚老持歸候本は不殘賣拂最早無之候且右之本はいまだ校合も調不申追々校合致し直させ申候やがて賣本登り可申候且其節は直段も下り可申候今暫御待可被成候

一、學問捷徑代之儀御申越候是は進上致候代物には及不申候御家業繁多に可有之に學問御好奇特之義に奉存候家業之障りに相成ぬ樣に不捨置御學び可被成候とかく博覽か能候へ共定て書物不自由にて可有之奉存候猶々御尋事御座候はゞ追々可被仰聞候先は早々申入候

恐惶謹言

四月九日認置　平賀惣右衛門

青木新四郎樣

三〇、青木新四郎宛

御狀被下忝致拜見候時分大暑に御座候へ共益御堅固に御入被成奉珍重候如仰當地大火に御座候て老夫抔も逢類燒甚難義致候併家內別事無之罷居候御安心可被下當分北堀江三丁尼崎屋五兵衞と申方に致托宿居候被懸御心御訪被下忝奉存候草々御禮斗如此に御座候

六月四日　平賀惣右衞門

青木新四郎樣

尙々過銀返上申候

三一、青木新四郎宛

六月廿八日之御狀本月六日助松屋杢兵衞より屆參辱致拜見候如來諭當年は珍敷暑氣甚難堪御座候處御家內益御安寧被成御入致恭喜候弊家老夫始皆々無難に相凌最早秋氣に移り暑も漸々に退可申悅奉存候隨分息災に居申候御安意可被下候思召寄暑之御候問猶又此邊珍敷延命酒一

甕御恵贈被下毎度蒙嘉恵御懇切辱奉存候日々賞味致悦奉存候先は御禮御報旁如此御座候　頓首

八月七日　平賀惣右衛門

青木新四郎様

三二、青木新四郎宛

座右銘大抵宜敷御座候少々致副墨候桑村氏思召之趣至極御尤に御座候商賣は利を得るにあらざれば一日も立難きものに候へば君子とは相違有之候利を得んと思ふ心なければ利も來らぬ者にて候但人を欺き非義を働きて求る利は一旦の利にて子孫に至り失ひ候正直にて求る利は長久に有之候夫故大富は出來がたく候へども子孫長く傳り候命は人々有之候へども仁は庶人には及所にあらず候桑村氏了簡違申候

一、御作少々致添削候猶々隨分古人に刻苦してたくさんに御作可被成候

一、學問博識ならざれば才も出不申候隨分ひろく御覽可被成候但僻邑書に乏敷可有之存候隨

分かり合せひろく御覧可被成候是肝要にて御座候一書づゝ義を明かに求るは不宜なり不通所はそれなりにしてひろく讀過可被成候　以上

記

一金拾兩　　十三經代殘
又銀三匁五分　　同ひつ代
右之通慥に受取申候以上
壬子四月廿七日
平賀宗右衛門樣

曾谷林藏

（以上青木善四郎氏藏）

三三、春水より川口西洲宛

副啓

平賀先生碑石彫刻今度出來候事は於私甚以難有御義かく犬馬之齡には候へども何角預御相談候事本懷至極奉存候右に付金子貳百疋差進申度候右彫刻諸費之內に御加へ御計被下候樣奉願候尤此御取計かた如何相成候哉得斗承知不仕候へば御見斗被成下度候斯樣の事申出候不可然

候次第に候へば一向に御手元限りに御計可被下候私方にては大阪へ上り一同に御世話も仕可相成候はゞ寸志之働致度と申迄之事にて候莵角御任申候へば宜敷願入候　以上

正月廿五日　　頼彌太郎

青木氏へ

頼千秋氏より金貳百疋參候添書金はしばしは私宅に預居申候添書斗懸御目申候

川口西洲　白

三四、平賀顯次郎より楢崎仲兵衛宛

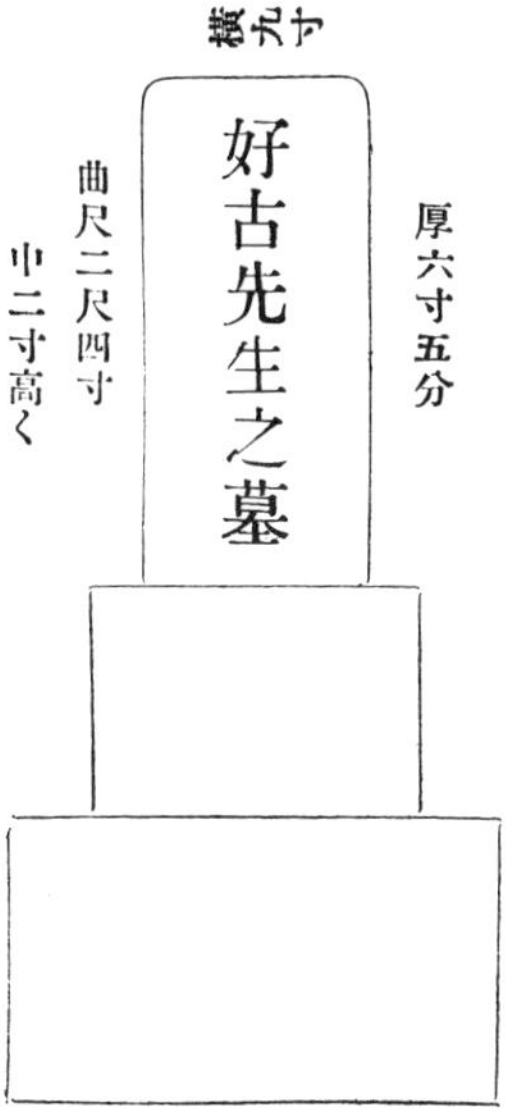

天王寺茶臼山の南　邦福寺　黄檗宗禪寺

一先人碑文の儀御申越被下御深切之御事かなと奉存候此儀は先人存命の內より被申置候儀にて仕不申候歿後早々墓所の印は丁寧に出來候へ共門人一統に碑文之沙汰には及不申其節諭を伊豆守樣へ願申候砌も碑文は出不申者申進候右之儀は左樣御承知可被下候

九月十二日　平賀顯次郎

楢崎仲兵衞樣

好古先生

是は歿後早々關東より參申候送り號にて御座候

（以上楢崎仲兵衞氏藏）

學問捷徑

此編は我が中南先生親炙の門人に敎戒の爲めに著せし書なり大方は公にするものにあらず不佞門下に列するを以て與り見ることを得たり此儒學の法を論ずること諄々として遺すことなし初學見ずんばあるべからざるものなり因て思ふ寒鄕學徒法を得ざる者の爲に刋してこれを行はゞその惠これより大なるはなしと之を同志に詢る皆云く請ふ時は許されずしかれども先生は長者なり必ず旣に往を咎めじ私に刋すとも何の害があらん乃ち相共に校讐して剞劂に授く此編もと題號なし今新にこれを命じて學問捷徑と名くこれ本文の中の語を取しなり敢て私にこれを命ずるにあらず

平安門生　赤井通子達　謹識

學問捷徑目錄

學範

入學素讀の仕様書物の見様抄書《ヌキ》の仕様詩文經學の次第國を治るもの丶學問の仕様國を治る者を敎へ導く仕様儒者の心持のこと經學の仕様末に書藉のあらましを見《シメ》す

學儀

一日の中科を立て丶それ〲の學問の仕様書生の行儀作法書生の心持のことを識す

作詩法

初學詩の作りならひの仕様諸體の法式平仄韻字聲律のことまで詳にしるす

作文法

譯文の仕様より字義の見様助字の法文章の作り様を示す

稱呼

凡ての名物漢文に書様のことを論ず

以上

學問捷徑 卷上

平安門人　赤井通子達　校訂

○學　範

一我が日本人の唐山の學問するは。唐人よりも一倍の工夫を費すことにて。甚難きことなり。何んとなれば。唐山の書の文理も分り。字義も詳になり。無點物さら〳〵と讀るゝやうになる。是學問の半功なり。かやうになりて。唐人の無學の人と平等なり。唐の人無學といへども。後世の書は看るに隨て通ずるなり。なを日本人和學せぬ人も。平家物語太平記の類を讀がごとし。古書は註釋あれば通ずるなり。なを日本人源氏物語伊勢物語など。抄さへあれば通ずるが如し。故に先づ無學唐人にならねば。所詮學問は成就せぬと心得べし。勿論和訓點附して。讀で通ずるやうに覺るものあらん。それは大なる僻事なり。和訓にて通ずるは。譬へば影繪の人形を見るがごとく。象はあれども耳目鼻口も分れねば。色わからぬはなをさらなり。姑く一二を擧て示さん。崔顥が長干行の詩に。或恐是同鄕。是大阪などの川口に伽やらふ。船饅頭などゝ云やうの媱を賣る女の。商客をたらしかくる詞なり。和訓にて讀めば。或恐是の三字に心を用ひず。同鄕ならんと云ふテニヲハ計りにて看るゆへ。媱女のいどむ詞みへず。或字はもあらふ。恐字はをゝかた。是はでなり。或《もあらふを、》恐《かたで》是同鄕如此の義にて。和語に寫してをゝかた同鄕でもあろかいなあとの詞にて。聲に顯れずして其色つや見ゆるなり。故に或恐是三字を以て其色つやを示せしものなり。是其詩の妙處かやうの所和訓にてしるは影繪なり。凡そ盛唐の絶句助字の働きにて深意を見す。故に字義に疎ければ盛唐の妙處はしることあたはず。又詩經に淇則有レ岸隰則有レ泮云々。信誓旦々不レ思二其反一反是不レ思亦已焉哉と。これ婦人夫に棄られて怨を述る詩なり。信誓はちがわぬたしかなる誓言なり。言ふ心は初め我を愛せし時は。いつまでも心は變らじと云。信の誓言をたてられしことは旦旦としてあきらかなり。しかるに今其誓に反ことをも思はずして。我を棄るとなり。反是不レ思は不レ思レ反と同じことなれども。不レ思二其反一はその誓言に反くことをも思はぬと云心。反是不レ思は反くことを思はねばと云心にて。反の詞あたり強し。故に文を變じて反是不レ思と置く。亦已焉哉はしまひじやと云辭なり。言ふ心は誓言は神や佛をかけしものなれば。反かるべきものにあらず。それを反くことをも思はぬやうになられたれば。淇にも岸なく濕にも泮なきやうなるものにて。義理も法も神も佛もなきやうのことじや。左様のことなれば仕様もないこと。しまひ〱と云ことなり。是等は字義文理ともに詳にせざれば見へがたし。和訓にては影繪の象も見へぬなり。又滄溟尺牘に改ニ轍乎康衢之間一何ニ有於一日千里一也。然後乃今藹ニ蕘於足下一雖レ謬不レ恤焉と云あり。然後乃今は莊子の字面。この處に用て甚だ分りがたし。和訓にて讀むものは。助字を忽略する故。然後乃今へは目をかけずして讀過す。試にこれを問へば一向に解することあたはず。この心は足下の詩はとかくむづかしく作らるゝ。既にむづかしく作らしめられた故。易らかに作らるゝならば。詩はぐつと伸び揚るべし。乃今足下の詩をとやかく評判するは。すいさんなることながら。かまわずと申し進ずるは某が申す通にせられ。然後思ひ當られうと云ふことなり。凡の一切の書籍皆是なり。故に和訓で見れば影繪をみるほどに至るが至極の位なり。このゆへに學者にならんと思ふものは。字義文理を明かにして。先づ無學唐人ほどになるが學問の基礎なり。其後に精力を勵し唐の學者に負けぬやうに研究すべし。

今こゝに初學より學びやうの次第を示すこと左の如し。

一素讀は七八歳まで强て十歳までなり。四書五經文選に止まる。讀しむること百遍を限とす。次は七八十遍五十遍を下るべからず。鞭箠して讀しむべし。句讀をよく正し。音訓共に誤りなきやうに敎ゆべし。世の人素讀すれば文字を覺ると心得。甚しきものは素讀さへすれば學問成就すると思ふものあり。大なる僻事なり。學問は勿論文字をおぼゆるのみにあらず。且つ百遍讀込んでも何分跡形もなく忘るゝものなり。然れどもよく讀こんで置けは。後學問の上るに隨て自然に出て來るものなり。しかれば後大に助けを得る素讀の功これぎりのことにて。この外益あることなし。世に四書五經文選まで素讀せし人他の書を讀ことあたはず。書籍の義理を曉ることあたわざるもの多し。これにて益少きことを知べし。學問さへ成就すればよめぬ書はなきものなり。又十三經には陸德明が音註あり。しかのみならず字書おびたゞしくあり。何に苦んて大切の日子を費すことぞや。世間に二十三十になりて素讀を專らとする人あり。二百歳も生延て學問せんと思ふや心得ぬことなり。

一十歳以上始て學に入る人は。四書と古文眞寶とを二遍ほど讀ながしによみ。唐詩選も音訓點を誤らず數百遍熟讀すべし。

一十七八歳二十以上始て學に入る人は。唐詩選ばかり熟讀すべし。

一唐詩選熟讀して詩を作るべし。この時わき目もふらず詩三昧に入り。夙も夜も寐ても寤ても詩ばかりに心を委ね作るべし。是れ風雅のためのみならず。文章學問の階梯は詩なり。先づ字を知ること素讀に百倍す。何んとなれば。素讀はならひ受て讀過するのみなれば。遠き稀にある字は記憶することなし。口ぐせに其書にては覺へて居れども。他書の中にあれば曾て知らぬなり。詩は吾心を以て使ひまわす故僻字にても一度詩に用ひし字は一生記憶して忘るゝことはなきなり。是第一の利なり。又文理自然に分れて顚倒などのことも合點ゆくなり。又字義等を自然と知るなり。又小序題言等のこともあれば自然と文章にもたづさわるなり。又訓解の註七才詩の註など見。上つて蒙求世說等へも涉るゆへ。自然とひろく故事事實を知り熟するなり。其功莫大なり。是入學の最第一と心得べし。詩の作りやう後に別に記す。

一詩少しく形ち出來なば。兼て史記の復文。書籍の博覽。併せて抄書すべし。史の復文。詩作。博覽。抄書の三つはたとへば佛家の教相ならば觀法。禪家ならば坐禪。淨土ならば念佛の如く。一生の修行と思ふてすべし。博覽の次第。抄書の仕樣は次に出す。復文の法は作文の條下に出す。

一博覽は古書より倣下すべし。古書は十三經。十三家と古文辭家に至るなり。十三經に始まり。下は文選に至る。近くは南郭の灯下書に見ゆ。夫にも限らず。古より六朝までの書を見べし。十三經は註疏をかけ。其他の書も註をかけてみるべし。扨和訓點付の書は一切禁じ。無點物ばかり見るべし。無點も讀ならへば後には自然とよまるゝものなり。讀習はねばいつまでも讀れぬものと知べし。看やうは一途に文理字義は勿論なり。文法字法章法助字の法までも心を用て見。一向に書の義理は尋ぬべからず。或は云書の義理を尋ねざれば文理字義も分るまじと。是もつともの不審なり。但し義理を尋ねまじとしても必ず義理へ心のよるものなり。一向に尋ねじと思ても半分は何分心ゆくものなり。義理を尋るに心あれば文法へは一向に心ゆかぬものなり。行ふて見て其義を知るべし。しかるゆへに一向に義理を尋ねず。一途に文理に心を寄て見るべし。最初より抄書をする大事のことなり。必ず缺くべからず。唐人の學問皆是なり。扨博く二十一史。通鑑。漢魏叢書。唐宋叢書。新逮秘書。秘笈。說郛の類。通典。通考。百川學海其外枚擧に暇あらず。字書。韻書。地理書。天文。律曆。算書。稗官小說に至るまで抄書を加て見るべし。後世の書をみねば學問甚だ文盲なり。書籍の部類大抵下に記す。抄書の法東涯老爺の教稍佳なり。なをいまだ盡さず。

今新たに門を立つ左の如し。

先づ白紙にて數本をとゝのへ題號を記し置き看るに隨て抄出すべし

奇字　漢書の欲下奇二此女一與中貴人上の奇の字。左傳の君子不レ欲レ多二上人一の多の字の類是なり。

奇句　論語の鮮二矣仁一。大學の小人之使レ為二國家一の類なり。

奇語　左傳の風馬牛の如し。

奇辭　戰國策の王欲焉而收二齊趙一攻レ荊欲焉而收二荊趙一攻レ齊の如し。

奇文　文の奇なるもの。

成語　ひき入ることを勾引。はじめて作るを草創と云などの如し。
熟語　凡て二字相連なるもの騰躍包括匱譌などの如し。
文法　楚辭の將云々せんか。寧云々せんか。將云々寧云々將寧二字にて法を立る。孟子の北宮之養レ勇也云々。孟施舍之所レ養勇也云々。北宮は孟子より其勇氣を稱す。故に養勇也と云。孟施舍は自ら其勇を云ふ故に文を變じて所養勇也と云の類なり。
文華　文の高華なるもの左傳の我以吾三軍などのごとし。
奇言　左傳の人盡夫也父一而已のごとし。
助字　めづらしき助字國語の何難之與有などのたぐひ。
訓詁　凡經文熟用の字。注家の解釋の類を書入るべし。
事實　凡て賢人君子孝子烈婦又姦佞邪僻勸懲なるべきものを書入るゝ。
儁語　凡古字の儁麗なるものを書入るゝ。
譬喩　凡て經史百家譬喩のことば精切なるものを書入る。
虛字　凡て古文に用る所の虛字助語の法とすべきもの又句法變體の類を書入るゝ。

辨正　凡て古今の事にても言ばにても憒々たるものを辨正するの說あらば書入るべし。

確言　凡古書のうちにある聖賢の遺言敎化心術に補ひあるもの議論引證に便なるものを書入るゝ。

雜事　凡て記すべきもの何部にも屬せられぬもの。又事すくなふして部を立つるに及ばぬもの是に寫す。

以上十九。後の八箇は東涯の法なり。但しこの内新立と重復のこともあるべし。これにも拘はらず自らの心を以て各方を立てゝ抄書すべし。只こゝに其方を示すのみなり。

又別に

○易　○書經　○詩經　○周禮　○儀禮　○禮記　○春秋左傳　○論語　○子　○史　○集

右十一箇を置て。他書を看る時。發明の說あらば各へ寫し取るべし。後に各書考覈の時大に助けになるなり。

一史記百三十篇一遍復文し了らば。博覽の力も加はりて大抵唐山の造語を記憶すべし。是より文章を修行すべし。兼て天文。律曆。韻學。算學等をすべし。文理分り字義明になれば。

漢以後の書は平家物語太平記をみるごとく明らかに分るゝなり。古書も註釋によれば源氏物語伊勢物語に鈔をかけて見るごとくに分るゝなり。凡そ文章成就するまでは史記の復文は廢すべからず。

一詩文章大抵十人並に出來。天文律暦等あらまし會得せば己が好みの學を專にすべし。專とは一筋にして外へ心を用ひざるなり。或は經學或は詩文或は天文律暦或は韻字心に任せて精力を用ゆべし。但し博覽抄書は何學をするとも兼ぬべし。

一經學は十三經漢儒の說。程朱の學。仁齋の說。徂徠の說。この外に陸象山。王陽明。郝敬山などが說あれども。大數前の四家なり。其中に漢儒の說は名物度數と訓詁の學にて道の筋立たず。宋儒に至て筋立つ。其學は佛家に擬して窮理して聖人になると立るなり。これを性理の學と云ふ。仁齋は四端を擴充して。仁義禮智の德を成就すれば。聖人なりと立る。徂徠は先王の道は天下を治る術なり。孝弟忠信を本として。禮樂を以て化を敷き。熈皡の風をなす。これその功なり。これを經濟の學と云ふ。道はこの三家より外に立べきものなし。此三家の中我が學力を以て聖人の道に協ふと思ふものを主として。益其道を明かにすべし。先づ十三經を學んで漢儒の說を明らむべし。次に宋學に入り二程全書。語錄。朱子の語錄。語類。追思錄。四書の集註。或問。其他宋儒元明の說。旁陸王の書までも明めて。その理を會得すべし。其後に仁齋の古義。語孟字義。童子問等。凡仁齋の書ことぐく涉獵して其學を知るべし。又郝敬山が九經解。及山草堂集を見るべし。仁齋の說に似たること多し。其後に徂徠の辨道。辨名。論語徵。學庸解を看て其道を明らむべし。かやうに遍く學んで我が力を以て古書に考へ合せ。これぞ聖人の心なりと思ふものを主とすべし。凡て學は人の說を信すべからず。朱子も仁齋も徂徠も打かへす心に成て明らむべし。己一家の說を建るは格別のことなり。左もなければ三家の中による所出來るなり。依る所ありとも其人の言を一途に信ずべからず。誤りあらば必ず正すべし。而して後六經を明らかにすべし。是經學の大綱なり。凡て最初より經學を志して學ぶとも。從來說き來るとをりに致さねば學問は成就せぬなり。又この通りに致し來りて學問成就せぬと云ふことはなきなり。これにて出來ぬものは天禀の鈍物なり。

一右の時に及で己が發明又は不審の所は朋友と切磋討論し。その後師に是正を乞ふべし。又師に向ても押返しくくして講論すべし。凡そ學者は善き師に就ねばならぬものなり。師を擇ぶ大事のことなり。よからざる師は己れ一生を誤るべし。師の言といへども我心に會せずんば信んずべからず。又師はたとひ徂徠學なりとも我心に朱子正統と思はゞ幾重にも討論して我心に感伏せずんば師の意に從ふべからず。

一今の人多く云。經學は本なり學者經學より入るべしと。これ無學者の言にて聖人の教に戻ることを知らず。恐くは山崎學者の言なるべし。勿論經學は本なり。然れども經學は至てむづかしきものにて。初學の中に企て及ぶべきものにあらず。大學に云く物に本末あり事に終始あり。先後する所を知れば道に近しとあり。この心は凡て何によらず物には本とする所と末とする所とあり。されどもその事業に於ては本末を擇ばず始る所と終にする所あり。譬へば箏を學ぶが如し。組は本なり。されどもむづかしきものゆへ事業の始る所はおぼこ菊。すかがき抔より學ぶ。故に大學に又云身を修るを以て本とすと。しかれば修身は本なり。しかれども事業は格物を始とす。而して致知而して誠意而して正心而して修身に至る。學問も同じ詩作復文は格物なり。これをすれば智惠至り。さうして我肺肝に入るところ是誠意なり。而して心學問に固る所是正心なり。さうして成就する是修身なり。故に中庸にも遠にゆくは近きよりし。高きにのぼるは卑よりすとあり。又誠を以て教とす。徳のみにあらず。學問も誠ならねば成就せぬなり。

一世の人講釋を聞を學問とし。師も講釋するを弟子を教育すと心得る。これ本朝古よりの弊なり。講釋は善き師の説を聞けば少しの益はあれども。足らはぬ儒者の字義文理義理事實等に疎き説を聞て。一生眞と心得て居るは淺間しきことならずや。故に學問誠に成て自力に見開くにあらざれば叶はぬことなり。又善き師は字義文理も分り。義理も案外の發明のこともあれば其益なきにもあらず。但し聞て知るは看て知るに及ばず。況や數萬卷の書悉く聞べけんや。畢竟益なきことと知るべし。

一好んで會讀する人あり。講釋聞にはまされども。學問誠にならぬ内は影繪の稽古なり。會讀は佛家に云ふ辟支の法にて成佛甚遠し。余が教法迂遠に似て實は圓頓の大捷徑なり。講釋會讀は速きに似て甚迂遠なり。學問の成就せぬに至て思ひ知るべし。畢竟無學唐人の位に至れば講釋も會讀も助けになるなり。日本人にては無益のものなり。是にて此邦の學問の力を費すこと唐に倍することを知るべし。

一京師は學問の淵藪なり。古より諸國の學に志ずものみな輻湊す。しかれども學其法を得ず。講釋のみを聞て歸る故學問成就の人いまだ見ず。又今の京師の先生は多くは其國にて學び京師に來り塾師となるものなり。故に今の學者國にて善き師に就て學び。學問成就すれば京師を必とせず。しかれども都會に出て天下の人に交り。異聞互に相切磋せざれば學問偏僻になるなり。このことを學記には獨學は孤陋寡聞とあり。京師に學びに來るとも過半は國にて功を成して上るべし。左すれば一兩年には大功あるなり。もし一向に素人にて上れば、十數年の工夫を積ねば學は成就せぬなり。一兩年のことにてはいかなる善師も敎育の法はなきなり。

一國々より醫書生の京師に來る。醫を主として傍儒を學ぶ。平素の學力あらば功あるべし。これなきは功成がたし。講釋を聞き會讀などして歸るより外はあらじと思はる。

一儒者學者にならずとも。慰に學問を志す人あり。是も詩を作り復文し博く書籍を見るべし。少しは文章にも向ふべし。これほどの樂みはあるまじきなり。又善き師を求めて學問談話すべし。大に功を得るなり。凡て善き師と談話する大に學問の功を得る是第一の心得なり。

一農工商は各生理を力めて己を營むものなり。故にこれをば小人と云ふ。孝弟忠信禮義廉耻を勵めば學問は爲ずして可《ヨキ》ものなり。其孝弟を勵むは上の風化にあるなり。故に孔子も民をばこれに由らしむべしとの玉へり。國の諸士以上は學問せでは叶はぬものなり。國君より以下道はたふときものと思ひ大切にはすれども。學ぶ人なきは。宋儒性理の説を聞て今日國家の用にならぬを以てなり。又宋學の國家の用にならぬをも知らず。只聖人の道は天下を治むる道とのみは知れども。天下をしなべて用ひずして隨分の治りあれば。用るに及ばずと思ふなり。是なみくじりも一代。井の內の蛙にて學んて後に聖王の道ならでは國治らぬことを知るべし。中庸に道はすこしの間も離れられぬものなり。もし離れらるゝものならば道にはあらじとあり。故に國家に預るものは學ばねばならぬものなり。

一國主及執政有司の學問は。今日學者の學問と仕樣大にちがうなり。國主は其身を聖人に體し一國を治め。執政は其君を輔佐して天職を奉ずるものゆへ。仁德を成して化を布き。有司もそれ〴〵の役は國を治るの用なれば。仁に體して職を奉ず。是乃ち聖王の道なり。故に國主たるものは先づ善く經學に熟し。學古今和漢に博く。歷代の典故を知り。性質温厚篤實且つよく世故に熟し。人情を知りたる儒者を聘して師となし。學問は文理字義に目をかけず。專ら聖人の道を明らかに會得し。聖人に體して德を務め化を布くべし。されども前に云通りの備りたる儒者はなき理りなれば。經學に熟したる儒者。典故の儒者。博學の儒者。數員をかゝへて用ゆべし。たとひいかほど學問ありとも性質のよからざるは用ゆへからず。又學問は薄くとも性質温厚篤實行義の有る儒者は必ず抱ゆべし。されども山崎家の儒者はすべて禪僧の氣質にて。己を高ぶり人を責むるを事とし。且つ世故を知らず。人情に達せず。故に國家の用にならず。却て國治の妨げをなすなり。さて儒者には政に與からしむべからず。政の事につきては咨詢をなしたとひ國に利ありとも道にそむくことは行ふべからず。後必ず弊あり。經義は勿論なり。常に歷史を見て國君の得失國家の治否を考へ。又明主と稱する漢の光武。唐の大宗。宋明の大祖抔は德言仁言多し。是等を能考へて常に心に體して行ふべし。是國主の學なり。餘力あらば詩文章學者の學問とすべきは勿論なり。又執政已下有司までも道を開かしめ。德を力て實地を踏む君子となさしむべし。是

大綱なり、

一古へ四民と稱す。士農工商を謂ふ。中に就て農工商は己を營み利を專として。父母妻子を養ふものなり。故に是を小人と云。孝弟忠信を行しめ風俗を正しくすることは士の教化にあり。故に論語にも君子を風にたとへ小人を草にたとふ。士は道を學んで德をなし仕官して國家の用に供するものなり。德至れば卿大夫までも升るなり。いまだ仕へず學問して居る故農工商と同じく民に屬す。我が日本には進士及第と云ふこともなく。たとひいかばかりの大儒たりとも國家の用に供することはなし。農工商は小人なれども國の大用なり。儒者は遊手の民にて無用の長物なり。されども學者なければ道廢絶ず。亦なくんばあるべからざるものなり。今の學者農商ならば農商を專とし。儒を傍にして堯舜の道を畎畝の中に樂んで居るべし。ゆめ〳〵農商を賤しみ先祖箕裘の業を破つて儒者となるべからず。己むことを得ずして儒者となるとも。己れを高ぶらず。我は農商の下に立つ己れを營む小人なりと心得。生徒を聚め束脩を得て口を糊すべし。四體つとめず　。五穀わかたず。たれか夫子とせんとあるも此道理なり。扨身は小人に居るとも心は君子の場に居るべし。しかりとて闇齋流の如く己を高ぶり常袴にてぎく〳〵するにはあらず。凡て彼流のする所は禪僧の氣象にて人情を離れしものなり。それは聖人の道にはあらず。聖人の道は十人並にして人よろこべば我も喜び。人笑へば我も笑ひ。酒宴遊興何にても人並にし。只人の爲に謀るに忠を盡し。朋友に交るに信を行ひ。非義に與せず。非道を行はず。生徒を教育するも誤りを傳へざるに心を用ひ。さて高位高祿を得るの立身出世に心を寄すべからず。それは己を營む小人の所作にて君子のする所にあらず。凡て己を營むは志の少きより起ることなり。故に小人と云。君子は大に志す。其志す所の大なるは何なれば大名に聘せられて一國なりとも先王の道を行んと志す。これ君子の大なる志なり。孔子の志し玉ふ所は是なり。故に孔子天下道あらばともにかへじとの玉へり。然りとて國政を執行ひ制度を立てかえると云にはあらず。國主にはよく聖人の道を敎へ導て。其をして聖人の心に體して國を治しめ。執政には先王の道を以て君を輔佐し。一國の臣民を敎化せしめ。有司にはそれ〳〵の役。皆天職と心得て。公忠を以て勤めしむる。これ今日の儒者の事なり。必ず政には與るべからず。今の勢ほひ政に與れば。道却て輕くなる。師輔の位に居て陶弘景山中の宰相と云やうの場に居べきなり。今世間の儒者國主より聘すれば。政を與るならば事ふべしと云ふ。これ片腹痛きことなり。凡人には能する所と能せざる所あり。いかばかり賢者の人にても免れず。たとひ聖人の道を學び得。歴代の制度の可否。政の得失。人情世態に熟すとも。己其長を兼ること能はず。其上もし學問に精力すれば。大數に於て世故には不鍛煉なり。況んや唐と大和。古と今。國々の人情世態風俗習慣一ならず。又手馴れぬことをするは。子產が所謂錦を制せしむるなり。かく云はゞ我れは學問古今を貫き天人と極むと云ふべし。それは馬服君が子の軍を帥るにて。自ら當らねば知れぬことなり。南郭が肥後侯に答へしところ甚理りなり。其上己れいかほどの才能德智有て大膽に宰輔を望むことぞや。夫子の聖といへども最初に委吏となり。司樴吏となり。後に中都の代官となり玉ふて。をさめ方善くて他國までも手本にするやうになりしゆへ。司空に進み。大司寇に昇り。其後に相事を攝行し玉へり。近來聖人の道にも敎にも無きことを作りこしらへ愚民を惑はす類もあるよし。是等は道の賊と云ふべし。又南郭肥後侯に答へしも非なり。君子は本を務む。然るに瑣々たる有司の職とする末を論ず。是にて足れりとせば國々隨分の治は既に成すれば。聖人の道は無用の長物となるなり。それを知らぬ南郭にはあらねども彼は文人にて聖人の道は志ざさぬ人なり。しからば我いまだ道を學ばず。其人に尋玉ふべしと答ゆべきはづなるに。巧辭を舞はして論ぜしは例の負け惜みか。さては又彼國の執政有司の心を取こむ媚辭か。予これに因て其人となりをはなはだうたがふ。

一國主に教るは經書を説くにも。字義文理は勿論なり字句にも拘はらず。博く六經を引證して。一途に聖人の道を説くこと禪僧の經を説く如くし。其人をして徳に引入れ美化を施さしめ。國中學問を行はしめ。國制の道と背馳することあらば建てかへしめ。とかく堯舜の御代となすべきの心に成て教導すべし。猶數々の教導の法あるべけれども。只學者の志を以て云なれば具さならず。凡て學者こゝに志さざるは儒者にあらず。伊尹呂望孔子孟子の志し玉ふ所みな是なり。中に就て伊呂は志を得て湯武をして堯舜と成さしめたり。孔孟は用ひられ玉はず。故に其功顯はれず。故に學者は國主に用ひられ道を行はしむるを本懷として學ぶべし。徒に詩文博識を事とし。天下の人に大學者と呼ばれて。尊崇を受け。名を求め。利を貪るは四民を離れし遊民にて。農商の下に立つ小人と知るべし。其上四民は天下の大用なり。遊手の民は國家に無用なるものなれば。畢竟聖人の罪人と知るべし。

一國に仕へ道を行はしめんと思へども。國主に信ぜられざれば行ふこと能はず。孔孟と雖免れ玉はず。孔子の言にも用れば行ひ捨れば藏とあり。もし用ひられずんば利祿に目をかけず。すみやかに立去て。都會にて生徒に教授して口を餬するか。農商に歸て堯舜の道を畎畝の中に樂んで一生を過すべし。死生富貴は天命なり。求て至るべからず。孔子も命を知らざれば君子にあらずとの玉へり。されども是至て難きことなり。故に孔子も顏淵に向てたゞ我と汝とこれ有との玉へり。然らば我れ孔顏にあらざれば及ぶ所にあらずと云へば。教へ廢して自暴自棄といふものなり。企望して庶幾するが儒者のことなり。

一予生を農に託し既に箕裘を守り居しかども。四十に及ぶ比ほひ。兎裘を營むこととなり。已むことを得ずして儒者となりぬ。既に儒となりしかば。志す所もありけれども。已に知命の年も過て精神衰へ。今又

皇朝の卑官となれば遊民の罪も免れ。初念も斷絕しぬ。初念斷絕せしゆへ前條を書著して門生達に示すものなり。

一予僻邑に生して學問師承なく。獨學なれば甚だ孤陋にして寡聞なり。されども諸家の說に於て我が一心を以て取捨すれば偏執の失なし。始め朱子の說を觀て略通し。其道を信仰す。後ち論語徵二辨を看。古注に涉り仁齋の書に及ぶまで涉獵して各其旨を得たり。予自ら思ふに諸家各臆を以て說を立つ。我も亦試みに六經を考へ說を立一家の學を成んと思ひ。先づ三家を、六經に考て其非を以てこれを廢せんと欲し。始めに程朱を考るに。伊荻二家の非斥する所は百分の一にして。悉く道に合はず。仁齋は六經を廢すれば云ふに足らず。徂徠に至てば予が學力の足らぬ所か。才識の及はぬ所か。章句の中には議すべきものあれども。道の大統一一六經と吻合す。なをさまぐ〳〵難を入れ見しかどもついに克こと能はず。こゝに於て角を崩して心服し。物說を以て聖人の眞旨としてこれを奉ず。宇鼎論語考を著して論語徵を駁す。間當ることあれども。宇が學問道の大統なし。宇句の末を摘て論ず。言ふに足らず。それより以來とやかく言ふものあれども。みな蚊蠅の聲の如し。耳を聒するのみなり。予が徂徠を主とするは世間聲に吠る徒の類にあらず。今これを云ものは。予吟味の上にて徂徠を主とする故。門生達も徂徠を主とせられよと云にはあらず。學問成就の上にて。予が撰びしが如く精力を盡して。六經論語を考覈し。三家を撰び聖人の旨に合ふものを取り。尚又朋友と切磋し。師に就て幾重も〱討論し。心に疑ひなきものに從ふべし。三家みな道に合ずと思はゞ一家の説を立べし。されども道は經濟と修身との二の外は無きものなり。聖人になると云やふのことは曾てなきことなり。强て一家を成んとすればば。陸象山。王陽明が如きになりて。形影を爭ふまでのことにて實學にあらず。畢竟己れ一家の祖とならんと思ふよりをこることなり。甚だ謹むべきことなり。とかく學問偏にならぬやうに心を用ゆべし。今時の學者みな誠實なくして好んで奇僻の説を設て學者を誤る。此の如きものは聖人の罪人なり。學者のつゝしみ是第一なり。

一己れが宗とする所は。道中興の祖なれば至極尊崇すべし。されども其説に誤あらば。きびしく論辯すべし。是忠臣なり。宋後の儒者。朱子の説にてさへあれば。とりまはしひきまはして保護し。免れぬ所あれば朱子少年の説にて。晩年にはかくはの玉はざりしなどゝ云て過を文る。是等は朱子の罪人なり。朱子の靈何ぞうけんや。且つ私するは人欲なり其家學にそむく。

一徂徠老爺の說頗る取捨すべきものあり。又足らぬ所あり。予辨正採擇の志あり。予不才にして四十歲に至り。始て無學唐人となりたり。それまでは一向に文學のみをせり。旣に無學唐人になりたれば。詩文學を廢して一向に經學に入る。物子六經に手を下すに暇あらず。六經明ならざれば道明かならず。故に先づ六經を治む。春秋旣に成り。詩の註釋も亦成る。易は大綱已に立ち。禮粗論辯す。不知何れの日か成就せん。年齡すでに傾き精神徐く疲る。其上餬口の業に日を費す。恐くは辨正に暇あらざらんことを。

一凡そ經義を明るものは前にも云ふ如く。博く書を歷覽し。歷代は勿論なり。詩文章天文律曆まで涉り。人情世態に熟せし上ならでは究められぬものなり。

一程朱の學は佛意を竊んて建立せしものなり。大概九分の禪に一分の敎相を配濟せしものなり。儒者佛理を知らず其高妙に服す。故に尊崇す。佛家よりみれば甚だ下劣にて。彼の家の聲聞緣覺にも至らぬものなり。夫故彼の家と戰はしむれば一時に敗北す。又その立る所の名目皆佛理を借て名く。其最も大事とする無極而大極。體用一源。顯微無間は唐の時の華嚴僧の語なり。其學由て來る所あり。此の所用にあらざれば辨せず。予僧に就て華嚴。

天台。眞言。禪。法相。倶舍等の大意を聞く宋學鏡にかけて見るよりも明かなり。故に學者は佛理も知らねばならぬものなり。

一仁齋の學の誤りは孟子を主として道を說るゝゆへなり。孟子は戰國の時先王の道をは。公然として廢して用ひぬ世界に出てゝ。天下の人を吾道に誘入せんとせらるゝ故。心にも思はぬことを作り出し云るゝこと多し。性善四端の類は楊墨を拒んがためなり。畢竟孟子の書は釋氏に所謂方便品なり。道の正義となるものに非ず。且又禮樂廢せし時なれば孟子といへども知らざる所多し。

一凡そ一切の書籍晋の荀勗より經史子集の四部に分つ。明の焦竑に至て部分益々詳なり。國史經籍志を見て知べし。初學知ずんばあるべからず。

一經書は十三經唐以上是に具る。其他白虎通。韓詩外傳。易說等の類は漢魏叢書の中にあり。趙宋の理學は程朱の書。その以後の書は大抵經解に具る。

一史に正史。編年。紀事本末の三つあり。正史は二十一史是なり。編年は春秋の類是なり。編年に通史と云ふあり。資治通鑑の類是なり。紀事本末は通鑑紀事本末。明史紀事本末これなり。この外起居注。實錄などあり。凡て史を看るは二十一史。通鑒。通鑑紀事本末此の三つを合せ見ねば詳になりがたし。

一歷代の制度を考るには。二十一史各諸志あり。又外に杜氏通典。唐六典。文献通考。續文献通考。明及び淸の會典其外通志略等の書を看べし。

一後世の書は發明多し。又種々のことを記す。故にこれをみざれば學者働かず。また文盲なり。困學紀聞。野客叢書。焦氏筆乘。丹鉛錄。瑯琊代醉この類汗牛充棟枚擧しがたし。

一音韻の學は韻書多し。本朝僧文雄の著はせし磨光韻鏡。同く後編を熟覽して。音韻の旨を曉り。後に韻書を看べし。韻學本朝に在ては文雄師。前に古人無く後に來者なし誠に尊崇すべし。

一凡て一事一物を考るの書は唐類函。天中記。淵鑑類函、近年渡りし古今圖書集成（一萬卷あり）是等なり。小なるものは文苑彙選。錦字箋。卓氏藻林この類甚だ多し。

一書を看るに臨んで。事實典故名物等知れざるとき。たづね求るの書は。小にしては五車韻瑞。大にしては佩文齊韻府。凡そ學者類函韻府の二つのものは座右を離すべからず。

一字書は康熙字典よし。字彙。同補。正字通などは郷音を以て注せし故。音正しからず。字典は悉く諸韻書を引て注せし故音正し。韻學五書などに字典の誤りをいへども。それは韻學の上にあることにて。先づ大抵音を求るは字典よろし。其上援引ひろく大方に助を得るなり。

一地理の書も見ずして叶はざるものなり。二十一史各々地志あり。猶また大明一統志。廣輿記等あり。その他一切の書籍汗牛充棟。凡そ文字あるものは暇さへあらば見るべし。小説の類も益あり。但し俗語は傳授にあらざれば通ぜず。されども大意は見ゆるものなり。

學問捷徑　卷之上　終

學問捷徑 卷中

平安門人　赤井通子達　校訂

○學　儀

一、學問に志す人は。平生に疎懶惰弱なるべからず。如レ此ものは學問成就せず。隨分篤實なるべし。麁略なるべからず。麁略なれば學問も麁略になる。隨分精密なるべし。凡そ學は務めにあり。務めざれば學成らず。學ぶものは牛毛の如く。成るものは麟角の如しといへり。牛毛達も務めさへせられば。たとひ角にはならずとも。麟の定《ひたい》になりとも。趾になりとも成りぬべし。天才のあるもの角になるべけれども。世に才子多けれども才あるものの癖に。上すべりして學問を輕易《あなどり》て務めざるゆへ。皆牛毛の中間へ入るなり。仁齋。東涯。徂徠。春台等の諸老爺天縱の才を持ながら。乾々として日も足らずとして務められし故にこそ。かゝる大儒とはなられたり。宇士新は學問と討死せし人なり。それ故僅三十餘にてかゝる大儒となれり。學者才を估で勤めに怠るべからず。凡そ學問最初は見るに隨て通じ。一切の書難き事は無きやうに思はるゝなり。四十已上に至て初め易かりし書。悉くむつかしくなりて解しがたきものなり。その場所に至らねば知れぬことなり。凡そ學者は飯食間も書に目を離さず。雪隱の內にても書を看るほどに好まざれば。所詮學問は成就せぬと心得べし。余長崎にて勤學せしとき。夏日の長き。炎熱の苦しき。困倦に勝《た》へず。足を伸べ頭を低《たれ》てしばらく休息す。尙を書を見ざること能はず。臥て見て在りしかば。一學生來て云ふに。臥ながら經書を見らるゝは先生に似合はずと。予答て云。足下の如き起て居ても見ざるに賢《まさ》れりと。其人笑へども愧る色ありき。然れども臥ながら書物を見。甚しきは寢て夜着の中より書を看。果は枕として瞑目す。言語同斷の不埒なり。不敬は勿論のこと。かやうなれば心體放散して。見る所の書身に付かず。是惰弱にして學問に精進の心なきより起ることなり。學に志あらば何書を見るにも。机に倚り端坐して見べきことなり。又書寢などし。うたゝ寢するあり。是は臥ながら見るよりも甚し。かやうのことにては所詮學問は出來ぬ故。早く業を改むべし。世間に學問も少しは爲てと云あり。凡そ兵法と學問は成就せねば益なきのみならず大疵の本なり。

一、科を立てゝ學ばねば。漫渙として涯際なし。唐人の學問皆科を立てゝ學ぶ。今下に科を示す。

一、朝は未明より起べし夜は短夜は九つを限とし長夜は八つを限とすべし凡そ學問のはかゆくは朝と夜にあり予が勤めし所如此大潮和尚予を戒て四十已後は夜を勤むべからず、生靈を害すとされども予少きより癖になりて早く寢ること能はず故に朝をつとめずして朝寢するなり然れども五つを過さず。夜は必ず九つ八つに至る日科の式左の如し。

一、未明より朝飯まで手跡を習ふ。

これ仁齋老爺の法と聞及ぶ。良法なり。學者は書も書では叶はぬものなり。されども書を好まぬものは。或は畫または寫しもの。あるいは何ぞ一書を定めて見べし。和書など可ならんか。

一、食時より午時まで史記の復譯すべし。

一、午時より暮まで詩文の學すべし。

一、夜は一向に博覧抄書を兼てすべし。

以上日科かくの如し。中に就て食時より午時。午時より暮。餘裕あり。午前の暇は某。午後の暇は某と相定めて。此中にて天文律暦等のわざにわたるものか。あるいは和書或は小説等か。心を以て期を刻し物を定てすべし。遊藝とても可なり。

一、僧醫などは家業なり。夜を二つに分てすべし。

一、朋友時々會合して詩を作り。文を作り書の文義を切磋討論し。學談等をして知見を廣むべし。但數々なるべからず。大抵月に六さいなるべし。是を過ぐべからず。

一、根機なければならぬなり。されども勤れば根は出て來るものなり。職人の家に下根なきを見て知るべし。我は下根なりとて勤めざるは。情弱より云ことなり。されども放散の日を定めて。休息して精神を養ふべし。少《わか》き人は月に三四日に過ず。是日は山野を遊行し。人を訪問し。酒宴遊興何にても世間並にして樂むべし。如レ此ならねば氣象濶達ならず。濶達磊落ならねば學問偏執になるなり。我れは儒者なりとて俗に背くことをすべからず。世の道學者流とかくぎく〳〵として俗に背くことをせんにし。動《やゝも》すれば人を譏り人より尊崇せられんと欲す。その人徳はうの毛ほどもなく。とかくぎく〳〵するまでにて。內證には甚だよからざることをし。人情に悖ること多し。是等は聖人の道を知らぬよりすることなり。とかく人に學者と見られぬやうにするが本の誠の學者なり。しかりとして心內には學問を放逸すべからず。用ゆれば酒宴歌舞遊興みな學問の一助となるなり。世の鐵氣《かなけ》のある儒者はかやふのことは道にあらずと思へり。殊に不ㇾ知魯人獵較すれば孔子も亦獵較すとあり。魯の蜡の祭りに鄉人ねりものなとせしを子貢見物して歸りしかば。孔子をもしろかりしやと尋ね玉ひしかば。子貢申すは一鄉の人しつかい氣違の如しと云れしかば。民年中苦勞をし。一日氣ばらしをするは蜡祭の恩澤。これらは其方などが知るところにあらずとの玉へり。この心にて酒宴遊興すとて少しも耻べきことなし。人の耻とすべきは言忠信ならず。行篤敬ならず。非理をなし非道を行ひ。已を高ぶり人を賤しみ。傲慢不敬なるこそ耻べきことなれ。夫れ學堂は禮儀のある所なり。この中にあるものは。行儀正しく恭敬謹厚にて。世俗にも仰望せらるべき筈なるを。世の書生多くは高慢傲放にて。世俗をば蟲けらの如く見こなし。己れをば聖人の如く思ひ。豪傑は細行に拘はらずなどゝ訇《のゝし》り。行儀甚あしゝ。甚しき者は狡猾にして世俗に指てよけ避らるゝの類あり。凡そ眞に學問せんと思ふ人は。謹厚篤實にて謙遜卑退を主として。人をおうへいに待《あしら》はず。人を侮らず。學問己れに積むを大事として。人に曝《あらは》さぬやうにすべし。顏淵の愚なるが如き是なり。今の人とかく學問浮華にて。己れを誇り人を侮る。かくの如きものに學者はなきものなり。世に負け惜みと云言あり。是甚惡きことなり有れども無きが如くし。實れども虛しきが如くし。人侵すとも挍《たてつか》ず。これに從事すべきことなり。又子弟の行ひは論語にも。入れば孝出れば弟。謹て信じひろく衆を愛して仁を親しむとあり。猶を禮記の曲禮。少儀。內則。管子の弟子職等を輯《あつ》めし。朱子の小學を見て。庶幾すべきことなり。又學者は世間の無學なるをば。凡俗として見侮る。是その人の凡俗にて世間の凡俗にあらず。世間はそれ〲の風俗を成して。人情世態の正不正は上の風化にあるなり。學者とても風化を蒙るものなり。必ず異を標せずして世間並に渡るべきなり。學者の學者臭きと味噌の味噌くさきは。味ひのよからざるものなり。

○作詩法

一、詩五七言律。五七言絶句これを近體と云ふ。近體は唐が開山にて。唐より前は無きものなり。唐より後。宋元明今に至るまで作れども。唐が最第一の上品なり。それ故初學の手本として學ぶは唐なり。唐にも初唐盛唐中唐晩唐の四つあり。時々のはやり風ありて。斯樣にちがふなり。初唐は體格いまだ全く備はらず。盛唐に至て成就す。夫故四唐の中にて盛詩を上品とし。中晩は用ひず。又盛唐の中にも人々それ〴〵の風調あり。一人の中にもよしあしあり。初中晩も同じ。夫故詩選ありて人の手本とす。其の選は四唐ともに選んでみな手本になるものなり。さて詩選多き中に最上とするものは。唐詩品彙この中ちにて。聲音の正しきを擇び出せし唐詩正聲。これに次で唐詩選なり。中に就て品彙は和板備はらず。正聲は和板あれども甚だ流布せず。初學先づ人並に唐詩選を以て手本とすべし。まづ唐詩選を音訓を正して素讀し。數百返習讀して大方暗《そら》に覺るほどなるべし。其後に詩を作るべし。扨詩を作るならば。先づ七言絶句を作り習べし。送レ別。懷レ人。登二高樓一。上二山寺。吹レ笛。聞レ雁等の唐詩の中に多き題の最易《もやす》きものを作るべし。又平仄にも拘はらず韻ばかり蹈み。唐詩礎。明詩礎にて三字連る韻を取り。上四字は唐詩選にて偸取つて句をなすべし。譬へば遲日園林春色深。また葡萄美酒與レ君傾。また天邊何處是家鄕などの如し。かやうなれば自然に詩意。風調。氣象。體格唐風にて骨筋羽毛生ずるなり 送別の詩を作らば。選中の送別の詩を悉くくり出し。あそこゝにて二字三字四字きり出し。綴り合せて篇を成すべし。少しく手の廻るやうになりなば。平仄を正して作るべし。平仄は本朝古來よりの敎へに。二四不同二六對。下三連とあり。これ唐より傳來の法と見へたり。この通りにて宜し。この上の事は唐音を知らざればゆかぬなり。近來此の間の諸先生。委曲に法を立て五七同聲。仄間平を忌などゝあれども。唐音知らぬ者の韻鏡を說ごとく。何の益もなきことなり。其說は末に記す。古來の說良法なり。大抵これにてよし。又大抵和音にて口ざはりのよきは唐音にてもよし。聲律とて外のことにあらず。口ざはりのみなり。精密に聲律を正すことは。所詮唐音ならざればゆかぬことなり。詩のみにあらず文章も唐音で唱て見ねば口ざはりしれぬなり。助字などは尙さらなり。

一、予初學に詩作を勸むれば。先づ講釋を受け。詩意を得て後作るべしと。凡そ十人に八九人はかやうに云はる。これ初學に益なきのみならず。却て害をなす。初めより唐詩の意味の深長なるを聞き。詩は如レ是ものと思ひ。力も足らず手も廻らずしてかやうに作んとするゆへ。あられもなく埒もなきことを作り出し。それが固ると一種の惡しき骨格成て。詩の外道に落て。後いかやうに正さんと思へども返るべからず。これ其害なり。詩は聞ずしても文面はしれてあるなり。九月九日望鄕台。九月九日は九月節句なり。望鄕台は故鄕をながめやるうてなに上ると云ことなり。他席他鄕送レ客杯。他席は他の筵席他鄕はたびなり。送レ客杯は客のかへるかゆくかを見送て酒を飲なり。人情已厭二南中苦一。鴻雁那從二北地一來。人の心は南中をいやじやと思ふに雁はなぜに北より來るか。これ文面にて明かに分るゝなり。遲日園林悲二昔遊一。今春花鳥作二邊愁一。遲日は春の日の長閑なること。園林は花や鳥のある處。昔遊は昔し遊しこと。今春は今年の春邊愁は邊土の愁なり。これしれてあることなり。或恐是同鄕。たゞ同鄕ならんとばかり心得て作るよし。始めより意味の深長を聞いては前に云如く害になる。其上一切の諸藝。碁を打にもつよくなるに隨て碁の理を得る。

いかばかりの賢智にても其地を踏ねば知ることあたはず。詩もしかり。己れが詩の上るに隨て。位だけの外は見へぬなり。況や詩は水中の月。鏡中の象に喩へ。可レ解不レ可レ解有意無意の間にありと敎へたり。講釋言句の說き盡すべきものにあらず。和歌に寫して云はゞ。ほとゝぎすなきつる方を詠ればたゞ有明の月ぞ殘れる。文面むつかしきことなくさらりと聞ゆ。其の意味の深長なることは言句にのべられず。初學の歌人最初より其の意味の深長を詠んとすると。惡道へ落るなり。たゞ文面の形の似るやうによみ習へば。上るに從て自然と意味もうつるなり。詩も是にて曉《さと》るべし。力も出來手も廻らば講釋を聞ても可なり。されども善師の說を聞くべし。否《しから》ざれば誤りを傳るなり。ある人予に向て莫下將ニ故人酒一不レ及中石尤風上の詩を發明せしとて語る。其說に我が酒を飮れなば。石尤風に及れまじとなり。及れまじとは酒力にて寒風をしのぐべしとなり。是等は文理も字義も知らぬものの說にて論はなし。されども今時文理字義に疎くて師檀に登り。新奇の說をこしらへ初學を誤るものもあらんか。又善き師の說にも誤りあり。何れの先生か知らねども善師の說とて。是日遨遊邀ニ美女一。是時歌舞入ニ娼家一を說て。譬へば二間茶屋などに遊び。藝子妓女大皷持。中居など呼よせ。與闌の後。さあ一力へ往とて。打群てうたひざゞめいて往ことなりと。これ是時を遨遊美女を邀るの時と見。歌舞して娼家に入ると見るより誤れり。是日是時は互文の法にて。前に可レ憐楊柳傷レ心樹。可レ憐桃李斷レ腸花の二句あり。これを承けし詞なり。遨遊邀ニ美女一歌舞入ニ娼家一二句ともに倒装の法なり。この心は春になれば。楊柳桃李のあまりかはゆらしうて。心を傷しめ腸を斷ほどの色つやある時日に。美女を邀へて遨遊するものもあり。娼家に入て歌舞するものもありとなり。又講釋には尾鰭をつけて云ことあり。予唐詩句解の蛇足多くして。その誤り訓解に十倍し。學者を誤るを以て唐詩朿考を作る。されども自ら講釋をするに臨んでは。輙《やゝも》すれば句解の如くなるなり。學者この心をよく曉《さと》るべし。扨大概詩の形成りなば正聲品彙を見るべし。品彙の絶句は和板あり。唐の選詩先づこれに止る。明詩も助けになる。陳臥子明詩選宜し。絶句解は李攀龍一家の詩にて好からざるものあれども。徂徠の注ありて詩の作法に助けになること多し見べし。但し徂徠の注にも少は誤りあると知るべし。明詩はこの二つにて足る。本朝諸家の集。事實典故を求ることあらば其用法の爲に捜索すべし。必ず手本にすべからず。詩の惡きにはあらねども。

本朝の詩一種の風格ありて。是を學べば本を去ること遠し。且つ多く卑弱なり。特に甚しきものあり。唐の集汗レ牛充レ棟何に苦んで和集を用ふるや。是を學べば是が奴隷となる。嚴滄浪が詩話に禪語を引て。見師に過て師と肩を比ぶるに足り。見師と齊ふして師に半値を減ずと云へり。

一、詩に起承轉合と云ことあり。絶句に限ることにて。律詩以上には曾て無き事なり。是は自然の符にて多くは起承轉合と出來るものなり。又出來ぬものあり。必ず起承轉合ならんと求むべからず。

一、絶句第三句より作り出すものあり。前の二句付け物になりて詩醇粹ならず。甚あしし。夫故起句より作り出すべしと先哲の敎へあり。予按ずるに詩は先づ趣向を立て。起句には箇様に二句はかやう。三句はかやうに四句はかやうにして結ばんと。趣向立なは三句より作るも結句より作るも可なり。然れども最初はむちやでなければ出來ぬなり。力の出るに隨て心を用ゆべし。

一、七絶大抵作り得るやうになりなば。次に五言律詩を作るべし。律は法律なり。對を嚴に作るべし。凡そ對は各體みな法あり。善師に就て受け。又諸の詩話に具さなり。能く讀で知り詩作あるべし。初學は對に苦しむ故に對より作り起す。是又あしし。起句より順に起すべし。但し趣向さへ立なば何れより起るも可なり。

一、初學對に苦んでむつかしきものとす。されども對は作り得ればほろり〳〵と出來るものなり。律詩のむつかしきは起結にあり。結句また起句よりも難し。甚だ手に入がたきものなり。起結の難きを知らぬ內は。律詩いまだ手に入らずと知るべし。

一、律詩に情景の二つあり虛實とも云。其法三體詩に具に見ゆ。初學景は作れども情は作り難し。力の出來るに隨て精力を加へて作り得べし。凡そ各體の法。字法句法字眼等又詩病等のことは諸の詩話に具さに出づ。熟讀して知るべし。又師に從て受べし。今詩作の次第のみを論じ。且つ初學に在ては用を成し難き故つぶさに擧げず。

一、五言律詩形成りなば。次に七言律詩五言排律を作るべし。七律又一倍の精力を用ひねば出來がたし。

一、排律の法。對を律詩よりも格別に嚴密にし。辭を華麗に作り。起結に排語を用ゆ。是其法なり。排語とは字を對せずして語を對す。夫れ故起句は多は對句を用るなり。長律とも云て五十韻百韻もあり。凡そ各體それ〳〵の風調あり。先哲の論具さなり。初學の及ぶ所にあらず。詩の上るに隨て各體に習熟し。先哲の論に照し合せて曉《さと》るべし。自然に其風調にうつるなり。必ずかやうならん樣にと作るはあしゝ。

一、次に七言古詩を作るべし。七言古詩は縱橫跌宕變化轉換して近體とは大にちがふなり。この時唐の諸家の集を熟覽し。間に明詩選の古詩を覽て作るべし。

一、七言古詩は韻も換るなり。又韻字近體の如く拘はるべからず。ひろく韻書に取りて四聲ともに用ゆ。韻は近體と同じく。七言は前句より押し。五言は後句より押す。これ大綱なり。五言は唱るに十字一連に唱へ。七言は一句にて絕る故なりと。大潮和尙予に向て說れたり。又韻の押やうさま〳〵あり。古人の詩を熟讀して知るべし。

一、文體明辨に七言古詩と七言歌行とを分けたり。いかさま差別あるに似たり。心を用て古人の詩を熟覽すべし。

一、七言の句に。君不ㇾ見の下に五字加へて八字一句とするあり。七字加へて十字一句とするあり。是以。不レ知などの助字七字の外に加ふることあり。五言の句四言八言九言など加入するあり。歌行にあることとなり。心を用て學ぶべし。

一、次に五言古詩を作るべし。こゝに至て始て五言絶句を兼て作るべし。五言古詩に至て唐は悉く用ゆべからず。古詩十九首李陵蘇武漢魏の詩を手本として作るべし。ずいぶん古雅に作る大事なり。韻多くは換へず。間かへることもあり。韻も古韻を用ひ。叶韻通韻等用ゆべし。博く韻書を見。古人の韻の用ひ方をよくみて用ゆべし。近來渡る佩文詩韻と云あり。古韻通轉の事を詳に見《あらは》す。又音學五書などに古韻を論ず。

一、五絶は古體を貴ぶ。最初より作れば近體で骨格定る故。後いかやうに古雅に作んとすれども成らず。それ故予が門にては五言古詩を學ぶ時ならでは作ることを許さず。古體成就の後近體を作ることは自由になるなり。

一、五絶古體ならば平仄に拘はらず。近體ならば平仄嚴正なるべし。

一、樂府を作らば漢の樂府を熟覽して擬すべし。楚辭を作らば楚辭を熟覽して擬すべし。三百篇も同じ。

一、右の通りに作り來り。近體は唐にて骨格定るべし。夫より博く中唐晩唐。宋の陳后山。東坡。山谷。陵放翁。其他の集。元詩。明詩。徐文長。鍾伯敬。袁中郎までもわたり種々様々の風を作るべし。如レ此ならねば詩に働きなし。試に杜甫。李白。盛唐諸家の集を見よ。皆唐詩選風にあらんと思ふに。案に相違してさまぐ〵の風あり。夫れ故に大家と云。南郭蜕巖其他の諸名家皆な詩は名人なれども。拘泥せし故十首も百首も詞かはるのみにて。意思同じことなり。是を雷同と云。予が觀るところ只長崎の高君秉諸の格調を兼たり。但し字義を知らず。字を誤り用ゐること多し。

一、古人詩學の敎へに三百篇。楚辭漢魏に熟して。李杜盛唐に枕籍せよと。是れ不易の論なり。今の人文選に熟すれば大抵これを盡す。文選の楚辭より詩の部を熟讀すべし。唐の詩人材はみな文選より取るなり。

一、南郭圓機活法を見ることを禁ず。是れ初學の時のことなり。骨格既に定りなば何を見ても害なし。咏物などの詩かやふの物。錦字箋。文苑彙選。唐詩類苑。詩雋類函等の材木なければ作られぬなり。

一、詩大抵成りても博く學び。事實典故に熟し。經史をきりまはし用ひねば十人並にも至らぬなり。

一、詩話の書を見て詩を曉るべし。其書多き中に三家詩話。弇妙卮言。詩藪是れ等見ずして叶はざるものなり。

一、五言古詩は七言古詩よりも難し。心精密にして學問融洽せしものならねば作り得ぬなり。才峻拔の者は却て能はず。故に高君秉作る所の五言古は皆な唐體なり。又七言古詩は五言古は勿論。近體よりも易きやふに思はる。されども才峻拔跌宕なるものならねば作ること能はず。これ先哲不易の論なり。

一、五言絶句は七言より難く。七言律は五言より難しと。是れ古人の定論なり。七律の五律より難きは勿論のことなり。予を以て考ふるに。律は難ければ對の道具立にてまぎるゝなり。五絶は難しといへども。能く古意を得て古雅にさへあればまぎるゝなり。たゞ七言絶句まぎるべき處なし。好詩を得難し。夫故本朝諸家の集を見よ。七言に目を驚すは稀なり。

一、詩は諷咏の物にて聲律第一なり。されども唐音を知らねば聲律を正すこと能はざるなり。

近來此の間に法を立てゝ。上より三字平又仄の連なるを忌む。仄の間に平あるを忌む。七言に中の五字四仄一平を忌むなどゝ云こと。みな當らぬ事なり。長崎の高彛が詩に。東《平》方《平》曼《仄》倩《仄》漢《仄》廷《平》賢《平》。平仄の配り和例に在ては甚よし。唐音にて唱れば東方曼倩漢廷賢《トンハンマンセンハンテンケン》みなはねる音にて。一向に聲律に協はず。予が詩に曉《上》鐘《平》遙《平》傍《去》ニ枕《去》邊《平》一響《上》。驚《平》浪《去》遠《上》從《平》ニ天《平》外《去》一回《平》。大潮和尚遙字を忽字に改て云く。忽字遙字にまさるにあらず。この所入聲の字を用て一句の聲律協ふと。和例にては原文は協ふて改正は協はず。曉鐘遙傍枕邊響《ヒヤチシヤンヤチハンチンヘンヒヤン》。甚だよからず。曉鐘忽傍枕邊響等の音一字にて能く協ふなり。又遲《平》日《入》園《平》林《平》悲《平》ニ昔《入》遊《平》一。今《平》春《平》花《平》鳥《上》作《去》ニ邊《平》愁《平》一。前句五字の平聲二字の入聲。後句今春花三字平聲連りて和例を以て見れば甚だ惡し。遲日《ヅウジ》とつまり。園林と平かに唱へ。悲《ボイ》平聲なれども。昔《シ》と入聲に受け。遊《ユウ》とつゞく故。聲律甚だよし。今春花三字平聲なれども。今春花《キンチユンハア》と平かに唱へて。鳥《ニヤチ》の字音《ズウイン》上聲にて。づゝと上てゆく故に甚だよし。さて作字去聲に唱へて。作《ツヨウ》邊愁《ヘンシウ》と受る故聲律甚だよし。又不《ボ》入似《ズウ》上湘《シヤン》平江《キヤン》平水《シユイ》上北《ボ》入流《リウ》平。水の字の處は去聲にてもよけれども。上より唱へ來て見れば上聲にて甚よく響くなり。又九月九日望鄉台。和例にては一向にすまぬことなり。されども聲律はよく協てあるなり。月日二字の入聲二九の二字の上聲。望鄕《ワンニヤン》台《ダイ》去平々の字音にてよく恊ひ。次句に他《タア》平席《シ》入他《クア》平鄕《ヒヤン》平送《ソン》去客《ケ》平盃《ホイ》平と承け來る故大によし。五月五日榴花杯。故苑故人北渚來《ヨリ》も《ル》字音ちがへども。聲律一般に恊なり。なを九《キユー》月《エ》九《キウ》日《シ》。五月《ウ・エ》五日。他席《タアジ》他鄕《タアヒヤン》。故苑故人《クウエンクウジン》。甚面白き口ざはりなり。されどもかやふの句調は聲律をしらぬ人はむさと用ゆまじきなり。三月三日などは三の字平かにてんとはぬる音故。下の響あしくは恊いがたからん。子美の句に七月七日苦炎熱。これらは一向に聲律に拘はらぬと見へたり。決して用ひかたきことなり。かくのとほりのことなれば。聲律のことは字音を知らねば所詮あかぬことなれば。たゞ古人の格を守て。二四不同。二六對。下《ア》三連にてよし。其中に一句の內入聲多きは唱へがたし。又全篇入聲なきはしまりなし。又他聲を中に挾んで上下に入聲あるはかつて唱へがたし。又大潮和尙予に戒て云。前句の末に入聲ありて。後句の頭に入聲あるは唱へがたしと。又一句の內に風《フチン》や寒《カン》やの如き。んとはぬる音なければあしし。五月五日榴花杯聲律は恊へどもはぬる音なき故。望鄕台ほどに響かず。しからばとて妄にたくさんにあるはあしし。雙《シャン》兩《リヤン》鬢《ヒン》などは同聲病とて嫌ふことなり。又下《ア》三連平字は多きはあしし。仄字苦しからぬことあり。故に古人の詩に間あり。されども去去去上上上入入入とあるは下三連なり。上去入交互して用るゆへ苦しからず。されども平字は音平かなる故。平仄仄。仄平仄と用ゆるがよし。又前句仄の下三連なれば後句平の下三連苦しからずとて。妄りに用ゆる者あり。杜詩の月皎々。風凄々を以て引證す。予これを大潮和尚に聞く。月字入聲。皎字去聲固より下三連にあらず。風字颯の音に呼んで去聲となる。又下三連にあらずと云へりしかれば。和人推量の説用ゆべからず。

又南朝四百《スウペ》八《パ》十寺《シンズウ》。十《シン》字津の音にて平字になると云へり。いかにもしんの音にて平字になり。聲律協ふなり。されども十の字もと津音あるにあらず。此は世俗の訛音にて。やはり訛音の儘に用て。聲律に協へしものなり。訛音とは譬へば京訛に菓子をくわしんと云ひ。古米をこうまい。圖書様をづしようさま。五十をごんじゆうと云ふが如し。田舎にては古米はやはりこまい。圖書様はやはりづしよさま。菓子五十はくわしん。ごんじゆうとも訛るなり。みな言葉の便にて。京言葉で古米圖書様は不便にて呼がたければなり。八《パ》十寺《シンズウ》もこの心なり。菓子をくわしんと云とて。橋をはしんとは云ず。五十をごんじうと云ふとて五百をごんひやくとは云はず。然る故に十字津の音に用ひし例ありとて。妄に平字に用ゆべからず。凡そ詩文ともに唐の聲律は日本人の及ばぬことなれば。たとひ才學はまさるとも。詩人に於ては下劣の唐人にも三舍を退ねばならぬなり。しからば長崎に往て通事に受べしと思ふべけれども。今の通事かやふのことは嘗て知らぬなり。凡そ詩は諷詠ものなれば讀みやうあり。今の通事詩も詩經も平常《よのつね》讀書の通りに讀ゆへ。聲律一向に分れず。今の通事韻鏡は唐音を正す書なることを知らず。名乘を返す書のみと思ふて居るやうの淺間しきことなり。是に達せしは大潮和尚なり。予詩や詩經の唱へやう。和尚の弟子玄翅より受けたり。和尚は唐僧筑菴などに就て正し。又其の比《ころ》は岡島などの通事のよき人ありて。徂徠などゝ切磋して學びし人なり。和尚の物語に藤東辟嘗て人に小説を讀ませて。暗に聞て一回の中。通せぬ所僅に三個處ありしとなり。前脩の學に精熟なること是に於て知るべし。今の人唐音は詩文の用にはならぬと云ふ。屈景山だにまのあたり予が友松子純に向て云れしと。松子純予に語りたり。此皆唐音を知らぬ故なり。詩に限らず文章にても聲律と云は口ざはりのことなり。あしびきの山鳥の尾のしだり尾の長々し夜をひとりかもねん。

口にとゞこほらずさらさらと出て聲律よし。辭の工拙には與からず。詩文も是なり。聲律あしければたとひ辭は工《たくみ》なりとも。唐人には見せ難きことなり。予唐音にて詩文を作ることは能はざれども。和語にて作り唐音にて諷誦して必ず正す。

一、唐にも音にて口合を風流として用ゆることあり。予長崎に在し時肥前へ趣き。大潮師に謁せしに和尚予に告て云く。此邊此頃もつぱら云傳るには。徂徠集唐へわたすと實なりや否やと。予答へて云には。長崎にて曾て沙汰なきことなれば虚說にて候はんと。和尚の云それは宜しきことなり。徂徠集は唐人に見せ難き所多し。因て遂に云。徂徠は唐音に通達の人なれば唐人にみせても耻かしからず。今の徂徠集は徂徠沒後に南郭校合して。己が心を以て改し所多し。南郭は唐音を知らぬ人なり。故に詩文共に協はぬ所多し。紀州の山鼎と云門人の母より。國產の橘子《みかん》を贈る其の謝詩に南洲嘉樹后甞栽生レ子欲レ如二屈子才一と。徂徠の心屈子の唐音ケツウなり。橘子も亦ケツウなり。此の口合にて屈子と用ゆ。南郭唐音を知らぬ故。原字に改めて屈原才とす。大いに殺風景なり。是は害なけれども。この外害になること間多しと語られたり。芙蓉は夫婦の夫に通じ。藕字は配偶の偶に通ず。採蓮曲にはこの心を以て作るべしと。大潮和尚予に教へられたり。上古は音ばかりにて字なかりしゆゑ。物にかたどりて名づけしこと多し。風の音はフヲンなり。フヲンといへば口より風出るなり。古苦二字ともにクウの上聲なり。苦の字は口一ぱいにあるやふに唱る。心に堪へぬ所より出る聲なり。呼レ火口乾呼レ雪齒寒と云ふことあり。火の音はホウなり。ホウと云へば口中あたゝかになる故に口乾くと云ふ。雪の音はシなり。シと云へば齒に風しむやふなり。故に齒寒しと云ふ。大潮和尚この言を宇野三平の前にて唱へられしかば。三平取あへず呼二虎一風生と云れたりとて。其の俊抜を歎ぜられたり。虎の音フウなり。又福祿壽の圖は頭の長き老人と鶴と鹿とを書く。頭の長き老人は自然に壽なり。鶴はホの音にて福と通ず。鹿はロの音にて祿と通ず。三つを合せて福祿壽なり。しかるに此の間に福祿壽と云ふ神あり。鶴鹿は其の使令のものとし。七福神の内へ入るゝは大いに相違なり。神あるにあらず。たゞ福と祿と壽を會意して書に寫せしものなり。唐書に此流甚だ多し。又頭の長きは壽老人にて福祿壽は別にありとす亦違なり。唐話に福《ホ》祿《ロ》壽《ジウ》頭《デウ》長《チヤン》的《テ》と云ふ語あり。又蝙蝠の畫などに多く書き。唐人ども朱唐紙にて蝙蝠の形を截りて壁に張る。蝙蝠偏《あまねく》　福《さいはいす》と音通すればなり。是等コヽノ入用にあらざれども。初學の知つてもよきこと故筆次でに書しるす。

一、予前方南郭集も一覧せしが。長崎以後は絶て見ず。いかさま南郭は唐音知らぬ人か。京師占居の初め金龍道人。長尾文作。建凌岱と云ふ書師予と四人。武川孝順の宅へ集りしに。建凌岱南郭の詩を稱嘆し。鶴脊關西天目山と云ふ句を唱ふ。予その時までは唐音の癖ありし故。窃かに唐音にて唱へて見しに。聲律甚だ恊はず。鶴脊目皆入聲にて音促り唱へがたし。餘の四字皆平。且《そのう》へ關天山韻相近し。たゞ西の一字少しくつやをとるまでにて一句よからず。遲日園林とは天地の違いなり。

一、南郭。師の詩文をほしいまゝに改むべきことあるまじき。聞及びしことあり。徂徠は楷書不得手にて草稿みな草書にて記錄せらる。南郭校合のとき甚だ困窮せられし由なり。然らば推量にて眞字に寫し違しこともあるべし。それより一句の内に子字重る故に。原字に改むと云やうのことにて。段々に改るやうになりゆくは勢の必至なり。これむつかしきことなり。師が徂徠なる故南郭の改めしは過なり。師に不文なるもあり。改めずんばあるべからず。

一、人中晩と云へば見侮る。甚だ僻ことなり。中晩各美を擅にして企及ぶべきにあらず。第一いか様なるが中唐。いか様なるが晩唐と知る人稀なり。盛唐は氣象を主とし。情と工《たくみ》とは自然の中に含む。其の形は水中の月。鏡中の象。解すべく解すべからず。有意無意の間にありこれその妙處なり。中唐は情を主として工は中に含む。氣象は索寞たり。偶向ニ江南ニ采二白蘋一。還將二女伴一賽二江神一。衆中不二敢分明說一。暗擲二金錢一卜二遠人一の如き其の情甚だ切なり。工は中にあり。されども王昌齡が西宮春秋怨とは。其の情の用法大に違ひ筋骨悉く露る。晩唐は工を主として情を兼ぬ。東風不下與二周郎一便上。銅雀春深鎖二二喬一。また霜葉紅ニ於二月花一の如き。よく味ふべし。みな美を盡し善を盡せり。

和歌にていはゞ盛唐は

ほとゝぎす啼つる方をながむれば唯有明の月ぞ殘れる

此の類理路にわたらず。言詮に落ちず。羚羊角を掛て迹の求むべきなしと云ふべし。文面は知れてあり。意味は解すべからず。自然に氣象雲を凌ぐが如し。この歌の意を得んと思

はゞ。曉方に月の西山にあるときほとゝぎすの聲を聞て立出て見るならばさとるべし。予
歌はよまねども詩の力にて歌意は得るなり。詩人は歌よまずとも可なり。歌人は詩作らず
んばあるべからず。

俳諧には芭蕉が句に

古池や蛙飛込む水の音

是れほとゝぎすの歌に劣らず。俳諧とて易るべからず。中唐は

あの月が啼いたか今のほとゝぎす

是れ上のほとゝぎすの歌を承て作れども。筋骨みな露れて解すべからざるものなし。氣象
は索寞として無く。月の啼たかと云ふ所に情をもたせて工は内にあり。中唐の詩かくの如
し。

晩唐は

つめつても心の知れぬ西瓜かな

行末は誰か肌觸ん紅の花

近日《このころ》の狂歌に

天の腹雲の帯とは何事ぞ情ないことしてくれた月

於染久松を持ちこんで無月を詠ず。皆晩唐の手段なり。

一、詩作に敏速あり遅鈍あり。人の性質にて强て求むべからず。されども朋友時々詩會をなすべし。會作すれば其の功にて速く出來るなり。予長崎に在て聞く。南京の沈徳潜。歸愚詩社を結んで會を作し。三十年今に至つて廢せずと。凡て唐人は心悠にして成ることを遠きに期す。故に學者多し。日本人は心せはしくして功を目前に取んとす。故に學者少し。歸愚が法。兼題に難題又は大作を作り。會席に持參し切磋討論し。卽席には易々たるものを作るよし甚だ良法なり。

一、作の敏疾なるは天幸なり。されども詩は苦しむものなり。盧延遜が苦吟の詩云。莫レ話ニ詩中事一。詩中難更無。吟安ニ一個字一。撚ニ斷數莖鬚一。險覔天應レ悶。狂搜海亦枯。不レ同ニ文賦易爲レ著ニ者之乎一。唐人とても如此。必ず苦心すべきなり。人みな下根にて苦心に堪かね廢替す故に成るもの難し。

一、子建が美七歩を以てするに非ず。十年張衡を病しむべからず。遲疾は天稟なり。佳惡の與ることにあらず。疾の瓦ならんよりは遲の珠ならんこそよけれ。疾なりとて粗略に作るべからず。遲なるもの速に成んことを欲して粗略に作るべからず。詩は千鍛萬煉せねばならぬものなり。故に裴說が詩に莫レ怪二苦吟遲一詩成鬢亦絲。鬢絲猶可レ染。詩病却難レ醫。山暗雲橫處。星沈月側時。冥搜不レ易レ得。一句至公知。

一、難題の詩も作らねば働らかぬものなり。今の淸朝にはやることなり。されども專らするはあしゝ。時々作るべし。蛻巖妙に至る。されども唐山を手本とずべし。

一、近來浪華の詩大に變ず。宋の西昆體の成ぞこなひのやふなるものなり。是を作らば宋詩を手本とすべし。亦專とすべからず。

一、各利鈍あれども。詩と文とは相須ゆくなり。詩を能せずして文はなきものなり。文なくして詩を善するはなきものなり。

一、詩南郭蛻巖ほどに至んと思へば。一生詩三昧に入らねば能はず。これにて徂徠の天縱の才なることを知る。徂徠は皆其の長を兼ねたり。前に古人なく後に來者なしと云ふべし。

又今天下の書生詩文に目の明やふになりしは皆徂徠の庇陰《をかげ》なり。近來好んで譏るはまさに其の量を知らざるを見る。

一、予かつて江戸へ往しに。江戸人の話に江戸の儒者は京大阪には學者も詩文者もなきやふに云るゝ由。今京にてきけば京の作者江戸の作者は青山白雪のみを云ふと云はるゝ由。浪華もさこそと思はる。予三都の學を習はざればこれを傍観して夢中の語を聞が如し。夫他を譏るは己を以て正宗とするなり。論何ぞ定らん。予を以て觀れば三都各觀つべきあり。各宜しからざるあり。才の高下は與らず。夫れ木門蘐園の化行はれてより。日本の詩文みな昔の和習を離れて。唐人と肩を比ぶるやうになり。唐人に見せても耻しからず。今面目のかはりあるは又其の變なり。盛唐變じて中晩となり宋元となるが如し。明盛唐に復すと云へども自ら明詩にて。盛唐とは違ふなり。況や吾國をや。況や近日《ちかごろ》をや。誰か吾正宗を得ると云ふことを得ん。故に學者盛唐を以て轂として學び。比周する所に私して他を譏るべからず。盛唐の外は我も人もみな惡しと思ひ。善を擇ばゞ中晩宋元明清及此方みな善しと思ふべし。

一、盛唐は大乘なり中晩は聲聞《せふもん》辟支《びやくし》なり。宋元は外道なり。これ萬代不易の論なり。しかれば中晩以下は學ばずして可なり。しかるを時に指を染るはみな盛唐の助けになればなり。學者この心を知るべし。しかるに盛唐をすてゝ奇僻の語を爲し。品彙正聲。唐詩選を用ひずして。三體詩を主とす。これ皆異を標して人を聳かすの態にして。人を誤り已に私するの奸人なり。

一、知ることの難きにあらず行ふことこれ難し。予上の如く說けども自運甚だ拙し。自ら下手なることを知る。且つ經學に心を委ねしより廢絕せしかば。なを更らなり。其れ故詩文を以て敢て人に先だゝず。但し鑑裁は多く讓らざらんか。

學問捷徑 卷中 終

學問捷徑 卷下

平安門人　安井通子達　校訂

作文法

一、漢の文を學ぶには先づ唐音を學ぶを要とす。唐音にて書籍を讀み。漢語胸臆に浹洽すれば。文章を書に臨んで。自然に發出して唐人と異なることなし。和語にて書けば善く心を用る者は。顚倒錯置等のことはあらざれども。助字に至て其の安排覺りがたし。其の外字句のうちに言に表れぬ意思あり。これは唐音に熟せし人ならねば知ること能はず。然れども唐音の業五年や七年の修業にては成就し難し。且つ唐音成就の上にて。又心を用て漢語を會得せざれば。唐音無用の物となるなり。それ故に長崎の通事。朝夕に唐人と臂を交へて物語りするものも。雅語に至ては唐音にて通ずること能はず。文章を書にもやはり和語にて書くなり。然れば唐音にて得れば許多の年月の工夫を費すなり。許多の年月の工夫を費すといへども。此業至極最上の良法なり。又字音の正しきことは得ずとも。四書五經類をならひ受くれば。大抵文字も讀まれ。知らぬ字は反切にて讀れて僅の功にても。其の形似を得ても其の業は成就するなり。しかあれば何分唐音がよし。此の安排は唐音を知るものにあらざれば知ること能ず。されども唐音は長崎に限るなれば。海内の文章に志す人悉く此れを學ぶこと能ず。しかれば和語にて書ざることを得ず。和語にて書くは古文を和訓にて假名書にし。それを漢字で復譯するにしかず。其の説この次に詳に辯ず。

一、文章を稽古するに、譯文は固より。されども今の世上に此を爲るは皆軍書。草子物。談話。輕口の類なり。これ文章成就せし人は可なり初學のもの此をするは大いに害あり。何となれば今の學者五尺の童子も。詩は盛唐。文は古文辭と云。されども古文に熟せずしてほしいまゝに筆をとる。故に書く所の文みな自運の語なり。たとひ漢語に出るも註疏語錄等の鄙俚の文。倣ふ所は徂徠南郭等に過ぎず。甚下ては顚倒もなく錯置もなければ。一種の唐人の書かぬことを書き出すなり。段々執行の上にては是等の病は除くべけれども。先入が主となりて。終には古文の域に至りがたし。徂徠南郭も惡きには非ざれども。假令韓柳李王を主とするも。古文より出ずるにあらざれば。亦韓柳李王に至らず。何に況や徂徠南郭等をや。故に予入門の士の始めて文を學ぶ者の爲に。古文を假名書にして此れを授けて復せしむ。

一、古文を授くるには史記を以てす。史記は古文の祖なり。何となれば是より前の六經。左國。老莊。戰國。呂覽等其の文奇古にして後世に便ならず。且つ史記の文。文質の中を得て彬々たるもの。此れに若しくはなし。一部百三十篇。一返此れを復せば如何なる語も書き出さるべし。其出る所の語。皆史記より出ずれば。自然生の古文辭なるべし。なを其の外に利益多し。學者古文に熟するに。徒らに誦讀するのみにては入ること淺し。此の業を修すれば自然に史記に熟すべし。

一、明の汪伯玉古文辭の學に。十三經十三家を立つ。それは學者の博く學ぶにあり。されども五帝本紀より周に及ぶまでは書經の文なり。周の諸世家は左國の文なり。仲尼弟子列傳は論語の文なり。蘇張等の傳は戰國策の文なり。其の他韓非。屈原。荀鄉等枚擧に暇あらず。漢に至りて司馬遷が自運の筆なり。亦賈誼。司馬相如。鄒陽等諸家の文あり。初學各指を染るに足る。

一、復文初學に在つては成語を覺ゆるを急務とす。成語とは譬へばそうした事はあるまいと云和語は。如レ是者未ニ之有一也。ゆかねばならぬと云ふ和語は。不レ得レ不レ往焉。そこもと仕やらずばなるまいと云ふことは。子不レ可ニ以不レ爲也などと云やふのこと。これを胸中に融洽せざれば文は書れぬなり。たゞこれのみならず篇法。章法。句法。字法。抑揚。應照等心を用ひば自然に悟入せん。其の功和事を譯すとは同日の論にあらず。

一、史紀業を卒へて。和語に於て何にても漢語を以て書くやうにならば。各々精力に信《まか》せて。十三經。十三家。六朝。韓柳。李王自ら其美を擅にするにあり。此に至つて和の軍書艸子物等を漢文に寫すは何の害かあらん。骨格羽毛皆史記より生ずればなり。

一、文章には篇法。章法。句法。字法。抑揚。應照。頓挫。變化等種々の法あり。史記以前の文は無法にして法自然に具る。韓柳李王等は古文をとり。其の法を以て文を作る。故に今の文を學ぶものは。法を韓柳李王に取りて學ぶべし。且つ文章の體。後世に至りて定る。古文ばかりにては書得られぬなり。中に就て韓柳は法は古文を取れども古語を用ひず。李王は古語を用るを專とし兼て法を用ゆ。それ故蹈襲の譏あり。然れども于鱗などが文。古語を用て蹈襲の迹なく。生れつきの于鱗が文と見ゆ。これその妙なる所なり。此の間の人みだりに古語を用ゆ。九條の袈裟を見る如く。金鑭もあり綾もあり緞子。しゆちん。縫まぜの如きにはあらず。故に四家何れも美を盡し善を盡せり。其の人の好む所に從て。何れなりとも主として作るべし。この時に至りて善師の誘導を受けること肝要なり。

一、右四家何れにても。我が好む所に從ふと謂共。予が門に入るものには。必ず先づ李王を學ばしめて專ら古語を用るなり。何となれば法ばかりにて。自運の筆にて文字を取舞はすれば。造語自然に鄙俚になる。古語を用れば古人の語なり。且つ自然に古語を記憶す。其の益少からず。其の後に蹈襲を嫌はゞ好む所に從ふべし。君子は虎の如く變ず。はげ犬の如くなるべからず。

一、復譯は史記に止まる他の書を爲るに及ばず。但し文章を得し後も。幾返も爲べし大に益あることとなり。

一、復譯の仕様復文を正しく書し。史記の原文に照し。ちがひある所は朱にて副書し。顚倒あらばそれについて上下布置のことを曉《さ》り。文字違ひあらばそれに就て字義を曉り。助字の安排も是に同じ。とかく文理字義を得る第一とし。助字。文法。字法等心を付て曉るべし。なを合點のゆかぬ所は師に就て正すべし。寒郷にて師なきものは。譯文筌蹄にて字義を見。訓譯示蒙にて助字を知るべし。

一、世に此の業を以て弟子に敎ゆるものあり。僻書の人の知らぬものを以て。假名書にして學者に授く。是偸看をして欺んことを恐れてなり。これ大に學者に害あり。何となればその書皆記錄の文にて。文の手本とするものにあらず。鄙俚の語にて骨格定まると。後いかやふに好文を學んでも。うつらぬものなり。復文は陶鈞の術にて模範大事のことなり。偸み書は損は其の人に在て師に損なきことなり。又原文幾字助字某し幾字某し幾字と示して原文に合んことを求む。これ亦學者に害あり。此の如くなれば强て字數を合さんと欲す。助字も然り。しかれば行文の中に。己が心に合ねども無理に字を入るゝことあり。又心こゝに在て運筆の處へ渉らぬ樣になるなり。只字數に拘はらず。己が心を以て文を綴り。助字も己が心を用て書加へてこそ悟入あらん。又失の多少を以て階級を立て賞罰をなす。これ競爭を啓いて學者の爲にならぬのみならず。こゝに心留て文章に心渉らず。業の早晩《はやいおそい》は才の鋭鈍にて各高下あり。强いて得られぬことなり。

一、字義を求むる法。略訓譯示蒙に見ゆ。凡そ字書に丨也丨也丨也といくつもあるに。是へも通じ是へも通ずるなれば。かやうの字義なりと。通ずる所より見ゆるなり。又連屬の文字あつて。是へも屬《つゞ》き是へも屬く故かようならんと曉《さとり》る。興字の如き興盛ども。興隆とも興起ども連屬す。取り合して見れば興の字知れるなり。又字の反《うら》と照し合せて知るゝなり。興の反は廢なり。起の反は坐なり。是にて興と起の安排知るゝなり。勇字は怯にて知れ。剛は柔にて知れ。强は弱の反なり。弓に从ぶ字故。弓のつよきとよはきとによりて字義知るゝなり。異同と反對すれども。殊同と云はず。殊絶と連用すれども異絶と云はず。かやふの所へ心をつくれば字義明らかに分るゝなり。

一、字書及注疏に。唐人の字註は。曾てあてにならぬは。譯文筌蹄に云へる相違なきことなり。しからば唐人は字義を知らずして。人を誤るかと思ふべけれども左にはあらず。興字の如き人の身代にて云はゞ。財寶金銀澤山にて繁昌するやうの字義なり。本と貧なるものが富てゆく所なれば。興り起也と註し。ぐい〳〵のび揚るやふなれば盛也と注し。ふくれ上るやふなるには隆也と注して。其の意義を示す。凡そ字はめい〳〵それ〴〵に字義あるゆへ。他の字にては注せられず。それゆへ眞の字義は明されず。已ことを得ず個様に注するなり。然らばとて唐人の文を書くに。興字を書く所に起とも隆とも書きはせぬなり。たとへば京言葉にゑらいと云ふ詞あり。ひどひと云詞あり。大抵似たる詞にて用ひ處ちがふ。田舍にはなき詞故。田舍もの京ものに。ゑらいと云はどふしたことかと問へば。ひどいことなりと答ふるやふなるものなり。そのゑらいひどいと云ふ詞は如何様なるを云ふと問へば。其の義は京ものも知らぬなり。されども三歳の童もひどひと云ふ所へゑらいとは云はず。ゑらいと云ふ所へひどひとは云はざるなり。田舍者はとりちがゑて云ふ。京は自然で知り。田舍は義を以て知る。唐人は自然で知る故書違なし。日本人は義を以て知る故。知ること精しからねば。ひどひと云處へゑらいと書き。ゑらいと云ふ處へひどひと書こと多し。故に日本人は字義を詳にすること唐人に百倍す。唐人は字義を知らずしても誤りはなきなり。

一、字義は明らかに分る。されども理を以て推れぬ所あり。此の處へは是字。こゝへは是字と必ず外の字用られずして。定て用る字あり。是は熟語を覺てそれ〴〵に用ゆべし。字義にては分らぬなり。

一、助字も大概は知るれども。也矣焉乎耶等の義大抵は訓譯示蒙に辨ぜし通りなれども。もと聲音に預る故。用る時は字義にて。此の心故是字と用ひられぬなり。日本の詞に行わいな。左様じや。わいなの助語。左様にも付けられ。じやの助語。行にも付けらるれども。左様わいなと云詞はなし。行くじやと云詞は稀なり。左様じやわいな。行くじやと云へば詞あり。かやふのものにて也焉矣の類も。それ〴〵の天然に備はりたる辭あり。未之有也《ビイツウユウエ、》。莫甚焉《モジンエン》。好犯上者鮮矣《ハヲワンシヤンチエ、ゼンイ、》。是等の助字。他の字は用ひられぬなり。その内凡そ焉字は矣也の類なれども。全く聲音に與る。口授ならでは明めがたし。是等の安排は唐音に熟すれば知るゝなり。又復譯にて心を付れば知るゝなり。近來己が臆を以て字義を說き。助字も某の助字法。某の助字法などとて。心儘に說を立て笑ふべきに堪へず。又抜二趙城一。抜二趙之城一。某二之於某一。某二之某某一の如く。之字。於字の類。同義の時用るあり。省くことあり。是は文章のつり合にて唐音でなければ知れぬなり。凡そ助字は多くは聲音に預ると知るべし。

一、文章に志ある人は史記の復譯して。字義文理布置等を會得し。漢語何にても書出さるゝやふになり。其の後に筆を執つて文章に入る。前に論ずるとをりなり。この事手に入るまで心長く精つかさずとすべし。今の人下根下機にて。少しくしてたいくつし。且迂遠《まはり》なるやふに思ふて。中途に廢し。ついに畫《カギル》に至る。こゝを以て成りがたし。この業迂遠に似て大捷徑なり。仕遂て見ば知るべし。

一、文章に入るとは。序記書牘の類自身に筆を執て書出すなり。先づ體を知ずんばあるべからず。文體明辨を見て各其の體を知るべし。

一、文章は前にも云如く。漢以前の文ばかりにては書得られず。後世に資て入るなり。後世は韓柳李王四家を兼て學ぶべし。最初は李王の如く古語をきり取て書べし。四家を學ぶと云へども四家を主とするにあらず。古文に上るの階梯と思て學ぶべし。個様にして學びゆけば。文章の上るに隨て。古文の法を自知し。自ら工夫の付くやふになるなり。

一、後世文章の祖は韓柳なり。漢以後六朝より唐まで配偶とて。皆對句の文章にて古文の迹絕たり。韓柳出てゝ古文に復すればなり。

一、八大家は韓柳が翹楚なり。歐蘇王曾は韓が奴隷なり。古文辭家は李王が翹楚なり。李夢陽何景明等は未だ成就せざればなり。故に韓柳李王を學ぶ。韓柳は達意にて陳言を去る。李王は脩辭にて古語を蹈襲す。故に必ず四家を兼ぬ。

一、論語。莊子。左傳。檀弓等は脩辭なり。孟子荀子史記などは達意なり。達意家も辭を脩せざるものなし。脩辭家いまだ嘗て意達せずんばあらず。學者兼ね學ばずんばあるべからず。韓が陳言を去るは。古文に蹈襲と云ふことなければなり。法を古文に取り造語我より出すといへども。本が唐人なる故辭鄙俚なることなし。李が古語を用ゆるは。法を古文に取れども。後世の語を以て辭を作れば。顏面古文に似ざる故なり。今の人一意に韓によりて古語を用ひざれは。たとひ法は善くとも吐き出す辭鄙俚にて見るに堪へず。故に李に依りて古語を用ゆ。是れ文章成就するまでのことなり。文章成就の後は己より工夫をつけて。韓なりとも。李なりとも。八大家なりとも。何なりとも我が好むところに從ふべし。

一、明の茅坤より八大家の說立つ。李何王李の古文辭を嫌ふものは八大家八大家と云ふ。八大家は韓柳歐蘇王曾なり。唐の韓愈退之。柳宗元子厚。宋の歐陽脩永叔。蘇洵老泉。其の子。軾子瞻。軾が弟の轍子由。王安石介甫。曾鞏子固是なり。宋の六家韓を學ぶといへども韓とは同じからず。六家は理窟を面白く云ひ廻し。是を以て法として古文の法なし。試に謝疊山が文章軌範を見て。韓柳には文法を詳に注す。六家には法の注すべきなければ。只理の高妙なる所を指示す。故に學者の手本にするはあし。されども六家各々善を盡し美をつくせり。理を說く所に至りては法を取ずんばあるべからず。みな助けになるなり。されども平生習熟するは甚だ害になるなり。古文辭も李王に限るにあらず。李献吉。何景明。汪道琨其の他の諸名家皆助けになる廢するにあらず。只韓柳李王四家を宗とし學ぶべし。

一、四家を宗として學ぶといへども。必韓ならんことを欲し必ず李ならんことを欲するに非ず。體格を四家に取り。古文の法を用ひて古語を以て書き出すべし。たとへば人を送る序を書くならば。韓が送孟東野序か送李愿歸盤谷序か。李が送趙處士還曹序か。我が好みに從て取て擬し。先ず一篇の主意を立てゝ。大段落を定め。篇法。章法。句法。字法。抑揚。頓挫等古文四家に考へ合せ。法を古文に取り古語を以て句を成し。下地習ひ置し史記の力にて造語を出すべし。日比抄書して置し文の奇古高華助字の用ひようまで。檢閲して取り用ゆべし。如此して文章成就せずと云ふことなし。

一、法と云へども定まりたることはなきものなり。左傳は左傳の法あり。莊子は莊子の法あり。一切の書みな然り。法とはつり合ひ。かつこふ。品格。もやふなり。四家の古文の法を取る所を古文に考へ合せ學ぶべし。近來己より法準をたて。それに合ぬをば古人の文章も文にはあらずとするものもあるよし。文は四六のやふに思て居ると見へたり。又如何ばかり法よくとも。行文拙くては文にはあらずと知るべし。

一、法を見る書は徂徠の古文矩。文變。四家雋。陳騤が文則。謝疊山が文章軌範　檀弓批點孟子批點。林西仲が古文拆義この類甚だ多し。史記漢書の評林文評の所を詳に見べし。左傳の文を論ぜしものは左綉。劉繼莊が會評。史記は論文あり。韓文には韓文起あり。その外數々あり。皆熟覽して其の法を得べし。蘐園隨筆の末に文戒を附して和文の過を正す。甚だ初學に益あり。

一、文章を學ぶは先づ尺牘の如き易きものより入るべし。長崎の高彝。尺牘ば滄溟の外に出ですと云へり。もともの說なり。されどもそれにも限らずひろく學ぶべし。

一、日本人の文章は和臭ありて唐にあらざることあり。徂徠南郭大潮師などは和臭見へず大潮師とりわけて見へず。しかれどもこの三家と謂共。かつて手本にすべからず。

一、文を作るには一字にても出處を考て書べし。譯文筌蹄の譯準に血滴々流の語あり。或人滴々の字を難して。唐の文になししたたると云ふ訓に惑ひ。血のぽた〱流るゝに用ゆ誤なりと。予後に唐詩の中に雨の簷よりぽた〱落るを。滴々と用ひたり。文にはいまだ見ず。出處なきにはあらねども。血淋漓流か涔々と也と用ひられてよきことなり。或人の難も理りなり。

一、予京師に來る初め金龍道人の許にて。良野平助衆人に對して。徂徠の往々平の語を擧てさん〲に毀たれたり。いかさま往々の下乎の字あるは漢文には見及ばぬことなり。是は蘐園隨筆の末の文戒の中にありしと覺ゆ。前方目に障りしゆへ記臆しぬ。右の二個は南郭の校訂を經ぬものゆへ。自ら徂徠の誤りなり。中年の作故か何にもせよ。徂徠さへかく誤りあれば。其他はあるべきことなり。又是らは日本人の目に見ることなり。日本人の目に見へぬ誤あるべしと思はる。予長崎にて少き時の文章を唐人游朴菴に正を乞ひしに。たしか通ずる所に不分明と評じ。助字などの正しに。合點のゆかぬこともあり。因りて思ふに予京師に來り既に十年に及ぶ。しかるに京師の婦人におほしんきと云ふ詞あり。いかやうの處へ持こんでつかふやら今に會得せず。況や志の通ぜぬ唐の文章至らぬこと多かるべし。

一、予和習の染んことを恐て日本の詩文は多一返看過するまでにて再び見ず。徂徠集は益あること多き故に入用の時は捜索せしが絶て久しく見ず。夫故大潮の誤あると云はれしも未だ檢閲せず。近比一儒士彼の文の誤りを擧げて正されしとて。予に見せしものあり。急迫に見し故詳にはせざれども。草々看過の中。間には當ることもありしと覺ゆ。

一、人の文の可否は見ゆれども。我が文は見へぬものなり。予春秋の注を作り。此の心を以て武川孝順子に托し正を乞しに。武川氏指示さるゝ所大に益を得て亟《すみやか》に正す。相續で乞ひければ煩はしと思はれしやらん。其の儘にて返さる。それより外に托すべき心知の人なく大に助を失す。

一、序記誌傳等は裝飾もの故難し。記錄注疏の文は裝飾を用るに暇あらざれば易し。されども日本人はうらはらなり。序記等は大抵唐人の文の準繩の語を以て作る故。工拙は格別のこと行文に誤りは稀なり。記錄注疏の文に至りては萬理を書出すもの故。こと〳〵く唐語を考へ出すこと能はず。我より語を造て書ざることを得ず。是を以て唐語唐文にあらざることを書き出すなり。岡伯駒注疏の文の上手と評判ありし人なり。世說觽の文中に唐に非ること多し。徂徠の破を蒙られしも記錄の文なればなり。又その破せし人の記錄注疏の文を見しに十に六七は唐文に非ず。徂徠の論語徵などには却てこれ無し。たゞ辨名義の條下に一處顚倒ありと覺ゆ。學者雅文成就の後記註の文。心を用ひて書べし。されども雅文成就の後ならでは漫に書べからず。文鄙俚になる也。

一、詩は入り易く。文は入り難し。奧の手に至りては文は易く詩は甚だ難し。妙の場に至りては詩も文も和歌も一般なり。

一、文章は經國の大業不朽の盛事と云へり。己れ經學をするとて文章家を輕易すべからず。是れも天下の一器物なり。詩文は勿論天下棄材なく棄物なし。俳諧茶の湯といへども廢すべからず。但し是等は凡愚の制作にて。凡俗のもてはやすもの故。時に疾むべきもの多し。

一、著述は末代までも學者の益になるものを爲べし。輕々しく爲べからず。東涯。徂徠。春臺。諸老爺の如き僅の假名ものも。皆學者の益になるなり。近來出る書はこと〳〵く板木ともに秦始へ送致すべきものなり。皆學問輕薄にて名を求め利を求るより起る事なり。文集とても同じ。徂徠集は學者の益になること多し。南郭集は目を悦ばしむるばかりにて益になること一個もなし。

一、近來國字解ものをびたゞしく出づ。よく流布する故書肆より學者に托して出すなり。書肆は利の爲めなれば理りなり。出す人はいかなる心ぞや。是にて名も得られまじ。利を得るやらんいぶかし。學問成就せんと思ふものは目を斷て見るべからず。助けにならぬのみならず大に害をなすなり。是を出す位の先生なればその說にも誤多しと知るべし。

一、いかばかり大儒の稱ありても。著述を見ねば其の人の才學は知れぬなり。みだりに著述すれば後代まで汚名を曝なり。つゝしむべきことなり。

一、京師の儒者は京を引く。江戸の儒者は江戸を引く。自然の符なり。江戸は天下の本なり。故に儒者見聞に熟して經濟を知る。京は亢龍に在て民なし。儒者天下を治ることは京尹の城中《まち》を治る如くのみ思ひ。天下國家はいかやふなるものやらしらず。故に經濟を知らぬなり。知らぬ故貴び用ひぬなり。且つ學問筋立たず。經學は且朱子に依ると云ふ。且の一字予甚其意を得ず。經學は大切のものなり。苟且《こふしや》を以て見る。其の學識知ぬべし。筋の立つは山崎派なり。山崎は卑下の禪僧の凡愚なるものなり。國家に益なきのみならず世俗に害あり。吁《あゝ》朱子學變して山崎となり。又變して石田となる。此の後いかゞ變するならん。

稱呼

一、蘐園より唐山《から》を中華と稱す。勿論彼の土は聖人出玉ひて禮樂を制し。文物寰宇に冠たる邦なれども、我より卑下して特に彼れを中華と稱すべきにあらず。又我

皇朝の文物は今のからよりも賢りつらんと思はる。又大海を疆《さかひし》て居れば。我は是一世界なり。唐の時聘使通行せしゆへ。昔より唐と稱す。猶北狄今に至るまで漢と云が如し。をしなへて文章に唐と用る時はさしつかへあり。長崎には唐山《だんさん》と稱す。唐人も長崎にて自稱に

唐山と云ふ。何故に山字を付るや知らず。文章には唐山と稱すべきことなり。

一、この方を我邦東方などゝ書く。是れ又あしゝ。邦は一國のことなり。邦を用ゆるは天下の内に一國になる。本朝と稱すべきことなり。人情世態は寰區一母狗なり。我が皇朝の威儀はいづくへ出しても耻しからず。武家の形様は夷狄とさみせらるとも言ひなかるべし。

一、日本物茂卿著などと書す。日本國中へ對して書ならば日本の字を出すに及ばず。唐人に對して書ならば日本と書けば國體を損ず。大にあしゝ。勿論日本記等の書あれとも。そのかみ

皇廷の御せんぎ足らざるにて。是れ亦誤り玉ふなり。いかんとなれば日本は國土の名にて。日本と書て唐人に對すれば朝鮮琉球と相並んで國名になる。彼より我を東夷とするなり。天子は外なし。國土の名は無也。故に唐には國土の名は無きなり。漢唐宋明の類は代號にして國名にあらず。其の上日本の號は唐の中世より起つて。唐より前の歴史には皆倭と稱す。倭奴國の省略なり。徂徠老爺の考へに此の間古よりをのころ島と稱す。倭奴國の唐音

をのこなり。故に倭奴國はをのこを字に寫せしものと。是れ按推の說なるべけれども極めて是ならん。我より稱せずんば。彼より名を命じて倭奴國と稱すべき理なし。然れば古へより彼れに對してをのころ島と稱す。コノ音國《こ》なる故彼ろ島を去て倭奴國《をのこ》と稱すなるべし。又略して倭《わ》と云ふなり。扨古昔此間に達識の人有て。彼倭と稱するを受けて。倭和音同じき故我號を和とし。彼に大漢大唐の如く。尊稱して大字を附するに擬して。大字を加へて大和と稱す。彼漢より起る故。天下を漢と稱し。唐より起て唐と號するに擬して。神武天皇始てやまとの國に宮居し玉ひし故。やまとの文字を大和に作り。天下に及ばしめ天下をもやまとゝ稱す。やまとは山迹の義なるよし。大和の文字にやまとの義あるにあらず。かやふに有て眞の唐稱になり。唐と匹敵して

皇威益上り玉ふべし。日本と改められしは却て國體を損し玉ふならずや。我を張るは世界古今の同情。

聖德太子の日出の天子と書き。隋へ贈り玉ふ。甚だ貴ぶべし。然れば和書。和文。和語には日本となりとも。やまととなりとも。秋津洲となりとも。豐葦原となりとも稱すべし。

漢文を書には先唐人に對して書く心なれば。決して日本とは書べからず。古の稱に從て大和と書すべきことなれども。大宛など云國もあれば。唐人大の字を尊稱とは見ぬなり。徂徠書出されしに隨て皇和と書すべきことなり。

、佛家に淨土は阿彌陀如來を宗主とす。眞言は大日如來を宗主とす。眞言にて此の間を大日の本國と稱す。日本の稱號奈良の末。今の平安の始めの際に當て起れり。其の比《ころ》傳敎弘法などの緇徒。君を得しことなれば弘法などの奏聞にて改め玉ひしことならんかと疑はる。

一、予前に皇和と稱する說を立しかば。一人の神學者の云ふ。日本を和と稱すること。古よりの勅令にもなく。舊記にも無きことなり。日本と號するは

天照大神を大日靈尊と稱し奉るに因て。上古よりの國名なりと云へり。然らば隋以前の史に何ぞ一も日本の文字。ひのもとの文字を見ざるや。又今の五畿內のやまとの國を文字に書くには。天子より庶人に至るまで大和とならでは書ぬなり。又日本中をも古より今に至るまでやまとゝ稱す。和歌の和は唱和の和にあらず。古今和歌集も唱和の歌は少なし。みな唐詩に對する和歌にあらずや。今に至るまで和漢と云。古へ其の制なくして云ひ傳ふ

べき理なし。神道者の偏固往々如此。

一、徂徠老爺孔子の賛に。夷人物茂卿と記せり。人其の情に體せずして漫《みだ》りにこれを譏《そし》る。徂徠妄に夷人の字を記すべき譯なし。予これを察するに徂徠の心一向門徒の阿彌陀を信仰する情にて。數千載の下數千里隔てし異域の我らまで。孔子の御庇によつて先王の道をきゝ。其の有難きこと肝に銘してのことならん。其心誠に悲しむべし。多くは涙を揮つて書れしと思はる。されども大いに國體を損す。徂徠の大なる過ちなり。但し儒者たるものは是ほどに先王孔子をば信仰せずんばあるべからず。

一、徂徠集に

皇朝を指して共主と書す。共主の文字戰國策に出づ。戰國は王威衰頽せしかとも民あり。今

皇威は昌んにましませども民なし。天下より共して主と仰ぎ奉れば。戰國の時よりも義は當る。然れども戰國の共主と云ふ佳稱に非ず。これ江戸びいきよりのことなり。前條と同類の大過なり。

一、本朝の姓氏みな二字にて。單字は百中の一なり。蘐老唐に癖なる故。二字姓を一字裁して用ゆ。春臺其弊を辯ずもつとものことなり。詩中など己ことを得ずんば格別。詩題にも本字の數を記すべきなり。又今の稱號を置て先祖の姓に本づきて用るあり。荻生を置きて物を稱し。平手を置きて太宰を稱すが如き是なり。是亦あしゝ。行文に物太宰を用るならば。本姓に復して平生に稱すべきことなり。魯の三桓姫姓なれども。季孫孟孫叔孫族を賜てよりは姫を稱せず。しからば平生稱號の姓を稱すべきことなり。

一、昔し

皇朝天下をしろしめす時。唐制を承て郡縣の政なりしが。天下武家の手に入て自然に封建の制になりたり。それより

皇朝と天下と分れて。

皇朝よりも手を下して天下の官爵を正し玉はず。

武家よりも制度を立官爵を正し玉はず。さる故諸國官爵の濫これより甚しきはなし。

皇朝より國主へ官爵を賜ることもあれども。侍從少將等樣の官にて。今の國主に在て。

皆虚稱にて實なし。畢竟　皇朝も武家も其の人有て制度を立かゆる者なき故なり。さる故詩文の稱號甚だ立て難し。しからば　皇朝は　皇朝にて天下に預らず。天下は天下を以て皇朝に預らず。三代の制を汲んで稱號を立るより外はなし。今の國主は一國を己が物として民を撫有す。漢より以後なきものなり。三代に在ては諸侯なり。これ天爵なり。侯と稱すべき理の當然なり。和書和文和語には大名となりとも國の守となりとも書くべし。漢文には侯と稱するが我が國を張るなり。皇朝に侯爵なければ僭にもあらず。ありと云へども別に分れたれば不相通。故にくるしからず。一家老は上卿。二家老は中卿。三家老は下卿。用人年寄番頭《がしら》は上中下の大夫。中小姓已上の平士は上中下士。徒士以下の扶持切米取りは府史胥徒にして。庶人の官に在るものなり。三代の制と符合す。漢文なれば唐山に擬す。諸侯と稱して至極的當す。昔の儒者刺史と書し大守と書す。刺史にも非ず大守にも非ず當らぬことなり。又卿大夫は皇朝にもあれども。それは漢以後唐制の卿大夫にて。三代と同じからずくるしからず。

一、春秋の時卿の臣下を家老と云ふ。行文に家老と用ては俗稱にさしつかへありたゞ老と稱すべきなり。趙魏の老の如き是なり。
一、漢以後淮南の地に封して淮南王と稱し。梁地に封して梁王と稱す。三代の魯衞齊晉等は國號にして土名にあらず、此の間には國號なし。故に是非なく州名を以て稱すべけれども。大國は數州を兼ね。小國は一州を分ち封ず。故に稱號甚だ難し。必とならば一國一城以上は。本國の州名を以て筑前侯。薩摩侯。加賀侯と稱し。一州分國は城下の土名を以て。明石侯。赤穗侯と稱せんか。姓氏を附して淺野侯などゝするはあしゝ。
一、周制五等を立つ。宋公。齊侯。鄭伯。楚子。許男等是なり。此の間には其の爵なければをしなべて侯と稱せざることを得ず。
一、漢以後諸侯の城下を都と云に似たり。故に史漢に封《シテ》レ某都《ニ》二於《ス》某《ニ》一。と書せり。周には王及諸侯の子弟。卿大夫の采地を都と云。都城之過二百雉《ニ》一毀二三都一の如き。猶周禮にみえ。王の城下も諸侯の城下も都を稱すとは見へず。今周制によるなれば諸侯の城下は都と稱すまじきなり。家老の城下は都と稱して可也。
一、唐山の地名を直に我が地に用ゆ。江戸を武昌と稱し。廣島を廣陵と用ゆるが如し。此れ甚だ宜しからず。琵琶湖の中に天女の祠あり洞廷の中に二女の廟あり。相似たるなれば詩中などには。天女を湘君と用ひても可ならん。江戸の武昌に似。廣島の廣陵に似たることもあらば。詩中などには苦しかるまじ。實錄詩題にも用ゆべからず。似たることなくんば詩中といへども用ゆべからず。廣陵と云ふより觀濤のことを用ゆ。勿論海邊なれども當らぬこと也。

一、長安東の出口に函谷關あり。江戸西の出口に箱根の關あり。奇合する故函谷關と用ゆ。詩中には假り用ひても可なり。詩題にも用ゆべからず。函字ははこなれば用ひでも可なり。函根箱根義をなさず。根は山のことなり。富士の根筑波根是なり。函山關。箱山關と用ゆべきなり。

一、山の水を挾むを峽と云ふ。日本の古語にかいと云ふ。甲斐の國中みな峽なる故に。甲斐と名けしならんと物翁云へり。左もあらん峽中紀行などは可なり。甲斐の國を直に峽とは用べからず。

一、鶴背は鶴瀨なるべし。鶴瀨甚だ雅なり。鶴と云より脊を用ひて聲律協はず。鶴瀨なれは聲律も協なり。
一、地名は其の儘にて用ゆる可なり。但し至りて義を成さぬは取捨なくんばあるべからず。加茂川本字を用て可なり。音を借て鴨河。鳧河等も可なり。詩中と云へども緑鴨河とは用ゆべからず。
一、予が友に僧寰海と云ふあり。頴敏俊發の才ありて詩を善す。藝備の堺にボウジと云ふ峠あり。其の南の海邊にさんばと云處あり。寰海が詩に。牡牛駿馬を以て對す。的對にて甚だ巧合す。本字は知らぬとも駿馬牡牛二字各義を成す故。本義を離る故に用ひがたし。又鉢が峯と云あり。兜の鉢に似たる故に名く。はた山と云あり。俗に波多字を用ゆ。さき島と云ふあり。寰海鉢か峯と波多山を對して鐵兜牙旗と用ひ。鉢か峯と鷺島を對して黄蜂嶺白鷺洲と用ゆ。波多を旗と用れば音を假るのみなれば可なり。牙旗と用れば旗が主となりて。波多の本義を失す。宜しからず。鉢が峰も是に準して知るべし。白鷺は可なり但し峰を嶺とし島を洲とするは不可なり。
一、俗に本義を取り違て書き來るあり。予が國のをんどのせとは清盛の山をきり開て。潮を通ぜし處にて。其の間狹くして門の如し。すなはち狹門なり。瀨戶と俗に書すは誤なり。是等は狹門と用ても。やはり瀨戶と用ても可なり。鶴脊も流のある處ならば瀨字よし。狹きゆへせと云ならば鶴隘なるべし。

一、備後のあぶとより。予が國のをんどまで殆ど三十里。表に諸島連續して一帶の河流の如し。これを瀨戶內と稱す。凡そ海中潮通行の狹き處を瀨戶と云ふ。諸島の瀨戶の內なる故稱すなるべし。かやふの處唐にてはいかゞ稱するやらん。いまだ見當らず。海邊にて入川と云は唐にては港と云。長港などゝ云ふべきや。又此方に灘と云は唐に洋と云なり。島嶼は洲渚の如く大小に從て名を異にするか。凡そ澤藪林麓丘陵の類此方に引あてがたきこと多し。艸木虫鳥の類特に甚し。

一、海潮も唐の里程にて三十里五十里は上るべし。唐の詩の中に遙に遠方にて潮を用るあり。甚だ不審なり。河水も潮と云ふか。長崎にて唐人に質さんと欲して忘れたり。

一、筑前におろの島と云あり。元の軍艦の神風に遇てくつがへりし所なり。元史に白龍島とあり。白龍の唐音へろんなり。をろをへろんと聞誤て書しか。大蛇ををろちと云へば。日本人をろを大蛇とし。大蛇によつて白龍と書して唐人に見せしがいぶかし。今白龍島と用ひても可なり。九州には悪きことををろえいと云ふ。

安永八亥年春正月吉日

知恩院古門前　澤田吉左衛門
本町佛光寺上ル　赤井長兵衛

（東京帝國圖書館本に據る）

每部按是印記
無印者爲僞本

學問捷徑巻下終

大學發蒙

皇和　安藝　平賀晋民房父　著

此篇、言天子諸侯、凡人君治天下國家之方、謂之大學者、大人之所爲學云爾。眩於字面、而爲學校之事者、非也。夫萬物不治則亂矣。天能生之、而不能治、故眷命於人、而爲之君、使以治之。上古聖人、受天心而奉之、爲民修六府制器物、而利用厚生、至堯舜正德成、於是乎道始立矣。其道、乃自中庸以至禮樂刑政、凡所以治天下正風俗之具也、歷湯文武周、而大備矣。又立之敎法、取於詩書而基德、禮樂以文之。使君子成德、小人成俗。天道人事、道盡於此矣。夫書史記也。詩歌辭也。而立以爲經者、不但取義於此、及監得失、知人情而已也。凡其所載、莫非畏天命、故使人君知代天功之義而奉答之、以爲戒、是爲多也。三代人君皆知之、然周自東遷、而風俗頽壞、陵遲。至春秋末、諸侯唯是縦欲、加之自宋會弭兵、風俗日趨奢靡一、國用不レ足、於レ是以二聚斂一爲レ事、觀下鄭作二丘賦一、鑄二刑書一、魯用中田賦上、時情可レ見也。夫國、貨財之生也、有二天數一、亦有二天用一、及二漫費不レ足而聚レ之、一切用二私智一、不レ度二自他之利害一、皆所謂悖入者、故或得二諸此一而失二諸彼一、或益二諸甲一而損二諸乙一。而其入、皆民之膏血、雖二斂而積一、尾閭洩レ之、故愈積愈乏。此無レ他焉、拂二於天一也、而人不レ曉。猶熙々壤々往來。哀哉。夫天子、富保二四海一、諸侯保二一國一、皆自レ天賜レ之、故謂二之天祿一、天祿而有二匱乏一乎、有レ之者不レ答二天意一也、不レ答二天意一而私二國家一、天豈不レ罰焉。君子戚レ之、故作二爲此篇一、以諭二時君一。然滔々不レ返、至レ秦併二天下一、而諸侯掃レ地、天命可レ不レ畏乎。漢以後不レ知レ道、故鄭玄釋二此篇一、徒謂下記二博學一可中以爲上レ政也、宋儒所レ道、根二柢於浮屠一、窮理爲レ學、其所レ取レ證、即此篇也。乃明德擬二諸眞如一、格物擬二諸觀念一、古言二明德一、不レ勝レ多焉、寧得レ爲二虛靈不昧一。明者、如二日月照臨之謂一、故曰、明二明德於天下一、豈磨而明レ之之義乎。至下以二格物一爲中窮理上、則指レ鹿爲レ馬也。夫如二其說一、此篇主二窮理一之書、何得レ無二其說一而妄爲二闕文一、强以補綴。凡不レ合二於己一者、皆爲二闕文一而補レ之、則無三不レ可レ爲者一。況此篇除レ此之外、皆爲二贅疣一乎。窮則曰皆是工夫之條目。夫至二貫通一、而天理流行、則自然至善自然誠意正心、何假工夫。若曰非工夫則不得乎、非貫通也。且大學所說、正心修身、不足爲工夫、末章於治國、猶有憾矣。況於今日學者、甚迂遠、豈其然乎。彼口能譏佛、而爲其所惑、爲誕妄之說、以誣告惑世、悲哉。此篇主意、在治國章、故諄諄數百言、述聚歛之害、而以不以利爲利、以義爲利終之、可以見也。物茂卿亦惑以爲學校之事、而大學之造士、乃詩書禮樂、此篇無之、則爲養老之記、因以誠意以下爲合語、皆是强說。知道之人、而不得其眞者、當時天下富厚、無時驗、而見識不及也。方今侈靡極矣。上下困窮至不可奈何、因以推作者之時、當如前所論也。此篇引曾子之言、必其徒弟之所爲、但此救時之書、而非先王之敎也。蓋時君皆能知道、而不務焉。禮樂唯鐘鼓玉帛而已、而爲虛文、不得已、本聖人之心、而說之、是爲心學之鼻祖、及中庸、又說性、雖不悖於道、乃啓孟荀、而致與道背馳、學者不可不知焉。雖然自戰國滅道、無禮樂之可求。凡爲人君者、循此篇之敎、奉承天道而務德、能明明德以化民、乃自天祐之、福祿無彊、欲不富得乎。則當今諸侯之急務、在能明此篇之旨。竊按此方、自郡縣沂而成封建、與三代之治、合其轍一、一變至二於道一之時也。則向來起二禮樂一、豈無二其人一哉。嗚呼此篇晦昧且二千年、今而顯也。亦時爲レ然哉。舊文中間無二倫次一甚矣。朱熹曰、頗有二錯簡一、良然、但其所レ定、及レ爲レ有二闕文一非也、今以レ意改レ之、乃犂然不レ可レ紊、又末擧二原文一、以存レ舊、且辨二其誤一。

大學之道在レ明二明德一、在レ親レ民、在レ止二於至善一。

人君所レ爲事、故以大稱レ之。德非レ學則不レ成。故曰レ學。道猶三生レ財有二大道之道一、謂二其方法一、既以二大學一立レ言、故不レ云二人君之道一、而云二大學之道一、人君照二臨四方一、故其德通曰二明德一。非二人君一而稱レ之、甚稀矣。凡明德之言詩書左傳等歷然。此不二具論一矣。物氏爲二養老記一、故鄭玄說亦取レ之。是大謬矣。明レ之者、人君德化被レ民、四方皆仰レ之、謂二昭二明德一古書多有二是言一、皆不レ外二此義一。言人君之道在レ明二明德一也、在者此外無二他事一之辭也。程頤曰親當レ作レ新、是也。新レ民、以二當世一言レ之、上已無二廉恥一、下染レ之而成二汚俗一。唯德化可二以革面一、故曰レ新レ民。此言非レ新レ民、則德不レ可レ明。故曰、在レ新レ民。止字不レ待レ解、身止二於至善一也。言欲レ新レ民、非レ止二於至善一、則不レ能也。乃明二明德一之本、歸レ止二於至善一、卽下言以レ修レ身爲レ本、是也。凡擧二天下之事一、莫レ善二於修レ身、故以二至善一稱レ之、然此亦以ニ當世一言レ之、古無レ勸下止ニ於至善一之事上、古者世子生、置ニ保傅一、以ニ詩書一敎ニ導義方一、樂以和レ之、禮以爲レ行、而弗レ狎ニ干弗レ順、德之醞釀習以成レ性、自然淸脩、今人君不レ然、故特言レ之、

知レ止而后有レ定、定而後能靜、靜而后能安、安而后能慮、慮而后能得。

對ニ揚天命一而安レ民、此人君之職也。知レ之者、不レ可レ不レ止ニ於至善一、此謂下之知上レ止ニ於至善一也。時君以ニ天道一爲レ遠、唯欲ニ是縱一、乃雖レ知如レ不レ知能者克レ己而嚮レ善、即知レ止ニ於善一者也。能知而後心定。心已定、而不ニ騷擾一、故能靜。靜而能安ニ於道一。能安ニ於道一、而能慮而行而能得ニ至善一。即謂レ得レ至ニ盛德民之不一レ能レ忘也。

物有ニ本末一、事有ニ終始一、知レ所ニ先後一、則近レ道矣。

凡物有レ本者、有レ末者、治レ國新レ民而明レ德、其本脩レ身而至善也。然事有レ所レ始、有レ所レ終、以レ始爲レ先、以レ終爲レ後、循レ序而進、至善不レ可ニ徒得一、必自ニ格物一始、不レ然則不レ能、故曰レ近レ道矣。

古之欲レ明ニ明德於天下一者、先治ニ其國一、欲レ治ニ其國一者先齊ニ其家一、欲レ齊ニ其家一者、先修ニ其

身㆒、欲㆑修㆓其身㆒者、先正㆓其心㆒、欲㆑正㆓其心㆒者、先誠㆓其意㆒、欲㆑誠㆓其意㆒者、先致㆓其知㆒、致㆑知在㆑格㆑物。

今無行之者、故言㆑古以見㆓其説之不㆑誣、此兼㆓説天子諸侯㆒、古者國謂㆓都下㆒、而執㆓政柄於國㆒、故或又言㆓封域之中㆒、勿㆑泥矣。物茂卿曰、家者宮中、以包㆓宗族㆒也、又曰國而曰㆑治者、主㆓於政㆒、家而曰㆑齊者、主㆓乎禮㆒、之二者、恒言也、不㆔必泥㆓其義㆒矣。又曰、身而曰㆑修、如㆘修㆓文德㆒修㆑道修㆖辭皆謂㆓成而用㆒也。皆是也。但曰、禮樂得㆓於身㆒、謂㆓之德㆒、身修之謂也。又曰、心而曰㆑正、謂㆔其一㆓於禮㆒也、云云者。非也。是時禮唯有㆑儀、而不㆑成㆑用。故儒者己不㆑言㆓禮樂㆒、若言㆑之、則誠㆑意正㆑心不㆑足㆑言也。七十子沒、而無㆑幾。學之變遷如㆑此。物亡故也。可㆑嘆哉。正者邪之反、心不正、而得㆓身修㆒乎。故先正㆓其心㆒。物茂卿曰、意者好㆑惡也、好㆑善之心、由㆑中而出、不㆑假㆓勉強㆒、意誠之謂也。亦是也。非㆓誠意㆒乎、不㆑得㆑正㆓其心㆒、故先誠㆓其意㆒。物茂卿曰致者、使㆑之至也、至者、生也、知者、德慧術知也、非㆓世人所謂知㆒也、知㆑道之言也。蓋格㆑物而德成、則明㆓於道㆒、而知㆓仁之可㆑尚焉、非㆑此安得㆑誠㆑意、又曰、格者、來也、至也、有㆑所㆑感以來㆑之之謂也、極得㆓字義㆒、此格字、感召也、物即至善之本德、感二召之一者、問學自修恂慄威儀、而得レ之也、此之謂二格物一。

物格而後知至、知至而後意誠、意誠而後心正、心正而後身修、身修而後家齊、家齊而後國治、國治而後天下平。

物茂卿曰、格レ物德之基也。故自明二明德於天下一、逆推、以至二於格物一、而止焉。致知、誠意、正心、皆非三爲レ學之方一也、特以言下修身之所三以始二格物一之由上、焉乎爾。故唯格レ物而曰レ在、而又自格レ物、順說以至二天下平一而止焉。以明三其爲二自然之勢一也。可レ謂三善讀二古文一矣、又其破二朱說一皆當。夫宋儒、道之賊也。不レ可レ不二痛排一、余別有二論著一、此不二復及一也。但道皆君道、而爲二夫人之事一、路頭既違、所二以不レ知也、天下國家、豈庶人所レ及乎云、齊家以下則舉レ此而措レ之耳、窮矣哉、

自二天子一以至二於庶人一、壹是、皆以レ修レ身、爲レ本、

物氏是字絕句、引二荀子百王之道一是一矣。而云、是字指二格物一、然承二來上文一、是字不レ得三事指二格物一、恐不レ然也、朱連下讀、壹是皆不レ成レ語、乃釋二壹是一爲二一切一、大是强。竊謂、

是下有ニ闕文一、不レ然衍ニ二字一也、

其本亂而末治者否矣、其所レ厚者薄、而其所レ薄者厚、未ニ之有一也。

至レ此微示ニ本意一而結レ之。上二句、泛言以諭レ之、君者、國之本、君亂而國家得レ治乎、上厚薄謂ニ君之德否一、下厚薄、謂ニ國之富否一、言君不德而安レ富者無レ之也。

子曰聽レ訟吾猶レ人也。必也使レ無レ訟乎、無レ情者不レ得レ盡ニ其辭一、大畏ニ民志一、

此孔子自言ニ其所レ能也。訟獄之難レ聽、吾無レ異ニ於人一、必欲レ知レ之、則俾ニ民無一レ訟、是吾所レ長也。無レ情以下、言下其所ニ以難レ聽之由上也、情者、訟之實情、如下曾子曰、如得ニ其情一則哀矜而勿レ喜、左傳曰、小大之獄、雖レ不レ能レ察、必以上レ情、是也。辭謂ニ兩造之辭一、民指ニ訟者一、言雖下觀ニ訟辭一而斷上レ之、民志之可レ畏、有下虛假不レ可ニ以レ辭盡一者上、是其難也。此孔子言レ之之意也。今引レ之者、必以レ情而能斷レ獄、政之美事、然是末也。其本在ニ德化一、俾ニ以無一レ訟、借以證下知レ本之事上、

此謂レ知レ本、

自ニ物有ニ本末一至レ此、專明レ本、故以レ此結レ之。

詩曰瞻二彼淇澳一、菉竹猗々、有二斐君子一、如レ切如レ磋如レ琢如レ磨、瑟兮僩兮、赫兮喧兮、有二斐君子一、終不レ可レ諠兮、

詩之本義、於二詩經原志一詳レ之、以不二復釋一、後效レ此、

如レ切如レ磋者、道レ學也、如レ琢如レ磨者、自修也、瑟兮僩兮者、恂慄也、赫兮喧兮者、威儀也、有二斐君子一終不レ可レ諠兮者、道二盛德至善民之不一レ能レ忘也。

道學也、道字、物氏據二中庸一爲レ導、然此篇多爲レ言、鄭朱是也、恂慄、物氏爲二恭敬一、是也、此章謂二格物一也、引レ詩取二義於問學自修恭敬威儀一也、不二但是四者而已一、凡善行、皆格物方法也、如二擧レ此爲レ言、亦可三以見二古之成レ德、在レ行、而非レ如三後世徒事二觀念窮理一也、至レ知レ明二意誠心正一而修身之德成、民不レ能レ忘、而後德可二得而明一焉、曰盛德至善、明二至善一即指二格物一而成レ德、凡引レ詩、皆斷章取レ義、而非二詩本意一、

詩云、於戲前王不レ忘。

前云古之欲レ明二明德於天下一、此又引レ詩、證二古之王者一、皆己用レ之、而民不レ忘也、前王、前世之王者、不二必文武一。

君子賢其賢、而親其親、小人樂其樂、而利其利、以此沒世不忘也。
此說不忘之實、前王至德、賢親樂利、皆當其可、後世由之、則安富尊榮、是以雖身已沒而民不忘也、沒世與前王不忘相應、物氏爲民之終身、引禮記荀子爲證、甚拘。

康誥曰、克明德、大甲曰、顧諟天之明命、帝典曰、克明峻德、皆自明也。
此以下、又說古之王者、亦皆止於善新民、而明明德、然諸所引之文、非本意然也。只就明字新字止字、以示其義、是斷章取義、非深於古者、則不能知焉、皆自明也、言三者、皆格物務德之所得、故云然、與無所不用其極互文。

湯之盤銘曰、苟日新、日日新、又日新。
湯之盤蓋浴湯之盤。朱物並爲殷湯之器、未知然否、苟如本義、朱訓誠非也。物作敬、鑿矣。以浴而新身鍼德之日新、此取義於新民。

康誥曰作新民、詩曰、周雖舊邦、其命維新、是故君子無所不用其極。
詩書並取義、極罔極之極、衷也、乃意識之謂。

詩云邦畿千里、惟民所止、詩云、緡蠻黃鳥止于丘隅、子曰、於止、知其所止、可以人

而不㆑如㆑鳥乎、

此以下、取㆔義止㆓於至善㆒、邦畿喩㆓至善㆒也、緡蠻之詩、本謂㆘小鳥不㆑能㆑進㆓遠道㆒而止㆗于丘隅㆖、此取㆘於鳥得㆓善所㆒而止㆖也、丘隅豈岑蔚之處、舊說非也。孔子謂人當㆑止㆓于善㆒、取㆓義於詩㆒、以諭㆑人、此又取以證㆑止㆓於至善㆒、於㆑止知㆓其所㆑止、言鳥猶於㆓其止㆒、則知㆓可㆑止之處㆒也、

詩云、穆々文王、於緝熙敬止、爲㆓人君㆒、止㆓於仁㆒、爲㆓人臣㆒、止㆓於敬㆒、爲㆓人子㆒、止㆓於孝㆒、爲㆓人父㆒、止㆓於慈㆒、與㆓國人㆒交、止㆓於信㆒。

此亦借㆑詩、說㆔文王止㆓于至善㆒、而止字、在㆑詩助語無㆓意義㆒、今專在㆓止字㆒、敬止、物氏云、止㆓于敬㆒。

此謂㆑知㆑本、此謂㆓知之至㆒也。

前章直說㆑本、此章說㆓務㆑本之方㆒、與務而得㆑之者、故又以㆓知㆑本知之至㆒結㆑之、不㆘以㆓所謂格物致知㆒起㆖者、此以㆓其本㆒故也。

所謂誠㆓其意㆒者。

能格レ物、則自然意誠心正、而自修也、德之成否、於二意之誠否一見レ之、此章辨二其眞假一、故以三所謂誠二其意一起レ之。

毋二自欺一也、如レ惡二惡臭一、如レ好二好色一、此之謂二自謙一、故君子必愼二其獨一也。

毋無同、能格レ物而成レ德者、自然無二自欺一、一句斷二盡其誠意一、惡二惡臭一、好二好色一、自然之誠也、眞能成レ德、則好レ善自然如レ此、此言其眞者也、物茂卿曰、好色可レ好、惡色可レ惡、然惡二惡色一、不レ如下好二好色一之誠上、好臭可レ好、惡臭可レ惡、然好二好臭一、不レ如下惡二惡臭一之誠上、故好色而曰レ好、惡臭而曰レ惡、自謙者、當時之語、蓋謂二自然者一之辭、凡古字義、多二不レ可レ知者一、漢以後訓二古書一、皆臆說、不レ足レ據也、愼レ獨務レ德也、卽格物之事、飾二外貌一者、本レ不レ格レ物、何意誠之有、故以二愼獨一言レ之、夫古之敎、禮樂耳、苟由レ禮行レ之、乃爲二君子一、不レ問二其心一、春秋戰國之際、有レ禮而不レ成レ用、玉帛鐘鼓之歎、孔子之時、既見レ之、況益降者乎、故當時之儒者、始譚二心性一、於レ是有二愼レ獨等之事一、是言也、大學其權輿與、中庸等數言レ之。

小人閒居爲二不善一、無レ所レ不レ至、見二君子一、而後厭然揜二其不善一而著二其善一、人之視レ己、如レ見二其肺肝一然、則何益矣、此謂下誠二於中一、形中於外上、故君子必愼二其獨一也。

小人君子、以レ德而言、間居猶二屏居一、謂人所レ不レ知之地、無レ所レ不レ至、甚レ之之辭、厭然閉藏シ貌、人指二他人一、誠二於中一、形二於外一、言內實自然見二于外一、夫不レ愼レ獨、則德不レ成、德不レ成則雖レ飾レ外、而內實必見、此言虛假之無レ益、以謂レ不レ可レ不レ愼レ獨也、非レ謂レ非レ不レ知下善之當レ爲、與中惡之當上去、又非レ謂二欺レ人之無一レ益。

曾子曰十目所レ視、十手所レ指、其嚴乎。

誠者善惡皆有レ之、十目十手、人君特甚矣、故引二曾子之言一戒レ之。

富潤レ屋、德潤レ身、心廣體胖、故君子必誠二其意一。

富則自潤レ屋、德則自潤レ身、心廣體胖、此善亦誠二於中一形二於外一、故君子必愼レ獨而誠二於善一。

所謂修レ身、在レ正二其心一者。

格レ物而成レ德、則意自誠、意誠者、成レ德之言也。既意誠、則心正不レ足レ言、若心不レ正、則非二意誠一、故不レ曰三所謂正二其心一、而曰下修レ身在上正二其心一也、身有レ所二忿懥一、則不レ得二其正一、有レ所二恐懼一、則不レ得二其正一、有レ所二好樂一、則不レ得二其正一、有レ所二憂患一、則不レ得二其正一、心不レ正焉、視而不レ見、聽而不レ聞、食而不レ知二其味一、此謂二修レ身在レ正二其心一。

身何必改爲レ心、理學之可レ笑、如レ此、懥字後世失レ傳、蓋怒之義、忿懥之別、猶二恐懼憂患之別一也、是四者、人之常情、雖二聖人一不レ能レ無焉、成レ德者、不レ局二于此一、中庸所謂發而中レ節、所二以心正一也、心不レ在レ焉、心馳二於嗜好一、而無レ守二於內一、此德之未レ成者也、此章與二下章一、其意實相因、姑別序レ之、作者本意、在二末章一、是以自格レ物、漸而上レ之、故此等皆概略以言レ之、何以言レ之、忿懥而不レ得レ正、不レ辟二於親愛一等、不レ足レ語二正レ心修レ身也。

所謂齊二其家一、在レ修二其身一者。

人君所レ爲レ心者、明二明德一也、其本止二於至善一也、至善卽格レ物、格レ物卽修レ身、壹而非二別物一、故又曰、以レ修レ身爲レ本、此章雖レ曰レ修レ身、而待二家人一之事亦與二下章一相因。

人之三其所二親愛一而辟焉、之三其所二賤惡一而辟焉、之三其所二畏敬一而辟焉、之三其所二哀矜一而辟

焉、之三其所二敖惰一而辟焉、
人者、凡人也、之者、心之往也、辟猶レ偏也、物茂卿曰、所二親愛賤惡畏敬哀矜敖惰一者、人家自有二此五種之人一、父母妻子其所二親愛一也、庶孽奴婢、其所レ賤而又或有二可レ惡者一也、尊長、其所二畏敬一也、寡婦孤兒、其所二哀矜一也、敖不レ恭、惰不レ勤、宗族之齒卑、而屬二疎者一、待レ之不二必恭一、而不レ勤二送迎一者也。愚謂此泛說人家之事、以諭二時君一、物氏此解、多據二鄭玄一、其說甚迂、且與レ下不レ合、

故好而知二其惡一、惡而知二其美一者、天下鮮矣、故諺有レ之曰、人莫レ知二其子之惡一、莫レ知二其苗之碩一、

今人不レ務レ德、故以二天下鮮一言レ之、

此謂下身不レ修、不上レ可三以齊二其家一、

物氏曰此章反言、故亦反結

所謂治レ國、必先齊二其家一者、

自二此章一徐入二本事一、故其言頗詳、

其家不レ可レ教、而能教レ人者無レ之、故君子不レ出レ家、而成二教於國一、孝者、所二以事一レ父也、弟者、所二以事一レ長也、慈者所二以使一レ衆也、

國君孝弟慈、皆所三以教二諸下一也、

康誥曰、如レ保二赤子一、心誠求レ之、雖レ不レ中、不レ遠矣、未レ有二學レ養レ子、後嫁者一也、

如レ保二赤子一、謂レ誠也、誠レ心有二意于安一レ民、則雖レ有二不レ中之事一、不レ至二於遠一、母之育レ子、天性之誠也、非レ可二學而至一、故云、未レ有二學レ養レ子、而後嫁者一也、此言人君之治レ國、非二修身以上誠意之德一、則不レ能也、

一家仁、一國興レ仁、一家讓、一國興レ讓、一人貪戾、一國作レ亂、其機如レ此、此謂二一言僨レ事一人定一レ國、

君子之德風也、小人之德草也、故其化如レ此、物氏曰、興者、仁讓之俗、勃々然興盛也、機弩機、發二於此一、必至二於彼一、朱氏曰僨覆敗也。

堯舜率二天下一以レ仁、而民從レ之、桀紂率二天下一以レ暴、而民從レ之、其所レ令、反二其所一レ好、而民不レ從、是故君子、有二諸己一而後求二諸人一、無二諸己一而後非二諸人一、所レ藏二乎身一不レ恕、而

能喩二諸人一者、未二之有一也。

申二上文之義一也、堯舜之民、從而爲レ善、桀紂之民從而爲レ惡、皆從二上所レ爲也、上好レ暴、而令二民爲レ善、民豈從耶、有二諸己一而求二諸人一、無二諸己一而非二諸人一、朱熹曰、有レ善二於己一、然後可三以責二人之善一、無レ惡二於己一、然後可三以正二人之惡一、所レ藏二乎身一不レ恕、而能喩二諸人一者、未二之有一也、省下所レ藏二畜乎己身一者何如上、恕二諸人一、乃可二以能喩一レ人、不レ然則人不レ從。

故治レ國在レ齊二其家一。

詩云桃之夭夭、其葉蓁蓁、之子于歸、宜二其家人一、宜二其家人一、而後可三以敎二國人一、詩云、宜レ兄宜レ弟、宜レ兄宜レ弟、而後可三以敎二國人一、詩云、其儀不レ忒、正二是四國一、其爲二父子兄弟足レ法、而後民法レ之也、此謂下治レ國在上レ齊二其家一、

上文述二居レ家而化レ民之事一。故只以下治レ國在上レ齊二其家一結レ之、似レ非二齊家之事一、故又三引レ詩、以三言宜レ家可二以敎レ國也、桃葉之詩、止レ取下宜二其家人一之義上、引二蓼蘭詩一、反覆言レ之、家人兄弟無二異義一也、齊レ家以二威儀一爲レ首、故又引二鳲鳩詩一、而其威儀、能爲二父子兄弟足一レ法

而行レ之、而後民法レ之、可二以正レ國也。

所謂平二天下一、在レ治二其國一者、上老レ老、而民興レ孝、上長レ長、而民興レ弟、上恤レ孤、而民不レ倍、是以君子有二絜矩之道一也。

上章孝弟慈、以二家人一言レ之、此老レ老長レ長恤レ孤、以二國人一言レ之、本自別也、民不レ倍、鄭玄云、不二相倍一棄也、倍背同絜矩之道、人多因二下文一、以レ恕視レ之、然此云、是以君子有二絜矩之道一、我老レ老、而令二民興レ孝、非レ以レ恕之義一、蓋執二中正一而率レ下之稱也、至下所三以名二絜矩一之義上、則不レ可二得而知一也、鄭玄朱熹皆臆度、物氏引二深衣制一、强合二諸矩字一、周髀曰、周公曰、大哉言數、請問二用矩之道一、商高曰、平矩以正レ繩、偃矩以望レ高、覆矩以測レ深、臥矩以知レ遠、環矩以知レ圓、合矩以知レ方、淸之徐發、因レ是言、以二絜矩一爲二勾股矩一、較二諸物說一、則爲二切近一、然均レ之鑿說、皆不レ足レ據也。

所レ惡二於上一、毋二以使レ下、所レ惡二於下一、毋二以事レ上、所レ惡二於前一、毋二以先レ後、所レ惡二於後一、毋二以從レ前、所レ惡二於右一、毋三以交二於左一、所レ惡二於左一、毋三以交二於右一、此之謂二絜矩之道一。

此似レ謂レ恕也、然恕以施二於人一者、而言レ之、此言處レ己之方、且若爲レ恕、則與二前後諸
文一、大不二相接一、蓋所レ惡、不善也、上下左右、莫レ不レ善、此絜矩也、卽好二民所レ好、惡二
民所レ惡、是也。

詩云、樂只君子、民之父母、民之所レ好好レ之、民之所レ惡惡レ之、此之謂二民之父母一、
止レ取二民之父母一、樂字無レ義、民之秉彝、好二是懿德一、民之所レ好、德也、所レ惡不德也、或
謂因二民所レ利、而利レ之、上下不レ相レ接非也。

詩云節彼南山、維石巖々、赫々師尹、民具爾瞻、有レ國者、不レ可二以不レ愼、辟則爲二天下僇一
矣。

詩意言人君具瞻、苟有二否德一、則天下皆知レ之、故引レ之云、有レ國者、不レ可レ不レ愼也、辟
民之多レ辟之辟、不正也、僇戮同、爲二天下僇一矣、謂天下之人、惡而棄レ之也。

詩云殷之未レ喪レ師、克配二上帝一、儀レ監二于殷一、峻命不レ易、道得レ衆則得レ國失レ衆則失レ國。
因二上文一爲二天下僇一而言人棄則天亦棄也、配二上帝一之儀、鄭玄朱熹皆誤、物說是也、峻命
不易、言二天不レ易與、命亟革矣。

是故君子、先愼二乎德一、有レ德此有レ人、有レ人此有レ土、有レ土此有レ財、有レ財此有レ用。

自レ此稍說下出貴財一之失上、德者一篇之根源、自二首章一之言、皆是也、舊說皆云、承二上文不一レ可レ不レ愼而言、大謬矣。有レ人、此承二上文一、朱謂レ得レ衆、是也、物氏引二中庸一爲二賢人一、泥矣、有レ土而無レ人、與レ無レ土同矣、故云、有レ人此有レ土、財者、錢穀貨賄之總稱、用者、國用也、貨財生二於土一、故云、有レ土此有レ財、有レ財則國用無レ所二匱乏一、當時國用不レ足、而事二聚斂一、故特云レ有レ用、夫人君之祿、乃天錫也、苟有レ德、則何匱之有。

德者本也、財者末也、外レ本內レ末、爭レ民施レ奪。

務レ本財常足、務レ末國自壞、今列國皆外レ本內レ末、民財竭而國爲レ虛、爭レ民施レ奪、鄭朱二說、不二與レ下應一、非也、物氏云、有二缺誤一、或然、竊謂、爭觀二民之所一レ獲以剝奪施レ之、是民心携レ貳、而國從焉。

是故財聚則民散、財散則民聚。

財聚二于上一、則民散二于下一、惠敷二于下一、前民嚮二于上一。

是故言悖而出者、亦悖而入、貨悖而入者、亦悖而出。

悖戾也、謂二非義者一、言悖而出、加二惡言於人一也、出二乎爾一者、反二乎爾一、天之道也、凡物皆然、故先以レ言言レ之、余歷二觀貨之悖入一者、不レ畢二一世一、併二本根一而仆、小人旣然、矧國君乎、豐牆墝下、未二必崩一也、降雨興、流潦至、壞必先矣、樹本淺、根核不レ深、未二必橛一也、飄風起、暴雨至、拔必先矣、可レ不レ懼乎。

康誥曰、惟命不レ于レ常、道善則得レ之、不善則失レ之。

善卽篇首之至善、兩之字指レ命、人君爲レ天牧二養元元一、而虛レ之、命何可レ長。

楚書曰、楚國無二以爲レ寶、惟善以爲レ寶。

楚書者楚國之書、後世不レ傳、爲二楚語一者、非也、引レ之以證二上文善字一。

舅犯曰、亡人無二以爲レ寶、仁親以爲レ寶。

此見二檀弓一、舅犯非二狐偃一、於二春秋左氏折衷一辨レ之、仁親者、仁與レ親也、卽善之物也、故又引レ之。

秦誓曰、若有二一个臣一、斷々兮無二他技一、其心休々焉、其如レ有レ容焉、人之有レ技、若二己有一レ之、人之彥聖、其心好レ之、不下啻若中自二其口一出上、寔能容レ之、以能保二我子孫一、黎民尚亦有レ利哉、

人之有レ技、媢疾以惡レ之、人之彥聖、而違レ之俾レ不レ通、寔不レ能レ容、以不レ能レ保二我子孫一、黎民亦曰殆哉。

物氏云、子孫句絕、尙庶幾也、利利賴也、曰者語辭、皆是也、此止レ取下保二子孫一以下上、乃斷章也、而前半言下爲レ善者之能保二子孫一、民亦賴上レ之、卽善之効也、後半言下爲二不善一之取中滅亡上、以起レ下。

唯仁人放二流之一、迸二諸四夷一、不三與同二中國一、此謂下唯仁人爲中能愛レ人能惡上レ人。

能安レ民、謂二之仁人一、放二流之一、之字指二上文後半不仁人一、迸屛同、此天子之事、卽舜之竄二四凶一也、邦君有レ之、則天子屛レ之國臣有レ之、則仁君黜レ之、其義一也、愛爲レ民者、惡害レ民者、謂二之能一、故曰唯仁人、物氏駁二後儒一、可レ謂三善得二聖人之心一。

見レ賢而不レ能レ擧、擧而不レ能レ先、命也、見二不善一而不レ能レ退、退而不レ能レ遠、過也。

命、鄭玄云、讀爲レ慢、聲之誤也。爲レ是。但爲二輕慢一、非レ是、慢惰也、程頤曰當レ作レ怠、此命怠字相似也、非也、先者謂二專任一、乃爲レ長之意、此篇專說二人君之事一、鄭玄云、不レ能レ使二君以先レ己、非也、朱熹爲二速用一、非二先字義一、此因二上文一言用レ賢而治レ國、以爲論下用二小人一而事中聚歛上之地、何等巧思、自レ是以下、專刺二時弊一以終レ篇。

好二人之所レ惡、惡二人之所レ好、是謂レ拂二人之性一、菑必逮二夫身一。

人之所レ惡驕泰也、人之所レ好忠信也、蓋當世之君、大率好二驕泰一而惡二忠信一、故作者特言レ之。

是故君子有二大道一、必忠信以得レ之驕泰以失レ之。

人君行事之大者、故曰大道、忠信以待レ人、則國治而財饒、得レ人在二其中一、以二驕泰一、則不二唯財一也、幷レ國失レ之。

生レ財有二大道一、生レ之者衆食レ之者寡、爲レ之者疾、用レ之者舒、則財恒足矣。

呂大臨曰國無二游民一、則生者衆矣、朝無二幸位一、則食者寡矣、不レ奪二農時一、則爲レ之疾矣、量レ入爲レ出、則用レ之舒矣。此聖人治レ國之常經、名言也、然于時情迂矣、此言不二聚歛一而鳩レ民以レ德率而使二鄉義一、則生者衆、而爲者疾、不二奢侈一而勤二恭儉一、則食者寡、而用者舒、因二時君之病一而言レ之。

仁者、以レ財發レ身、不仁者以レ身發レ財。

朱熹曰、發猶起也。仁者。散レ財以得レ民。不仁者、亡レ身以殖レ貨。
未レ有下上好レ仁、而下不レ好レ義者上也、未レ有下好レ義、其事不レ終者上也、未レ有下府庫財、非二其財一者上也。

國治至二下好レ義、則凡事無レ不二成濟一也、而所レ得之府實無二悖出之患一。

孟獻子曰、畜二馬乘一不レ察二於鷄豚一、伐冰之家、不レ畜二牛羊一、百乘之家不レ畜二聚斂之臣一、與三其有二聚斂之臣一寧有二盜臣一、此謂下國不二以レ利爲一レ利、以レ義爲上レ利也。

畜二馬乘一士也、伐冰之家、大夫也、百乘之家、卿也、獻子以二卿大夫士一言、無レ疑焉、鄭說經無レ文也、不レ察二於鷄豚一、不レ畜二牛羊一、皆不二與レ民爭レ利之事、有二采地一者、而始得二聚斂一、至二聚斂一則剝レ民、豈但爭レ利而已乎、上文言二以レ義則得一レ之、以レ利則失レ之、而引二獻子言義一、又寧有二盜臣一、心激レ之、故以下不二以レ利爲一レ利、以レ義爲上レ利結レ之。

長二國家一而務二財用一者、必自二小人一矣、彼爲レ善レ之、小人之使レ爲二國家一、菑害並至、雖レ有二善者一、亦無レ如二之何一矣、此謂下國不二以レ利爲一レ利、以レ義爲上レ利也。

彼爲レ善レ之、鄭玄曰、彼君也、物茂卿曰、言下君用二小人一者上、其心謂三小人善治二國家一也、

小人之使レ爲二國家一、物氏曰、使三小人爲二國家一也、是也、加之字、以二倒字一、古文此法多有焉、夫君二國家一者、本當下用二賢人一而利レ民、以享中天福上○而君奢泰、國用糜爛而不レ足、於レ是乎務二財用一小人因レ間進レ說、君悅レ之、遂使レ爲二國家一、乃以殘レ民爲レ事、人怨神怒、終爲二天所レ絕、菑至害至、而國滅矣、小人進則君子退、至レ此無レ人、藉令有レ之、亦未レ如二之何一已、故戒之云、行レ義則得レ利、行レ利則失レ國、盍レ思レ之矣。

大學舊文

大學之道在明明德在親民在止於至善知止而後有定定而後能靜靜而後能安安而後能慮慮而後能得物有本末事有終始知所先後則近道矣古之欲明明德於天下者先治其國欲治其國者先齊其家欲齊其家者先修其身欲修其身者先正其心欲正其心者先誠其意欲誠其意者先致其知致知在格物物格而後知至知至而後意誠意誠而後心正心正而後身修身修而後家齊家齊而後國治國治而後天下平自天子以至於庶人壹是皆以修身爲本其本亂而末治者否矣、其所厚者薄而其所薄者厚未之有也○此謂知本此謂知之至也（此二句當在與國人交止於信下也此謂知之至也不得在此也下接所謂誠其意者自其所也）所謂誠其意者毋自欺也如惡惡臭如好好色此之謂自謙故君子必愼其獨也小人閒居爲不善無所不至見君子而後厭然揜其不善而著其善人之視己如見其肺肝然則何益矣此謂誠於中形於外故君子必愼其獨也曾子曰十目所視十手所指其嚴乎富潤屋德潤身心廣體胖故君子必誠其意 誠意章止于此此下非當在此者 ○詩云瞻彼淇澳菉竹猗猗 自此至與國人交止於信分明是格物致知章錯在此當附此謂知本此謂知之至也而在誠意章之前 有斐君子如切如磋如琢如磨瑟兮僩兮赫兮喧兮有斐君子終不可諠兮恂慄也赫兮喧兮者威儀也有斐君子終不可諠兮者道盛德至善民之不能忘也、詩云於戯前王不忘君子賢其賢而親其親小人樂其樂而利其利此以沒世不忘也康誥曰克明德大甲曰顧諟天之明命帝典曰克明峻德皆自明也湯之盤銘曰苟日新日々新又日新康誥曰作新民詩云周雖舊邦其命惟新是故君子無所不用其極詩云邦畿千里惟民所止詩云緡蠻黃鳥止于丘隅子曰於止知其所止可以人而不如鳥乎詩云穆々文王於緝熙敬止爲人君止於仁爲人臣止於敬爲人子止於孝爲人父止於慈與國人交止於信 此下附此謂知本此謂知之至也義完成而下接誠意章以序順也 ○子曰聽訟吾猶人也必也使無訟乎無情者不得盡其辭大畏民志此謂知本 此語上無所承突然出且上既云此謂知之至也而此又言此謂知本重復不成義故宋儒以爲衍文此篇之有錯簡莫明於此今上承而其所薄者厚未之有也下接詩云瞻彼淇澳則有條理而意渾成 ○所謂修身在其心者 自是以下無錯簡故止于此

日新堂藏版

天明乙己春

京堀川通錦小路上町

文臺屋次郎兵衛發行

服部富三郎氏本に據る

日新堂集目次

一名蕉牕集

詩部

文部

卷九

行狀　一首

墓碑銘　八首

祭文　六首

卷十

詩文

續錄

日新堂集詩部 卷一

一名蕉臆集

安藝　平賀晋民房父　著

周詩

松驕壽達公之母君也母君有貞信之德又能爲西方之事而能致眉壽也。

松之驕驕。在彼北林。母氏窈窕。其人如琳。

松之驕驕。其葉之綠。母氏窈窕。其人如玉。

松之驕驕。有揭條枚。母氏窈窕。其德不同。

西方有美人。跂足望之。所謂伊人。其德無方。自天右之。維壽無量。

松驕四章三章章四句一章六句

九如頌壽大潮老師九秩。

於我尼父。陟彼泰山。亦小天下。(後五反) 不陟何知。不積何成。(陳羊反) 崇高爲德。維其有章。

民其仰止。是以有慶。

右如山頌

皐乎皐乎。既將且夷。矜矜兢兢。億萬斯祀。維其有之。是以似之。

右如皐頌

我師豈弟。壽考如岡。其德奕奕。我于仰之。遐不作人。示我周行。

右如岡頌

倬彼高陵。有庬有苞。綏我眉壽。福履流之。

右如陵頌

有冽氿泉。可以濫觴。混混而來。盈科而烝。（叶居良反）以莫不增。茫茫洋洋。水哉水哉。其德無疆。

右如川流滔滔頌

皎皎維何。維月之恒。緝熙爲德。自損而烝。（音證）天道益謙。是以將承。

右如月之恒頌

日之初升。拂㆓于扶桑㆒。下土是臨。有㆓赫文章㆒。視㆑民不㆑恌。寵㆑之光㆑之。天降㆓之福㆒。胡考之康。

右如日之升頌

節彼南山。駿極㆓于天㆒。不㆑動不㆑震。中州之鎮。我師式㆑之。壽祺日升。何有㆑所㆑虧。何有㆑所㆑崩。

右如南山之壽頌

龍津之栢。松浦之松。不㆑落不㆑凋。菀菀穠々。以㆓爾之貞㆒。參㆓天之功㆒。我師眉壽。于㆑是從容。

右如松栢之茂頌

楚詩

秋風三疊爲㆓高君秉㆒悼㆑內

何秋風之凜烈兮。天憭慄而氣不㆑揚。草木飄搖而菸邑兮。野蕭條其悽愴。去㆓皇天之悠悠㆒兮。襲㆓幽城之欝欝㆒。中夜起而怵惕兮。曾無㆓寤寐之彷彿㆒。山寥廓而委迤兮。月寒而水亦沕。猿啾啾兮鴟梟號。虎豹與伍兮螻蟻爲レ隣。綽約豐肌兮冰雪斷。眞髮如レ雲兮委二灰塵一。璆鏘兮子之佩。
皇皇兮子之宮。陳二竽瑟一兮友レ之。君何爲兮丘中。
悲哉兮秋風。嫋嫋兮起二蘋末一。竟二天地一兮閉塞。草木摧兮衆芳歇。羌《ア》余心兮隱憂。軫絓結兮
哽咽。杜若兮以爲レ佩。芙蓉兮以爲レ玦。荃衣兮蕙帶。既沃若兮馝馞。余屋兮葺以レ蘭。余房兮席以
レ芸。繚二芳椒一兮爲レ帷。結二合歡一兮爲レ衾。同心兮非レ不レ固。恩情兮非レ不レ深。豈其弗二兮爾
思一。奈二秋風兮傷一レ神。捐二余玦兮曠野一。遺二余佩兮江濱一。仍二飄風兮長路一。駕二飛龍一兮入二冥津一。
顧二瓊浦兮極浦一。痛二余還兮無一レ辰。堂有レ芷兮庭有レ蘭。百年兮以爲レ期。悠悠兮我心。其將
兮訴レ誰乎。

秋風浙浙夕起兮。慘蕭索氣變衰。零露霑凝滿レ野兮。勁風淒艸木離披。心震盪而內傷兮。離
レ群懭悢二其贅肬一。登二高岡一望二廣野一兮。雨冥冥雲霏霏。天高而風蕭蕭兮。欸二夫松栢之摧一。懷二美
一人一兮。路遠而不レ可レ期。蟋蟀夜鳴二於堂一兮。風冷冷之吹レ帷。獨申旦而不レ寐兮。撫二一孤一自
歔欷。大兒齔能成レ誦兮。斯惟汝之所レ爲。生時自授句讀目逢音猶在レ耳兮。小兒呱呱而不二自知一。月
皎皎風颯颯兮。魂獨守二此空閨一。豈曰レ無レ衣邪兮。其與レ誰同レ被。竟二長夜之曼曼兮一。中心繚悷

而弗抒。逝者既不知兮。居者將何處。

秋風三疊言言靡不絕塵。雖古作者宜不多讓也。讀之令人一字一涙。一涙更復作鮫人一珠哉。方夜梵罷再披誦之。余雖釋之人也。泣下不止。暘谷室人靈其有知豈不愀然。其神泣耶。悲夫悲夫。其莫容易以此际暘谷哉。嗚呼室人棄其孤。不克輒起。室人之變。可謂人世之極哀者。余盍傷焉。此評房父必也亦復感傷矣。

甘露八十五翁大潮評

四言

贈三宅子恂釋普嚴

昔我鄉苑。少壯之時。暨我二友。夙夜偕止。同心同德。和塤和篪。笑語永日。百年以期。於時不循。我獨斯征。干西干東。幾爰問津。終焉駐軔于彼皇京。八方問俗。中原觀風。所抵既廣。所遇亦衆。何見二友。有信與忠。青雲望近。暫遷喬木。眄睠黃鳥。鳴于幽谷。復返初衣。甘斯陋屋。悠悠我心。靡日弗思。天借良緣。今得復歸。故交無恙。青眼相視。出歲在子。來時遇亥。荏苒日月。離合一紀。紅顏稍去。皓首偕來。形貌雖變。不變者心。禮義維度。車輔德音。驩愛加舊。更斷南金。相會踰年。交情益加。幽谷黃鳥。嚶嚶相和。

春草青青。東風喚我。遂去故游。復東旋車。允矣二君。從容加食。好愛光景。以恪其德。驪駒在塗。負別于告。無密爾音。如金及玉。

樂府

古隴西行

熒熒緱山鶴。蹁躚日下鳴。其聲聞于天。聞于天而。不聞于人。顧視人間世。爲樂殊不均。皇帝陛下尊無上。功令四海雷震震。維泰極于上。蒼生奉一人。忠臣義士能死節。布衣韋帶盡希聖。上有滄浪之天。下有黄口之民。是邪非邪。且問日下之人。舜彈五絃之琴。歌南風以解民之慍。

艶歌行

公輸刻鏤犧尊。青黄以文之。升在廊廟之上。其斷朽腐溝瀆裏。本是百年木。衆人目以樗。非匠石何知棟梁之材。

長歌行

無レ病可二以當レ祿。無レ禍可二以當レ福。茹蘆自適藜藿甘食。不レ盻三廣廈與二大屋一。曷知綺紈及八珍。容レ膝環堵室。常繙十二經。繙罷時少倦。復此撫二素琴一。知レ我者希。則我者貴。優哉游哉。聊以卒レ歲。

懊儂歌

辛苦綉二鴛鴦一。鴛鴦亦難レ成。飲レ酒欲二相忘一。又聞レ移二龍城一。

黄鵠曲

黄鵠參レ天飛。中道起踟蹰。毛弱道路夐。姑息二羽高丘一。
黄鵠參レ天飛。中道且回鳴。三年離二群侶一志大非レ無レ情。
黄鵠參レ天飛。翺翔圖南池。鴅鷄且莫レ笑。怜汝安二一枝一。
黄鵠參レ天飛。逍遙自兀兀。遂摶レ翼扶搖。飛鳴入二玄闕一。

自君之出矣

自二君之出一矣。棄二捐玳瑁簪一。思レ君如二秋水一。日日夜夜深。

甲申之冬如二尾道一。寓二宮有政翠雲樓一。有レ人齎下來一書生翻二世俗歌謠一爲二五言詩一者上。共音響全是子夜歌也。因亦作レ之以遣二旅中無聊一五十音。

男ゑらびにことしもくれぬまたくる春もあだに咲く姿の花のうつろひし。

擇レ偶猶未レ嫁。荏苒歳亦莫。東風吹二百花一。誰能使二春住一。

むすめ〳〵とたくさんさうにいふてたもるな物縫習ひ琴もならふてよみかき習ひやがてあづまへ行身じやものを。

讀レ書復學レ琴。更工レ繡二鴛鴦一。君何輕二視儂一。夫壻在二東方一。

明てちりなん暮れてちりなんちればぞ花の色も香もいつれはかなき春の風。

今朝花已落。今夕花復落。眼見芳菲盡。無レ爲二春風惡一。

きぬ〳〵に明のむつ言今更にうき名別れの袖の露なじまぬ昔ましじやもの。

我愧雞鳴女。欲レ別牽レ衣語。思此離愁苦。却恨相二見汝一。

氣にそまぬ殿に添寐の枕には鳥も啼けかし鐘もなれうれし東雲朝酒にうさを忘るゝその風情。

流水雖レ無レ意。落花傍レ浪流。黽勉至二明旦一。酌レ酒且忘レ憂。

京へござればいとまをたもれ京じや京女郎めさろもの。

君向二京洛一去。妾亦從レ此辭。不二是妾負レ君。君愛二漢宮姿一。

京じや京女郎在所じやこなた內のお留主を能めされ。

在レ京愛二靚粧一。還レ鄉善安室。自是男子事。空房守レ君一。

幾夜重し情の末の恨こがるゝ身は戀衣せめてひと夜は來て見よかしな。

歡極哀繼レ之。吃レ醋竟不レ來。君試就レ妾睡。知二妾心肝摧一。

たとひ逢ずとふみさへ見れば文は妹背の橋となる。

假不レ得二相見一。莫レ敎二雙鯉絕一。方有二相思字一。能使二兩心結一。

まだ寢もやらぬ手枕にそでもない事思ひわびうつら〳〵と更てさへねまきのきぬの肌薄し
つらいぞういぞア、何としよ。

不レ寐懷レ郎時。癡情多二於何一。深夜寒透レ衣。長愁其如何。

見るにつけ聞くにつけ胸にせまりし數々の袖も乾かぬ沖の石
見聞都斷レ腸。雙袖乾何時。自似二水中石一。更復無二人知一。

花は折たし梢は高し心盡しの身はいかに。

攀レ園欲レ折レ花。枝高不レ可レ折。躊躇徒企望。愁心忽如レ結。

芳野の山を雪かと見ればゆきにはあらで花のふゞきよ。

芳野暮春山。山山白晰晰。始疑雪似レ花。正是花飛雪。

今咲花に目かとれてよふも忘れし心のにくさ。

愛二燦燦春花一。何遽遺二秋實一。妾今弃如レ土。郎心誠可レ疾。

戀をするとは親達知らで藥のめとは曲がない。

父母惟憂レ疾。藥餌偏相勸。私通《スウトン》有情郎。只是不レ遂レ願。

いつがいつまで此つとめ思へばおそい月日ぞや。

誤レ生托二娼家一。脫レ身亦何時。朝迎レ張暮李。青樓日月遲。

たとひ命の續くだけほんの誠を盡しても男の方よりそれぞとの便もせねば遠ざかり思はぬ方の宿の花と咲くときは初の誠後のうそ。

恩情雖レ矢レ死。歡去竟不レ至。嫁レ人豈我意。誠心今爲レ僞。

いかに勤じや習ひじやとてもいやな客にも逢ねばならぬ。

浮沈雖レ有レ命。哀哉倡家妓。來客意不レ答。强同二合歡被一。

治る御代や四つの海岸打なみも長閑にて千歳を祝ふ雛鶴が直なる枝に巣をくひて。

鶴巣千年樹。日靜四海波。波鼓鶴自舞。人唱大平歌。

さいた櫻になぜ駒つなぐ駒がいさめば花がちる。

我花正開時。何爲君繫レ駒。多懼君駒驕。花落顏色無。

こいで〳〵と待夜は來いで待ぬ夜は來て門に立つ。

待レ君亦幾夜。長守二獨夜牀一。無心入レ房時。適來獨窺レ牆。

引く手あまたの言の葉に嬉しからずに返事もせいで何のわけなく徒に過し月日のめぐり來る。

東家又西隣。諸少曾挑レ我。悠悠歲月移。却悔昔日果。

咲た櫻に吹春風は花のあたりをよけてふけ。

櫻樹方著レ花。爛熳堪二可憐一。寄レ言陽春風。莫三或近二花邊一。

味に寄邊のいひかけられて何のいらへもないのが返事。

投レ機來摟レ我。我心亦相會。穉情不二敢應一。君求不言外。

さまは三夜の三ケ月さまよ宵にちらりと見たばかり。

君若二初三月一。黄昏出二顏面一。將欲二就相語一。恍忽便不レ見。

今の世の中に媒はいらぬ刻煙草がなこどする。

風俗慣二淫蝶一。情竇毎早開。獨將二相思草一。兩心爲二良媒一。

思ひきらしやれもふ泣かしやんなわしはなかねどソレこなさんの。

諭レ妾好割レ情。强使二雙涙乾一。妾亦何敢泣。看レ歡玉筋寒。

たまに逢ふたる前髪さまと朝日さすまで寐て語ろ。

可憐總角子。邂逅共レ牀睡。旭日射二閨中一。繾綣不レ忍レ離。

在所住居のこのわしと客なれさんした女郎さんと譬へていはゞ深山木と都のはな。

我自一村婦。君是青樓媛。那比幽谷樹。上林花宛轉。

怨られたり怨たり後は互にいふ事も何のかのなき一つ夜着。

癡情吃唆レ醋。彼此發二怨音一。以二同心一鐘愛。終共二合歡衾一。

つとめの外にかわい男とたまさかにふけて寐る夜のおしいと思ふ。

青樓多少客。別有レ送二私欵一。歡情相見少。見亦苦二夜短一。

いつか廓をはなれてほんにほんの女夫といはるゝならば今をむかしにかたり草。

何脫二青樓苦一。與歡爲二夫婦一。倶剪二西窓燭一。却語二青樓苦一。

諸共に世に住みながら儘ならぬ文はあれども便なし。

雖三幸同二一世一。兩情恨相阻。猶有二尺素問一。無レ由レ致レ歡所。

思ふ其夜は晴こそよけれ顔が見たさに離まで思ひ〳〵て來たわいな。

暗夜無二人知一。間走立二墻外一。但爲レ望二顔色一。不二是必交會一。

戀咄しすいた男の噂してねるもねられぬ氣まゝ酒。

青樓諸姉妹。所レ思成レ話來。還レ房眠不レ就。閒窓獨擧レ杯。

更け行く鐘のつく〴〵と思ひまはせば身のつらさ人目を忍ぶ關の戶の明けていはれぬ我こゝろ。

五更鐘聲響。愁心如レ撞レ膺。本是中毒事。何處紓二哀情一。
つくぐ物を思ひ顔筆と墨とに涙を添て誠あかせどそれとは讀めぬ。
想思將二涙注一。和レ墨字字新。妾心如二皦日一。君只不レ信レ人。
誰に見せよとてべにかね付ぞみんな主への心中だて。
平明登二粧閣一。畫レ眉紅粉濃。揔作二悦レ郎具一。豈爲二他人一容。
忍ふの道は高き賤しき隔てなく緣はいなものあじなもの。
兩心相投處。恩情轉戀戀。因緣豈可レ測。不三復問二貴賤一。
行末は誰か肌ふれん紅のはな。
灼灼紅藍花。染レ素依二誰身一。窈窕深閨女。蛾眉嫁二何人一。
廣い世界に住ながらせまう樂しむ誠と誠こんなゑにしが唐にもあろか。
聞天下皆夫。我謂郎一人。爲レ是同心固。唐山亦無レ倫。
二八十六で文つけられて二九十八でつい其心四五の廿なら一期に一度わしや帶とかん。
二八君挑レ我。二九意向レ君。若至二四五歲一。爲レ君一解レ裙。

むかふ鏡は曇らねど寫す顔さへ水櫛のすけど心のもつれがみ。

我鏡自不レ漫。愁顔且懶レ看。長髪與レ心結。棼々欲レ梳難。

逢事は猶かた糸のよるとなくひるともわかぬ閨の內寐ても覺めても忘られぬ枕一つの床のうみ。

與レ君逢常難。日夜深閨寒。寤寐不レ離レ懐。撫レ枕言長歎。

待宵は三味線ひいてしんきぶし泣いて別れしきぬ〴〵の袖よ、袂ようらみ侘び。

待レ郎郎不レ來。彈レ箏獨苦吟。自泣相別後。怨恨滿二衣襟一。

中直りすりやあけの鐘にくうてならぬか鳥の聲なんの鳥がいぢわるで鳴じやなければきぬ〴〵のいなせともない心から。

怨釋將レ極レ歡。生憎曉鳥鳴。想レ彼有二甚惡一。自是惜レ別情。

きらいな客はふる雪の比良の暮雪と積れどもつとめのつらい手くだでも辨慶さんの力でもみぢんもゆかぬ。

棍嫖如二雪聚一。相厭亦難レ拒。雖レ有二辨慶勇一。無レ那倡妓苦。

花が見たくばよし野へござれ今が芳野のはなざかり。

君思欲レ看レ花。宜下向二芳野一看上。卽今芳野山。花滿正爛漫。

逢は別れのはじめと聞けどエー悟らぬは人ごゝろ只さへしんきな月の顔アーどうなりとなろぞいな。

遇是別之初。常理不二自知一。凄然尋常月。一夜無レ那思。

萩のしほりに小鹿が鳴けばいつもあしたは時雨する雨さへしんきな事わいなア、どうなりとなろぞいな。

離外鹿呦々。朝來俾二滂沱一。愁思一段雨。深坐奈レ情何。

日新堂集詩部　卷二

一名蕉牕集

安藝　平賀晋民房父　著

五言古詩

贈二木原助七一

童童孤生竹。結レ根淇水傍。孤根何猗猗。淇水何湯湯。與レ君豈異レ族。刎誼等二參商一。思昔髫齡時。並游白市鄕。相共和二箎塤一。日夜同二衣裳一。中更歡莫レ俱。各在二天一方一。日思吾良朋。紆欝結二中腸一。引レ領西南顧。道路阻且長。願言不レ克レ獲。愴矣其彷徨。爾幾二十年。婉孌徒離傷。自二櫻家一爲レ姻。得三復仰二容光一。相逢話二故舊一。德音未二始忘一。交誼成二金石一。淸談吐二芬芳一。確焉意氣許。偶爾賞心當。更與レ君同袍。握レ手長翺翔。

子恂婦人挽歌

離離道傍韭。朝露何易レ晞。人托天地間。忽似二雲之飛一。既無レ別二賢愚一。寧論二是與一レ非。生時華屋上。歡娛相招攜。翕合鼓二琴瑟一。靜好在二中閨一。死後黃泉下。墳壤惟焉依。蒿里長二墓宅一。一往無二復歸一。蕭々白楊樹。長風日夜悲。遲迴遙相望。使二人心肝摧一。

夏日劉文炳攜至二平氏南郁園亭一同二諸子一賦得二四紙一

夏日南郁好。賞二此風景美一。園林張二高宴一。飛レ蓋悉佳士。南風拂二玉軫一。淸音響二山水一。高鳥窺レ人飛。斗峯臨レ戶峙。庭有レ宜二夏松一。蒼翠微涼起。樽前飛二羽觴一。嘯咏且凭レ几。時尋樵夫徑。彷徨信二所履一。白雲長滿レ坐。青眼共相視。遨遊唯適レ意。爲レ樂曷可レ比。幽情未レ言レ還。日暮聊徙レ倚。

遊二南澗一同賦得二韻四寘一

步出二南陌門一。遙上二南山際一。澗水何湲湲。山雲何靄靄。南風之此薰。我何有レ所レ恚。仰視鳶戾レ天。俯瞰兎走レ地。放レ情薄寓レ目。澹乎適二我意一。況乃此日會。盡是四方最。靜言撫二淸絃一。引レ滿皆復醉。不レ知一散後。良宴難二重繼一。考槃當二極日一。何干人間事。

招隱詩

彷徨有レ所レ思。所レ思在二遠道一。回レ車薄言邁。不レ厭馳二浩浩一。美人山之幽。棲息以養レ老。步漱二潤溪水一。降采二行潦藻一。遠峯白雲間。惠風吹二百草一。奇樹綠葉密。丹桊何曖々。虛牝幽律發。灌木吟レ枝鳥。安事二冠冕假一。靑紫寶爲レ繞。仗レ策從レ所レ之。至性豈謂レ矯。徘徊無レ所レ遇。天和難二以保一。君子知レ所レ從。明德以爲レ寶。

題二雪山先生墓一

步出二東郭門一。遙望二東山岑一。山岑有二蘭若一。松栢欝蕭森。墳塋何壘壘。中有二高士淪一。借問淪者誰。言是雪山人。連岡暮雲渡。纒緜憂思深。悼君托二長夜一。我異二楚老音一。君高二蹈一世一。豁達克安レ貧。旁馳二會稽伎一。篆籒繼二周秦一。潦倒爰揮レ翰。艸聖最有レ神。平昔行與レ言。皆云張旭眞。其人雖レ云レ沒。聲名光二古今一。人間見二遺蹟一。隻字比二南金一。悠悠孤山晚。丘隴草蓁蓁。伊人逝已久。能傷二遠客心一。曜靈含二悽落一。悲風吹二衣襟一。

壬午十二月六日先考之忌日也。正當二十三年一。方俗依二釋氏之法一。爲二設薦一。余以二西遊一不レ得レ拜二于家庭一。傷而作レ詩

色養違二膝下一。荏苒十三年。仰思罔極慈。如レ海又如レ天。來者雖レ可レ追。逝者竟無レ旋。喜有二常棣韡一。堪レ誦蓼莪篇。二之日初六。遇二終身忌辰一。遙懷兄及弟。在レ家羞二蘋蘩一。嗟乎余不肖。

生來嬰二迍邅一。曾無二百里米一。今出二千里關一。遠遊滯二西埵一。不レ得二與薦レ筵。東望二雲天外一。彷徨獨傷レ神。曷借二雙飛翼一。一朝歸二故園一。故園不レ可レ歸。泣涕自漣漣。魂氣無レ不レ之。薄言見二僾然一。設レ位拜二旅次一。何問二醴與一レ珍。

七言古詩

尾道行贈二坐忘亭主人一

我生在二僻陋一。匏繫涉二春秋一。東風吹二野草一。駘蕩春光流。對レ酒遠情動。遂爲二尾道遊一。尾道人烟十萬家。家家相競鬭二豪華一。輕肥縱横大道衢。往來絡繹七香車。誰家十五容冶子。紅粉青蛾如レ雲起。水晶簾中把二秦箏一。當レ窓終日弄二手指一。何處年少白玉鞭。春風繫レ馬楊柳邊。楊柳渡頭白日曛。樓上娼歌日紛紛。相逢連理帶。分レ手同心結。堂上桂尊。堂下蘭燈。影落二萬頃波浪一爇。波浪卷レ山接レ天囘。長風奔騰勢如レ雷。萬點布帆空際落。云是寰區賈舶問津來。賈舶雲簇此交易。萬貨委レ土丘山堆。土人蟻附來射レ利。東市西市暗二塵埃一。是故豪富日相依。撞レ鐘鼎食家家開。山陽道中第一都。由來此地浦稱レ珠。何羨萬戶侯。不レ覓到二楊州一。莫レ謂難

㆑見㆓海中市㆒。莫㆑謂何處蜃結㆑樓。蜃樓高結氣氤氳。朝霞相映入㆓白雲㆒。雲中山。山蒼蒼。山中寺。寺堂堂。下有㆑亭名㆓坐忘㆒。坐忘亭前紅塵起。主人坐㆑此總相忘。一如㆓漢東方曼倩㆒。陸沉俗在㆓金馬傍㆒。金馬門邊金莖露。縱賜㆓一杯㆒不㆑肯㆑甞。又己嫌紆青拖㆑紫。何爲紅塵洿㆓衣裳㆒。紅塵堆中只相忘。日日啣㆑盃對㆓翠楊㆒。我訪㆑之如㆓舊相識㆒。交情轉增青春色。樽前偶坐我亦忘。門外翠楊長相憶。問君富貴能如㆑此。竟是悠悠東流水。

六松山

六松山上六松新。霜雪色深幾囘春。五松己摧委㆓灰塵㆒。君唯自成老龍鱗。亭亭高操當㆑有㆑隣。流膏誰憐歳寒身。

贈㆓高廉夫㆒

肥筑二前州濱于西海故二國主外寇防守廉夫肥前侯材官軍之砲手也

肥水高士高廉夫。坦蕩文武傍好㆑儒。義氣翩翩如㆑鷹揚。萬里壯心寫㆓玉壺㆒。一片許㆑國千金軀。日日演㆑武備㆓不虞㆒。南箭白羽凛如㆑霜。轆轤寶劍吐㆓光芒㆒。堂上錯落金鎖甲。堂下闌干綠沉鎗。千鈞强弩迅雷發。山川震蕩勢莫㆑當。匈奴唐突寇㆓北平㆒。漢家飛將屯㆓龍城㆒。材官軍士當㆓前鋒㆒。直絶《ワタッテ》㆓沙漠㆒擁㆓高旌㆒。紫塞血戰黃雲暗。休㆑屠勢蹙羈㆓長纓㆒。瀚海波浪起㆓神氛㆒。單身僅遁萬將軍。邊雲曾無二鼓角警一。乾坤悠悠白日曛。惜哉大平無レ施レ功。豪雄空老部伍中。慷慨會レ友張二高宴一。酒間據レ鞍爲二顧眄一。慰レ君君莫レ歎。自レ古少相逢。馮唐己易レ老。李廣最難レ封。豈如二妻子一會聚自從容一。

贈二宅子恂一

山陽維侯服。安藝開二雄鎭一。賢明世二其家一。令德日進進。仁風之所レ扇。黎庶久和順。沿レ海山河固。十郡屹鼎峙。我豐最廣大。由來稱レ難レ理。憐君家世長二鄕土一。夙齡鳳毛名二本府一。我鄕爲府治 資性倜儻溫而恵。聰敏舊業早繼レ父。導レ民令聞日日新。遂補二郡正一斯民撫。郡正俗稱郡割、我豐郡正七人、割正一郡、子 恂職郡正兼我鄕々正及眞良鄕々正、又司一郡々治、凡職郡正者例皆兼其鄕々正 鄕里往往豪農者。務欲三兼幷欺二貧戶一。君制二强家一不レ得レ用。是以小大得レ所各安堵。去年甲申遇二不熟一。官家督責賦稅速。君爲使三民售二田廬一。供二于上一既能納レ穀。又請二官家一貸二國商一。頒二之民家一使レ償レ糴。爲レ政用レ心能如レ此。上無レ所レ損下和睦。君才應レ令レ當二要路一。惜不レ得レ盡二其卓犖一。鄕有二巧黠險惡人一。新婚二三原君家臣。三原家臣姓戶田。戚連二郡尹一特相親。以レ故因緣欲レ奪二君地位一。小人阿黨爲二比鄰一。郡尹會レ吏相謀道。宅生奉職素不レ令。半五端直故有レ行。我欲下廢二宅生一擧上彼。又猶加レ之以二街正一 俗稱町年寄、彼慝欲兼職郡正鄕正街正

郡尹領之下僚一人出レ列道。郡正司レ民不レ限レ年。其人雖レ輕其職重。公是時遷何得レ專。小驛一正猶有
レ餘。我鄉亦一驛所有二何所一レ爲遽增レ員。我驛素有一鄉正郡尹無由代之故欲增員鄉正自在二公所一レ爲。鄉正俗稱庄屋但得レ止乃如レ舍レ焉
郡尹雖レ怒不レ得レ擅。獨奪三君鄉正與二同職一。我鄉置兩鄉正不可廢子恂一人故並亦廢之以レ一與三其所二私昵一。更立二一人一
並二彼慝一。又廢它兩鄉鄉正。兩鄉荻路鄉兩名鄉誣道汝輩欺レ上事二不直一。廢職無名誣以往年貢稅不直於レ是百姓皆如レ失二父
母一。農頭農長總無レ姑。農頭俗稱與頭役長俗稱長百姓鄉民訴二他郡正一道。舊正子レ我止嗯レ我。既有二大惠一無二小
疵一。爲誓二白日一布二肺腑一。彼正知レ之徒慰喩。怨恨載レ塗共呼レ苦。兩名鄉正老成人。奉職卅年
摠無レ過。更於二公家一頗有レ功。未レ報レ勞遽被二連坐一。闔郡囂々悉解レ體。道路側レ目不二負荷一。
一箇新正有二婦翁一。與二彼慝子一爲二腹心一。此元其身由レ君興。何負レ恩速爲レ毒。深方七十如五
六十。一郡風化足レ爲レ仁。可レ哀小人此執レ柄。上下相比懷二棘心一。君自匹夫何足レ惜。唯惜上
蔽二君明一怨結レ民。君不レ見浮雲變態多。古來功名常蹉跎。不レ如青眼携レ手去。明月銜レ盃共放歌。
此文素缺小人阿黨至由君興二百六十餘字今據蕉窗筆記補之

帝京早春

天門旭日春光歸。鳳闕晴雲轉霏微。爭レ妍紅粧桃李色。如レ雲騎從自輕肥。撲レ面紅塵佳氣餘。

聒レ耳絃唱鶯歌初。皇城何處不レ憐レ春。寂寞未レ改楊子廬。

觀二鷲永子麟鳳二大書一歌

自從レ有二鳥跡一以來。蟲篆隷楷次第開。後賢相競趨二此技一。千載精靈各擅レ美。此方流傳蓋有レ年。神妙名家猶綿綿。未レ有下作二大字一如中永子上者。永子把レ毛意瀟灑。嘗揮出方五丈字。泰山崒崩雲靆霴。毫是合抱管如レ椽。萬頃墨池涸二玄淵一。執持倚レ肩掃過急。驟雨激電驅不レ及。驅二逐大野一瑞麟翔。簫管朝陽彩鳳揚。君不見此物化遊二北溟一。絹素沸騰紫瀾文。振レ鱗奮レ翼垂レ天雲。共圖二南池一鵬與レ鯤。一擧直飛入二九閽一。能觸二帝坐一悅二天顏一。遂隱二紫府一不二復還一。人間一去轉跂レ予。空仰二青天一徒躊躇。憐君獨步莫二與伍一。昔時埋レ墨何足レ數。

贈二噲々山人酒店一

布褐短衣烏角巾。華頂山下賣レ酒人。愛紅時開東福秋。尋レ花且擔仁和春。美醞雖レ未二必葡萄一。七層漉絹自淸醇。珠玉何須レ飾二盃榼一。擬二倣唐山一潔且新。好下二漢書一供二蘇公一。能弄二鶯笛一邀二于鱗一。得レ錢不レ關人間事。逍遙調レ世意自眞。

題二摺扇一

炎蒸至兮代二南薫一。扇二仁風一兮解二民慍一。常佐二君子之威儀一。何處昏姻亦孔云。秋風有レ道而不レ廢。附二驥尾一兮是鞞琫。我與レ爾有レ是夫矣。用則行兮舍則藏。

日新堂集詩部　卷三　一名蕉聰集

安藝　平賀晋民房父　著

五言律詩

登二忠海黒瀧山一

蕭寺縣二青壁一。上方鎖二綠陰一。長松迥谷響。春鳥隔レ峯深。滄海掌中盡。風帆畫裏沉。從來雲外賞。何者薜蘿心。

早春遊望

眺望心何遠。遠心對レ酒時。輕風吹二舊雪一。淑氣淨二漣漪一。暖傍二綠楊一至。寒從二碧草一移。卽今春日好。佇立聽二黃鸝一。

送三乾外禪師之二能海善行寺一

十年求レ道罷。復此問二玄都一。鉢度鴻聲遠。錫飛鶴影孤。眞機問去住。實相照二迷途一。行矣日南郡。麻衣耐二繫珠一。

塞上曲

遠征龍塞下。苦戰幾時休。北雁三秋淚。邊雲萬古愁。殺氣侵二胡月一。風烟擁二戍樓一。欲レ問二家鄉事一。隴頭水亂流。

山寺雨

沉沉山寺雨。回望獨凄然。谷靜飛泉響。樹寒蘿薜縣。上方空翠落。下界見二雲烟一。間聽松林裡。時時鐘磬傳。

梅雨後同上二白蓮臺一得二淸字一

江上新晴後。黃梅帶レ雨淸。水光搖レ閣映。山翠當レ軒明。興至惟高枕。酒盈尙未レ傾。登臨携レ手處。笑傲古今情。

豐水泛レ船得二河字一

日落炎蒸退。晚涼豐水多。芳洲回二桂棹一。湍瀨奏二雲和一。波瀾湧二明月一。天淸且漢河。滄浪情不レ淺。醉起扣レ舷歌。

鷺

色似㆓燕臺雪㆒。娟娟映㆑日明。秋風拳㆑足立。寒雨亂㆑絲行。起㆓遠山㆒逾碧。步㆓頻水㆒更淸。君飛自爲㆑序。一片白雲橫。

宿㆓東廬山寺㆒

東廬古山晚。身在㆓白雲峰㆒。雁渡寒宵月。雨霑半夜鐘。遠谿秋氣合。幽竹露華濃。卽暗無㆓生理㆒。誰知㆑制㆓毒龍㆒。

南子禮喪㆑父遙寄㆑憶

北風能欲㆑靜。玉樹一枝殘。旣隔幽明路。難㆑迎昔日歡。人間無㆓大藥㆒。堂上憶㆓金丹㆒。慘憺浮雲裏。月臨草次寒。

送㆔崑岡上人宅子恂之㆓廣城㆒

百里廣城路。秋風並㆑馬行。松山雲樹遠。瀨野鴻雁橫。俱振㆓彌天翼㆒。同傳㆓四海名㆒。由來之二妙。到處有㆓逢迎㆒。

寓㆓順勝寺㆒對㆓暮景㆒

香閣鐘聲響。秋風望二裏海一。島白波起レ松。晩翠烟二孤村一。火光明且滅。山雲影有無。回頭都索寞。客思坐踟蹰。

登二釜山寺一

釜山秋氣合。古寺鎖二巖扉一。落々孤松在。蕭々數雁歸。天低空翠遠。海濶夕陽微。看取法雲外。人間萬事非。

新歳宴二野子敬宅一

千里遠爲レ客。東風赤馬臺。鳥聲隔レ澗響。春色渡レ江來。共會青年友。同傳白雪杯。不レ成二鄕國夢一。遙夜旅愁開。

箱崎

曾聞箱崎廟。今渡博多津。地僻滄溟濶。山明碧樹新。神功降二敵國一。帝跡照二芳春一。十里松林外。葱々瑞靄勻。

陪二大潮老師一集二頤老亭一同賦

市中亭子在。風色意還眞。遭遇多二耆德一。交歡悉隱倫。梅開庾嶺月。客似武陵春。千里得二相會一。況逢二歳此新一。

又奉レ和二大潮老師韻一

海口雲霞起。春光淑氣哉。亭中頤老處。堂上邀レ師來。清遠繞レ雝水。香深歷レ雪梅。幽情曾不レ淺。詩就未レ言レ回。

積雨 時寓居威德院

蕭條幽寺晩。積雨暗二高城一。樹冷藤蘿欝。草長烟霧生。山光迷二雁影一。風色入二潮聲一。春日匆々過。坐聞二月鶯。

宿二水音亭一。

宿二水音亭上一。水音遙夜傳。月寒秋野澗。風靜霧山連。陰蟲鳴徹レ曉。冷露滴和レ烟。寂々南窓下。疑是臥二雲邊一。

早踰二冷水嶺一

客衣侵二曙色一。雲樹入二岩嶤一。天限二東西嶮一。野分二肥筑一遙。冷泉鳴二澗底一。薄霧遶二山腰一。時有二孤猿叫一。旅魂忽欲レ消。

秋夜感懷

一身離二故國一。千里恨二秋風一。馮子鋏猶在。嗣宗途更窮。病來情易レ拙。歸去賦難レ工。未レ奮垂天翼。徒看二夜月空一。

又

客裏逢二搖落一。歲年冉々囘。憶レ家頻看レ月。感レ節獨登レ臺。踪跡耽二詩句一。形神屬二酒杯一。秋風吹不レ斷。坐有二二毛催一。

九日

客舍秋蕭索。歲華老二異鄉一。白衣無二使者一。綠酒迓二重陽一。卽有二風吹一レ帽。其如二鬢似一レ霜。依々籬下菊。獨傍二去年黃一。

銅爵妓

娥々臺上女。日夜望二君王一。風雨西陵夕。綺羅舞袖揚。主恩何所レ恃。紅粉獨空粧。七十疑二墳在一。那如二漳水長一。

折レ梅逢二驛使一

艷陽纔動處。春入㆓楚天㆒開。樹裏聞㆓黄鳥㆒。窗前發㆓早梅㆒。江風頻憶㆑友。遲日獨銜㆑盃。將㆑寄㆓一枝色㆒。適逢㆓驛使來㆒。

冬夜劉仰之宅賞㆓瓶梅㆒

傲霜縣㆓素影㆒。牀上插來新。夢轉羅浮月。枝封庾嶺春。入㆑歌飛㆓白雪㆒。映㆑酒絶㆓紅塵㆒。最愛隆冬裏。暗香能傍㆑人。

冬日愛日堂集詠㆑雪得㆓時字㆒

便娟凝㆓玄律㆒。浩潔下㆓雲逵㆒。玉疊盈㆓丹砌㆒。花飄入㆓翠帷㆒。千山光的歷。六出影參差。聊擬㆑寫㆓黄竹㆒。樽前授㆑簡時。

又

客似㆓梁園彥㆒。會筵是雪時。回旋點㆓舞袖㆒。縹緲入㆓新詩㆒。柳絮思㆓謝慧㆒。鶴氅憶㆓恭姿㆒。不㆑須剡溪棹。既醉習家池。

東都人士八十壽章代㆑人

武陵深㆓歳月㆒。矍鑠老儒臣。緩帶逢㆓唐日㆒。垂㆑綸釣㆓渭濱㆒。庭前松借㆑色。堂上鶴迎㆑人。海屋添レ籌處。從レ今幾度レ春。

　春初愛日堂小集得二四豪一

愛日堂中雨。蕭々夜色高。三年兩蓬鬢。千里一綈袍。長鋏春猶淺。苦吟日益豪。時逢知己客。對レ酒且揮レ毫。

　諫江舟中作

江流春少レ恙。渺與二漢河一通。繫汰輕鷗外。掛帆積水中。海晴惟見レ日。山遠似レ浮レ空。回レ首故園路。天邊有二斷鴻一。

　宿二大淵一

幽僻窮源處。近レ天重嶺平。纖月銜レ山落。片雲縈レ樹横。縣レ霜人袂冷。響レ枕峽流鳴。遙夜不レ成レ夢。寥々萬里情。

　津守中見レ送レ還二崎陽一次韻酬レ之

舞袖廻二春雪一。絃歌飛二羽觴一。荒徼歸雲遠。柳城津樹長。江山寒別思。杯酒傍二愁腸一。人世難二交會一。其如二參與一レ商。

雨日過二松茂人映江樓一得二經字一

四月流鶯晩。緬尋楊子亭。楊前風颯々。樓外雨冥々。詩酒傾レ心熟。江山入レ眼青。清談聊卜レ夜。時讀大玄經。

端午前一日劉君翼過二訪孜々軒一

故人過二澤畔一。把レ袂上二高樓一。斗酒並佳節。九歌賦二遠遊一。菖蒲懸二翠映一。庭榴着レ花稠。痛飲莫レ辭レ醉。明朝獨醒レ流。

七夕示二癡絶師一

秋風荒徼外。久客感二居諸一 遲暮故人捨。拙貧新識疎。漢河清似レ練。鴻雁懶レ裁レ書。牛女今宵會。家鄉萬里餘。

塞下曲

邊風吹二塞草一。胡馬入レ秋肥。殺氣連二烽火一。霜威重二鋏衣一。月明刁斗響。雲淡鼓鼙悲。征客望鄉涙。白登未レ鮮レ圍。

早春過二鳴瀧一

春到二青山一早。烟霞耐レ可レ餐。垂楊絲未レ掛。晴日雪將レ殘。渡レ谷間雲墜。隔レ家遠水寒。傾盡一樽酒。風色傍二彈冠一。

康阜亭看レ梅寄二主人一（庭梅數株中有綠蕚者）

高亭早梅發。萬朶競二嬌粧一。綠蕚饒二春景一。素姿媚二夕陽一。自留康阜色。能先二百花一芳。相對主人意。乾坤樂事長。

歸到二赤馬一阻レ風猶滯有レ懷二大潮老師一。

渡二倉津口一後。日見岸楓丹。親友音書絕。故園道路難。海秋風浪起。關晚客衣單。遙憶長淵月。高僧趺坐安。

雪後月夜翠雲樓作

高樓臨レ水起。天霽北風寒。賈舶維依レ岸。海潮鳴響レ欄。雪光浮二遠島一。月色滿二前灘一。相見催二歸思一。回レ頭路渺漫。

同二長子温江國幹一賦二美人跨レ馬分二顏如レ花爲レ韻得二如字一

二八誰家女。長堤獨跨レ驢。揚レ鞭垂二紫袖一。按レ轡整二紅裾一。嬌面桃花映。艶眉柳葉如。驕行雲髮亂。一任ニ暖風梳一。

三日發ニ犬島一渡ニ牛窗一 乙酉春東上連日風雨海路甚難三月二日泊於犬島而避之三日少霽乃朝發而晩到於牛窗里程僅二十里其艱可知

三月正三日。桃花何處求。布帆將ニ雨掛一。驚浪卷レ風流。犬島陰雲逕。牛窓落日愁。孤山望不レ盡。咫尺意悠々。

秋杪寓ニ宇土龍潮鳴館一

客途秋欲レ盡。雙鬢二毛寒。間見夕陽徙。幾驚ニ木葉乾一。文章非ニ我願一。杯酒罄ニ君歡一。千里志猶在。莫レ歌ニ行路難一。

琵琶湖

空濶琵琶海。春波積水微。花明雲雁渡。日落布帆歸。隔レ岸連ニ三越一。背レ京鎭ニ五畿一。飄々千里路。天地一儒衣。

冬　夜

病與ニ秋風一至。臥レ牀氣息微。呻吟頻發レ屋。羸瘦不レ勝レ衣。回得陽春色。仰看天日輝。爲ニ朱絃絶レ響。白雪待レ吾飛。

早春遊望

郊野出レ城望。韶光佳氣新。雪殘淸禁曉。雲起瑩江晨。黃鳥聲猶澁。翠楊絲未レ伸。東風入二梅樹一。偏報數枝春。

初春草堂會集得二春字一

相逢靑眼侶。不レ厭草堂貧。起舞能廻レ雪。裁レ詩旣入レ神。窓芳梅發夜。門掩柳垂春。魯酒猶堪レ醉。狂歌遠二俗塵一。

其二

五柳東風至。相來此弄レ春。詩成靑玉案。酒漉白綸巾。笑傲深三徑。放歌動二四隣一。不レ知世間事。自似二武陵人一。

七夕宴集

靑眼此携レ酒。盍簪華洛秋。金莖湛レ露出。桂樹受レ風幽。漢淨無二波浪一。月纖伴二女牛一。萬家同乞巧。詩思獨悠々。

中元賞レ月　今玆節進而月退故明不減中秋

斗建迎レ涼早。金風鳳闕前。寒空偏點レ鏡。光朗巧當レ筵。露滴初秋夕。氣清八月天。乘レ槎泝二
雲漢一。浪欲レ擬二張騫一。

晩涼泛レ舟

涼吹起二蘋末一。泛レ舟夜水清。波文山月冷。江漲木蘭輕。取レ醉頻吹レ笛。扣レ舷擬レ濯レ纓。顧望
雲出レ岫。豈可レ謂二無情一。

秋日郊行

出レ門郊野曠。禾黍動二秋風一。嶺迥雲偏白。林深葉未レ紅。孤村懸二落日一。千里渡二飛鴻一。江上
待二明月一。垂レ綸伴二釣翁一。

宿二江邊閣一

層閣高臨レ水。望來秋色新。山寒雲中岫。天近月窺レ人。孤客常懷レ病。腐儒無レ所レ親。江聲與二
砧杵一。響レ枕一傷レ神。

中秋賞レ月

皎潔清霄月。乾坤摠渺茫。江心兎涵レ影。雲裏雁成レ行。星動桂叢露。沙明地上霜。秋風千萬

里。無三處不二流光一。

登二山寺一

空山秋索寞。招提可二攀難一。雁塔縣レ雲古。鶴林帶レ雨寒。風聲遙二梵貝一。香篆燒二栴檀一。到處無二塵襍一。躊躇欲レ掛レ冠。

從軍行

瀚海烟塵暗。遠征白草秋。燧烽連日動。戰鬪少時休。雪透二新瘡痏一。血漂二舊髑髏一。可レ憐閨裡月。空照大刀頭。

江樓送レ人

把レ酒高樓上。送レ君落日時。離レ盃欲レ分レ手。衰柳半無レ枝。風晚關河遠。樹寒鴻雁悲。大江千里月。夜々照二相思一。

秋夜思二故鄉一

搖落西風晚。蕭々滿二洛城一。雲流仙禁上。月照客衣明。鳴雁三秋淚。寒砧半夜聲。未レ成千里夢。摠是故園情。

悲㆑秋

昨夜涼風至。鬱蒼天地秋。霜侵亂㆓鶴髮㆒。寒襲弊㆓貂裘㆒。聞㆑雁偏添㆑泣。見㆑雲更喚愁。壯心會㆓搖落㆒。遲暮思悠々。

雪

六出玄冬裡。飛花白玉肥。入㆑歌成㆓郢曲㆒。飄舞點㆓吳姬㆒。受㆑月偏相照。伴㆑梅自鬬㆑奇。山陰興何盡。清爽曉雲時。

折㆑梅逢㆓驛使㆒

江南梅已發。江北雪應㆑新。間對羅浮月。逈思華洛人。使還千里驛。信報一枝春。手折天涯意。請爲㆓把㆑袂親㆒。

題㆓盛林寺㆒

紅塵市中寺。不㆑染見㆓眞心㆒。那厭絃歌響。但聞鐘聲音。日間香篆直。花晩法雲深。徙倚坐㆓春艸㆒。松濤滌㆓煩襟㆒。

同㆓杉恭叔宇士龍安子桓㆒游㆓妙正寺㆒

同人招提上。盡日此從容。長海帆來往。豫峯雲疊重。天風飄二貝葉一。法雨灑二芙蓉一。心地會二佳境一。殷々渡二晩鐘一。

五言排律

遊二千光寺一 堂前有石高數丈相傳昔此石夜々放光異人來鑿石取玉而去自此光滅石頂今猶有穴故此地一名玉浦山與藥師峯對

孤嶂聳二天外一。龍宮倚剏成。仰聞雲樹響。俯見海流淸。山對二瑠璃一映。石包二璞玉一明。翠光連二寶宇一。帆影傍二丹楹一。段々南溟出。茫々東嶺横。拂レ衣松壁下。著レ屐石牀平。花裏晩風入。竹間春鳥鳴。谽開擁二霞氣一。路轉送二鐘聲一。登望幽懷切。經過豈世情。坐乘心地淨。頓欲レ學二無生一。

愛日堂同賦三山水有二淸音一限二排律十二句一得二韻水字一

獨乘春日長。幽討風光美。著レ屐上二靑山一。曳レ笻臨二綠水一。時看衆鳥飛。又見斜陽徙。繞レ谷樹蒼々。隔レ峯雲迤々。生涯無レ所レ求。人世貴レ知レ止。何必事二紛華一。淸音饒二此裏一。

重謁二太宰府菅相廟一

鹽梅宸眷渥。紱冕世家高。文史傳二鴻業一。朝儀尙二鳳毛一。功名寧管晏。社稷自蕭曹。雲蔽二帝鄕日一。節留二紫海濤一。己逢レ同二主意一。何痛沒二逢蒿一。恩贈極臣位。嘉奬食二士膏一。守レ祧嚴祀事。

廟宇九江皋。

日新堂集詩部　卷四　一名蕉牕集

安藝　平賀晋民房父　著

七言律詩

和田貫之歸雁作

江樓夜色四望分。江上蕭條歸雁群。朱瑟彈時哀二帝女一。金笳奏處解二胡軍一。淸池影遠梁園月。寒嶺聲深衡岳雲。爲レ是故人能作レ賦。秋風吹度更堪レ聞。

和二廣都松子純八月十五夜觀潮樓獨酌之作一

搖落高樓氣快哉。廣陵秋色正徘徊。繞レ城烟霧千家合。當レ檻江雲萬樹迴。競起驚濤開二匹練一。照來明月引銜レ杯。悠々獨酌醉中賦。也識當年枚叔才。

答二東海禪師見一レ寄

御許峯高明月還。豐江寒影白雲閒。風光偏擁階前樹。翠色遙看雨後山。昨夜孤鴻侵二客夢一。此時雙鯉落二人間一。疎狂不二是潘生拙一。豈識禪關與二柴關一。

遊二山寺一

長歌寶地對二珠林一。山色蔭々生二道心一。幽徑天低青靄合。上方雨霽白雲深。瓊峰松籟奏二空樂一。
金澗石泉傳二梵音一。下界囘看歸路逈。寒蟬鳴處夕陽沈。

立秋日同二諸子一登レ樓得二疎字一

秋風一夕鬢毛疎。江樓對レ酒葉下初。露壓蒹葭明月窟。寒生叢桂白雲廬。天河高響千家杵。鴻
雁遙傳萬里書。囘首乾坤總慘憺。樽前欲レ賦意躊躇。

酬下華山禪師見上レ寄レ憶

鴻雁飛來一片明。報言秋色滿二崢嶸一。憶レ人桂樹生初地。趺坐天花擁二化城一。幽谷寥々千月至。
長江澹々九龍橫。君今莫レ問塵間事。蕭瑟西風楚客情。

和二東海禪師廣城行之諸作一

春風振レ錫路悠々。囘レ首連山翠色浮。沼水烟飛青草轉。豐城日落白雲愁。梅開驛上千家月。
雪滿江頭萬里裘。鷹嶺雌雄高二劍氣一。併二毫光一傍二斗牛一流。

右豐水吟（沼水即豐水也縣屬沼田故又曰沼水驛有二山曰新鷹舊鷹皆小早川之墟也）

瀨野山頭行路難。躋攀雨雪浮二雲端一。岧嶤影遠峨眉色。石壁光生姑射寒。縹緲誰乘剡溪興。儵然却向二郢中一看。明朝君醉梁園月。賦就尊前堪レ倚レ欄。

右瀨野山中阻レ雪有レ感

春歸淑氣繞二平臺一。金錫朝正曙花開。兎苑雲晴星始落。雁池風暖柳暗催。曳レ裾門下進二遊客一。設レ醴高堂延二俊才一。咫尺思光去レ顏處。坐中君見幾鄒枚。

右朝二于公宮一

廣島城南祇樹林。林頭白日照二禪心一。天暗初地曇華墜。磬罷上方春草深。龍女捧レ珠甘雨色。湘靈鼓レ瑟海潮音。即今君見曹溪月。何處淸光不レ可レ尋。（地近嚴島六句及之）

右遊二國泰寺一

寄二東海禪師病居一

落々孤松僧臘深。禪牀臥レ病對二珠林一。閒窓雲過麻衣濕。行徑雨和風葉陰。幾處焚香坐二石上一。懶三能送レ客下二山岑一。何傷二豎不レ離レ側。遍照二迷途一明月心。

春望

黄島翩々傳二好音一。青楊弱々對二春林一。雲天雁渡風光迥。村落烟飛艸色深。種々自憐二毛鬢。蹉跎孰識四方心。道傍徒レ倚意無レ限。相望坐爲二梁甫吟一。

春日登二妙智寺一

山畔蹊開古梵刹。閑庭松老薜蘿懸。雨和二鐘磬一流雲落。風逐二飛花一積翠連。幽谷響泉遙寂歷。江城平楚遠蒼然。上方纔到淨心地。祇樹鳴禽起二四禪一。

江樓春霽

白雲天霽掩二高樓一。繞レ郭千山翠欲レ流。雨過二江堤一青艸濕。風吹二烟霧一綠楊稠。嬌春好鳥啼二低樹一。泊岸孤舟繫二上游一。豐水城中斜日晩。相望萬里自悠々。

和二宇士龍春日懷二新濟美一 （二子三原君家臣新廣府第侍臣宇封地衞臣）

駘蕩仙郎臥二海濱一。懷レ人江上望二青春一。趨陪遙羨風雲會。侍宴定知詞賦親。溪畔折レ梅鴻雁絕。城頭縣月夢魂頻。河梁一自二分離一後。更解依々楊柳新。

九日獨酌

南山望近獨崔嵬。當レ戸蕭然五柳開。鴻雁一聲天地濶。風雲萬望古今囘。秋深自發東籬菊。樽滿非レ同ニ北海杯一。處々登高人倶醉。陶家好少白衣來。

嘉島

欝葱珠樹小瀛洲。徐福避レ秦來此留。桃李自迷原上路。烟霞孰辨海邊樓。瑤臺映レ浪控ニ千里一。仙嶠浮レ空跨ニ二州一。影遠斜陽晩鐘外。松濤吹送片帆流。

廣島安君有ニ東武行一。舍ニ敝驛一。余得ニ相見一。席上見レ贈ニ瑤篇一。報レ之兼送ニ其行一

星軺朝下廣城天。旌節姑留豊水邊。獨喜龍門千載會。但羞郢和幾時傳。驛頭秋樹風烟合。海上雲山鴻雁縣。何限征途君莫レ恨。武昌明月最娟々。

兵庫楠公墓

荒涼蔓草古墳前。揮レ涙遙懷建武年。三世雄圖徵ニ夢卜一。兩朝開濟入ニ雲天一。庫山依レ舊長ニ風色一。湊水無レ窮空逝川。惟恨豺狼獨當レ路。鯨鯢漏レ網更呑レ船。

一谷覽古

可レ憐全盛舊衣冠。一旦西奔擁ニ玉鑾一。百里愴皇駐ニ仙蹕一。千官未レ暇計ニ登壇一。海天日沒波濤

暗。原谷風荒芳草殘。路上空餘公子塚。黃雲偏入笛聲寒。

寄二杉山先生一

早避二功名一辭二舊班一。倦レ游何久在二人間一。百錢賣卜能藏レ跡。五噫留レ歌獨出レ關。時與二間鷗一臨二綠水一。更將二明月一臥二青山一。卽今聲遠蘇門嘯。欲レ問二風光一難レ可レ攀。

親鸞上人五百年忌普嚴師開二道場一設レ齋且賦レ詩以二敎行信證眞佛化身八字一冠二每句首一請余亦賦レ之乃賦贈レ之

敎經原自二竺邦一傳。行啓扶桑日出天。信二托光明一求レ道易。證歸安養見二心圓一。眞門月照三千界。佛乘風來五百年。化益羣黎慈眼遍。身降二汚濁一結二因緣一。

壽二宅子恂四十一

歌罷南山逼二酒淸一。薰風百里入二琴聲一。河陽日靜桃新熟。沼水雲低梟影明。政就尋常能製レ錦。才高四十堪二專城一。曾聞仁者由來壽。誰似當年卓魯名。

冬日雨同二杉恭叔川則之山義卿桑新十一宴二集澤千里園亭一

園亭卜築倚二城隈一。相視淸樽風雨開。千樹層陰山色合。萬家烟霧海門來。天涯掛レ榻悲二蓬鬢一。

江上彈レ冠入二酒盃一。乘レ醉一時歌二白雪一。坐中悉是楚人才。

寓二三原一日久矣主家之老西川氏枉顧見レ寄賦レ此以答

何知高臥世人疎。只是青山一艸廬。偃蹇江湖深二歳月一。聲名天地老樵漁。游梁司馬堪レ爲レ賦。作レ客虞卿懶レ著レ書。不レ問亢龍饒二傲態一。衡門爭見大夫車。

赤馬吊古

諸盛士崩出二神州一。强促二西巡一且此留。兵澁風塵違二廟略一。膠鎔春水碎二王舟一。重淵鈒動雙龍氣。匹練波開萬馬秋。惟見千年檀浦月。蕭々偏傍二戰場一流。

奉レ呈二大潮老師一

西天來謁古先生。瞻二仰慈顏一伸二素情一。寶地春深甘露澍。瑤池水暖白蓮淸。淵才雅思高二沙界一。耆德禪心視二衆生一。一作二登龍門下客一。歸依共結社中盟。

初夏愛日堂集得風字 長崎作

繞レ郭青山霞色紅。門前楊柳足二薰風一。淸樽共會江湖客。彩筆堪レ傳詞賦雄。天揭二明珠一星野倣。地隣二異域一海潮通。相逢總是似二王粲一。且喜交情暫此同。

夏夜宿二凌雲閣一聽レ雨

愁二坐高樓一寥寂哉。江風吹レ雨撲レ窗來。曉鐘忽傍二枕邊一響、驚浪遠從二天外一囘。歸夢燈縣猶未レ結。鄕書雁斷杳難レ裁。誰憐五月被レ裘客。一夜孤心將レ作レ灰。

凌雲堂集得二花字一

陰々五柳映レ門斜。恰好紫桑處士家。蒼樹映レ盃風色度。青山入レ坐翠光賒。樽前度曲歌二飛雪一。燈下揮レ毫辭吐レ花。高會一時金谷似。更看堂上滿二烟霞一。

又賦二俠少年一得二華字一

大路朝驅白鼻騧。春風結レ客鬭二豪華一。佩來孤劍元無レ敵。須レ盡千金不レ憶レ家。取レ醉每攀倡戶柳。揮レ鞭且折上園花。相逢肝膽向レ誰見。獨恨前程日易レ斜。

奉レ賀三滕柳灣公進二亞相一 應高君秉需

奕葉華流素德望。新簪玉筆有二輝光一。才高北斗銓衡地。名就南宮喉舌芳。八座崇階閑二典故一。三臺標首見二文章一。一時妙選風雲合。更識淸聲曳レ履長。

夏日劉君翼凌雲堂早起依二絕師韻一

萬里紅雲色滿レ堂。朝來爽氣擁二清涼一。連山蒼樹猶含レ霧。一帶江流自別レ鄉。縣レ榻常將幽思
下。披レ襟漸入二苦吟一長。園林已升三竿日。纔對二清尊一便是狂。

張孟瑞愛日堂集分二題夜猿啼一得二烟字一

秋深萬里峽雲縣。遙聽哀猿叫二曉天一。寂歷長流咽レ石響。蕭森遠樹擁レ山連。暗風腸斷三聲夢。
落月魂消五夜烟。莫三是君能生二客思一。寒窻相對轉堪レ憐。

輔仁齋集遙寄二題白龍山天女宮一主人請也得二孤字一（宮在信州赤嵩按圖宮前有池々邊有松名渡龍松南去富士三百里天氣清朗則見焉故句中及之）

三花珠樹占二玄都一。縹緲神宮向二畫圖一。函嶺紫氣連望起。富峯清標入レ看無。老松含レ霧龍猶渡。
靈沼湛レ波月不レ孤。遙見東天姑射雪。千秋綽約照二寰區一。

壽二東都醫官數原君七十一（君秉請也）

天末芙蓉倚二畫樓一。高懸二壽軸一映二千秋一。杏林風暖使二春佳一。縣圃雲飛引鶴遊。聞道金門能割レ
肉。還知海屋復添レ籌。綺筵爭唱南山曲。五色烟霞照レ席浮。

愛松篇爲二東都人士一賦レ之（君秉請也）

玉樹葱々凝二翠華一。清標本自屬二仙家一。森々塵尾拂二霄漢一。落々龍文映二晚霞一。明月枝頭茲會レ友。

凉風林下好烹レ茶。更憐楨幹凌二霜雪一。豈比尋常弄物花。

瓊浦雨望

烟雨冥迷水渺漫。千家晚色霧中看。層陰山暗帆檣出。一帶江流素練寒。磯上黃梅含二露氣一。洲邊蒼樹接二雲端一。悠然相望愁無レ限。遙隔二鄉關五百灘一。

移居

水築新移西郭居。青山滿目一茅廬。東園近レ市易レ賒レ酒。前岸釣レ江堪レ食レ魚。棲息何勞迎二歲月一。生涯只是足二圖書一。相逢莫レ問行藏事。一曲高歌世上疎。

酬下頤亭先生梅雨宿二凌雲堂一見上寄レ憶

擧レ目江山悲二異方一。新亭烟霧斷二肝腸一。鄉園夢破芭蕉雨。寄客詩裁雲錦章。時憶遊驩違二咫尺一。情知交態豈尋常。旅途懷抱相憐切。一夜蕭々不レ可レ望。

梅磯作

梅磯亭子倚二山阿一。梅雨新晴望轉多。百丈晝間繫二唐舸一。孤橈影遠曝二漁蓑一。輕々湍瀨下二風鳥一。澹々江天拍レ岸波。雲白山靑長在レ目。悠然隱レ几坐高歌。

送二頤亭老人還二天草一　老人別號鷗盟

傾二盡離盃一心不レ平。海門朝送出二江城一。南交瘴癘三湘遠。極浦風煙五雨輕。爲レ是門生能問レ字。兼將二鷗鳥一欲二尋盟一。可レ知孤客猶留滯。萍水重思萬里情。

過二酒肆一

酒旗映レ日閃二城隅一。馳レ馬朝過意不レ孤。琥珀十千頻擧レ白。芙蓉二八獨當レ壚。吹レ笙海水浮二明月一。引レ鶴仙雲起二畫圖一。莫レ笑襄陽年少子。接䍦倒著臥二通衢一。

自二長崎一到二佐嘉一時津舟中作

早渡二時津一曉色浮。瀰漫積水又漂遊。寒烟日破孤帆掛。遠樹天低宿雨收。港海潮波自レ西上。大荒山勢捴南流。旅魂千里鄕關隔。蓬鬢秋風鴻雁愁。

赤馬重赴二瓊浦一示レ別

久客逢レ秋無二奈情一。西風幾度旅魂驚。故園壤接山陽道。荒服路遙瓊浦城。雨引二斜暉一流水遠。天低暮嶺白雲生。硯瀛重渡囘レ頭望、文字關塞鴻雁聲。

自二赤馬一還二長崎一張孟瑞有二秋日登樓見レ憶之作一和酬レ之

風烟澹々接二江樓一。瓊浦千家萬壑秋。西海長雲臨二紫塞一。東山明月卽丹丘。潭心波湧黿鼉動。橋上露寒烏鵲流。五夜砧聲搖落裏。天涯還念一披裘。

雪日訪二磯部氏園亭一

江頭雨雪萬家迷。縹緲宛如入二剡溪一。冷艶當レ樽瓊樹重。寒光拂レ檻凍雲低。郢中歌唱誰還和。梁苑詞章好俱題。誰謂山陰興易レ盡。北風幾度叩幽棲。

哭二文廷玉一

江上悲風送二雁羣一。瀟々落月照二孤墳一。誰憐早折謝家樹。君去應脩地下文。一束生芻人若レ玉。數篇遺草氣凌レ雲。山陽此夜還二何處一。橫笛吹來不レ忍レ聞。

癸未元日

蒯緱猶滯大荒濱。驚見雲霞淑氣新。勸二栢金盤主人酒一。遷レ梅黃鳥海天晨。至明抄字毫稱レ試。迎歲攤篇書益親。妻子從レ今回首望。東風無處不青春。有春初歸約

寄二近藤老先生一 先生名某字元點堂號龜縮筑後柳川人村山子順之父也癸未春子順省之要余而同行

紫海春風七十强。從容劍舄白雲長。臨レ流日釣柳川曲。拽レ杖時歌三沼陽。三沼柳川勝地 史有二双珠一

堪レ照レ乘。豈惟一世燦成レ章。間號著レ膝荀文若。對レ客應レ誇星宿光。（翁有二子皆出而繼他伯氏即子順也唯自携一孫是子順之子也）

次二近藤翁韻一却寄

柳畔時放范蠡船。春光烟水最翩々。雷鳴混跡自稱レ點。龜縮閉レ關氣若レ淵。世上交遊綏二天地一。篋中詞賦映二山川一。即今相値情殊切。別後幾題雲樹篇。

重見レ示次韻

高尚棲遲紫水城。自嘆人世若二浮萍一。綸巾難レ起南陽臥。斗米歸來彭澤情。擊壤淸時知二帝力一。按レ歌衰鳳笑二儒生一。百年天地耽二書帙一。不下向二靑雲一說中姓名上。

又

書劍携將出二廣城一。乘レ桴欲レ對楚王萍。談レ經自與屠龍術。補袞偏期攬轡情。三献不レ須レ莫二知己一。百年豈獨老書生。文章別有二丈夫志一。踪跡何求腐令名。

山内經二戴笠故居一

笠明末忠義之士懷レ志而來不レ得レ遂終レ於レ此後爲レ僧號二獨立一山内在二筑後一墳今猶在

一自二中原御二莫回一。皇紘不レ振更摧頹。僅棲偏帥田横島。（鄭氏保臺灣）空設千金郭隗臺。（明都古燕地）身立二秦庭能泣血。魂留異域遂爲灰。風烟今尚懸忠憤。山樹蒼々赤日哀。

玉垂宮 武內宿禰廟也在南筑高良山

高良山上玉垂宮。金殿映雲自欝葱。地道纏綿從北折。山川陸續向西雄。三朝典禮扶王室。萬里威靈却醜戎。千載丕承縣日月。皇猷獨思老臣功。

和城公庸見寄韻 筑前姪濱作

千里江雲紫塞頭。東風駐駕問沙洲。韶華共酌孔融酒。洵美自悲王粲樓。滄海能湔詞客臆。青山常入隱倫眸。憐君獨唱陽春調。囊裡羞無白璧酬。

又見送東行次韻酬之

行盡九江數十程。青山過去好題名。三春聽雁雲邊月。幾處看花海上城。莫問樽前羇旅嘆。無爲夢後故園情。卽今分手並州似。顧望西天霞色平。

旅次訪井元衡諸君會集同賦得四支 筑後久留米作

客路尋春天一涯。高亭彥會喜追隨。坐中盡是青雲士。醉裏堪傳白雪詞。雨暗樽前花寂歷。夜寒風色柳參差。啣盃更覺交情熟。莫負江湖千載期。

和下藤元點見レ送レ還ニ長崎一韻上

少小呻吟志ニ四方一。三年孤劍出ニ山陽一。蔽裘客路餘ニ詩草一。浪跡天涯空橐裝。瓊浦將歸艤ニ舟楫一。柳城携レ手上ニ河梁一。江湖醞藉長相憶。留滯知他結ニ客場一。

壽ニ東都岡君八十一代レ人

君王設レ宴栢梁臺。幾度金莖嘗レ露來。碁子聲中黃橘熟。瓊林深處碧桃開。宦遊八袠春秋敞。名遂五湖日月囘。莫レ訝ニ祥雲臨レ席起一。海頭晴見古蓬萊。君今致仕圍碁自樂

高君秉宅始謁ニ桐之山上人一賦以呈

支公禪坐沃州臺。乘レ興時驅ニ神駿一來。毫相高連ニ書幌一映。曇華忽傍ニ翰林一開。檻前裁レ賦薰風起。樓上論レ心明月囘。玄度淸談投轄地。也敎ニ吾輩日趨陪一。

仲夏會ニ朝斗亭一得ニ斜字一長崎有降斗山一名瓊山亭與山相對故名之

南山亭子夕陽斜。遶レ徑才開三兩家。帶レ雨香風梅結レ子。題レ詩彩筆竹生レ花。瓊峯北聳朝星斗。滄海西來泛ニ漢槎一。千載一時河朔似。傲遊偏與レ世相誇。

桐山尊者歸後憶ニ高君秉一兼見レ寄次韻却寄二首 尊者名智雲其所在之山皆桐樹故本稱桐之山之語辭也還客或以桐野稱之非也

憶曾把レ袂上二蓬壺一。高氏樓名 別後長望天一衢。鳴雁江風遙度處。白雲山色肯分無。秋來猶滯東方客。君去空縣南海珠。最恨瓊城歸錫日。里門失却唱二驪駒一。

喻法蓮華本所レ宗。精英煥發美名從。縱橫逸志驅二神駿一。雕畫文心起化レ龍。廬嶽風流遙並レ駕。天臺妙相遠追蹤。空山端坐法雲外。萬樹梧桐秋色封。

七夕諸子集二松翠崖映江樓一得二微字一二首

瓊浦雲霄敞二紫微一。家々乞巧啓二羅幃一。高樓把レ酒銀河轉。明月吹レ笙烏鵲飛。天上佳期喜相値。人間交會亦應レ稀。秋風到處催二刀尺一。萬里關山未レ授レ衣。

江樓天濶白雲飛。一葉梧桐露氣肥。取レ醉同歌叢桂月。裁レ詩欲レ擬七襄機。銀河影落秋光遠。玉杵聲殘曙色微。華髮蕭々潘子拙。聊穿二針線一意依々。

壽二龜井道哉之大人六十一

杏林深處映二烟霞一。築石千年隱士家。能執二刀圭一探二秘訣一。寧臨二藥鼎一問二丹沙一。壺天日月春風敞。海屋波濤壽域賒。更有二堂搆一平素美。桂蘭滿地發二英華一。

爲二楢林氏一賀二人嫁女一

桃花顏色自天々。百兩相將鐘鼓邀。陳氏門前誰見レ轍。秦侯臺上好吹レ簫。乘レ龍處女結縭日。占鳳新郎種璧朝。定識夢蘭華燭下。外孫星象傍二雲霄一。

和下韻高君秉題二重修上眞觀一之作上

瓊海波瀾眞氣通。上構二神屋一似二崆峒一。月浮二金甍一舊丹竈。天吐二珠花一新紫宮。鳴鶴怡顏同レ鶱處。飛霓益曜駐旌中。峰頭獨有二餐霞客一。縹緲將二乘萬里風一。

早春遊二鳴瀧一得二微字一

垂楊風暖艶陽天。聊逐二芳菲一負郭田。漂浪綠蘋生二水際一。報レ春黃鳥在二梅邊一。農夫把レ酒猶無事。過客探レ囊自有レ錢。醉裏寧知雙鬢雪。只看山色帶二晴烟一。

春夜松君紀至同志五人分二林間東風輕一爲レ韻得二間字一

梅懸二素影一一枝間。林裏微風明月還。把レ酒樓前飛二白雪一。論レ心江上見二青山一。總疑長嘯蘇門跡。休レ問苦吟楚地顏。自レ是陽春誰和者。醉歌遮莫出二人間一。

咏レ梅

氷魂交レ影絕二纖塵一。先向二江南一獨占レ春。仙骨瘦來幽艷冷。蛾眉掃處淡粧新。寒林香滿枝懸レ雪。清夜月殘花有レ神。折罷東風添二旅思一。聊將寄二與故鄉人一。

奉二和中南山人咏梅元韻一　　游撲菴

瑤臺仙跡下二風塵一。獨占二群芳一報二早春一。金殿鎖レ烟糚額淡。玉堂環水浴衣新。吟來筆底香如レ逸。雪著二枝頭一月更神。自レ去二林逋一無二好句一。今知海外有二詩人一。

次韻奉二和中南山人咏レ梅原韻一錄呈　敎政　温陵龔廷賢

瓊姿冷艶出二風塵一。枝北枝南占二斷春一。瘦嶺凝レ寒氷骨瘦。杜鵑傍レ雪粉痕新。紛々秀色時撩レ眼。冉々清香覺二爽神一。最是黃昏堪レ愛處。孤芳瀟洒伴二幽人一。

美人春遊

尋レ春靜女動二金蓮一。仙鬟映レ雲陽艶天。嬌面偏矜桃李色。翠眉或對二遠山一眠。還疑鬪草卜二佳偶一。懸識看レ花惜二妙年一。路上採レ茅思仔細。歸家相貽在二誰邊一。

寄二清人龔克顯一（名廷賢 漳州人）

南州竹箭上二雲霄一。高尚從容不レ易レ招。明月樽前聊會レ友。春風花底坐吹レ簫。列峯秀出七閩嶮。一水清流五鳳橋。爲レ是魯連能蹈レ海。日邊維得木蘭橈。

寄清人游撲菴

文章夙抱四方心。萬里翩々飛翰音。異邦求賈懐瑚璉。奇貨可居期玉簪。蓬島雲迎錦帆影。滄溟浪漬彩毫深。咫尺瓊城猶未遇。何當把手醉春陰。

次龔克顯詠牡丹韻

天香撲面粉光濃。春日粧成傾國容。浥露瓊膚嬌綽約。迎風金蕋亂蓬鬆。陽臺雲過疑爲夢。群玉月寒何處逢。欲識人間有情態。楊妃半醉艶妖慵。

立秋前一日歸到佐賀向井文煥邀設宴此夜又逢星夕同賦得十一尤

驚心孤客路悠々。明日諫江入早秋。幸遇陳氏能投轄。更有杜康唯解愁。梧井露寒砧杵響。紗窓月落漢河流。雙星此夜會天上。萬里雲霄人倚樓。

赤馬關題平氏諸墓 在阿彌陀寺中、又別有廟安安德帝之塑像

蒼々秋樹暮山空。多少墳瑩古寺中。嶺雨拖雲寒雁陣。江風吹葉遶皇宮。地從赤塞九州盡。潮入紫瀛一道通。莫問當年無限恨。廢興不在計謀窮。

歸自長崎義達上人見寄次韻酧之

歸來喜見舊山河。光景依然氣色多。非土時成王粲賦。無三毫竟換二右軍鵝一。爲留二敝履一千年跡。且破長風萬里波。那若故園青眼侶。與臨二流水一此悲歌。

又和二卓超師見レ寄韻一

三年漂泊紫瀛潯。幾度西風驚二客心一。坐見窮愁歲華易。竭來短髮夜霜侵。錦江秋樹傷二搖落一。（余時々滯于肥前佐賀佐賀一名錦浦）瓊浦春烟入二苦吟一。歸至二家山一千里外。故交無レ恙舊祇林。

賀二義達師獅絃室落成一

新搆二方丈一倚二林泉一。容レ膝不レ須輪煥然。佛日高懸レ從二鷲嶺一。法音遠震響二獅絃一。壺中嘯咏乾坤濶。牀上圖書歲月旋。何頌此歌兼二此哭一。青山獨對二北窗一眠。

乙酉春又東上三月朔暴風且雨繫二舟通潮島一而避レ之

三月桃花風信至。蹴レ天海若白波驕。安レ檣孤島幸無レ恙。懸レ雨旅魂自欲レ消。左右聳山長擁レ霧。東西開レ港遠通レ潮。呻吟寤寐篷窓下。萬里愁心耐二寂寥一。

題二浪華木世肅蒹葭堂一

全盛衣冠歌咏光。浪華常吐蒹葭芳。蒹葭迹絕人烟暗。歌咏空餘月蒼々。滄海變爲二絃唱地一。

畫樓更見少年場。憐君自以二千秋業一。懷レ古已能名二此堂一。

余自二築紫一歸竹原藤義質先亡矣閱二其遺稿一有二贈レ余七言律詩四首一掩レ卷惋惜久レ之乃依二其韻一悼レ之四首

頻思二故友一停二游行一。歸至虛傳身後名。原上竹林望二丰采一。人間泉路隔二幽明一。不レ堪書幌風光慘。始信羇窻客夢驚。夜月山陽懷レ舊切。誰家工寫笛中情。

堪レ悲竹苑舊時遊。況復蕭々逢二素秋一。宿艸露寒滋二墓畔一。蒼梧雲落掛二城頭一。未レ開堂上黃金竈。早記霄間白玉樓。既秀春花而不レ實。遺文空有二數篇留一。

曾見斗間氣象于。龍光影滅夜漫々。三年鶴髮歸來晩。五彩鳳毛何處看。落日堪レ悲双睥睨。秋風苦念舊交歡。凌雲未レ遂平生志。不レ弔昊天一鶡冠。

三歲離羣西與レ東。洪波獨有二海潮通一。懷レ君千里夢魂切。贈レ我四愁詞賦雄。絕塞無レ情旅腮月。重關不レ度故山鴻。誰圖夜壑藏レ舟去。空對二遺扁一歎望レ風。

冬日旅次阻レ雨集二安子桓宅一同賦得二韻七虞一

風勁城頭鴻雁呼。冥々寒雨客心孤。年華到處双蓬鬢。世事生來一腐儒。可レ識酒盃緩二天地一。

相逢慷慨自江湖。邂逅諸彥高亭會。萍水暫此叩玉壺。

美人坐睡

嬌面不須倩盼糚。纖々眉黛自淸揚。春山頹玉輕容委。秋月抔鈿歛鬢光。結夢能爲雙蛺蝶。無衾那見兩鴛鴦。夜來莚散閨門寂。何事晝瞑倚畫牀。

京師重陪金龍上人鶴書樓諸儒筵席次源甲山韻樓後有一諸侯之園々中皆是桃而花盛開相映樓上

千樹紅桃傍水隈。東風相映與悠哉。孰將金馬偸餘子。何歲芳園移得栽。歌與陽春樓上滿。花兼彩筆酒中開。豈圖重値群賢會。長路關山思幾囘。時赴關東故結句云

送金龍尊者應請於東備講法華

高僧說法穩袈裟。汎海慈航萬里賖。龍象比蹤靈鷲會。鹿羊退步大牛車。當莚明月呈眞實。隨地青蓮發妙華。欲覩天臺奇兆相。朝々近起赤城霞。與赤穗城相接故云

中秋宴集喜霽

青樽招隱此開莚。半醉共歌桂樹篇。葉下波搖皐水面。雲收雨散鳳城前。流光豈比尋常月。

寒影無レ涯三五天。且喜清歡迎二夜霽一。兼將二豪興一氣翩々。

青蓮院法王往年奉レ勅再任二天臺座主一今慈安永癸己八月登山而行レ香且臨二勸學會一恭二賦短詞一以記二盛事一（時余仕官於院）

比叡岩嶤衡二大清一。鬼門深鎖鎭二皇京一。講筵貫首趣二千乘一。田相垂レ衣覆二衆生一。三塔瑞烟捧二金輅一。四明仙氣引二霓旌一。無レ由三與看二梵儀盛一。留滯自憐大史情。

秋夜直二衞王府一

仙雲澹々護二王宮一。寓直清霄眞氣通。桂殿布金懸二夜月一。竹園鳴玉度二秋風一。袈裟香動諸天外。冠佩羽儀六典中。却笑蓮花開二相府一。如何妙法照二無窮一。

送二大江德卿省レ母暫還レ郷

負郭田荒辭二故丘一。三年季子洛陽留。照レ書隣火偸穿壁。聚雪江風滿二敝裘一。千里不レ疑伸二驥足一。連城本自動二隨侯一。還レ家且慰倚レ門望。莫三重流二黄斷一割二憂一。

都下中野氏八十八初度自賦レ詩南含菴三耽爲レ韻以請レ和代レ人而作

崚嶒大乙帝都南。照レ席春光壽色含。容膝花深高士室。曲レ肱雲掩隱君菴。玉籌海屋知レ添レ幾。

仙李金門曾竊レ三。共唱二九如一開二九秩一。千秋日月任二君耽一。

壽二月牀師六十一

誰謂南山壽最昌。豈知淨域本無量。階除松見平生色。祇苑花傳常住香。安養境間雙耳順。精修業易厖眉長。不レ妨割肉法門裏。兼有三細君奉二玉觴一。

安永甲午冬釋二褐宮闈一主事永俊平書下韓愈贈二盧四一詩上見レ賀既元日趨レ朝而就レ事韓詩有レ概二于心一因賦レ此呈二俊平及僚友一

寒霽向レ曙淑光歸。北極高懸敞二紫微一。天仗風迴催二曉漏一。御爐香轉襲二朝衣一。獻春壽酒玉饗會。傳レ食遠魚紅腹肥。堪レ愧青雲照二黃綬一。二毛自笑守二仙闈一。

補二大舍人若州別駕一次下大江稚圭見レ寄韻上酧レ之

青雲忽向二草堂一開。野服公車奉レ詔回。別駕元無二虎符貴一。舍人豈是鳳池才。寓レ躬未レ厭承明去。避レ世且隨二金馬一來。消渴或嘗仙掌露。龍鍾不三復臥二蒿萊一。

桐山上人見レ寄レ憶次韻酬レ之二首

廿年相別臥二都門一。聚散人間誰肯論。偃蹇腐儒知己少。縱橫大雅任二君存一。交遊瓊浦昔時會。

詩賦天涯何日屯。高氏蓬壺仙去後。唯餘一片未招魂。

病レ渇茂陵萬事違。倦レ遊不三復守二宮闈一。恩波通レ籍隨衰晩。咳唾九天隔二等威一。池篴鳳皇愧二名似一。門高神武掛レ冠歸。青雲試見上林色。春景何曾照二細微一。（時余已及初服）

寄二懐大舍人平君房父一二首　西肥　桐山僧智雲

綈袍湖海久睽違。豈料青雲侍二禁闈一。献レ賦一朝揮二藻思一。抗レ疏咫尺冐二天威一。上林春色看レ花過。長樂鐘聲帶レ月歸。只道嗣音君莫惜。誰論戀々及寒微。

尙憶蓬壺會二市門一。淸霄華燭共玄論。適從二暘谷一唯君在。欲レ發二廣陵一猶我存。天上衣冠雲路隔。山中孤病世塵屯。再逢未レト相思切。不禁飄颻月夜魂。

送二横關逸記携レ女東遊一（女善碁名於天下又善書）

春風爲試賦二東征一。携出大家發二帝京一。富嶽闘レ光氷雪淨。滄溟競照蚌珠明。幾人楸局使二柯朽一。到處蘭亭倒レ履迎。暫爾遨遊仙第上。歸鞍莫レ惜淹留情。

日新堂集詩部巻五　一名蕉牕集

安藝　平賀晋民房父著

五言絶句

矢淵

松影潭底落。夕陽射㆓玉龍㆒。欝蒸作㆓風雨㆒。兩岸雙劍峰。

駒原

三戸流雲閉。風吹㆓小雨㆒歸。白駒過㆓原上㆒。空翠撲㆓客衣㆒。

惠明師歸㆑自㆑京賦贈

春風振㆑錫去。秋水渡杯囘。苦海一片月。嘗照㆓長安㆒來。

送㆓若天師之㆑京㆒二首

豐沼江邊柳。青々拂㆓衣襟㆒。春風如㆑此好。只是別離深。

江送東流水。山横南歸雲。江山從レ是去。天際又離群。

五日贈二普嚴師一

君作二竹溪客一。余吟二沼水濱一。有レ酒誰與醉。元是獨醒人。

華山禪師昔年走二於攝州池田一從二事富春山人一山人遺稿有二樵漁餘適一者其書今落二人間一布在二四方一也余友宅子恂亦得レ之而藏焉禪師因レ余致レ意則乞二借於子恂一而覽レ之也禪師迺作レ詩見レ贈次韻和レ之二首

君偶看二餘適一。慨然憶二往時一。富春山裏趣。門下幾人知。
曾是振二金錫一。翩々彼一時。却逐二漁樵一去。青山君獨知。

山中送別

山下送レ君出。山上子規啼。啼時分レ手去。滿路曉雲低。

之レ田十首

稼成往二西疇一。于穫且于負。婦子牽二稚子一。爲レ饁彼南畝。
方向二秋收時一。丁壯悉在レ野。老父助二築場一。小子力二駄馬一。

朝穫平田稻。壺酒自不貧。束皐且長嘯。我亦葛天民。
路在車馬客。徘徊豐水潯。津口莫復問。寧知沮溺心。
日入北風寒。本落孤山赤。水田衆鳥翔。牛羊下阡陌。
虞帝歷山時。既亦苦辛同。一旦登極後。使人樂此中。
白鷺白如雪。片々集水田。忽被江風吹。散飛到青天。
鳳子生叢棘。毛成翼未成。常自群燕雀。還向長天鳴。
雁渡小江河。煙飛孤村落。白雲能偏長。天地自蕭索。
蕭瑟諸山氣。愁殺志士情。秋風吹蓬鬢。須臾白髮生。

忠海途中

雨霽青山近。行々積翠分。路深澗水響。吹落大茅雲。

和嚴師蓮華山留別

陰界疲津梁。秋風訪山客。爲憐黠首愚。還來紅塵陌。

和入月夜憶美人

惹愁故散步。山河思悠々。佳人應未睡。閨中月白不。

謝宇士龍惠印章

江漢美人在。貽我雙琅玕。行吟以爲佩。豈唯紐蕙蘭。

竹原道中三首

霽日風光遠。連山翠堪掬。行行顧相望。唯有白雲簇。
九折獨攀躋。澗泉鳴不歇。面頭半嶺雲。疑是昨夜雪。
蒼樹遠陰欝。白日路欲迷。風鳴山不動。隔谷春鳥啼。

答處中禪師上東廬山見憶

君追白雲入。余駐紅塵陌。欲見相思色。山中月如璧。

女三宮畫賛

簾隙出半面。芶顏惱殺人。猫兒作良媒。一生誤此身。

扇面小景

濃淡山淺深。湧塔懸瀑水。山下兩三人。殷勤紫烟裏。

博多歳初次獨嘯菴主人韻

獨將一毛色。又値一年春。唯有青山在。終能不負人。

赤馬關登山頂望洋海

紅日入波映。白雲水接天。茫々何所極。西北是朝鮮。

望夫石

昔日望夫處。于今潮水寒。斷腸終作石。千古傍層巒。

長崎送獨嘯菴還赤間五首

共作遠遊客。聊翫人間世。秋風君自返。獨憐滯荒裔。

秋深諫江水。東流作白雲。何堪千里別。臨岐泣離群。

山至豊城盡。海環紫塞通。回頭君試望。何處不秋風。

客路瓊城隈。江山秋未半。聞君重回軫。及菊不爛漫。

一夜中秋月。赤間關上寒。天涯無限色。應爲故園看。

筑紫道中八首

筑紫千里目。天欲二西南盡一。樹杪起二人烟一。一帶白雲引。

西風稻粱肥。農事方狼藉。野叟酌二村醪一。無爲行路客。

洲前蘆花白。海門日色黃。津亭待レ潮至。孰二與歸心長一。

同行八九艘。秋風靜繋レ波。夜深齊二欸乃一。不レ解故鄕歌。

月落星野闊。潮鳴風聲急。露宿竹崎灣。不レ堪二寒氣襲一。

舟到諫城口。渡人爭上レ沚。纔此離二長灘一。復入二搖落裏一。

古賀茶亭在。風景故鄕同。欲三就告二愁苦一。音吐不二相通一。

遠行六百里。涉レ水復躋レ山。最後七曲險。瓊城咫尺間。

拜二菅神自作塑像一（出於天拜山土中者）

毛髮雖二既漫一。生動見二丰采一。儼然舊衣冠。威靈垂二千載一。

姪濱訪二龜井道哉一。往二平安一而不レ在乃翁舍二余輩一於二一室一。慰勞備至旣信宿矣乃翁賦二和歌一以見レ慰二旅況一作レ此酬レ之

日暮倚門罷。雞黍饗二友生一。且遺二錦繡段一。因見二斷機情一。

いはやすくぬる夜もありやしらぬひの

心つくしのたびのやどりに

自㆓佐賀㆒還㆓長崎㆒時津舟中作五首

獨行三百里。瓊浦聲可㆑及。故園日益遙。前途意何急。

海上平如㆑鏡。滿面只靑山。同船多少客。不㆓是故鄕顏㆒。

面前年少子。調笑歎㆓羇離㆒。不㆑經千里嶮。那知孤客悲。

傍在浪華客。移㆑坐告㆓旅愁㆒。告㆑余儂更遠。相視淚双流。

平湖澹不㆑流。遠山環疊㆑翠。爲㆑是入㆓詩腸㆒。那預傍人事。

歸到㆓赤馬關㆒示㆓野子敬㆒

感君知己厚。萍水幾回淸。瓊浦三年友。硯江一日情。

小景

樹寒塵氛遠。溪環流水淸。中有臨淵客。莫㆑作㆑羨㆓魚情㆒。

寄㆓痴絶師㆒悼㆑兒

白紅雖レ異レ色。跌萼自同輝。一枝摧折後。空有二雪華飛一。

明和丁亥遊二歷關東一已到二京師一同遊永井君以二足疾一不レ能レ進滯二于此一與二主人一相送到二逢坂山一而別戀々見二于色一因贈レ之

君滯二洛陽花一。我凌二東山雲一。遠遊君莫レ羨。歸雁不レ堪レ聞。

望二富士一

造化吐盡レ工。神秀鍾二此野一。歸客意不レ切。爲レ君數駐レ馬。

宇津山

朝陟宇津阻。遙想古人心。猶有二故道在一。依レ舊薛蘿深。

卓文君當レ壚圖

自逃錦帳裏。辛苦獨當レ壚。那知白頭吟。爲レ同レ心不レ渝。

題畫

東海春潮靜。燦々櫻掩レ家。莫二是芙蓉雪一。飛來工著レ花。

題二芭蕉畫一

淡墨掃二絹素一。寫出芭蕉眞。閒窗夜雨響。似レ聞二葉葉新一。

送石井生

江頭並レ馬出。雲山堪二別離一。握レ手綰二楊柳一。往矣秋爲レ期。

春宵花下飲

春宵花下飲。待レ月倚二胡牀一。風起花如レ雪。月寒地布レ霜。

畫牡丹

楊眞獨未レ嫁。半面闖レ戶窺。李三郎何處。嬌態不二自持一。

新嫁孃

少姑來學レ繡。殷勤授レ針指。新得二鴛鴦心一。私心獨自喜。

仙鶴歌奉二壽關戶氏母君六十一

曾浴瑤池水。翺翔下二紫烟一。九皐聲更遠。戢レ翼憩二靑田一。

題二山水畫一

洋々盈地流。峨々中天峙。曾寫二五絃琴一。今入二片幅紙一。

日新堂集詩部卷六　一名蕉牕集

安藝　平賀晋民房父著

七言絶句

香積寺

僧房深鎖白雲扉。空翠陰々鐘聲稀。無數天花墜不レ盡。山風吹滿薜蘿衣。

酬二蓮藏過訪不レ遇見レ寄

偶逐二風光一一病夫。歸來閑說訪二荒蕪一。遙遙空引二扁舟一處。借問山陰興有無。

烏夜啼

碧紗窓外月明流。三匝烏啼玉樹秋。何不レ添二吾兩行淚一。乘レ風萬里到二涼州一。

秋夜 時喪姊

河上西風玉樹殘。蕭々一夜傍二闌干一。那堪鳴雁遙過處。偏入二秋聲一月色寒。

和三蓮華山鶴雲禪師中秋之夜見二寄贈一二首

叢桂秋風月色深。江頭衡漢影斜沉。乾坤一望渾如レ雪。人在二嵩峰少樹林一。

蓮華峯上白雲飛。縹緲諸天風色微。更見眞如海裏月。空山無三處不二清機一。

送三獨麟和尚轉二住總州東昌寺一三首

陌頭二月緑楊垂。醉綰春風此別離。分レ手遙知總州遠。天邊何處寄二相思一。

送別漫々碧水深。春風杯渡海潮音。關山明日芙蓉雪。總作二天花一著二布金一。

桃李陰々蹊漸成。君今何事踏レ花行。東方自此三千里。二總人言隔二死生一。

和二安子桓鷹山懷古作一 我鄕有鷹山雌雄夾豊水而相對峙鎌倉之時土肥實平封于此築城於東鷹山頂而居焉後世絕嗣以毛利元就子隆景爲嗣東鷹以雌山故隆景遷于西鷹後又移城於備後三原今臺石門櫓殿閣皆我山之故物也今俗以古高新高呼之毛利記作鷹山蓋因方音而轉也

遺蹤雲落碧崔嵬。百歲精靈鬱未レ開。新見古峯松樹色。併將二春日一照二荒臺一。

三日木冲天見レ訪

豊流無レ恙敝廬寒。三日春風花自殘。寂々相逢但盡醉。君家桃李好誰看。

御許山東海禪師朝二正于廣府一和二其歸途作一

廣城東望路漫々。江國雲霞春未レ闌。一自二人間高興盡一。許山芳草雨中看。

往二竹原櫻家一南子禮見レ訪己歸又以レ詩見レ贈謝レ之

疎狂歸去醉二青春一。蕭瑟門前五柳新。君自白衣遙問訊。路傍不レ後折腰人。

答二木冲天秋初見一レ寄

纔來鴻雁問二加餐一。咫尺風塵握レ手難。請爾遙看秋色裡。嶋雄峯犯二斗牛一寒。

寄レ慰二韋三師一（師忠海人時喪子忠海娼戸多）

白雲慘淡掛二城隅一。明月猶寒掌上珠。最是人間歌舞地。慇懃莫レ唱鳳將レ雛。

奉レ壽二櫻氏母君六十初度一

阿母堂前白日閑。西來青鳥對二紅顏一。奉レ巵共見蟠桃樹。新熟東方度索山。

秋日湖上

千峯影落白雲孤。歸雁成レ行天一衢。蕭索西風楓樹老。能令三秋色滿二江湖一。

早發二竹原一

江雨才晴落月間。西風解レ纜竹原灣。布帆高掛疎鐘外。剪出朝天霧裏山。

川口氏之翁老焉而云余少續二父祖之業一四十二九年于此一日夜唯懼レ辱二先緒一今已脫二世絆一
則身如二枯葉從レ風因自號曰二葉助一余嘉二其意一作レ此以爲レ贈

胸中戰罷旣能肥。一任二人間一木葉飛。回首生來唯寡レ過。始知四十九年非。

答二義達上人見レ懷

黃菊秋徂霜氣驕。門前五柳亦蕭條。柴桑處士無二人問一。獨有三寒鴻倚二寂寥一。

和下藤義質秋夜泛レ舟海上望二馬島一作上（馬嶋吾國蕃野馬處）

蕭々馬島白雲流。明月光寒西練秋。海上高天淸似レ水。烟波萬里一孤舟。

處仲師有二首尾吟體四絕句一次韻寄レ之

交態相須管鮑倫。中原握レ手豈論レ貧。世間翻覆君應レ識。回レ首誰能解レ事人。
回レ首誰能解レ事人。柴桑處士意相親。一杯春酒君應レ憶。常掛南牕壁上巾。
常掛南牕壁上巾。悠然寄レ傲攢レ眉人。虎溪獨過君應レ笑。故下時看二五柳新一。
故下時看二五柳新一。千山眼裏醉二靑春一。懷中屈指君應レ歎。交態相須管鮑倫。

訪二遊外上人一

遠公風致喜追隨。杜裏交驩高一時。月白東林堪レ供レ笑。淵明又得此攢眉。

冬夜安淸甫見レ過

淸霄氣色斗牛風。影落豐城江水通。一夜相逢君莫レ怪。鷹山本是有二雌雄一。

又

沼水寒光西北風。蕭々總是古今同。樽前談笑銜レ盃外。市上悲歌意氣中。

賦二明月滿前川一得二滿字一

乾坤此夜風烟散。唯有二孤輪波上滿一。一色江天無二際涯一。蒼茫水月獨相伴。

客中聞レ雁

客舍秋風萬樹齊。迴傳鴻雁數行啼。憑レ君欲レ寄平安字。家在二山雲落照西一。

獨釣二寒江雪一

天暗凍雲掩二渡頭一。長江汎々一孤舟。千山雪白漁簑重。釣向二寒風一總自由。

芭園夜飲得二門字一五首

相携總是似二夷門一。世事浮雲豈足レ論。長嘯高歌五更月。樽前片片雪花翻。

獨往從容古漆園。時々會レ友臥二雲根一。相逢倶翫人間世。且避二風塵一又閉レ門。

疎竹孤松晝掩レ門。幽溪引レ客坐二黃昏一。請君傾盡莫レ愁乏。明月遥來照二綠尊一。

蕭條草屋倚二孤村一。月出雲晴霜滿レ門。正好絃歌沈醉去。那知白髮坐來繁。

相會江湖客自尊。却憐方朔在二金門一。此中風月淸何限。靑眼時々好避レ喧。

廣都新濟美去冬過訪旣歸有レ寄レ詩今五月始逢酬レ之二首

江山月落子規啼。遙憶靑樽雨雪携。修竹薫風傳二錦字一。琴書無レ恙吹二臺西一。

與レ君相見卽相新。別後蕭條憶二美人一。獨有二高天一輪月一。將二舊時色一兩鄕新。

和二宇士龍嚴島聽一レ樂

洞庭張レ樂五雲間。玉女壇中諸得レ攀。纔說二湘靈能鼓一レ瑟。春風相和海波間。

秋江泛レ舟

白雲無レ盡夕陽紅。一片輕舟坐二大空一。江上波兮秋不レ斷。蕭々落木渡二西風一。

寫二赤人和歌浦詠一

渺茫南海水連レ天。野鶴翩々映レ日鮮。浦口潮來波拍レ岸。和鳴飛渡荻蘆邊。

名古屋古壘

自催飛將伐三韓。此地豐王駐玉鞍。一世雄風呑宇內。嶺頭唯有萬松寒。

弔柏岩禪師喪北堂

堂上自從違侍延。悠々已隔九重泉。遙霄却是倚門望。月色偏寒兜率天。

春雨

春雨沉々暮色淒。寺前楊柳翠烟迷。何堪獨坐書牕下。鴻雁空傳紫塞西。

奉壽東都醫官數原元通先生七十代人作

芙蓉萬仞鎭扶桑。中有上池浸大陽。君已持來和神藥。延年豈翅見墻方。

答津田壽珀見寄

覇臺一別草萋々。欲寄愁心春色迷。萬里雲山鴻雁遠。秋風先至九江西。

自瓊浦暫還赤馬仲秋之夜訪野子敬

曾別君時春色回。江風今見桂花開。重來關上秋無恙。好對月明倶擧盃。

訪子敬、適子敬大醉飽偶坐一二語卽偃臥只聽鼻息齁々然子敬形體肥大露腹而寢戲書

腹而還

對レ客能眠邊孝先。低昂鼻息腹便便。莫レ言元是五經笥。宛如鴟夷盛レ酒然。

秋夜雨三首

木落秋山赤馬臺。長風和レ雨撲レ窗來。沉々一夜催二鄕思一。海上曾無二鴻雁回一。

萬家秋色雨瀟々。剪盡燈花旅思遙。半夜西風吹送去。枕邊時響海門潮。

秋老關門江樹寒。海潮懸雨自漫々。非于一夜蕭條色。只是愁人不レ忍レ看。

長崎五色浦中州之西極也大洋西北直接二唐山朝鮮茫洋無二涯際一而海濱之石皆五色雜成レ文故以名レ之一日子敬要レ余遊二于此一卒裁二一絕一

大海西連天漢賖。波瀾八月泛二仙槎一。津頭滿浦支二機石一。摘取風烟五色花。

自二赤馬一又如二長崎一古屋瀨投レ宿原明敬酹二其見レ送作一

無限交情江水流。客途相値不レ知レ愁。關山行入重雲裡。幾度回レ頭白雁秋。

還到二蓮池一重謁二大潮老師一

千里遙尋赤馬秋。歸來黃菊著レ花幽。月光高傍二毫光一炤。穩坐儼然老比丘。

還二瓊浦一酬二文廷玉見一レ寄

飄然去レ國事二浮遊一。蓬鬢復尋瓊浦秋。莫レ問重關別來意。天邊仍有白雲愁。

山子順邀レ余遊二南澗別業一

搖落蕭々白日流。江山何處不レ悲レ秋。園林强酌故人酒。無レ奈尊前萬里愁。

又和二子順一二首

丹楓映レ日暮雲收。倚レ檻幽溪碧水流。醉後同歌叢桂樹。西風吹滿小山秋。

南澗天高驟雨收。携レ尊石上漱清流。林風自屬隱倫客。山色振レ衣對二素秋一。

方懷二頤亭老人一之際忽得二其中秋作一因次二其韻一以寄レ之

桂叢歸去無二復出一。此夜思レ君寐反側。鴻雁度時月在レ天。應レ分二空山一片色一。

樓上秋詞

北斗闌干南斗寒。海天孤月倚レ樓看。征鴻鳴渡塞雲外。擁二得清尊一坐二夜闌一。

東都人士八十壽章代レ人八首

清都紫氣擁二函關一。桃李花開度二索山一。自レ是乾坤奉不レ盡。東風吹滿映二仙顏一。

風光無限武江津。上苑繁華八十春。不レ識偸桃能幾度。金門本是歳星人。

一片紅霞當レ宴開。翩々青鳥自レ西來。南山色傍二芙蓉雪一。併與二春光一炤二壽杯一。

海天日月幾千秋。漠々仙雲繞レ屋流。八十老翁端坐處。今年又見更添レ籌。

花秀庭蘭香滿レ筵。翩々爭唱九如篇。彩衣無レ恙武陵客。可レ識壺中別有レ天。郎君今官于長崎鎭臺
雪色芙蓉天一衢。金壇十二是仙區。嫣然沆瀣時含去。不レ用眞形五嶽圖。

家隣二城闕一借二氤氳一。海上蓬萊五色雲。莫レ訝此翁眉壽厚。駢臻瑞靄日紛々。

乾坤日靜不レ揚レ塵。更浴二恩波一幾度春。金馬從容執戟士。八旬胡考太平人。

採蓮曲

諸子集二凌雲堂一賦二採蓮曲一子順有二家事一而不レ會書以敍レ謝因爲二情語一以自恨戲寄レ之

采采芙蓉羅帶長。雨晴濃露灑二蓮房一。纎々素手盪二蘭楫一。風送二中流一繡袂香。

處女多レ懷二八春。嬋娟倚レ戸每窺レ人。隔レ窗遙聽采蓮曲。惱殺深閨薄命身。

發瓊浦 癸未春與山子順共爲肥筑之遊

柳嚲鶯啼綠水清。山花發處白雲橫。海西春色行應レ遍。一路翩々匹馬輕。

日觀峯

路入二千峯一天色分。蒼々空翠夕陽曛。樵歌隔レ谷人烟絕。只見東南起二海雲一。

古賀

山亭立レ馬酒旗風。牽レ雨流雲積翠中。卽有二春醪一解レ愁去。關河萬里思無レ窮。

矢上道中

雲擁二馬頭一驛路斜。青山到處入二烟霞一。春風不レ管他鄕恨。吹落孤村滿面花。

夜發二諫早津一

雨霽寒霄雲未レ收。江空風色早二潮流一。扁舟解レ纜諫城口。天外疎鐘半夜愁。

早望二温泉山一

白雲高罩欝重々。紫海西南第一峯。淼々蒼波懸二旭日一。天邊擎出玉芙蓉。

阻二風波一次二龜浦一不レ堪二無聊一憶二長崎諸游一

携レ手天涯事二薄遊一。瓊城春色又離レ憂。灣頭孤客情何限。不レ識禪餘憶レ我不。

右癡絕師（自鄕同行之友今帶長崎）

客路鶯花白髮悲。春風浦上轉凄其。何當レ似レ對二瓊山月一。愛日堂中連レ榻時。

右張孟瑞 所寓主人

海鳴風色夜凄々。分野星流紫塞西。篷裏篝燈芳艸夢。楚雲湘水路將レ迷。

右劉君翼

瓊城自爾綰二垂楊一。客路孤舟入二水鄉一。千里行春君莫レ羨。龜江早已斷二人腸一。

右劉龍藏 有同行約以病故不果大懊恨仍戀戀送余矍十里許

柳溝泛レ舟卽景

春水盈々泛二小船一。岸邊花柳映二妍々一。乘レ流直出東門郭。筑紫雲烟橫二暮天一。

長溝負レ水士民家。二人紅粧手折レ花。舟過二急流一呼不レ應。行々只見炊烟斜。

蘭橈曲々水流淸。往々深陰鳧雁輕。翠竹橋邊浣衣女。一時將三託濯二長纓一。

自二柳川一到二蓮池一。三月三日奉レ謁二大潮老師一

桃李花開肥水淸。永和三日麗二春城一。風流遙以晋時色。盧嶽重尋白社盟。

又

百里來尋開士家。水流無レ恙泛二桃花一。城中人醉知多少。何似三談レ淸烹二趙茶一。

又酬島季純

掛レ絲楊柳傍二江干一。門外紅桃花未レ殘。萍水相逢携レ手處。春風仍似二去年看一。

訪滕維敬 維敬肥藩士人卜居于姉川

翠竹烟霞映二晚春一。澹然棲息白綸巾。相逢摠似二武陵客一。到處桃花夾レ岸新。

寄維敬

肥水城東姉水邊。茂陵卜築太夫賢。人間未レ出子虛賦。早己凌レ雲梁苑傳。

寄二維敬妹氏一

妹氏好レ學經史百家無レ不二貫綜一且善二文章一善レ書年已過レ笄或聘レ之者擇レ配而未レ嫁。

婉然靜女好二文章一。淑德兼傳漢孟光。常習深閨齊擧案。應レ須五噫出關郞。

將レ別示二維敬一

芳艸萋々此訪レ君。青山相對惜二離羣一。好縣二茲日南州榻一。春色歸來望二楚雲一。

土窪村

峽流遠泝過二孤村一。桑柘土肥民物繁。雞犬時聞水聲裏。行々疑是入二桃源一。

日向神《ヒウカミ》道中

自愛名山渡二遠溪一。轎天蒼樹白雲低。長流斷岸僅通レ路。唯有三春風送二馬蹄一。

日向神石隠

鬬レ奇巉巖夾レ流連。激レ石飛湍天闕穿。逐二白雲一窮二幽邃處一。千尋翠壁啓レ隠懸。

出山內地名是離山道處

自レ出二雲山一峽路長。江風天濶野蒼々。更看花鳥媚二春色一。遲日漫々是異鄉。

登竈山

危峯高擢衝二天台一。地倣齊州指掌囘。仙子于今來煉レ藥。不レ知丹竈幾時開。

訪二龜井道哉一往二京師一而不レ在乃示二門人城公庸釋曇乘一三首

天涯策レ馬訪二佳人一。聞說遙尋上國春。相見那堪レ題二鳳字一。對レ君松樹翠逾新。

玄關寂莫鎖二青春一。牀上詞章奇字新。君自風流能載レ酒。一盃分得飲二他人一。

垂楊晝靜似二陶家一。空下春風絳帳紗。南郡門饒詞賦客。翩々彩筆自生レ花。

和二島源卿見レ寄韻一

築石春風花滿レ城。烟波萬里憶二鷗盟一。請君休レ問西來意。只聽尊前黃鳥聲。

大戸

大戸孤山西筑隈。岸邊丹穴鬼工開。女媧莫二是補レ天處一。石柱千竿架レ海來。

曇乘師見レ送二東游一次韻酧レ之二首

紫海重探泉石幽。松風好是滿二披裘一。江東君見孤雲色。日暮春天樹上浮。

暫留二杖履一泊江濱。分レ手河梁客路新。處々名山雖レ可レ愛。漫々幾日苦二風塵一。

答二曇乘師重見一レ送

東向休レ歌行路難。離筵春酒玉壺寒。朝來且盡松陰醉。明日雲山自渺漫。

宗像

山陽雲隔九州山。孤客春衣猶未レ還。滄海波連宗像郡。天邊何處赤間關。

頤老亭奉レ陪二大潮老師卬心老人一

天平南極老人星。煒々雙懸丙與レ丁。忻覩一時陪二下席一。千春精彩滿二高亭一。

寄ニ原孝卿一竹尾君家臣

花滿ニ邯鄲一春色闌。錦囊詩賦碧琅玕。也知珠履三千客。門下憐君脫レ穎寒。

初夏頤老亭倍ニ侍大潮老師一偶作三首

脩竹清陰卜築開。高僧金錫下レ山來。澹然轉覺無ニ塵襍一。十日追隨未レ擬レ回。

園林長夏雨晴初。閑聽流鶯意不レ疎。況復趨陪耆德會。新詩遊咏隱君廬。

薰風吹起樹蒼々。城上晴雲色滿レ堂。千里客衣驚ニ節物一。更敎ニ蓬鬢自生一レ霜。

癸未春夏之交寓ニ佐嘉威德院一數日矣夢見將ニ東歸一詣ニ一大刹一而賦レ詩其起句曰肥水城頭說法臺。而先得ニ結句一曰此地重來辨劫灰。卽覺乃續ニ成全篇一皆申ニ夢意一。

肥水城頭說法臺。法雲深處暫徘徊。江天長路東歸客。此地重來辨ニ劫灰一。

月夜過ニ猶林榮哲一俱賞レ月自彈レ箏使ニ侍兒三絃和一レ之戲作レ之

輕態粒成嬌上樓。雙操高調徹ニ雲流一。雄鳴雌和秦聲急。月向ニ鳳皇吟裏一浮。

八月十五日松茂人攬揆之辰賦以呈レ之

吳子謫來經ニ幾秋一。廣寒研レ桂月華流。嫦娥竊レ藥何須レ走。本自雙々此倚レ樓。

又賞レ月得二東字一

樓頭浪映暮江東。山上雲飛桂樹風。茲夜月明千萬里。不レ知何處故人同。

客裏臥レ病中秋日始離二牀褥一適松茂人邀二映江樓一賞レ月酒間有レ感而作

爲指故園千里東。三年華髮思無レ窮。江樓病起銜レ杯處。何限離情明月中。

普門禪師倜儻勇武生來好レ兵中年祝髮爲レ僧然住二人間一而不レ事二雲水一。蓋寓レ身也與レ余相善其五十誕辰同見レ招宴間出二寶刀一而見レ衆焉卒賦呈レ之

五十春秋携二寶刀一。磨來霜刄可レ吹レ毛。笑他割肉東方朔。斷破乾坤手眼高。

謝二伯章見レ贈二唐山襦一

東呉白苧似レ裁レ毛。相贈一寒范叔曹。莫レ謂單衣凉薄物。交情豈獨在二綈袍一。

早春遊二鳴瀧一

東風三戸澗溪深。香透二梅花一殘雪侵。別有二春光一人世外。幽泉響處入二鳴琴一。

瓊浦泛レ舟

滄波日映動二金鱗一。遠翠當レ窓似レ媚レ人。山水何須絲與レ竹。淸音只合レ傍二垂綸一。

是日富豪士女出游凡二三十艘遍地絃歌唯我罷舟寥々焉

夏日早起

大江波靜限㆓星文㆒。蒼樹影高半帶㆑雲。早起開窓淸籟發。西山爽氣坐來薰。

夏晩高樓雨望

三歲故園千里東。將㆑歸孤客思無㆑窮。黄昏影暗高樓上。獨坐漫々烟雨中。

又用㆓劉鑚之韻㆒

涳濛淫雨暗㆓天涯㆒。樓外黄梅含㆑露垂。有㆑酒縱令解㆑愁去。江風颯々轉凄其。

又用㆓魏君栗韻㆒

江上高樓雨渺茫。層陰澹々出㆓帆檣㆒。瞑迷靑草千家晩。唯有㆓潮聲風色狂㆒。

又用㆓陳良夫韻㆒

飛雲一片落㆓欄干㆒。蕭瑟高樓㆖六月寒。翠晩天邊風雨合。江山萬里自漫々。

又用㆓飯汝文韻㆒

城上樓高海氣重。蕭々烟雨暗㆓巒峯㆒。悠然獨倚㆓欄干㆒望。遙落晩風山寺鐘。

余將レ歸矣六月二十八日瓊浦諸君餞二於南澗一

三年青眼此啣レ盃。雲擁二離筵一江上臺。總爲二故人一能惜レ別。秋風未レ至起二悲哉一。

六月晦歸途諫早作

蓬鬢蕭々笑二腐儒一。短衣才到諫城湖。誰言不二是歸心切一。無レ那秋風獨先レ吾。

奉レ呈二大潮老師一告レ別

千里追隨仰二道容一。三年奉レ別意重々。但知行過葛陂上。孤杖寧無二能化レ龍。

赤馬阻レ風適讀二方澤詩一因作

硯海風波阻二素秋一。思レ歸久客向二東流一。津頭無二日不レ臨レ水。那得三飛花忘二却愁一。

九日忠海作

余本忠海之產少居二沼田一故兄弟多在二忠海一余辛己十一月出而游二筑紫一甲申八月二十五日還二於家一我鄉距二忠海一僅二十五里猶未レ暇レ省レ兄兄友于之至情促二相見一不レ己而云余欲二卽レ爾而見一以二疾故一不レ能也於レ是百凡廢格九月七日到二于彼一則相持而喜且泣歡愛切至九日與俱閒二步郊野一遂登レ高而還聊記レ喜云

三歳淵明歸去來。黄花偏傍ニ故園一開。弟兄此日登レ高處。遍揷ニ茱萸一携レ手回。
莫問秋霜侵ニ鬢邊一。鶺鴒原上倶翩々。尋常佳節多ニ風雨一。聽至ニ夜分一對レ榻眠。
韋蘇州示兄弟詩有云寧知風雨夜復此對牀眠至宋時以夜雨對牀爲兄弟事事見王楙野客叢書鄭谷詩作對榻眠

酬ニ南子禮一二首

蕭瑟清秋宋玉才。登山臨水遠行回。瓊江一自レ賦ニ搖落一。風色于レ今傍ニ楚臺一。
窮愁同病可ニ相聞一。才見文章五色雲。幾度旅窓春夢後。東風回レ首歎ニ離羣一。

雪中梅

梅樹著レ花倚ニ澗溪一。一枝春色當レ窓低。暗香透レ雪遠ニ交影一。夜月玲瓏望轉迷。

十月朔柄淡州見レ招賦ニ孟冬ノ寒氣至一分韻得ニ孟字一

純陰用レ事轉ニ斗柄一。才至ニ寒氣一猶未レ盛。座客皮裡自陽秋。主人樽中待ニ季孟一。

酬ニ渡修平雪日見レ憶 時客于玉浦一日尾道

樓頭山水雪凝レ寒。縹渺千家玉海干。下レ榻待レ君乘レ興至。剡中殊似ニ郢中看一。

江國幹用ニ渡修平韻一見レ寄依ニ原韻一酬レ之

羈旅誰憐范叔寒。北風雨雪落二欄干一。寄來慰レ我陽春曲。豈秖綈袍戀々看。

酬二長子温一同前

樓上北風鴻雁寒。翻々白雪滿二江干一。偏驚不二是尋常色一。堅臥先生擁レ褐看。

尾道寓二宮有政翠雲樓一渡修平江國幹過訪適壁上揭下物先生贈二湖上二子一詩上其詩曰家臨二湖水一帝畿東。神女靚粧明鏡中。二十五絃風雨夜。知君伏レ枕泣二孤蓬一。同和レ之得二湖字一

古山甸服隔二皇都一。萬頃烟波開鏡湖。直置雲霄淸怨滿。況逢二聽瑟一月明孤。

仙醉島夜泊

山擁二滄溟一最擢レ奇。嶺頭仙子醉何爲。倚レ舷閑望雲烟裏。遙夜自歌招隱詩。

登二福善寺一 在備後鞆浦堂揭朝鮮人所題東方第一勝額

滄海征帆望不レ定。遶レ腰島嶼翠光暝。三韓聘使嘗留レ軺。解道東方第一勝。

白石灘

白石燦々水作レ文。孤舟晝靜對二鷗羣一。海門過去杳無レ限。澹々蒼波入二白雲一。

初夏浪華訪二木世肅蒹葭堂一

瀟洒兼葭月滿レ臺。薰風來處對銜レ盃。主人心似二秋江水一。千里幾茲欲二溯洄一。

余四十四始擧レ子謝二南子禮見一レ賀

羆熊入レ夢徵成レ眞。自認明珠掌上新。縱令人呼爲二豚犬一。但欣瓜瓞向二振振一。

又謝二賴秀才一

閨門牀上聽二呱々一。堪レ愛掌中明月珠。牴犢老牛君莫レ笑。對レ人時唱鳳將レ雛。

賴秀才九月八日見レ寄レ憶用二原韻一和レ之

陶家酒熟好時開。無二復南隣過客陪一。明日黃花供二獨酌一。豈容易許白衣來。

宇士龍示下中秋同二諸子一泛レ舟詩上以請レ和

三原城上月婆娑。牛渚風流興若何。儻問二山中棲息趣一。秋來只有二白雲多一。

將レ往二玉浦一途中訪二三原宇士龍一士龍强留數日因示レ之

玉江行路有二程期一。下レ榻南州訝二客遲一。非二預石尤風駐一レ我。總因二樽酒一繫二相思一。

烏夜啼

陰々楊柳拂レ窗低。八九將雛烏夜啼。羨爾枝頭睡眠穩。不レ知夢裏到二遼西一。

四月朔將レ歸留二別玉浦諸子一

江上子規帶レ雨飛。促レ人頻唱不レ如レ歸。青々草色暫離別。非レ爲二尊前黃鳥稀一。

踰二松子山一

雲生二馬頭一極二攀躋一。蒼樹陰森路欲レ迷。山晩不レ知松子落。愁多時聽杜鵑啼。

喜二宇士龍至一

茅屋晝寒五月天。寥々忽枉大夫軒。關門自閉黃梅雨。淸竹風前共話レ玄。

坐レ雨

江海雲烟島嶼陰。三原城上雨爲レ霖。人間未レ識玄猶白。獨坐寥々楊子心。

寄二題護法菴一

護法菴某尼之所二卜居一也在二南海阿州一尼少寡居專奉二釋之密教一遂出レ家云丙戌之春余寓二尾道一阿州賈客莊子惠者爲レ賈來子惠頗好レ詩訪二余僑居一詳述二尼事由一且求二題詩一因贈レ之

夙離二伉儷一纏二袈裟一。成二育遺孤一身出レ家。占得南方無垢界。密雲晴發妙蓮華。

早發玉浦　明和丁亥遊歷關東

旅衣侵レ雨曉風寒。萬里行程春未レ闌。嶺上梅花開霧裡。暗香吹送路漫々。

諸子送到二今津一留別

班馬蕭々雨色深。驛亭傷レ別暗二春陰一。啣レ盃君綰二柳條一去。繫得關山兩地心。

早下二矢掛川一

曉雲淡々路將レ迷。水逐二桃花一來レ自レ西。一片輕舟披霧下。天邊聲斷遠村鷄。

燒山石鏡

黃備春風道路難。燒山石鏡寫レ影寒。一劍無レ端千里客。蓬鬢蕭々不レ忍レ看。

奉レ哭二柳莽堀先生一

海上烟霞八十春。夜來梁木夢成レ眞。生芻一束灑二紅淚一。奠罷空懷如レ玉人。

西備神邊驛南之山有二城廓趾一昔目黑氏者爲二尼子氏一城二守于此一余遠祖爲二毛利氏一拔レ之驛北有二其對壘之所一事詳載二陰德太平記一覽者知レ之偶宿二于此一有レ感因作

我祖英風誰不レ欽。身當二利矢一取二金城一。欲レ知千載威靈迹。萬仞松濤嶺上聲。

聞レ鶯

新林二月亂鶯鳴。獨自嚶々喚レ友聲。黃備江頭春雁少。臨レ風坐動故園情。

壽二圯橋之烏石山人一

一編授レ書光二古昔一。淸世堪レ傳史籒跡。逍遙養レ老圯橋傍。且變二黃石一爲二烏石一。

積翠堂燕集橘君吹レ笙又賦レ詩次二其韻一和レ之堂北隣是某侯之第而今爲二桃園一

詞客如レ雲文細論。鳳笙高調醉二金樽一。家隣梁國孝王第。且把二桃園一作二竹園一。

又

好會何須齊物論。放歌只是一靑尊。人間夢覺春風遍。胡蝶翩々舞二漆園一。

秋夜諸君見レ過

秋光影冷五條橋。人似二楊雄一自寂寥。相値總無二一奇趣一。請看明月滿二雲霄一。

過二關氏茶亭一

丹竈那如二茶鼎烟一。秋林飲罷白雲縣。莫レ問縮地仙翁術。自レ是人間別有レ天。茶室裁方步

賜レ觀二

青蓮院法親王燕寢庭內菊花一恭賦小詩三首奉二献之一

紺園秋菊傍二仙壇一。五色凝雲映二玉欄一。不三是人間傲二霜雪一。化來天上雨花寒。

叢菊秋深到處開。那看鴛鴦帶レ春回。竹園花借氤氳氣。自レ是千年滿法臺。

曜華宮裏菊斕斑。玉砌金欄難レ可レ攀。花露霑恩門下客。長裾今日惹レ香還。

長崎劉龍藏之二江戸一和二其見レ別之作一

萍水十年京洛潯。相逢便別意空深。幷二刀行一映二芙蓉雪一。千里交情一片心。

劉詩曰

邂逅章臺垂柳前。無レ端分レ手鴨河邊。孤身萬里東方去。難下脫二佩刀一當中酒錢上。

劉子自二東都一歸寓二余僑居一除夕示レ之

留レ君閒坐帝城居。戸外風塵屬二歲除一。寄語莫歌長鋏引。主人本自不レ嘗レ魚。

春來劉將三再赴二武江一用二前韻一爲レ寄

長安客舍自貧居。春艸沒レ階少掃除。鴨水賢二於建業水一。東風莫レ戀武昌魚。

送三人還二雲州一

八雲城上八雲過。才子望レ雲歸思多。不レ憶松江鱸鱠去。金閨應レ爲八雲歌。雲州松江之鱸魚亦名産

送三人還二讃岐一

一片征帆追二雁群一。播洋明月素秋分。渺漫波浪行相望。五劔風烟八島雲。

山中訪友

山中秋早夜來霜。蒼樹雜レ紅映二夕陽一。更爲二嶺頭一共怡悦。攀躋緬入白雲鄉。

秋雨

北闕雲烟金掌寒。萬家風色樹摧殘。茂陵肺病雙蓬鬢。積雨蕭々秋未レ闌。

帝城雨望

層陰千里鎖二崔嵬一。風晩江城雨未レ開。雙闕秋迷雲霧裡。畫樓滲澹鳳皇回。

聞レ雁分三風吹秋城聞二雁來一爲レ韻得二雁字一

明月秋寒洲上亂。江城風起夜雲綻。牀頭欹レ枕獨相聞。數點聲悲天際雁。

九月八日諸君見レ過二草堂一

晴雲相映菊花寒。濁酒南窗且磬レ歡。莫レ問龍山明日事。人間風雨尙漫々。

席上咏レ菊

挹露黄花掌上新。十分獻レ色先ニ佳辰一。陰晴不レ定世間雨。漏洩風光來媚レ人。

月下懷レ友

城頭一片月光流。何處西風能不レ秋。相映綈袍千里色。雲端望盡獨悲不。

秋閨怨

夢思寤泣合歡衾。明月高望兩地心。關塞何如刁斗響。長安城上急ニ寒砧一。

冬夜獨酌

携レ酒危樓鴨水于。隤然高臥北風寒。不レ須回雪剡溪棹。看月放歌獨倚レ欄。

送下湯昌伯還ニ南紀一省上親

憶レ家千里彩衣還。匹馬蕭々出ニ漢關一。分レ手不レ須懷レ橘去。海風秋熟故鄉山。

雪中尋レ梅三首

引レ雪北風溪裏深。花迷素影路難レ尋。縱令相嫉能欺レ色。豈少ニ幽香襲ニ客襟一。

吟行且探澗溪梅。幽艶堪レ憐春色迴。風送從レ它雪相覆。更將明月等間開。

求レ花蹈レ雪々漫々。雪裏梅開瘦骨寒。請見幽姿獨能傲。北風何有二一枝殘一。

春日集二盛林寺一

萬戶春風桃李開。煙霞偏在二雨花臺一。攢眉何必虎溪社。僚倒淵明踏レ月回。

春宮怨

晝靜門前楊柳垂。黃鶯求レ友亦啼レ枝。日長偏惹春風恨。懶看濃花自競レ奇。

病中書懷

風塵病裏鬢毛疎。老去王門懶レ曳レ裾。但愛南山與二籬菊一。秋光不レ厭映二貧居一。
司馬游レ梁文藻饒。子虛人道氣飄々。自從レ罷レ設二王家醴一。消渴那能堪二折腰一。

大江稚圭見レ賀レ拜二通直郎一戲贈レ之

鶴鳴不三是怨二離羣一。憐我清猿叫二曉雲一。空應二紫垣星宿列一。稚圭休レ勒二北山文一。

西遊之時野子敬之遇レ余也加二於骨肉一。歸後漂遊不二音問一者一二紀于此一。未三嘗一日忘二于懷一。今茲子敬東上留二余僑居一旬數日相得甚驩大慰二渴望一臨二其還一戀々不レ忍レ離作二小詩一贈レ之情見二于詩一十二年前赤馬津。漂流萍水轉相親。期レ君海内存二知己一。無レ負天涯如二比鄰一。

送三石原生還二金比羅一

西風歸去帝王州。萬里烟波落日愁。君向二象頭山上一望。蒼茫何處最宜レ秋。

送二井萬年還一レ鄕

海國雲山歸路賖。黃梅侵レ雨重思レ家。慇懃綰柳此相送。莫レ負春風上苑花。

壽二永觀堂盤空上人八十一

我聞淨域本無レ量。台背高僧眉壽長。如意澹然安養地。永縣二佛日一此觀レ光。

三原田子蘭不二相見一者既十年矣今茲嬰レ病而卒宇士龍致二其絕命詩一不レ勝二痛悼一用二其韻一

賦二一絕一哭レ之

參商十載歎二離羣一。豈意幽明路卒分。海上明珠與レ淚盡。唯餘遺艸自凌雲。

春初宇士龍喪レ內遙有二此寄一

芳菲歇盡未レ闌春。惆悵風寒孤二月輪一。縱遣二鼓盆如一レ傲吏一。得レ無三灑レ淚似二鮫人一。

浪華

滿城春色自豪華。夾レ岸朱樓映二晚霞一。三百九十橋下水。香風到處浪成レ花。十音謙

哭二坂上元孝一

一莖方秀謝家蘭。何物秋風玉樹殘。掌上空看世間月。沉々偏照二曠庭一寒。

九日宇治二村士光邀レ余

秋風老去迓二重陽一。今日賴レ君逢二菊芳一。更有二茱萸一能醉レ客。不レ知何處是他鄉。

十日仍淹留士光相邀登山採二松菌一

攀レ雲深谷復高岡。松下摘レ菌盈二筥筐一。此日豈同採二薇蕨一。興酣歸思總相忘。

同二田殖卿林叔隆數輩一訪二瑞公房一坐間諸子談二老莊一公房賦レ詩見レ示次レ韻呈レ之

祇林寶地法雲初。歡喜同人蹈二靜虛一。應レ笑不レ看二衣裡璧一。濠梁徒論五車書。

庚子春歸レ自レ鄉寄二門下諸士一

故山遙問海西家。風雪空垂絳帳紗。春服爲懷狂簡士。歸來共見帝都花。

遊二宇治一題二禪院一

蒼々竹樹四圍樓。一帶大江當レ軒流。成髻螺峯高鑑レ水。朝々暮々靚粧浮。

森天溝依ニ余韻一咏ニ古跡一用ニ原韻一和レ之

金鳳飛來雲炤レ樓。悠々歳月迹空流。爲レ君能弔無窮恨。庭草春回氣色浮。

日新堂集文部　卷七　一名蕉窻集

安藝　平賀晋民房父　著

序

宇都宮士龍母君松田氏七十序

蓋天之賦命。壽夭有定撰矣。而人理生之術復多端哉。故志於治者。正群下撫百姓。終歲勤動之盻々非乎。而人主是已。從於事者。任其能竭其力。忠節將順匡救之行非乎。而人臣是已。趨於利者。俛拾仰取。纖芥不遺。熙々壤々往來。非乎。而商賈是已。重於糈者。焦神極能。非乎。而醫方諸食技術之人是已。農夫病于夏畦。工人手足胼胝。或窮塞攻苦。或貧困食啖以至婦妾中饋之事。此皆處世之業。其間有睫。而苦心志。勞形軀。雖亦命也。若是乎。不損傷其性。而能全天年者。幾希。三原宇都宮氏之母君年七十。健食無衰容。余辱交於士龍日淺矣。不習其爲母之狀。然嘗聞之。母君寡居撫二孤。黽勉從事。諸所嘗之患難憂苦。處之泰然。其心志其顙頫。緣督以爲經不見之調々之刁々。曰母是常而其七十。如掇之也。余以爲神大用則竭。形大勞則敝。如母君注焉而不滿。酌焉而不竭。憂患不能處。曰母是常。則雖亦命也。能全天年者也。若夫上之吸風飲露。乘雲氣御飛龍。下之辟穀道引。熊頸鴟顧。引輓腰體。動諸關節。以延年者。皆是旁礴萬物。游方之外者也。今母君有爲人也。而兪々七十如掇之。則過之八十九十。及百歲以往。誰知天意。亦在所命矣耳。詩云。不吳不敖。胡考之休。其母君之謂乎。

凡作壽文。自有壽文之體。初先叙其世譜。見其出身不微。次則言其功績有召福之基。再則言其子孫賢能。見其既壽而康之美。故易云。壽而康。方見有壽之足稱也。若徒言其有壽。則富貴之家至七八十歲。則人皆賀之。若貧賤之家。有七八十歲之老人。不特無人敬之。且厭其晦昧矣。壽長何足取哉。故功業隆盛之人。雖死猶生。庸夫俗子。雖生猶死也。故自古惟作壽文。不可單就壽字結撰。以徒說壽字。必無好文字也。此作上半段。間話太多。又不雅馴。中段叙其養生之道。又不緊切。末後照應收結。又無氣力。愚意此首文刪之。不必留稿。未知高明以爲然否。弟樸菴潛妄。

晉民按樸菴之言恐非公論。

送田求吾序

凡世之談レ醫者。必稱二軒岐一。而其書具存焉。閲レ之槩類二秦漢讖緯之言一。是乎非乎。無レ徵二於古一。我將二焉取一レ信。周有二秦越人一。漢有二淳于意一。之二子者。能決二死生一。定二嫌疑一。妙悉二其術一。人盡以爲レ神。則曰自當レ生者。能使二之生一耳。正史詳載二其事一至レ今稱レ之弗レ已也。然亡レ有下其書之可レ考二於後世一者上。雖二則有一レ之亦猶二軒岐之書一乎。東漢之時。張仲景爲二長沙大守一。爲レ民治レ病。民賴以蘇焉。其書森然備也。皆切實而無二浮誇一矣。顧二卽上古以來一。扁鵲倉公相傳不レ更。而成焉者矣。則後世所二祖述一。舍レ此奚適哉。自三漢儒譚二五行一而宋儒因唱二理學一。聖人之道滅。而爲二浮屠一。人之趨二於奇巧一也。事レ醫者。亦追レ影繼レ響相生相克。王道霸道。爲二醫之常言一。於是乎石液七劑。皆以レ理斷レ之。以レ是治レ病雖二間有一レ起者。幸而免也。滔々不レ返數百年矣。而後仲景之道。或幾二乎息一矣。此方。昭代文明之化。學復二于古一。先王孔子之道。復明二于今一。氣運之所レ使豪傑之士。駸々並馳。乃爲二刀圭之事一。而宗二仲景一者亦勃勃崛起。而後民免二非命一者多矣。故海內靡然嚮レ風。求吾亦從二事於此一久矣。而猶苦レ或二不レ能レ起者一。長崎者。異方互市之地。故人多傳二紅毛之方一。而皆外科。而未レ聞レ有二內治者一。求吾獨念。彼亦人也。得レ母下病之治二於內一者上邪。於レ是千里而來。就二其人一問焉。無レ有下知レ之者上。而猶不レ舍焉。乃因二象胥氏一。質二之紅毛人一。而始獲レ之。則其說與二仲景之所一レ爲。殆若レ合二符節一也。夫紅毛之爲レ術者。有二人病而死者一。乃割レ皮解レ肌。訣レ脈結レ筋。搦二髓腦一揲二荒爪幕一。湔浣二腸胃一。漱二滌五藏一。以視二病之所一レ因。而爲二之後圖一。豈其用レ心苟者邪。吁狄矣西土之人。地之相去也。數十萬里。世之先後也。未レ知二其數一。而與二仲景之所一レ爲。其揆一焉。則上古聖神盡レ性窮レ理。鼓レ之舞レ之。探賾鈎深之所レ得。師々相傳。不レ更而至二于此一者。昭昭乎明哉。孔子曰。我欲レ載二之空言一不レ如レ見二之於行事之深切著明一也。夫以二紅毛之爲一。徵二之古一乎。豈不二深切著明一也。視三彼後世好言レ理五行王覇。爲二堅白辨一者。何惟相距霄壤而已耶。嗚呼。曷其奈何弗レ從。而我所レ難者。紅毛亦以爲レ難。於レ是求吾釋然。曰自當レ生者。能使二之生一耳。其唯在下決二死生一。定中嫌疑上矣。方則仲景氏備矣哉。時余亦西遊滯二于長崎一。與二求吾一相得而歡焉。故得三親聞二其事一也。卽屬レ之曰。子勉レ旃此一時也。今仲景之道。明于世也。子則有レ績焉。子勉旃。及二其還一謁レ余求レ言。遂書以贈レ之。

壽全庵先生八十序

原本先下脱生字因本文補入生字

寶歷壬午。全庵池先生。年八十。十一月某日爲懸孤之辰。余雖不與先生相知。而於令子壽菴君。嘗有一面之素。於是乎因孟瑞。徵一言壽先生。余謝不敏。孟瑞不可乃言曰。夫醫者仁之術也。蓋施仁於民者。天必報之壽。傳曰。仁者壽也。不其然乎。孟瑞爲余言曰。先生少爲醫於此其肱三折之後。能解攣起躄。乃其聲藉々大行于鄕里。罔治而不起者。罔人而不被其澤者。今年八十。視履如壯。形貌如童。而其術愈益行矣。余曰。其然矣哉。凡有德於人者。人必欲報焉。是人情也。況性命至重矣。疇不欲先生之壽。故老者則曰。先生庶幾無疾病乎。曾我霜露之不愼。嬰此大患。微先生。則墓木既拱矣。而健在至于今。此誰使之者乎。惟思欲與先生同終餘年。豈有他矣。壯者則曰。我上有奄々之親。下有藐焉之孤。一旦沒於地乎。數口者。將誰依焉。先生能生死肉骨。以故今上奉下育。數口之命實介於先生。則先生之壽。可畫以年乎。其少者曰初躬恫瘝。俾父母憂也。賴先生救治以獲長壯。先生亦漸老。然其壯猶我焉。庶幾使先生壽考。我亦猶先生一焉。其知與レ不レ知。皆曰。先生今之大醫也。其或陰陽失レ宜。淫厲時行。或傷二於飢飽勞慾一。以抱二疣痾一也。苟弗二藥餌以疏通一則吾人若二其夭札一何。而先生今既老焉。幸善二飲食一保二高壽一也。此一鄕人。必所三皆以壽二於先生一者也。夫長崎雖二小邑一乎亦海西一都會也。人物特衆。卽足レ爲レ政乎。故天壽レ之。人壽レ之。則先生壽祺所二由致一也。不レ然則醫之爲レ業。雖レ察二陰陽風雨晦明之淫一。五色四診七方之頤。而人病亦多端。且視二五臟一癥二結於腹皮一方一。乃藥之剛柔。劑之消息。必焦レ神極レ能。竟至下致二壅閉湫底一。以露中其體上。且夫星夜奔走。燠寒不レ擇。皆非レ所二以益レ壽也。而視履如レ壯。形貌如レ童。余所謂天人祐レ之者。非與。而先生今尙如レ斯。則其索愈多。先生亦愈力。夫愈索而愈力。所二以仁術愈徧而壽期愈延一也。則豈可レ量邪。豈可レ量邪。余使二孟瑞一以レ斯報二壽菴君一。君則反命曰。醫賤伎也。曷可三敢比二君子之仁一。然區々所三以壽二家君一者亦多矣哉。願載二諸簡一因書授二孟瑞一。

送三頤亭先生還二天草一序

壬午之春余西遊抵二肥之蓮池一。謁二魯寮老師一。遂西抵二長崎一。抵則與二高君秉。張孟瑞。山子順。

魏君翼。劉仰之。其他諸子。相得甚驩。乃相與論天下事。商搉古今。暇則講習詩書。或文或詩。竟乃結社而會矣。天草頤亭先生者尋至。以天草之窩邇於崎故時々往返。諸君所素厚相識。卽入社中。是以余得相値。則未嘗不而故也。先生雅亦好詩。因乃歌咏唱酬。幾無虛日云。余相識先生熟矣。蓋温柔敦厚隱君子也。且聞之其徒曰。其家世在農商之間。素既饒矣。故諸子弟皆逐什一之爲務。先生少而好讀書。獨與其大人居。大人縱先生使游學不見家生產。先生又以其大人好禪。亦從而學之。參究十數年。乃逢世所謂知識者。發其所得則亦莫不皆謂我由子也。然後不復甚以爲意。唯與余輩日以賦咏。相娛樂焉耳。余又聞。先生率邑中子弟。勉勵於學。是故化大行。來受業者門常接踵也。余察之。似泊然外乎一世。而無儒者氣象者也。試論先王之道。且稱六經大義而難之則無不如響也。不啻自其口出。亦深以爲意焉。問之則曰。我國家緝熙。以先王之道治天下。而天下治也。邦之榮懷。治我遐陬。且夫假我所質于夷。朝不坐燕不與。奚有所施乎。況非我所欲也。我所欲也。則蟬脫於濁穢。不獲世俗之滋垢。嚼然浮遊塵埃之外。是已。幸不逢滋彰忌諱之世。則亡有飢寒劫奪之患。破瓠而爲園。劉彫而爲レ朴。人知レ之囂々。人不レ知亦囂々。獨于々爾行レ所レ欲也。亦唯所レ好詩也。時攜二一三子一。彷二徨於山水之間一。觸レ境而賦レ詩。其樂皡々如。我則王者之民者乎。何得レ謂レ行何爲二踽々涼々邪一。於乎。先生誠溫柔敦厚隱君子也。夫禪之與詩亦類也。古人既論レ之。此則亡レ論已。先生詩資二之禪一。已得二向上之一路一。今其所レ爲迺抽下出壯歲十數年所上積二於胸臆之間一也。故漢魏盛唐。取二之左右一。無レ不レ逢二其源一焉。盛哉。盛哉。記曰。溫柔敦厚者。詩之敎也。先生得二于禪一而成レ詩。習二于詩一而致レ德。々致而孚二於人一。故其經術。蘊二于內一。而弗レ俾二人知一。以發二諸育材一。古曰。友二于兄弟一。施二于有政一。於レ是乎見。豈所謂溫柔敦厚隱君子者也。非乎。夫天草者荒裔之邦。而一彈丸之地也。其俗侏離皮服。魚鼈之與居。而有二若人出一。而大興レ學。卽雖二文敎之遠及一哉。亦猶二諸馮岐周之出二舜文王一乎。天下誠有二未レ可レ量者一也。及二其歸一。諸君相屬爲レ詩送レ之。余相得特厚。故又爲レ序且曰。詩有レ之皎々白駒。在二彼空谷一。生芻一束其人如レ玉。先生其人也。而今歸也。於焉逍遙。庶毋二金玉爾音而有二遐心一云。

醫例序

醫方發源於張長沙。而有傷寒論。其用汗吐下三而已。莫以尙焉。歷魏晋南北唐宋。靡弗祖述也。然末流之曠遠。涇以渭濁。後世用毒過度。人受其害者。不爲不多矣。至胡元之代。有李東垣者出。豪傑之士也。學醫張元素。自爲一家。其意葢謂。凡飲食之下脾胃先受之保之爲最。仲景之所論。特傷寒而已。而後世妄用劇劑。脾胃爲之承傷。人之不保性命。職此之由也。吾不以其所以養人者害人。乃著脾胃論。專以補爲事以理斷之。而藥之用亦大變。以此毒天下。天下合流焉。源遠而末益分。前有劉河間。後有朱丹溪。劉則曰病皆火矣。朱則曰在氣血痰之三也。於是醫分爲四派。雖間有小流者哉。亦唯畎澮溝瀆。無洪波之勢。故號爲四大家。而世大率宗李氏。滔々乎無返焉。其東漸于海。尙是汙流之沿。輓近特爲苟且之治。莫足稱者也云。近艮山子。始泝源。一以長沙爲宗。而猶擇焉不精。語焉不詳。一本子繼其緒。至東洋東洞二君而成。醫道遂復于古矣。微是數君我其魚乎。可不謂生民之幸也。然而後生纔染指之徒。輒謂在レ裏者下レ之。上者吐レ之。表則汗レ之。長沙之術。泰山如レ砥。黄河如レ帶。其易々哉。是用不レ得二于道一。人受二其害一者。亦不レ少矣。其小知者。亦復歸二於舊流一。此所三以蒲公倹有二醫例之述一也。公倹者。東洞先生高第弟子也。弱冠志二於醫一善悉二其道一。嘗曰。仲景之法。觀二病之發證一。審二藥之方性一。而攻レ之。傷寒之與二雜病一豈異レ撰乎。後世誤者。不レ得二其法一也。夫藥皆毒也。何可二過用一焉。其曰停後服。曰利則止。曰不レ盡レ劑。可レ見二仲景之不レ苟矣。人未三之知一也。往々誤レ人可レ歎哉。故今表而出レ之。余嘉二蒲君之擧一。叙二其由一以贈焉。蒙士繇レ之取二之左右一。無レ不レ逢二其源一也哉。

宇都宮士龍母君八十序

母君七十之年。余業已爲レ文壽レ之。於レ是乎與二士龍一如レ故。淺矣其爲レ交僅得二之於傳聞一。稱二其性之兪々。而能致レ壽已。久レ之締交益固。數二于彼此一。迺親見偏聞。所謂不レ畏不レ敖者。則然矣哉。而猶レ未也。母君爲レ婦時其舅病レ癱。母君與レ姑盡レ心侍レ之。凡事莫レ不レ如二姑之所レ爲矣後侍二姑之疾一。姑非二母君侍一不レ説焉。又不レ欲レ食。凡諸子弟之所レ進不二之食一也。母

君進而後食レ之。常取二姑中裙一。厠牏身自浣滌。竊置焉。家適有レ嫌。錮二門戸一而絶二出入一。不レ可二以養一レ疾。故竊移二病牀於弟家一。母君不レ能レ隨。則至三使二姑謂一曰我婦無一レ恙邪。是其養レ我莫レ不レ如二我意一。我恃粥耳。亦不レ思焉。我婦如レ在二乎飲食得一レ下也。何爲至レ今不レ來也。其君子之寢レ疾也衣帶不レ解者晝夜四十餘日。不二假寐一不二坐睡一。家人未レ見二其交睫者一。此豈常人之所レ能乎而母君是常。愈々出視レ具。及レ撫二遺孤一其步孔艱。操作自力。未二嘗有一レ芥二蔕於胸中一。國家封建世祿。士難二於進一矣。士龍資二於母一以事レ君。功績頗多。則班秩稍々進。乃升斗之餘足レ奉二母君之歡一。然而愈々不レ加二於始一。性又喜二儉素一。士龍恐レ恩二母君一數進レ鮮。即少嘗レ之必分二之婦若孫一。士龍新製二衣被一。遷二寢於涼處一。服而寢二于此一。二三日。復併レ被以讓二士龍一。其不レ迕レ物而又守レ素皆此類也。今余所レ及レ見母君八二十于此一。猶如二七十之年一。其愈々之性然矣哉。然德之休明。自レ天祐レ之。豈特不レ吳不レ敖之謂乎。明和丙戌某月某日其覽揆之辰也。士龍稱レ觴奉二壽於堂下一。余辱交特厚。爲二具列一如レ此。

葬禮考序

維中夏聖人之御代也。制二作禮樂一爲二之極一以施二天下一。而天下莫レ或レ不レ由焉者矣。其於二喪祭一君子尤謹焉。故曰先王制レ禮弗二敢過一也。先王制レ禮不二敢不一レ至焉。及レ至二戰國一文武之道墜二於地一矣。後之王者亦各立二一代之制一。使二民由一レ之。而亦不レ周二於物一。是以後賢君子。酌レ古而量二于今一以從二其心所一レ安一家之禮於レ是乎書。是所レ爲後世無二聖人一也。自レ我非二聖人一寧必其得レ中乎。且俗移物換。聖人尚猶損二益之一。而愜二於時一。況東西殊レ居。山澤異レ宜乎。傳二其學者一。以二其師宗一奉レ之不二敢違一。一如二聖人之制一。不二亦尤一乎。物夫子有二葬禮考一。蓋亦錄二其心所一レ安爾。亦以二其師宗一人傳寫二藏之一。以爲二帳中之秘一。夫從二流俗所一レ爲。君子固其頗有レ泚。若欲レ稽レ古。則有二士葬禮在一焉。曾子曰。國無レ道君子恥盈レ禮焉。國奢則示レ之以レ儉。國儉則示レ之以レ禮。爲二卿大夫一者。當然也。子思曰有二其禮一無二其財一君子弗レ行也。有二其禮一有二其財一無二其時一君子弗レ行也。乃爲二其可一レ爲。不レ爲二其不一レ可。爲以從二心所一レ安。庶二其不一レ差乎。何必塟禮考。國都書舖擒藻堂得レ之。將二刻而公一レ之。請レ序余因次二所見一以問二世之君子一。

壽二賴千秋之翁七十一序

丙甲之春賴千秋。自二浪華一來。謂レ余曰。今玆家君七十。誕辰在二二月一。將下遙趨レ庭。率二諸弟一稱上觴。以奉二一日之懽一。願先生一言壽レ之。敢請焉。余言曰。凡人無二憂虞一而常懽心則益レ壽。且又一日千秋矣。無二懽心一而常憂虞。則非レ所二以引年一。假令得二彭祖之壽一。將レ可レ爲焉。係二其子之賢不肖一矣。貧富貴賤則不レ與也。夫子教二子路一云。啜レ菽飮レ水。罄二其懽心一。是以晨昏定省色養不レ違。使二親日愉々。忘二其老一。爲レ子之道也。吾子違二膝下於千里一。使二日引レ領跂レ足而望レ子以レ此欲二其親之壽一。不二亦難一乎。何有二於一日之懽一。千秋大懽曰爲レ之如何。曰無レ傷也。乃翁三丈夫。皆秀異。其於二人事一。夙有二庭蘭之稱一。而叔氏。侍二於膝下一。人不レ間二乃翁之言一。仲氏。時々來往。彼此通信。或爲レ醫二於鄉一。門常接レ踵。子乃在二浪華一而唱レ學。生徒之聚。如二蟻慕レ羶。遂翰音馳二於四方一。乃翁傍觀レ之。沾沾自喜。乃翁之心。在レ此而不レ在レ彼。則千里猶二膝下一。一日之懽乃是日々之懽。千秋色解曰。僕不肖。如二乃言一豈敢。雖レ然以レ此献レ壽。其可乎。曰未レ可也。子若聲名自愛。驕氣凌レ物。而失二人望一。或圖二非分之事一。以詒二親罹一。則雖三日々拜二堂下一。何用レ子矣。卽謹厚勉學恭敬砥行。播二名於後昆一。則雖レ無二一日奉承一。斯可矣。於レ是千秋大悦曰。善哉。先生之敎。夫子所謂罄二其懽心一。寧是乎。請持二此言一歸。矢二家君之前一。以爲レ壽可乎。曰可矣。

神像考序

浪華玉榮子。嚴事二大黑天一。唯謹焉。嘗著二除災傳。神像考。大黑天信心記。奉養眞元錄一。將二以勸諭一施二及於斯世一也。除災傳前已刊。今將レ出二神像考一。屬二序於余一。夫大黑。世俗以爲二福神一。家々置レ像而祭。其原蓋出二於釋氏一。余寡聞。未レ知レ爲二何神一矣。古昔聖人。以二神道一設敎。使二民賴一レ之。戰國廢二絶王法一。而其事蔑焉。無レ幾道家者出。民皆嚮レ之。釋氏繼起而並騁。於レ是天下翕然走二於二家一。事レ儒者雖二力排一レ之。竟不レ能レ遏。此無レ他。不レ知三聖人有二神道之敎一而民不レ可レ無レ所レ倚也。善哉。玉榮子之言曰。夫福莫レ福二於無一レ禍。祿莫レ祿二於無*病。世俗貪濁。漫求レ福。是謂二徼幸一。雖レ獲非レ福也夫大黑天。根本之義也。根本既不レ立。誠心奉レ之何福之有。我未二嘗求一レ福。専以務レ本。尊二敬此神一爾。自二父祖一皆不レ永レ世。我今過二六十一。形骸愈健。志氣益壯。且三十年來。未レ有二一日寢一レ疾者。抑神之陰隲乎。我奚知レ之。只是奉崇不レ懈。乃我事也。玉榮子可レ謂三能得二事レ神之方一。若使二子夏起一。亦必曰。雖レ曰レ未レ學吾必謂二之學一矣。今爲レ之不二敢辭一。序以貽レ之。玉榮日和佐氏。兄曰二横關逸記一。兄弟生二於讃州七寶山之下一。與レ余有二通家之誼一特相善。

宇都宮士龍六十序

余弱冠。既與二士龍一相知。以二境壤相接一。時々相會。詩文唱酬。相視莫レ逆二于心一。久要竟成二兄弟之契一。時抵レ家拜二其母一。蓋士龍爲レ人謹厚篤實。執友之際雖レ狎必恭謙。以レ之赴二人之急一也。每傾レ身爲レ之。言則必果矣。而亦嚴恪。人苟有レ過不三敢少假一レ顏。故人亦憚レ之。後爲二鄉子弟一請レ余敎二授之一。是以余淹二於彼一。則母君爲二雞黍一。爲二士龍一請レ余無二虛日一。於レ是乎數二於其家一。復觀二其內一。士龍事レ母如二嚴君一。愛敬靡レ弗レ盡矣。其逮レ下也使二婦能敬一而不レ失二臣妾之心一。一門之中。肅々雍々。所謂家事治也。余竊謂士龍而在二下僚一可レ惜矣哉。余今卜二居京師一不相見者十有餘年。歳時通信。深交不渝云。旣而主君挺士龍。一旦陞諸家朝之班。余遥聞之。歎曰士龍資於親以事其君。資於友以事其長。忠順不失哉。頃之命士龍宰於封内之民。余又聞之歎曰士龍之言於國其無隱情哉。夫人學道期於行之。道者何。仁也。蓋治民者。導之孝弟。以正風俗。是所謂仁也。然衣食不足奚知榮辱。不知榮辱。則孝弟何有。故足食爲先務。一夫不得所非仁也。夫三原之地方六七十如五六十其富埒於趙魏。非但蕞爾如滕薛。安見非邦也者。則足以爲政矣。士龍之居官無幾矣。余未聞其治何似。然君子務本。孝弟爲仁之本也。士龍忠順以事上。獲於上以治民。語曰。愛敬盡於事親。然後德教加於百姓。卽士龍之著績於斯民。可計日而俟。夫仁者壽必是一方之人亦日相與祝。乃能保其爵祿而守其祭祀。又重之以胡考之休。亦奚疑焉。士龍六十。其子思道遠致書。請余言壽之。余因所見狀之如此。士龍姓宇都宮名潭。士龍其字也。我藝邦三原君之家臣。安永八年已亥八月八日。其攬揆之辰也。

贈敬意序

余相知敬意一期于此。家世住京師鞘街。以賣醬爲生。敬意少繼業頗致饒足。其爲人也愿愨質直。能趨人之急。兄弟貧乏者。供億之甚厚矣。凡與人不漫交通。有所交通則終始不渝。親暱日加。有人求稱貸亦不漫與。必察其實而後可焉。而不甚求其償。凡救無告者而使遂生。甚多矣。夫服賈之趨利。熙々往來。唯敬意則不然矣。以世業故河東之地。五條橋以南至深草。十數里之間。自佛寺大刹豪右富室。以及黎庶。皆資醬於敬意之家。以濟用焉。敬意亦賴以爲生活。彼此兩得矣。去冬東福寺有大結制。僧徒坌集。殆二千人用醬極多。有姦商賂知寺者。求賣已醬。知寺者請諸敬意。敬意使從其所請。未嘗有難色。或曰此利之大者。而所子得獨擅也。許之何居。曰我生有定利。貨悖而入者。亦悖而出。暴利何爲。其不汲々於利。如此。又常疾世之貪濁而不知廉恥。其所賣之醬無醇漓之別而不二價。故求者日多於一日。敬意制家人曰我生素而足。夫盛者必衰。及其衰致生不足。汝等勿務大也。可謂知足矣。然求者不已。今城中則至二條東則至岡崎云。少時學書又好擊劍。中年奉親鸞氏之教。亦不至佞。後欲窺我儒。初從一先生受句讀。及余居五條街執贄而來。從而學焉。雖不甚解孜々不懈。余後移二條。相去甚遠矣。而猶逐臭每日如期而來。且不避寒暑。不厭風雨。余爲其老而勞。今遷居於四條。猶有四里程于今無一日間斷。余之被遇甚厚矣。歲時束脩數倍於他門生。又料知余屢空。時綿布或金錢。以郵賑焉。又察什器之無者。漸以致之。余得賴而無匱。猶推愛及家人。苟有珍果則必致之。贈郵時及下婢。余不勝負荷。屢固辭而不可焉。顧剪劣如余者猶尙然矣。其於他亦可知已。敬意無子嘗養數子。莫中於心者皆遣之。今有義子。曰伊三郎。意承考。能守箕裘。敬意曰此可以嗣家。乃產業皆委之。去年益宅於北鄰。以爲夫妻退息之所。數請余而享焉。杜梁牆壁以至屛障飲食之器。皆潔淨而攻致。不用華飾。謂余曰。居足容膝。器足濟用所貴者潔而已矣。擧世崇飾是務。我所不屑也。此言也人皆能言。而不能爲。且夫儉者必慳吝。散者必誇奢。如敬意則儉而不嗇。散而不費。可謂難矣。本稱半兵衛。安永甲子之夏落髮改今名。亦就簡耳。非爲僧也。是歲年七十齒不脫。面不皺。氣力益壯。視履甚健。

飲食不㆓少衰㆒云。余嘉㆓其人㆒。雖㆑不㆑請焉。敢狀以贈㆑之。

大和風雅序

大和風雅者。和州一方之詩。而州之藤本惟恭寺尾子德。輯錄以備㆓於君子之觀㆒者也。和者土名而已。昔在我神武天皇起㆑自㆓日向㆒而東征焉。芟㆓夷醜類㆒掃㆓清中州㆒而都㆓於茲土之橿原㆒帝里之故以㆑大稱㆑之。曰㆓大和㆒。因稱㆓海區㆒亦曰㆓大和㆒矣。海外之人寫㆓方言㆒云㆓野馬臺㆒。謬㆓和字之音㆒云㆑倭。我國史襲訛。而書㆓倭國㆒者。用㆓彼文㆒也。成務天皇分㆓天下㆒爲㆓六十六州㆒仍稱㆓此州㆒爲㆓大和㆒此所㆔以至㆑今擅㆓大和之名㆒也。西土之聖人以㆓禮樂㆒治㆓天下㆒。夫詩樂之器而道之用也。其用博矣。所㆑爲㆑體者三。曰風。曰雅。曰頌。邦國之詩謂㆓之風㆒々者容也。容以㆑俗而成。俗卽人情之所㆑趣也。蓋八方寒暑異㆑氣。山川殊㆑宜。政治因亦不㆑同。其又有㆓得失㆒。此所㆔以其人情隨㆑變各成㆓風俗㆒也。詩者言㆑志。誠之不㆑可㆑揜。其唯詩乎。天子坐㆓於廟堂之上㆒。明燭㆓四海㆒者。非㆑悉㆓人情㆒則雖㆓堯舜㆒亦所㆑不㆑克。此詩之大用也。故先王采㆓諸國之詩㆒。而收㆓之朝廷㆒。俾㆓工朝夕誦㆑之以觀㆓其風㆒。又察㆓其可否㆒。而黜㆓陟爾辟㆒。是風之義矣。

以二風化一風刺者。不レ知レ詩也。雅者王廷之樂也。故制二之辭一。臨レ時奏レ之。被二諸管絃一。以宴喜焉。或賓客。或遣使。或命レ將勞レ卒。各就レ事而序二其情一以慰二諭之一。又有レ揚二君德一褒二臣功一。贈遺怨刺之詩。亦采而存二王朝之風一。奏レ之以爲レ戒。詩主二勸懲一唯雅有レ之。不レ知者亦言變レ風變レ雅也。若乃頌自二郊廟一以下凡百神。祭祀之所レ用是而已矣。亦莫レ不三各本二于其情一也。享祀之音曰レ頌。宴饗之音曰レ雅。訓正訓容有レ不レ知レ爲レ音也。邦國之詩。雖二冠冕之制一。攝二之風一而不レ稱レ雅。唯如二宋魯一用二王禮一之國。則以レ頌稱レ之。亦不レ得レ曰レ雅也。王都亦民間之詩則稱レ風。王風是也。說者云。周室衰不レ能レ復レ雅。殊不レ知三二南有二文武成康時詩一矣。余持二此說一久矣。未二以告一レ人焉。今大和風雅其猶二豳風二南一乎。自二上世帝王一至二當今黎庶旁羅無レ遺焉。豳風七月是士民之詩也。其他皆周公周禮。或稱二豳頌一。或稱二豳雅一。南雅以下先王舊都與上有二周公之詩一故也。此是編之所三以擅二風雅之稱一乎。余未レ知二二氏之意所レ在何如一。刻成。以レ序見レ請唯以二我所一レ知道レ之如レ斯。

註二金魚賦一序代二唐山人一作

凡天地之生物至二彼細微者一。其有レ待二於後世一乎。草木之灼々離々。蟲魚之喓趯活發。其物莫レ不レ備二於三百篇一。鄭風有二芍藥之草一。牡丹則出二于後世一。周南有二赬尾之魚一。金魚則出二于後世一也。而牡丹唐世賦咏盛起。駸々至二于今一矣。若乃金魚未三嘗有二賦咏之者一也。至二前明王氏元美一始賦レ之。夫亦天地之有レ待二於後世一者。其有レ意乎。元美之文。所謂正而葩也。猶三百篇焉。苟自レ非レ假二訓詁一不レ易二通曉一。予浮レ海來二長崎一。適見二彼邦人所レ註金魚賦一。其註二爾雅一。凡賦中不レ可レ讀者。渙然氷釋。而後正而葩者。人々見而知レ之。於レ是金鱗朱鬣。呴沫潜泳。宛乎若レ目二睹之一也。則其功不二亦偉一乎。而不レ於二我華夏一。而於二海表一。乃知天地之生物非三獨待二於後世一而已。

唐詩選夷考題辭

自三蘐園倡二古學一。詩必盛唐。文必李王。滄溟又有二唐詩之選一。服氏故刻二之東都一。大行二於海內一。莫レ有二人不レ挾レ之者一也。而五尺之童。輒曰唐詩唐詩。夫唐詩之爲二唐詩一非二解所レ盡焉。然不レ得二詩意一。則初學無二由而入一也。李選之解。彼此頗多矣。今盛行者有二訓解。句解。兒訓。約說。國字辨等一。而訓解之解二詩意一。俗陋多レ謬。不レ可レ爲レ據焉。然平二說大意一而已。故誤二學者一猶少也。至二句解一則句二說之一。字二釋之一。穿鑿詳備。必盡レ所レ欲レ言而止。且謬二大體一者不レ少。視二諸訓解一其謬相千百。人認レ此爲レ眞所謂陷二邪路一也。何得二唐詩之正味邪。則害二於學者一莫二此爲レ甚矣。今之所レ考。將三使二學者一不レ惑二於所レ從也。故就二訓解句解二書一指二摘其過一采二其正意一。間附二鄙見一。以便二初學一也。而其止二於二解一者。世不二甚流布一者。不レ暇レ問レ之。且其得失。及二博辨レ之乎。若二夫兒訓。約說。國字辨一是目不レ知二一丁一者之用。而射レ利者之所二設爲一也。雖レ有二寸長一而學者所レ不レ齒也。故置而不レ論焉。客難レ余曰古之諺曰。人莫レ知二其子之惡一。莫レ知二其苗之碩一。果哉。孰子之是也。余應レ之曰。人各言二其所レ見。我是豈必是哉。然是而不レ言。孰非レ我而當也。若有二高明一裁レ之。唐詩遂歸二於正一乎。是以售レ醜己。客又曰。先民有レ言。詢二於芻蕘一。夫取レ長去レ短。學者之事也。今以二國字一書レ概置レ之非レ所レ聞也。余曰夫學在二精力一。故聚レ螢映レ雪閉レ戶刺レ股。猶汲々恐レ不レ及也。如二夫詩一隨レ見而入。烏在二其精力一。學レ之無レ成。職此之由。況唐詩之妙。非二言之所一レ盡。我非二惡一而絕レ之。戒二學者無レ閲二國字書一也。客唯々而退。

引

詩會引

後世之詩其猶二三百一乎。本二之性情一矣。蓋先王於二賓客宴好一必以擧レ樂焉。賦レ焉。以觀レ志。咏レ焉以和レ異。我儕嚶鳴之樂。十五國風不レ啻。而人道之正於レ是乎在。

石亭百石圖引

般古子之石癖也。凡海內有レ聞則雖レ遠必致レ之。是以其藏幾三千種云。余聞レ之久矣。己亥之夏。與二同志一行而請レ之。乃得三屬二目石之寫象一。自二造化一以至下涉二人爲一者上靡レ弗二物而備一矣。繄天彰二萬象於石一以示レ人焉。奇哉奇哉。雖レ然不レ有二石亭一。則人焉知レ之。無二寧天以レ茲眷命一乎。今且圖二百石一以貽二于世一斯亦答二天意一也。出見而請レ言余感二於所レ覩以書二篇端一。

題跋

題二西宮記一後

是記也蒼雛翁。基趾既立而一旦捐レ世矣。嗣君堂二構之一不レ遑。以屬二之猶子一。猶子循二翁之底法一。以架焉。輪煥媲美於二西宮一不レ謂レ盛矣。然則此編與二西宮一相爲二不朽一。豈秪此也。蒼雛翁亦不朽。乃嗣君之成其志。猶子之財輔之功其巨矣乎。

代二唐山人一書二箏記後一

晴雪之夕。登レ樓遠望。丹霞之與二積素一。的歷相映。夕陽射レ波。金鱗搖蕩。乃取二横笛一。吹數曲。却復囘二首鄕關一。則海濤萬里。渺若二隔世一。黯然消魂。情況何如乎。適高暘谷以二一小冊子一見レ示。展而閲レ之。江禎夫者記二於箏一也。因知日本之樂。隋唐之際所二流傳一者也。雖下後之變遷不上レ可二復知一而吾聖邦供化之光被。迺表二東海一泱々乎美哉。予有下類二南冠之縶一者上。概其南音在焉。於レ是又爲二三弄一。遂書二其後一。

解二人頤一跋

見二於書傳一者。漢匡衡說レ詩解二人頤一。六朝之人善二清言一。今觀三世說能使二人頤解一後之解二人頤一世不レ乏二於人一。夫既多矣。其頤可レ解者。乃不レ可レ解者也。難乎。其爲三後日讀解二人頤一其才思敏給風流雅致。愈出愈奇。則是書之擅レ解二人頤一宜矣哉。雨新菴主人。近得レ之則其頤先已解。乃大悅。遂拔二其粹一梓而傳レ之。其意欲四使三人々亦解二其頤一也爾。

日新堂集文部巻八　一名蕉牕集

安藝　平賀晋民房父　著

記

嘉島記

我邦境海濱之勝。至二嚴島與丹後之斷門。奧陸之松島一。爲二海內三絕一。誰不レ知レ之矣。山溪之勝。則我郡有二御許山一。相傳美濃之虎溪爲二之匹敵一。余抵レ之不レ及二許山之眞且大一焉。然在二幽僻一人不二甚知レ之。爲レ可レ惜哉。邦之東偏有二玉浦一其地山水淸麗。莫二處不二奇絕一。而有二庶富之稱一。無二勝地之名一也。其東南海中有二嘉島一。是玉浦之松本氏。有二功績一邦君賜レ之者也。其初兀々尋常之一島耳。松本爲レ之植レ樹。則爲二森欝一。乃傍レ山架レ屋。殿宇廊廡門樓牆壁結構盡レ意。而後乃今鄰近之山水天眞風致不レ可レ言焉。儼然現二出一蓬萊一。世々奉レ之至二今達夫一既四世矣。愈脩愈不レ俗。凡鄉士之士女。浮二于海一則必言二嘉島一。遂爲二邦內一名區一。余有二山水之癖一十四五年前。嘗一抵二于此一。終日遊咏而還。後常夢寐焉。近以下與二達夫一周旋上得レ數二於此一則至愈不レ厭焉。丁亥之春達夫要レ余抵二京師一。遂同探二東邦之勝一。琵琶湖既載。多賀南宮之壯麗。諏訪之渺漫戸藏之巉巖。妙喜榛名出流《イヅル》岩舟。凡有二名稱一者。莫レ不二取レ路而探索一也。直抵二日光一。欲三遂往二松島象潟一。適達夫足病而不レ能レ行。以二轎行之不一レ韻而不レ果。乃南出二於江都一。則達夫謁二瀧鶴臺一請レ記。鶴臺者長門侯之臣。而爲二海內之文宗一。與二達夫一有レ舊。嘗信二宿於嘉島一。熟二知其勝一。卽記而與レ之。乃循レ海而西。探二鎌倉江島之諸勝一還二於京師一。則達夫謁二伊藤東所一請レ序。東所之父東涯先生者。達夫所二師事一也。東所卽序而與レ之。於レ是達夫圖二島之形象一。首簡二瀧藤之序記一。以請二四方之詩文一。去年達夫致レ書促レ余曰。今玆長門侯來錫。何子記之濡滯也。以三島之景勝二君所二序記一無二復餘蘊一。其又奚言焉。而有レ可レ言者也。余遊二歷天下一。所レ到名山名水何限。其在二窮陬之鄉一者名湮沒而不レ傳。今遊二京師一五年二于此一。嘗有二盛稱一不レ如レ所レ聞者多矣。山水亦非レ得レ人則不レ顯矣。嘉島之爲二勝區一也。邦君賞レ之向レ施者。既三世矣。松本氏有二榮耀一焉。然是邦內之事。而異邦未レ有二尋索焉者一。今長門侯來。

夫長門國大而爵尊。能來而賞之。漸而被之則此島之名于天下可計日而待也。達夫孜孜繼述先志。其在斯乎是爲記。

潮鳴館記

三原宇士龍余自弱冠相知。士龍嘗請余。敎導其邑子弟。以故余數適三原。適則日夜握手高談相驩。未嘗有逆于心。今雖千里相隔。心契不易者。十年於茲。嗟余劣々何足言。士龍以功班秩超進。今爲邑宰。父母于斯民。政績益著矣。其君又賜第。士龍自名嘲鳴館。官務之暇。與二三同志。嘯咏於其中。又旁乞寄題之詩自皇朝搢紳。凡四方知名之士所爲者。駸々輻湊。士龍揭之梁間。諷誦自樂。今玆致書曰。諸君之惠不朽弊館。光榮無比。而吾子之詩未至已。我知吾子今潛心於六經而廢絕彫蟲。是以不敢請焉。頃諸友從臾曰。此館不可無記盍爲之乎。余深以爲然。顧記非吾子則不可也。且弊館獨可虛吾子之名哉。雖病强爲我記之乎。何得恝然矣。併圖至焉。余雖未抵其館。而知其所。且三原之景勝素所熟知。對此則恍如夢。假令不請豈可已耶。嫌不才拙於文一。且自棄己來。不レ用二意於此一。信筆拈出殊鄙陋也。士龍之使二余記一。豈擇二工拙一者耶。其意有二別在一。是以不レ辭焉。夫三原城。後倚二櫻山一。前瀕二于海一。城堞起二于波浪之中一。左右分二民家一。既庶且富。亦山陽之一都會也。波多山塞二于西南一。正南則諸島連綿。亘二東西數十里一。以障二大洋一。北嶺陸續。東到二糸崎一。是眺望之所レ及也。潮鳴館在二郭東南之隅一。其地曰二東築出一。南出二于海一而築。故名焉云。東者西亦有レ之也。館北面對レ山。郭樹圍繞。自如レ在二丘壑中一。左右開港。坐見二帆檣之去來一。臥聞二櫓聲之咿唖一。門前溝池蜿蜿。水瀉二于海一。鳴咽之音不二暫已一也。池上城堞連絡樓櫓高架。隔レ港乃崇福言言。透二迤西北一。魏々重レ門。百雉粉壁的歷映二朝暉一。樹裏雲樓。渠々帶二晚霞一。其上遙出者六松山也。密樹蒼々。嶺頂孤松擢レ羣而秀。余曾寓二居其下一。嘆二五松既擢獨自標一操而爲レ咏者也。其東相接者野畠山也。山腹有レ寺。曰二妙正寺一。是主君香火之地。堂宇巋然極二輪煥之美一。見二諸烟靄之中一。又東而南出。直二館之正北一者。櫻山也。峨々巉巖樹木菁葱。積翠欲レ滴二于庭陰一。山之東北。見二佛宇一爲二正法寺一。寺後倚レ山。山嶺相連至二於山中一。横二東北一而抵二海濱一者。米田山也。其望甚近。老蒼松樹與二庭樹一相接。自二米田山一山嶺相連。東南循レ海而流至二糸崎一。而望極。糸崎有二神廟一。海濱之勝地也。相距十餘里微茫望㆑之。其後高聳者鉢峯也。形如㆓兜鍪㆒。館之南面都是巨浸。阻㆓于城壁㆒竹樹不㆑入㆓於堂上之觀㆒出㆑門而西行。五六十步。乃南表之島嶼。西接㆓波多山㆒。千帆之渡海。一覽可㆑盡矣。若夫風色驕。海若驅㆑之。洪波奔騰。萬頃怒號。形如㆑山。色如㆑雪。聲如雷。憑㆑高而望。是天下之壯觀也。可㆔以起㆓公子之病㆒。何必廣陵之發。可㆔以澆㆓韻士之腸㆒。阮籍亦何須㆑酒。館之取㆑名。蓋以㆑此焉。他日余得㆔暫還㆓道于此㆒。抵㆑掌道㆑故。爲㆓十日之歡㆒。雖㆑欲㆑不㆑詩而得乎。士龍其俟㆑之。今且因㆑圖而狀如㆑斯。

記事

記㆓僧道命事㆒

昔京師有㆓僧道命者㆒。信㆑道特篤。常誦㆓法華經㆒。而竊通㆓和泉式部㆒。比比往來。一日式部投㆑宿。僧中夜起而諷誦焉。既畢又就㆑寢。夢㆓一異人來㆒。僧驚起問曰。子爲㆑誰。荅曰。僕住㆓第五條洞院街㆒者也。君誦㆓法華㆒常欲㆓一聞㆑之。而不㆑得也。今夜幸而得㆑聞㆑之。故來謝耳。曰余誦㆓

法華無二居日一。洞院街亦不レ爲レ遠。子何不レ得レ聞。曰然君雖レ有二犯行一。每レ誦則必沐浴而行レ之。故梵天帝釋其他諸神皆降臨而聽焉。如レ僕卑賤之神豈得二與聞一也。此夜君不二沐浴一以三身有二不潔一。不二復降臨一。故僕得レ聞レ之。而年來之望足矣。遂去。

紀事

一書生作二悼亡詩一來乞レ正。其詩曰。人言豪傑齒尤危。解二釋東風一撓二卓枝一。蕭洒英梅摧折後。年々春色使レ生レ悲。後二句粗通。前二句不レ知二何語一。故止塗抹返レ之。復來乞二改竄一。辭レ之不レ可。余甚窘。取置二几按之上一。適見二陳后山詩話一有レ云。昔之黠者滑稽以玩レ世。曰彭祖八百歲而死。其婦哭レ之慟。其隣里共解レ之曰。人生八十不レ可レ得。而翁八百矣。尚何尤。婦謝曰汝輩自不レ諭爾。八百死矣。九百猶在也。世以レ癡爲二九百一。謂二其精神不一レ足也。忽得レ之。乃改レ之曰。自言豪傑不レ爲レ癡。解釋强存二九百悲一。但自梅花摧落後。可堪歲々艷陽時。閣筆獨自大笑。可三以爲二談柄一。聊記二于此一。

字説

杉江氏三子名字説

小雅曰。常棣之華。鄂不韡々。凡今之人莫如兄弟。箋云承華者曰鄂。不當作柎々鄂足也。鄂足得華之光明。則韡々然盛。我邦三原杉江君者。余斷金之友也。今雖各天相隔。而心交不渝。蓋三十年一日云。君有三丈夫。奇異俊拔。均之國器。余曾遊三原有日矣。抵則伯仲從余而遊。未嘗離側。叔則猶幼。亦時提携相擾。一日君謂余曰。兒輩雖未冠。請吾子豫命之名字。余曰諾。迺長名世華字伯韡。次世鄂字仲輝。次世柎字叔明。取於常棣之詩。而用鄭義也。既而余奔走四方。今占居京師。不相見者十有餘年。往歳君致書曰。三子既以吾子所命名之。請又爲説而與之。何似實豚犬輩之願也。顧其義鄭説具在焉。然余猶記之。當時察三子之氣。伯氏英邁。如華之敷榮。仲氏謹厚。如鄂之承而保之。叔氏鎮密如柎之固基趾。惟其有之。是以似之三子。其勉旃。英邁則易蕩。謹

厚則易レ偏。鎮密則易レ固。鄭氏固曰弟以敬ニ事兄一。兄以榮ニ覆弟一。恩義之顯亦韡々然。推而廣レ之。文質相資而爲ニ彬々一。此謂ニ之同輝一。乃其所レ成草必蘭樹必玉。以榮ニ於階庭一。則明濟レ美。光ニ後昆一何止ニ兄弟恩義之顯一邪。今因レ請ニ其說一。書以朂ニ其成一。三子其志レ之。

辨

孟子勸ニ齊梁君一以レ王辨

有客來問曰。孟子勸ニ齊梁君一以レ王。而周王猶在。此以レ臣代レ君也。孟子人以爲ニ亞聖一。我不レ能レ無レ疑如何。余答レ之曰。夫學在ニ明レ道與ニ知レ時也。如ニ子之言一。秦後之所レ爲道而非ニ三代之道一也。孟軻知レ道之人也。故勸ニ二君一以レ王。何顧ニ周王一乎。不ニ秪孟軻一也。尼父亦然。尼父及ニ公山弗擾之召一。欲レ往而曰。如有ニ用レ我者一。吾其爲ニ東周一乎。此與ニ周道於東方一也。何顧ニ周王一乎。不ニ秪尼父一也。周公亦然。周公輔ニ武王一。滅レ紂而取ニ天下一。救ニ民於困苦一。而後制ニ禮樂一。定ニ法度一。率レ下以レ仁。敎ニ民孝弟一。是以君子成レ德。小人成レ俗。熙皡之化。被ニ四

海。天下艾安。數百年莫敢議之者矣。若魯衞之君用孔子。孔子實爲周公。齊梁之君用孟軻。業則成伊呂。功則淫於管仲。齊梁之得天下。易於湯武。而又無慙於德焉。何則戰國之時黎民塗炭極矣。故其歸於德。如孟子所言也。周王又無桀紂之惡。而衰微亦極矣。不用放伐而自滅焉。故由反手良不誣也。但其與禮樂。我不能無疑於孟子也。夫天下者是非人之天下。萬物皆天之民也。凡有血氣者。不能無欲。弗治則亂矣。天不能自治之。乃眷命有德。以爲天下之主。故三皇五帝之建五官。而利用厚生。堯舜禹之制作禮樂。而敷化。湯武之放伐。而致治其心一奉承天不敢私天下。專爲斯民昧爽丕顯。坐以待。且唯懼弗及。先聖後聖其揆一也。此之謂繼天而立極也。以天功人代之。死以配帝虞。書以歌九歌。爲聖人之極功。是故道者仁也。爲民之外豈有他哉。書曰天聰明自我民聰明。天明畏自我民明畏。不其然乎。天旣爲民立主。使民奉養焉。不然則雖天子均之橫目之民也。撫我則后。虐我則讐。泰誓稱紂獨夫。凡詩書所載。莫非戒人君。以天命無常。使務德者。而不吝取者。夫得命而代者。非下之人而誰也。湯之七十里。文王之百里。非臣乎。天假手以滅桀紂。故孟子謂湯武爲天吏一。夫有二亂臣賊子一者。君之罪也。是以春秋雖二子弑レ父。臣弑レ君。而君無二道於民一。則書二君名一而匿レ臣矣。大學曰堯舜率二天下一以レ仁。而民從レ之。夫一人爲レ仁。則臣人奉レ之。而克亮二天功一。如二稷契臯陶伊呂一是也。天下風靡。人守二禮義一。戶勵二忠信一。誰有二覬覦者一邪。卽有レ之天必殪レ之。如二管蔡呂郤一是也。夫春秋至二戰國一天下壞亂極矣。孔孟生二於其時一。苟志二於道一。則何周之有。若天誘二其衷一則孟軻庶二幾於伊呂一。如二夫子其爲二湯武一。亦未レ可レ知也。然無二尺土之封一。則天以レ傳レ道之任。而萬世賴焉。軻雖レ承二於夫子一。所レ不レ知者多矣。而其德霄壤非二同日之論一。但取二志之同一已。夫道者仁也。禮義德行莫二非レ仁者一也。觀二左氏所レ載人情世態。推本二之詩書一。則其明若レ觀レ火。若以二後世之情態氣習一則不二與レ道背馳一者幾希矣。秦私二天下一。不レ知二上有レ天。不レ知二下有レ民。傲然自占二其尊一。視レ臣如二土芥一。無レ禮無レ義。專以二名分一率レ下。是申韓商鞅之道。而非二我聖王之道一也。自二漢承レ秦。歷二千數年一。滔々至二于今一。夫道春秋猶在レ人戰國則墜二于地一。至レ秦掃レ地而蕩盡。漢雖レ崇レ儒而不レ知レ道。善治レ民者。獨良二千石。纔以二經術一緣二飾之一耳。儒者唯非二名物度數之末一。則章句訓詁已。不レ能レ明レ道也。至二趙宋一以二浮屠之法一。爲二聖人之道一。而士行依然。名分專以レ奉レ主爲二臣子第一義一。以レ此讀二春秋。郝敬所謂如射覆者。不知聖人之道仁也。後儒常言。宋末多殉國之士者道學之所致也。此誠然矣。管仲不死於公子糾。而奉桓公。孔子曰。如其仁。如其仁。豈如匹夫匹婦之爲諒也。自經於溝瀆。而莫之知也。微管仲吾其被髮左衽矣。至宋胡元一統天下。彼堂々衣冠鞠爲左衽。不宋儒以聖道爲夷狄之効乎。殉國之多何補萬分。晏子曰。君爲社稷死則死之。爲社稷亡則亡之。若爲己死而爲己亡。非其私暱誰敢任之。如方孝孺等。豈不讀左氏而不如晏子知道也。若夫張巡文天祥等死於社稷。使其知道則可矣耳。夫唯秦以後無道。故代者皆是莽操。其中兩漢唐宋元明。雖始以簒奪。終之以仁。是以福祚延世。亦可以見天意所在也。凡聖人所説皆君道。六經莫非此矣。臣義寓其中。而言多不及焉。後儒擬君於天畏。不敢議其所言。唯臣道以名分爲事。此陷於嬴政之術中。而不知反也。經無所據。則簸弄春秋。誣古人如仇讎。譚道則眞如法性無明煩惱。以聖人爲佛所爲。證則軻之性善四端。軻豈然乎。然軻之所不知者是矣。聖人所言禮樂而已。豈言性乎。軻排異端而爲其所惑。務言性。因亦爲宋儒所據。是軻之罪也。

五氣辨

戰國之末。先王之道廢替極矣。事儒者欲張之。已則不知之。務傳會奇怪之說。欲以服人矣。於是乎。有天有五行之氣。而賦與於萬物之言。自是而後。雖博學碩儒。信而不疑焉。唯附益之力至。此方物茂卿始辨其非。實發千載之蒙。而猶有未盡焉者。今補之曰。夫五行與人物並生於天地之間。人資以爲生。故虞書謂之六府。洪範亦然。故武王訪于箕子曰。惟天陰隲下民相協。厥居我不知。其彝倫攸敍。是非利用厚生乎。其九疇。曰一曰五行。二曰敬用五事。三曰農用八政。四曰協用五紀。五曰建用皇極。六曰乂用三德。七曰明用稽疑。八曰念用庶徵。九曰嚮用五福威用六極。皆經綸天下之事。未始以天氣言。其所謂雨暘燠寒風是庶徵。而與五行不相干。亦以休咎言之非言天也。天豈有五氣乎天之所爲氣者。唯陰陽是而已矣。其爲象於天者。日月是也。日氣曰陽。月氣曰陰。其氣之降。直成形者。水火是也。火之炎上。潮之從月。各以類而運行也。夫二氣彌綸充塞於宇宙之際。故以玉取水火。豈自高天來乎。其氣在於此也。凡萬物之生。無不有二氣者。其金木土亦皆禀之而生育焉。豈得有其氣而賦與於物乎。水火即陰陽。陰陽之外別有水火之氣乎。水火之與金木土。本非其類。而併爲五行者。民生之用。在此五者也。行可通行者。以人言之。豈運行之謂乎。故余則謂。天唯陰陽二氣而已。左氏言。天之六氣。可見五氣之非古也。左氏之六氣。其風雨晦明。及洪範之雨暘燠寒風。皆陰陽摩蕩所爲。而非別有其氣。亦據人所見。而言者也。如五行氣。則未有見者也。

五行生克辨

五行生克始見戲也。其妄甚明矣。如宋儒好辨物。而不規之者何乎。離生克則無五行無五行則其所掀理氣及元亨利貞仁義禮智信。偏言專言本然氣質。皆不得立也。夫萬物陰陽二氣所生育也。其氣之彌綸于天地之間。形爲水火。凡山川草木金石動植。無不有水火之氣矣。是以物死。則水火隨而滅。故凡物之生也水火相須而立。易傳曰。水火不相射即是也。然至其淫。亦滅萬物。物無能禦之矣。水火二物亦相鬭。則火能滅水。水能滅火。

而不言火克水。而獨云水克火者何乎。水火之氣有血氣者。人皆知之。如金石草木。則不可見而知也。然木伐之則出水。鑽之則出火。此可以知木生於二氣也。而反曰木生火可謂冠履倒置。子母易位。民之用火取諸木。故云然耳。若取之乎。金石土皆出火。其出以生于火故也。聞紅毛人取火於人。若以出火爲生之。亦可謂人生火乎。凡生云者。謂長育之。非出之謂也。以傳薪爲生。則已見克云。火克木可也。曰金克木。此就執斧斤伐木而言之。是人爲也。金剛物也。以人爲則土石亦皆伐之甚焉。木可以伐金也。凡生克非自然則不得言生。金之山草木亦生。非金克木。莫明焉。曰金生水。夫水陰氣之凝結者。其大次于地。豈金所能生乎。多見其不知量也。曰火克金。凡水火二物。四行皆克之。何但金而已哉。此就鑄冶之火而言。可謂井中蛙矣。曰土生金曰水生木。凡陰陽之生物。附土而成之。則水土之生何止金木也。特可笑者。其曰土克水。夫百川歸于海。土豈得克之乎。堤防之停水。云拒之斯可也。不可云克之。亦人爲也。苟以人爲言之。木亦可克之。金亦可克之。其振河海而不洩所。以生之也。易坤下坎上爲比水土親比之象也。坎下坤上爲師。不相和而得衆乎。土何克水。凡物不能克水時。克者唯火是已。至其曰木克土。曰火生土。則不啻癡人說夢。問之乃云。木折土而生。此克之也。夫土猶母。木猶子。未聞子之生爲克母也。洪範曰土爰稼穡。何不云土生木而云木克土乎。曰凡物遭火則盡爲灰。此火生土。又曰陶工燒土而成器。此火生土。灰豈土乎。此則亡論已。夫陶工之燒土。於土則死矣。不得爲生。以人用爲生。則金之斷木。而成器。堤防之停水而灌漑。火之鍛金而爲刀劍。皆可以爲生也。夫造化之妙用。陰陽二氣相比和。生萬物於地上。五行是約萬物之名。萬物並生而不相悖。陰陽和則皆可相生。其不和則皆可相克。生克何有定局。

讀

讀清乾隆帝論晉文命帥

曰晉文之覇。成於城濮之戰。其命帥也。趙衰舉郤縠焉。且曰縠敦詩書而說禮樂。詩書義之府也。禮樂德之則也。然文之勝楚終不在此。其稱舍於墓。分曹衞之田以畀宋。私許復曹衞。以携之執宛春以怒楚。皆譎道也。雖幸而勝。所失亦已多矣。使文公明大義。以責楚之不共會諸侯。以討楚之有罪。其誰不服。而必區々用譎豈知德義者也。此腐儒之常談理學。而晦於理者。何知德義。其不知德義者不知道。不知戰。不知時勢也。而不知己。亦已甚矣。試問清之代明。以大義取之乎。將譎道乎。若曰以大義戡亂。則何不諸賊平之後。立明後於中國。而還北地乎。此猶未可也。己本北狄也。何關中國之治亂耶。各保封疆。守父祖之業。是大義也。已不能而非古人。豈自知者乎。夫戰奇正百出。非此則不能勝敵也。湯武之戰亦然。後世之戰亦然。何則戰本非正。聖人豈得已乎。舜使禹征三苗。而不克。禹班師修德而服之。湯武則遂滅之。非湯武不如舜禹。桀紂不如三苗。時勢然也。晉文雖用之。楚豈三旬格者乎。諸侯懼社稷之傾覆。唯强之服。固不暇問義不義。而云明大義以責楚之不共。不亦迂乎。管仲責楚以不共。而諸侯之從齊豈其包茅不入南征不還之爲乎。雖然覇者之服諸侯。非德義則不能焉。而亦其始不以强取。雖有德不服焉。亦時勢然也。及擇帥則非有德義者不可也。苟非德義則不能服人。不能服人則不能與人戰。與人戰者或奇或正。變化縱橫。不如此則不能勝敵。德義者何不用譎。趙衰之擧郤縠。豈爲責楚服諸侯乎。使之能戰也。湯武放伐者仁也。豈得已乎。故其臨戰或正或奇。何不可者。晉文分曹衛之田。以畀宋。私許復曹衛。以携之執宛春。以怒楚。非此則不能勝也。若嫌用譎。則如無戰乎。我未見以大義責而楚之服也。

讀帝論北魏房景伯之母

胡氏爲崔母知教化之原者。以其知教化之原在孝弟也。豈非耶。先王之仁。移風易俗在禮樂。而亦以教孝弟爲先。故孟子曰。堯舜之道孝弟而已矣。有子曰孝弟其爲仁之本與。帝以景伯教孝。非其綱領而非胡氏之言。然一事有一事之綱領。一物有一物之綱領。今崔母召其母對食。命景伯供食。其子叩頭流血。此非人心感化而然哉。一州因此嚮風。則崔母之爲可不謂教化之原邪。帝曰躬親以率之學校以教之。奬善以勸之罰惡以懲之。與孝擧弟。敬老慈幼。則州之民羣化於孝弟。此豈非哉。然州之民不

知二其幾百千萬一也。豈戸而說レ之人而喩レ之也。崔母之擧。躬親以率レ之也。其化行而興レ孝擧レ弟則民相勸爲レ善哉。夫景伯之所レ爲孔子不レ爲レ易也。孔子之所レ能。景伯所レ不レ能也。孔子曰聽レ訟吾猶レ人也。必也使レ無レ訟乎。此先王之道也。先王爲二宗廟養老之禮一。示二民孝弟一。故敎化風靡。堯舜之民比屋可レ封是之謂也。此敎化之本源也。豈秖躬親以率レ之學校以敎而已邪。方景伯之時。世非二三代一。人非二聖人一。與レ時因循何知二其本原一哉。不二獨景伯一也。雖二孔子之時一。上無二明君一。道將レ墜二於地一。故孔子爲二司寇一。有二父子訟一者。夫子同レ梐執レ之父請レ止出レ之。子亦請レ止。亦出之。然則崔母可レ不レ謂レ知二敎化之原一。雖レ不レ知其不レ繼乎。景伯是一郡之主也。民皆仰レ之。而以レ德感レ之。人忍レ欺哉。是人情也。倘有二黠民一故爲レ之則崔母復行レ之如レ是再三。而猶有二爲者一。民相與擯二斥之一。不レ俟二景伯絕一レ之也。而尙爲レ之者。是惡俗雖二堯舜一其猶病レ諸。況景伯乎。則胡氏之言不二良誣一也。使レ民皆知二孝弟之在一レ己。而民之蚩々不レ能レ力レ之。則徒使二之知一已。君子之德風也。小人之德草也。要在レ化レ之也。以二在 己在一レ人理學之談何知二敎化之原一乎。帝此論。以二其聰明睿智之資一。所レ得二於窮理一者也。而如レ是者。可レ見下窮理。無レ益中于學者上也。

讀㆘清帝周過㆓其歴㆒論㆖

愚謂班氏與㆑帝均㆑之未㆑盡矣。夫卜傳㆓鬼神之命㆒而靈者也。其告㆓七百㆒此卽德與㆓封建㆒之故也。而過㆑百七十年。二子之意。蓋爲㆓天命之所㆑在者。七百百以㆓德儻封建㆒過㆓其歴㆒也。此其謬也。詩曰天命靡㆑常。又曰天難㆓忱斯㆒。又曰俊命不㆑易。書曰惟命不㆓于常㆒。又曰天道無㆑親。然則非㆑德何得㆑命。故周得㆓悠久之卜㆒。以㆓先公先王之德㆒也。秦之短祚以㆓不德㆒也。班氏爲㆓封建之故㆒。則不㆑知㆑德。帝爲㆓德之故㆒。則不㆑知㆑命。但班氏實不㆑知㆑德哉。以㆑知㆘郡縣之不㆑及㆓封建㆒遠甚㆖也。帝之不㆑取㆓封建㆒。以㆓已郡縣㆒御㆓天下㆒。其意不㆑欲㆑言㆓郡縣之非㆒也。夫封建者先王之道也。苟欲㆑行㆓先王之道㆒。則非㆘復㆓封建㆒興㆗井田㆖。則不㆑能也。此非㆔理學所㆓能知㆒焉。而亦國祚延綿。未㆘始不㆖賴㆓封建㆒矣。故宣王光武中興。周漢全賴多。封建同㆑姓也。二帝雖㆑有㆑德。非㆑此則不㆑能也。漢自㆓中年㆒以後。諸侯但食㆓租稅㆒。而亦有㆔諸侯所㆓以復㆑漢也。若不㆔但食㆓租稅㆒而已。雖㆑有㆓王莽㆒不㆑能㆑奪也。周雖㆑非㆑賴㆓齊桓晉文㆒。而存焉。而是其封㆓諸侯㆒。以㆓禮樂㆒維㆓持之㆒之所㆑致。故雖㆑有㆓强覇富國㆒。未㆑有㆘覬㆓覦神器㆒者㆖。其曰㆑欲㆘自取尊號居南面之尊者。誣之甚也。至戎狄憑陵中國。始有問鼎之大小者矣。秦雖以暴失之。多封同姓。則豈如是速邪。唐宋之得長祚。在祖宗之所遺子孫之所守。則固矣。豈可以秦綦比之邪。班氏之論。周秦豈不知仁暴之有別乎。姑就卜之過不及而論之。已而亦唐有府兵而存。宋數世而失中國。不其然乎。然此以理推之者也。其實天命不可測。豈理之所得而推耶。故明保三百年之久。清假武至于今。凡秦漢以來。叔世之君。非有桀紂之惡。開國之祖非有湯武之仁。一統之後。雖以德率下。其始乘弱而濟己欲耳。而天之眷命救民之途炭也。非其人之仁也。天之仁也。然凡自古亂常多。而治常少也。天豈不欲治乎。是亦不可測者也。今中土寧靜。古來未曾有也。清帝無乃以其德與法度得宜乎。然此方亦然。殊邦絶域。莫不盡然矣。四海萬國非一治。皆致昇平。亦天意之不可測者也。或曰如子之言。卜不足賴與。曰奚爲其然。晉武帝卜世得一裴楷。雖禱之而延祚。而第二世惠帝之時。天下大亂。國非其國。至第三懷帝。遂失於夷狄。雖元帝中興。偏安於故吳之地。豈足言耶。且元帝牛氏之子也。則絶司馬氏之種。豈不得一之明效乎。卜何可疑。設周兆二百或三百。而至於八百。秦卜萬世而卒㆓于二世㆒。則可㆑謂㆓之達㆒也。七百而得㆓八百㆒。告㆓其大數㆒也。陰陽流行猶且有㆓過不及㆒。卜而謂㆑不㆑差㆓毫釐㆒可乎。其或從或違。是則其神妙不㆑測者也。是以君子謹焉。

贊

布袋畫贊

何腹便々。克自盛㆑癡。其所㆓共俱㆒。唯囊與㆑兒。憧々往來。豈有㆓爾思㆒。

畫㆑蘭

蒨々秀蘭。生㆓彼山阿㆒。風吹㆓幽香㆒。來襲㆓輕羅㆒。

雙筆圖贊

毛潁匪㆑人。是爲㆓中書㆒。中書匪㆑筆。筆之所㆑圖。不㆑禿不㆑墨。不㆑知㆓淑慝㆒。无㆑咎无㆑譽。何有喪得。鋒稜嚴而體端直。千秋雙侍。君子側。

文房四神賛 爲龍山

自有鳥跡以來。筆研紙墨其用大哉偲矣。書之取信於人。釋玆奚之乎。

賛布袋和尚乘舟自棹圖

擔布袋。包括宇宙乎。伴小兒愛自然乎。乘刳木已亦虛心乎。而後濟渡人乎。

孔子賛

述而不作。有德無位。能聖能仁。萬世之師。

三賢賛 并序

余少時慕諸葛武侯。陶靖節爲人。竊謂出則爲孔明。處則爲元亮。乃自名曰叔明。字曰二子亮一。及二壯年一而自省レ之。侯之事業非二性所一レ堪。淵明亦不レ能矣。唯留侯雖レ不レ可二庶幾一。似レ有二萬分之似者一。於レ是乎。更レ字曰二房父一。性又退縮。孔子曰求也退故進レ之。嘗筮得二晋卦一。故改名二晋民一。雖レ然葛陶二公固所二欽慕一。將欲レ圖二三君像一。以朝夕仰止之久不レ果矣。近有二人爲レ余寫而贈者一。謹爲二之贊一。

婦人好女其貌魁梧。奇偉惟性。帷幄帝者師。籌筴千里明。終從二赤松子一。能免二獵狗烹一。

右張留侯

器大二於管樂一。力淫二乎伊呂一。仁不レ如者天矣。夫翼二暗主一征二彊敵一。成敗利鈍非レ不レ覩也。百難期二于瘁死一。誠忠感二于水魚一。嗚呼三代之後。君一人。何有二儔侶一。

右諸葛丞相

目不レ覩二泰山一。心無二芥塵一。得失總忘。應接任レ眞。所レ樂唯酒。讀書復鼓レ琴。處レ世如レ斯。眞羲皇上人。

右陶徵士

辻翁寫眞贊

偉哉辻翁。恂々其相。樂易爲レ德。曰翁是常。寫レ形逼レ眞。足二以觀一レ光。

銘

硯銘

無レ曰二胡傷一。磨斯磷也。無レ曰レ不レ染レ涅。而墐レ之爾。質之堅爾。形之方容而不レ洩。受而不レ讓。敬以行レ之。何有二不祥一。

自鳴鐘銘 爲義達上人

天工代而弗レ己。奉レ時不レ違二於天一。乾々金聲。億萬斯年。

金龍道人義茶釜銘

於乎義茶設。彼原土共之。行旅維渴之愈。其湘維何有鏞之釜。非茗維馨。德馨斯溥。爾性爾質。克剛克壽。叶豎容而不漏。酌之永久。叶擧

餐盤銘 并序

人有得杉材於湖中者。蓋其沈淪於水底。不知經幾千年焉。以爲神世之物。裁作餐盤以請銘。爲銘。

瀰漫巨浸中。劫灰維相親。忽出於人間。毋懷氏之民乎。葛天氏之民乎。弗朽弗蠹。無剝無蝕。既文且鏗々。斲而爲器。左飯右羹。殽核于盛。君子享之。八千秋與春。

雜著

青蓮院法親王歳首戒二飭多武峯一令

金雞唱レ曉。雲開二三朝之元一。彩鳳見レ歷。風傳二四海之春一。鬼神明德馨香靡レ弗二遠聞一。廟祧奉祀。謹恪勿二或慢怠一。時維孟春日屬二穀且一。爰循二舊典一。聊令二滿山者一。結語舊套

贈二丹羽周藏一乞レ言

近江丹羽周藏。學二醫於京師一。時々從レ余游。及二其歸一。乞二自鍼之言一。余淺學寡聞。其將奚言焉。論語曰。弟子入則孝出則弟。謹而信。汎愛レ衆而親レ仁。行有二餘力一。則以學レ文。凡吾儕小人之處レ世。其答二天心一奉二聖道一。夫子之聖訓至矣。盡矣。不レ可レ尚焉。人用レ之。一生不レ能レ盡也。豈待二他求一耶。子其勉レ旃。若乃主レ世居レ業。各有二成規一。猶從レ俗而不レ爲二奇異之行一。凡出レ謀發レ慮。皆於二此中一取レ之。夫死生貧富命矣。不レ可二徼幸一也。彼謂レ極二道德性

命之蘊一者。非二我聖人之道一也。是無レ用二於斯世一。噫又無レ成矣。子無レ惑焉矣。

記二庚寅之年月大小一字單爲レ大雙爲レ小應二人需一。

春建レ寅從レ訓レ夏時經二千秋一元二冬至一。

甲午歲記二月大小一雙單爲レ別應レ需

斗柄轉レ午紀レ歲梅蘂曙鶯報レ春。

安永己亥冬

先帝後桃園院天皇升假。無二　皇嗣一。

今上自二閑院一入。而繼二大統一。庚子冬十有二月四日。卽二　皇帝位一至二辛丑正月一人心皆慶喜。正旦偶誦二杜甫句一。々中之字皆具二大小之文一。檢レ之與。今年五月至二八月一之大小相脗合矣。年又有レ閏在二五月下一。蘭閏同从レ門。亦與レ月抵當矣。閏字又有二入レ門而王之象一。今

之帝。古之王。乃知二老杜預言一。今日似二符讖一焉。因續二足上下一。以記二月之大小一。竊寓二捧

聖歷之意一。敢頌云乎。

昊天春新。猗蘭奕葉。光奄二耀扶桑一。

日新堂集文部卷九 一名蕉牕集

安藝　平賀晋民房父　著

行狀

田中氏行實

友人宇都宮士龍之室逝矣。士龍爲㆓諸子猶弱㆒。往往存㆓其永慕之心㆒。故記㆓行狀㆒以爲㆑貽。厥又請㆓余言㆒以徵㆑之。余自㆑少與㆓士龍㆒周旋。見聞頗熟。婦人容貌端正。動止閒雅。性婉順與㆑物無㆑忤。士龍好游。凡賓客往㆓來于門㆒者。隘屋之中。雖㆑褻也。應接不㆑失㆓禮儀㆒。乃雞黍之具。酒殽之求。必潔齊共㆑之。無㆑有㆓厭怠之色㆒。事㆑姑唯謹焉。姑老內政委㆑之。而猶敢不㆑專。亦唯共儉服㆓浣濯㆒。而羞㆓甘旨㆒。夫家之親戚義故。則親睦無㆓親疏㆒。敬㆑長愛㆑少。而其貧者及卑賤之朝㆓夕於家㆒者。時問遺贈恤焉。莫㆑不㆔盡當㆓姑意㆒也。至㆓已親㆒。則無㆓敢私㆒矣。

是以宗黨稱レ得レ婦。姑心常歡。一室之中肅々雍々。未三嘗有二勃谿爭鬩之音一。其事レ夫也。克順且敬。莫二敢狎一焉。平時謁二神祠一詣二佛宇一。唯是祈二士龍萬福一。戊戌冬染レ病踰レ年爲レ劇。而其困之不レ恤而士龍是憂厚之至也。正月佳節多矣。逢レ之必力レ疾而起。夫妻引二兒女一。而列坐擧レ觴相祝。而後就レ褥。是月十六日卽レ世。而望節猶然其謹恪守レ禮如レ斯。此其梗概也。瑣細之節、士龍狀レ之詳矣。不二復具列一。婦人姓田中。育四男三女。卒年四十云。

墓碑銘

三宅君婦人高橋氏碑

婦人小字阿龜。後改二茂登一。姓高橋氏。其先世豫州盛島人。王父某有二一男二女一。季子名某。自以二盛島一丸土一。已難二以爲レ生。先レ是二姉皆適二本州忠海一。因遂亦遷二家忠海一。乃娶二本郡舟木水野某女一。婦人其仲女也。年十九歸二于三宅氏一。性沈默有二儀容一。事レ舅莫レ不レ承レ意。順二於良人一。和二於諸叔一。惟謹焉。不幸而卒。寶歷三年十月二十有三日也。享年二十有五歲。得三某年月日葬二邑北圓光寺一。從二先姑兆一云。生二三子一。長喜代三郎。始五歲。次半藏始二歲。三宅君名周卿。字子恂。一字甚平。與余善。爲銘。銘曰。

居有レ不レ長詒二子之昌一。

忠海村上君墓碑文

忠海村上君卒。弟君善五郎致二書與レ狀曰。兄之在レ世也。行異二於常人一。而其意之所レ向亦不レ可レ測也。夫不レ可レ測與レ異不レ可レ不二以記一也。幸先生在焉。寧使二後之異者。彌不レ可レ測。又其不レ異者不レ可レ測之能測乎。將草木之與朽。壘壘墳墓令レ不レ知レ爲二誰子一乎。皆在二先生一矣。請察焉。余爲レ之不レ得レ辭也。按レ狀君諱某。字金藏生多病。體瘦不レ勝レ衣。加レ之患レ眼。性沉深與レ物不レ忤。少二言笑一。成童好レ棊。輩莫二若者一。遂大有レ聲二於邑中一。忽棄而不レ爲。而病逾深。眼逾不レ明也。復好讀レ書。遂與レ人絕矣。母君諸弟任二其所レ爲。而不レ問焉。一日持二笠與レ杖不レ告而出。不レ返者數日。家人驚跡二其所レ徑。至二于京師一。在二一先生塾中一。從學焉。母君諸弟又任二其所レ爲而不レ問焉。唯其疾之憂。而君潛二心於經學一。日夜孜々不レ已。其在二諸

生之中。褎然皆推重焉。居無何病大起。猶勉强不輟。塾師慰曰。夫力不足者中道而廢。無畫爲要。子宜姑還家以養病也。君亦自顧不堪。卽抱痾還。乃入一室。益讀書人事益謝絕。蓬頭垢體。以自居。未嘗知晦朔。東隣又有一異人。亦好學。獨與之交。而亦相對或終日無言。又無一語及學者。其他雖親戚不得輙入也。今玆自季夏。病漸重。既而不能離牀褥。家人乃得就視也。居常不言佛。家本籍於親鸞氏。及易簀。請身獨籍於禪氏。翌日卒。家世兆域有處。然成其志。瘞邑北海藏禪寺。余幼及相見。君爲兒時。其在群兒中。亦知非常之人也。忠海多娼妓。故絃歌游行爲俗。技藝相雄長。人輕薄而鮮篤實者。而君以技則爲棊。嘗試之非不知也。以聲樂則靡々之音日夜聒於前。非不聞也。而所爲如是。則其志可知也。然在京師諸生之中。褎然皆推重焉。才非不高也。而對友言不及學。令人不能窺。則其志豈可測耶。余見其始而不能知其終也。皮相者曰。與曾點之舞雩。異其行而同其志者。庶幾乎。惜哉。命之不長也。君其先備州福山人。祖淨玄之時。徙本州忠海。父忠政生八子。君其第四子也。五弟善五郎嗣焉。身依之而終焉。以寶歷庚辰八月九日卒。年三十六歲。以病不娶。故無後。銘曰

肥遯維其質。終始如レ一。豈曰レ不レ得レ所兮。不レ如二此丘之安且吉一兮。

游撲庵曰可レ入二古風一拜讀拜讀

賴清篤妻道工氏墓碑銘

竹原賴某婦人道工氏。諱中。以二寶曆十二年閏四月十七日一卒。越卜二本邑龍頭山一以還塟焉。其子珪以二與余往來一。狀來乞レ銘。乃爲レ銘曰。

家世竹原。姓爲二道工一。父名景房。字曰二卯仲一。母梨和人。配二於父翁一。實生二三子一。婦人其仲。資稟聰慧。有レ儀有レ容。在レ家父母。竭レ孝雍々。歲十有九。適二於賴氏一。其事二舅姑一。亦如二父母一。叶母婢反治レ內順良。不レ聞二叱詈一。一鄕之人。莫レ不二稱美一。爰善二女工一。聲二於邑里一。更又善レ書。兼好二和歌一。一時女流。無レ出二右者一。叶之戈反嬰レ病而卒。叶昌悅反壽三十八。叶筆別反誕二惟五男一。珪是其長。次曰二岩七一。襁褓干殤。次年九歲。曰二松三郎一。其次六歲。曰二萬四郎一。季是四歲。曰二富五郎一。後レ母五旬。病レ痘而亡。珪七歲時。作二大字書一。人稱二神童一。到處聲譽。今年十七。才贍學富。澹藻如レ華。書亦益秀。松也萬也。並皆佳妙。善レ書善レ詩。振々燿々。家嚴命レ之。亦由二內

敎。安此幽竁昌緣反福爾子孫。叶荀緣反。明和二乙酉二月既望

梅嶺翁碑銘

君姓兒玉。名懷義。字元廸。梅嶺其號也。其先長門人。祖某始徙家我尾道。父玄伯娶秦氏。實生君。君少入京。事於縉紳家。而所交莫非天下知名之士。以無嗣。而歸養以醫終焉。以明和丙戌四月二十九日卒于家。享年若干。得某月日葬於本邑淨山南坊。君好作書。邑有古寺。曰淨土寺。藏和漢名家墨本甚多矣。得尊圓親王眞蹟一本。學之數年。書大進。後自出一機杼。大聲於邑里。娶長門人岡本春澤女。生二子。長某。號大貳。夙奉箕裘。今大行於里閈。次某字禎藏。女子一人適某。皆善書。江國幹以狀授晋請爲銘。銘曰。

維南之坊。淸淨之岡。旣固且安。以瑩而藏。勒銘立石。千秋靡傷

亡妻櫻井氏墓碑

妻者竹原櫻井氏之女。歳十六歸於余。生二男五女。余中年志於四方。抵西陲遊東海。今在京師六年于此。有終焉之志。欲迎而致之。去年九月問余病而來。將留而偕老。猶有不可者。今年五月暫還家。至秋生一女。尋逝矣。實明和癸巳九月五日也。生子亦月餘而死。嗚呼哀哉。其孝友才藝不必序。配余二十七年。其十二年與婆婦何擇。而始之撫三幼女。中之育少男。終之嫁二女。葬一男。妻獨任之。其他艱難辛苦不可勝言。而猶朝夕必祝余而後食。其節操純固。鄉黨傳稱之云。家籍眞宗。宗法用二字諡。諡曰妙琳。余在京師屬淨宗。淨宗用四字。余爲之請寺主。益二字。爲貞光妙琳。聊以昭明之德。人有非笑余者。亦所不辭也。嗚呼哀哉。夫平賀晋民志。

久保要助墓銘

久保要助余在鄉也。甞一接見焉。後徙于京師。復來訪於僑居。留累日矣。其爲人磊落。無芥蔕於胸中。亦能慷慨趣義。乃相得而驩焉。每游行未甞不俱與也。歸無幾而死。尾道宮世恭致書。曰。姊壻要助死。甞受知於先生。幸爲之銘也。而其狀未至。今玆井萬年。東上謁レ余曰。我友要助死。而無レ子其兄葬レ之。諸遊相議而立レ石曰望二先生銘之至一。余得二萬年一。始詳二其狀一。要助諱處晦。字明卿。本姓後藤。父某號彌三郎母三藤氏。世々備後松永人。邑之士流。有下稱二元右衞門一者上無レ子。請二要助一爲レ嗣。以レ故冒二久保一爲レ姓。要助者世俗之稱號也。要助疎放自適。好二擊劍角力一。後折レ節而讀レ書。邑有二熊峯先生一者。就而學焉。又好レ畫頗善レ之。遠近求者多矣。稱爲二泰岳先生一云。嘗與レ余曰。人生斯世草木之與朽。可レ悲哉。然上下寧靜。人々自足。無二事可一レ爲者。不二亦惜一乎。余壯之後。趨二侯家之急一。既爲レ緒矣。而其事未レ集嬰レ病而死。實安永二年癸巳六月二日。享年三十有四。葬二某邑某處一。娶二尾道宮地某女一。無レ子有二女一人一。猶幼。兄某取而養レ之。世恭余舊也。萬年從レ余而遊者。不レ可二以辭一。爲銘。銘曰。

樹レ功以見レ世。奮拔行二其志一。不レ成者天矣乎。死而銘二于石一。伸二其志於不朽一。乃匹夫不レ可レ奪者乎。

東毋豐田氏墓碑銘

東氏之母。姓豐田氏。諱繁世。備後州水調郡堺原人也。父曰二英方一。自二其先一爲二邑長一。兼割二知郡理一。母君其第三女。歲十八爲二東家之婦一。在二同郡本莊邑一。東家之先澁川左金吾者。當下足利氏經二理天下一時上。受二封于此一。享二數十邑一。以爲二小諸侯一。方三毛利氏之興二于本州一也。一州皆屬レ之。獨澁川氏不レ從爲レ所レ滅矣。有レ子足不レ良。故潛二匿於民間一。民以二名家之子一奉レ之而聽二邑治一。遂世爲二邑長一。改レ姓爲二東氏一。五世爲二東爲正一。爲正季子曰二直貞一。豐田氏實爲二之配一矣。母君資性勤儉。能勝二苦節一。其事二舅姑一也。每夙起視レ具與二諸姒一甘毳必備以待二其所レ欲。諸姒亦孝順然母君不レ侍舅姑則不レ說。而猶踧踖若下失二其意一者上。唯謹焉。居頃之。官命二直貞一爲二同郡垣內邑長一。亦割二知郡理一。邑長如レ舊。直貞好二施予一。常周急恤困。人皆緩急仰レ之。隣里賴二生活一者十數家。母君亦從臾而佐レ之。凡問遺贈䘏。先二於君子之意一而發焉。必出二於厚一。直貞又好レ客。日夜會飮。擊レ鮮酌レ醇。蚤莫レ討二供具于內一。母君本精二割烹一。工二酒醞一。常辨二置殽核一。每厨下親調和。莫二求不一レ應。未二嘗倦怠一。服レ之無二難色一。唯恐レ有二憂羹之譏一。諸客亦安焉。無レ有二退而後言者一矣。某年直貞死矣。母君時年三十六。子男直辰甫十三。次郎共叔甫十一。下有二五弱子一。猶在二襁褓一。直貞創業未レ半。加レ之以二推解好一レ客。死之日家無資藏自共爲家。撫遺孤諸艱難辛楚。鍾於母君一身乃隕軀而儉束。椎布操作。外督農事內躬女紅與僮僕等勞佚。匍匐拮据。無所不至。以故不至於匱乏。時有年苟贏餘乃復。里中親戚義故。緩急之末無弗應之。諏謂曰。東氏全盛之時。與諸君相資而生。今而妾猶同里閈。卽有急豈可不力乎。以此得里閭之驩心。至人尸祝乃相謂曰。先邑君不死矣。而里中父老若子弟。爲之用者衆矣。久之家運幾復。而諸兒亦稍長。然母君愈益勤瘁。一日加一日。日夜以俟諸兒之建立。每謂諸子曰。吾一寡婦提藐焉。諸孤以荼毒備嘗。苟求活者哉。不忍汝曹貿貿轉於溝壑。且無以報於地下也。而乃使諸子出就外傅。凡讀書習禮學書數。母君日夜督責不少貸焉。直辰既主於家。則令結客游道日廣。使共叔游學於四方。而裹糧束脩之資。出自母君之手。及諸弟從成立。而嫁娶之。皆母君營之。事既畢矣。而猶不卽安。唯恐諸子隕家聲於安佚。爲之警戒。不敢皇怠。諸子亦能奉母訓惟謹焉。故本支日榮。致濟美。諸子歲時稱觴爲壽。母君則言夙昔之事未嘗不泣簌々下爲罷酒也。母君既有母德又有母材宗黨莫不歎賞焉者。然晩年不幸喪三子。又直辰子文藏。嘗別爲梶山田邑長。有訟事起而有司訊鞠之。文藏及

父直辰懼二禍之及レ已。偕出亡矣。以レ故田宅資財没二入于官一。先君子之所二搆置一母君之所二經
營一一朝爲二烏有一。母君無レ所レ依。卽寄二次子于江家一。既年明和庚寅十一月。以レ所レ籍。悉賜二
季子直之一。直之乃得レ迎二母君一而歸二養于其家一。蓋官憫下母君有二節行一老無上レ所レ歸。且以二先
人之故一也。居六年直之爲二野串邑長一。家産亦稍復レ舊。所謂死灰將二復然一者也。時論以謂二母
君節義之報一焉。母君病痱有レ年。以レ是不レ起而逝矣。實安永七年戊戌十二月二日也。行年
七十有九。卜二某日一葬二宅後之山先人之兆一。有二子五人一。長名二直辰一字某。歲十三代レ父任
爲二邑長一。次名章字共叔。嘗學二醫於三原杉江先生一。先生以二其卓偉一以レ女妻レ之。遂請爲レ嗣。
故冒二姓杉江一而繼二其家一。爲二藝之孤卿三原君之醫官。次小字德次。後爲レ僧曰二義本一。次與
四郎。次與五郎。三子皆先二母君一而卒。季曰二直之一今見爲二野串邑長一。女子二人。一夭一適二堺
原邑長豐田助十郎一。實母君兄子而其宗家也。日者共叔致レ書曰。玄冬生母捐二簪珥一。生平瑣瑣
苦節敢狀二之長者一哉。然區々之情不レ能レ已。欲三立石詢二之不朽一請二吾子銘一レ之。余得レ狀驚二歎
其卓絕之行一自惟母君未二中年一喪二其君子一而家空レ藏之餘。撫二七弱子一猶尙有レ在二襁褓一
者。乃遽椎作而進。督二課農於外一紡績力二於內一猶承二先君子之意一隣里緩急必應以不レ隕二

家聲一日俟二諸子之成立一。至二其稍長一則鞭箠之力各爲レ器。寡子而見母二我敢侮一。及二娶レ婦嫁レ女。皆獲レ竢レ事其力レ貧支レ傯諸集二于蓼者一雖二鐵丈夫一所レ不レ堪也。況一寡婦而稱二未亡人一者。卽古節婦未レ有レ過レ之。余承二知於共叔一三二十年於此一共叔謙虛不三敢使二余知一彼鄉與二我壤一地相距百里所不二甚相遠一而人無二知者一。此窮阨無二君子一不レ知二稱揚而傳一。又由三國家無二表旌之典一。可レ憾可レ憾。余遍二歷天下一凡所二遭遇一者數千人。未レ覩三蘊藉謹厚忠信敬讓如二共叔其人一也。不レ知二其親一則視二其子一。有二此母一而生二此子一。則余雖レ暗二於平生一猶如二親見聞一。何不三傳而取二信於人一乎。是以不三敢辭一辭之蕪穢亦所レ不レ論也。乃銘。銘曰。

山不レ極レ高。德則戾二于天一。骨與レ人共朽。名維無レ彊二于傳一丸然玆丘。不レ崩不レ騫。貽二厥孫謀一。映二萬斯年一

齋藤氏幷配山內氏墓碑

君姓齋藤。諱長重。以二茂兵衞一稱レ之。本越前州福井人也。不レ知三其先所二由出一。勝國之時。福島氏封二于藝備二州一。都二於廣島一其臣有二齋藤利助一者。祿食二三百石一君其姪也。因來依レ

之。及レ至ニ昭代一。福島有レ罪而國除。諸臣皆流離迸散。利助亦與ニ其子彥進一共渡レ海如ニ豫州今治ニ不レ知ニ其所レ終云。利助之邑在ニ賀茂郡新莊及豐田郡末光一。君嘗爲ニ利助一 自ニ廣島一 來督ニ治之一 者數次。邑人懷レ之。是以逃來占ニ居於竹原之下市一 子孫繩繩遂爲ニ邑之著姓一今之三郎左衛門爲由者爲ニ六世之胤一也。君來娶ニ山内氏一 寛永十二年乙亥正月二十八日病而卒ニ于家一諡ニ僧號順慶一 葬ニ邑北照蓮寺一。

山内氏名麻貴。其先毛利氏之支族。吉川氏扈從之臣。新左衛門隆直者也。天下革命。而毛利氏勢蹙。凡其附庸之國皆廢替不レ能レ畜ニ臣妾一 故隆直之後寓ニ于賀茂郡一以レ農終焉。自ニ此時一世業レ農。婦人生ニ於新莊邑一 以ニ利助妻之姪齋藤氏聘レ之。實生ニ九右衛門長尋一後ニ于夫一三十七年以ニ寛文十二壬子歳九月十一日一卽レ世贈ニ尼名一曰ニ妙怡一亦葬ニ于照蓮寺一銘曰。

爪瓞綿綿施ニ于中逵。永安ニ此丘一春秋享祀。庸何傷レ不レ顯ニ于當時一。

祭文

祭二忠海

本皇考一文　皇考其先平賀別族、以木原爲氏、合族住賀茂郡白市鄕、皇祖考移於忠海

維寛延四年。歳次辛未。正月。己亥朔。二十五日。壬亥。不孝子土生叔明。余皇考第九子、生于忠海、年十四、爲沼田土生氏之義子、冒姓、名叔明、義父亡而嗣家、既而取土生同族之子、爲余嗣、以自遜因復本姓、改今名、謹以二淸酌庶羞之奠一敬祭二于

皇考木君之靈一

考兮歸來。有二

考之德之美。何去而之些二。陟二彼岵一而遙思。獨瞻望而永懷些二。

考兮歸來。我羇貫成童。唯

考是怙些二。在二家之中葉一使三我謂二他人父一些二。雖二則使レ謂二他人父一撫レ我畜レ我顧レ我復レ我些二。

考之爲也。我乃意承

考我之言也。
考已曰時我些。哀々我
考。劬勞生レ我些。
考兮歸來。方三
考之孚二於人一。亦因不レ失二其親一些。是以屬戚外家。以宗以親些。其鄉黨隣里。賴レ
考而立者。盍幾何人些。又莫レ不三皆謂二子之衣儆一 又改爲二子之急難一百二其身一些。歸來歸來。
幽冥不レ可二以入一。其不レ可レ入。莫二復及一焉。嗚呼哀哉。初恫二瘝
考身一 我弟敬美來告白。大人寢レ疾也。卽不レ俟レ駕而往。而敬美亦尋至。後二于我一三日。於
是與二我兄及我弟一 左右就視。凡望レ色聽レ聲寫レ形。以至下百爾湯液醴灑鑱石橋引案杌毒尉。
莫レ不二備至一 而調理不レ效。既在二彌留一 則與二我兄及我弟一 共謀。他邑之醫是卜是求。頃而
有二少間一 皆曰。若レ此何怪尋且瘳也。遽然爲レ劇。終不レ可二復索一 呼嗚哀哉。後蒼々不レ惠。
降二此大戾一。我忍之切。寤寐傍二皇魂一焉。內結二哀痛一刻レ骨。心肝如レ裂。不レ休者風。不レ在者
親。維木飄蕩。將レ愬二何人一。恨趨レ庭日少。而徒期二百年一不レ得レ罄二其歡心一。而空顧二慕潺湲一。於

乎。懐慈如レ淵戴恩如レ山。欲レ報二之德一昊天罔極。嗚呼哀哉尙饗。

此作雖三文理有二不レ達之處一。然其悽情哀慟出二于至情一令三人不レ忍レ讀。曾子曰。親喪固所二自盡一也。始以三爲二中國禮敎之地一固宜二其然一今見二此作一不レ減二陳情表一乃知聖賢之言。不二特萬世不レ易。卽中外亦一體也。讀二此文一於是以知三先生爲二孝子一矣可レ敬可レ畏。

弟樸菴拜讀

女和壽哀辭并序

八年之春。痘疫大行二於我鄕一比屋莫レ不レ蒙二其患一但其疫不二甚險一而皆亦愈。獨余第一女和壽。首嬰レ之。其劇不レ可レ言也。於レ是二月十七日死二於父母之手一而于レ今百有五十日。其間情頻動。既至二蘭盆之節一通街爲二拍戲一以三其生時所二好爲一宛如二目擊一又見二其年輩之女兒一同爲レ此。愈益不レ可レ堪。豈能固爲二排遣一哉。夫爲二人之父一而遇二此憂一者其誰不レ然也。亦皆抑而忍焉。豈如レ余見二之言辭一哉。然又有レ可二大記一焉者矣。初和壽生年歲在二敦牂一而余本生之考。生年亦在二敦牂一經二七十三年一是年先沒。而不レ及レ見也。余既以爲レ奇。又第二女生年。歲在二大淵獻一而余義考生年。亦在二大淵獻一經二八十五年一是年先沒而不レ及レ見也。余益以爲レ奇。而去年兒之母。又懷身。生月在二今茲六月一今茲歲在二攝提格一而生年亦在二攝提格一余以爲我亦死二於春秋之際一。而不レ及レ見二生子一也。而初不二甚以爲一レ意也。及二不祥數見一而余惡レ之也。益以信焉。一日與二家人一說二此事一和壽侍二膝下一而聞レ之。問曰大人言何也。婢嫗在レ側曰。大人言レ將レ死也。彼泫然泣下。余見レ彼。己有二死氣一而亦惡レ之。而後不二復以爲一レ意也。及三彼染二痘患一又思二平易而尋愈一也。疾病猶不レ料其死。唯自分死。彼遽然死。而余始疑。彼泫然泣下。余見レ彼己有二死氣一者。實代二父死一之兆乎。後至二六月一擧レ子。余及レ見レ之。而愈益信レ之矣。則豈可レ不レ謂レ孝矣。余爲レ之悲焉。亦唯不レ能下爲レ情爲二哀辭一而遣上レ之。其辭曰嗚虖爾逝邪。比來凶祥數起。爾當レ之邪。前爾父在二竹原一所レ爲窮途。苟爾識之爲邪。爾之逝也。是爲二爾之父一叶扶岳反邪。冥冥中知レ之。爾孝友之性篤邪。豈祇爾之親。誰不レ傷二心曲一。凡患レ痘者。狡猾而索レ不レ可レ償。爾之居二于此一。無二一所一レ行。爾父母之戇愚。相言以爲レ慧。而自彊不レ知三痘毒攻二乎中一難二於不良一。但其煩悶譫語中。陳二謝爾之父母一昔日責二讓己一。痘虐不レ已。病彌敦。既使二目不一レ能レ視。又使二口不一レ能レ言。荏苒至二危篤一不レ可二復反一。吁痘何物深刻至レ如レ此。爾之順誠當二其岌岌一不二飲食一不二服藥一 爾之父母諭レ爾曰。凡病之去莫レ食レ藥若爾雖二困苦一。

强自飲食。式灼反從レ此至レ死。勉强執レ之。亦不レ能二粒食一。唯湯藥與二粥汁一。於二其尚能言一。爾之妹在レ側而戲。爾呼レ之曰。姊病甚善。女莫レ爲レ意。又病間則曰。三月三日當レ在レ近。兒猶不レ可レ冀。兒鏤人之事。一切令二婢春攝一レ之。一日爾左倚二爾之母一。右執二爾之父手一。謂曰。無レ使二兒死一。曰何其然尋當レ起。而爾之父。爾之母。相視揮レ涙耳。遂不レ起不レ負二於爾一乎。諸如レ是。今每懷レ之。獨自呑レ聲。寤寐不二復夢一。中心言不レ平。爾之父溺レ愛。特鍾二爾之躬一。祇恨下自二爾之妹生一。鞠育衰二于外一。愛情分中於中上。嗚呼哀哉。

重曰。潘岳有レ言曰。此蓋新哀之情然耳。渠懷レ之其幾何。庶無レ愧二兮莊子一。余則曰深愧兮。東門吳哀則難レ忘レ已矣。

隨筆寫來。俱從二平常日用中至情一流出。語語令二人心慟一。語々令二人涙下一。先生之筆墨天然無二雕飾一。無レ不三曲盡二其情理一。眞名人韻士也。眞敦厚長者也。可レ敬亦復可レ愛。

弟樸菴拜讀

祭二遊外上人一文

維明和三年。歲次丙戌。正月辛未朔。某日。弟子平賀晉民。謹遣レ人以二香果之奠一。致二祭於

遊外上人之靈一嘻乎。雖二君家無常警レ人寂滅爲レ歸。我執迷不レ返。及二公之訃至一。呼レ天獻欷
嗚呼公秉レ心塞淵。靈耀燭レ世。依二化遊處一宗門爲二羽儀一。宗祖之設法。順レ俗而娶。維公不レ能レ拒二於衆生之請一。眥亦一娶。生二今嚴公一。而逝矣。自後百方勸諭。確乎不レ可レ汙。今歷二二十年一不レ易二其素一。卽淸規之徒。曷庶二幾乎公之務一。而中年以來善疾。每常臥在二牀第一。而猶力二自幹事一。使三嚴公從二師於千里一。嚴公遊方學富而緝美。嗚呼哀哉。公中和積二於中一。施二及於人一。是以國中緇素。不レ別二自他一。不レ問二長幼一。歸レ德而臻。譬如二蟻之慕レ羶。又似三琥珀之拾二芥塵一。亦詩書六藝各順レ方而訓戒。故人皆唯公之信。我家世辱二籍貴院一。得三結爲二師弟一。公之顧レ我。有二骨肉之契一。我好レ學而無レ成。而其力之所レ及。實公之惠也。於二公之歿一也。慟而腸絕。今公適二樂國一而得二證果一。則慧心自知レ之哉。尙饗。

祭二宇都宮士龍北堂松田氏一文

維安永某年月日。藝之三原君家臣。宇都宮士龍。大夫人卒。大舍人。通直郎從六位下。若州別駕。藤原朝臣。土生晉民。初余通籍于朝也、有義家同族在京師、以余爲兄余無子、後欲附與門地於彼、故復冐土生而出。與士龍相暱。三三十年于

茲一。早奉二猶母之誼一。今匏二繫于一方一。且頻年寢レ疾。聞レ訃之日。不レ能二奔哭一。家貧一介不二亦遣一。丙申之春。病得二全愈一。越五月辛未朔某日。以二絮酒乾糕一。憑レ便致二於其家一。託二士龍一。告二于大夫人之靈一曰。資性貞靜。無レ爲維常。無レ非無レ儀。其則用光。其事二舅姑一。不レ遺二餘力一。厠褕中裙。不レ使二姑識一至三舅則曰二非レ婦不一レ食一。侍二君子疾一視レ形察レ色。飲食起臥。湯藥消息竭レ力殫レ精。靡レ弗二自悉一。衣帶不レ解。四十餘日。既寡撫レ孤。不レ厭二糟糠一。井臼操作。艱難備甞。苦辛不レ知。愉愉是將。士龍已長。則教レ之云。苟成二富貴一。從二政於君一。以レ我自視。以レ爾視レ民。寡子乃見榮二於士林一。爲二民父母一。慈訓是循。而忘二其貴一。儉不レ易レ素。一裘一褐。恬淡自裕。於乎標二此母儀一。使三子能立二其身一。而簡黠爲レ德。居然享二子孫繩々一。胡考九帙之祚焉。天以終レ年。死而不レ朽。奚其所レ傷。嗚呼哀哉。尙饗。

祭二大潮和尙一文

安永九年八月二十有二日。大潮和尙十三年之忌也。嗣法弟子玄翅。乃開二道場一設レ齋。而薦二於寺一。弟子安藝平賀晋民。不レ能レ趨二訃於法筵一。適會二國人德久氏還一矣。因托二寄花餠之奠一。

屬玄翅。使附薦之。且告和尚之靈。曰伏惟和尚。天挺之資。生于偏隅。而獨立生知。夙振宗風。又精義學。傍與斯文。依化遊戲。與蓮園諸士。相頡相頏相唱相和。爰馳聲於天下。實爲天人之羽儀。弟子晋民。僻境之寒士。自早歲守先業。爲農。三十。始志于學。旁視於天下。自蓮門之徒皆逝焉。無可與言文者矣。猶幸和尚巋然獨存。乃奮然起西走。而請業。師近期順。而不拒我。卽出嘗所爲詩或文。而質於前。則點竄指授。示方不遺。云可敎矣。自是朝夕於龍津。奉承而請益。師亦敎誨不倦。且寵我光我。顧復備至。其訪高柳氏。遊頤老亭。必隨從陪侍。後勸余以學唐語。乃去適長崎。歲時奉候。以所爲請敎。則又諄々無所不至。余鶩下未有所得。然頗知其方。既而三年告別於長淵和尚初住蓮池龍津寺後移佐賀長淵寺、則師又爲文送余。以勉勵焉。歸則千里尙邈矣。時奉書以候。且具草請正。則必報書周悉起居。又筆削敎諭。無不盡矣。後作九如頌。以壽師九帙。併他稿而致之。乃杳無報信。時余亦去鄕土。漂游于三都之間。車不駐軌者。有年所。以故不脩候問。及最後、占居于京師。略得師化於傳聞。猶未得其實。乃徧訪問而知其信然。於是大慟曰。嗚呼余之不肖。未報恩而溘焉逝矣。師登上壽。於年無憾焉奈二慈範不レ可レ覩也。而其卒之歲時日月總不レ知焉。欲三脩レ書以弔二問之一而徒弟之消息亦不レ聞焉。且身窮而無二力致レ之。徒以三負德之罪一不レ能レ忘二於懷一荏苒過レ歲。今玆玄翅東上而過訪。顚倒迎レ之。一如レ逢二隔世之人一於レ是年忌以及二易簀之事一得二詳聞一矣。又知下玄翅相嗣主二於長淵一以奉中香花上乃相喜相泣。負レ荊以謝二不共一。玄翅則慰二諭我一且曰。子最後所レ致之稿。未レ及レ下二雌黃一而化矣。益不レ勝二哽咽一。嗚呼天誘二其衷一負心之情今而得レ伸。何喜如レ之況遇二供養盛儀之辰一乎。今相去二千里。薦奠不レ能二豐厚一靈神降格。蘋蘩汙潦昭二監精誠一尚饗。

祭二三宅子恂一文

維天明元年辛丑之歲。月日。平賀晋民。謹以二薄奠一。托二普嚴師一。敬致二祭亡友三宅君子恂一告二其靈一曰。余年十四。自二忠海一來。家規嚴而不レ得二交游一。十六旣冠。間得レ接二鄕人一始得二僧普嚴一。徐而又得レ君。於レ是比々相會。愈會愈不レ厭。凡相會未二嘗不レ窮二日之力一。夜則必申旦。非二話之有レ餘。不レ忍二相離一也。三人締交遂成二親契一。不レ一二其人一而一二其心一。不レ一二其心一。

而一其德。不一其德而一其情。不一其情。只是莫逆而非勉强矣。君其心塞淵其性温藉。不毀物不矜已。雖狎而不嫚。久而彌敬。天資聰明。非余輩所及。苟有事而托君處置洒然。皆出於人意之表。年又在長我二人。每樂推焉。以普嚴釋氏之高足。余讀聖賢之書。故謙下而不居。乃無相雄長。可謂三友一龍也。鄉人無老少。亦相許以膠漆。皆云管鮑復見于今日。而乃少年輩。相慕而蟻附。皆以我三人爲盟主。而君率勵名節。義氣以相與。故交游中無敢犯非彝者。他邑之人。亦無敢我侮。既皆成立。而各就業。君早纘先緒。選爲鄉正。尋劄知郡政。剛亦不吐柔亦不茹。明通淵識。民不敢欺。而愷悌爲德。温温如玉。唯以恤民爲心。是以民仰如父母。而謙恭爲行。且政理訟獄。處之如流。無壅滯之患。故上司不翅不敢凌。凡事皆君之聽。於是聲名藉甚。皆云邦內君一人矣。凡鄉人以私事托。則爲之謀如己有之。至必濟而止。其與人言。毫無僭差。古所謂忠信者我於君見之。余中年志於四方。以妻孥託君及普師。則二兒同心庇護撫恤無弗至。歸則又三人相集。相視莫逆於心。自卜居京師不相見者一紀于此。戊亥冬暫歸。時君久在病褥。勢甚鄭重。屢要普師而訪問。君則每欣然力疾而相迎。酒食欵待亦必申且。得レ馨二平生之懽喜一。而後可レ知也。但竊懼二君疾不レ起矣。既歸久無二消息一。寤寐忡忡唯君爲レ憂。去年十二月君入二我夢一。覺而惡レ之。今春訃始至。以二十二月十五日一而沒。乃知昨夢是來而告レ訣也。於レ是大慟而哭。五内如レ裂。猶幸夢裏相見。嗚呼哀哉。余徧歷二天下一。閱レ人實多。未レ見下一人如レ君者上。嗚呼君之才德。若レ遇二唐虞之世一。則稷契之與比。惜哉。國家有レ制。匹夫不レ得二與レ士齒一。僅々一縣一邑亦惟三老力田。伍二於編戶一。驥而服二鹽車一不レ得レ施二其能一。然掣肘之所レ不レ及。皆百年之後。民思レ之者也。嗚呼君年六十一。非レ少也。然天之不弔何不レ窮レ年。而遽奪二是偉人一。余甚惑焉。嗚呼余辱レ知四十餘年。今阻二千里一不レ能二走而臨且助レ喪。馳レ詞而告レ之。汚而不レ阿。敢不二諛辭一。唯神知レ之。嗚呼哀哉。尚饗。

日新堂集卷十文部　一名蕉牕集

安藝　平賀晋民房父　著

書牘

與二宗光禪師一

師其行乎、僕惘然如レ有レ所レ失。日者不レ鄙下交。儼然辱顧二草廬中一念何以有レ此。於レ師到二貴邑一之便。趨二謝於門下一會師不レ在。不レ奉二顏色一聞驪駒在レ路。不二復得レ盡二其情一終其往焉。將二何以送レ之。蓋聞富貴者送レ人以レ財。仁人者送レ人以レ言。僕不レ能二富貴一又非二仁人一。無レ已則言哉。然於レ師又何言。其可レ言者。詩乎。詩者情也。所三以其謝二於師一者由レ是所三以其能繾二綣於師一者。由レ是此七絶三章以奉贈焉。是得三小盡二其情一者云爾。幸笑而置焉。

與㆓東海禪師㆒

僕不㆑得㆑辭㆓於一友人之請㆒。將㆑講㆓易於豐水之濱㆒。會王注程傳本義。考㆓其異同是非㆒。乾々夕惕惟日不㆑足。未㆑有㆓一所㆑獲。億已甚焉。偶普嚴師來。盛言㆓貴山之勝㆒。且云與俱使㆔十四五之時嘗一涉㆓其地㆒。于㆑今十數年。總無㆑所㆑記。及㆓普師言㆑之。不㆑覺神飛。卽與俱爲㆑途。遇㆑雨及㆑山則霽。徐々望㆑之。巉巖奇峭上挿㆑天。寺院堂堂在㆓其中㆒。雲樹含㆑雨。川流滔々。山鳴谷響。無㆔處不㆓心醉㆒。我二人者。泥濘沒㆑膝。素跣弗㆑視㆑地。足以傷。而不㆑顧。徘㆓徊彼此㆒。足跡殆遍而亦疲矣。而普師奇僻側微不㆑遺。引㆓當一路㆒。卉木幬㆑天。幽邃不㆑可㆑言。徐々前。遇爾到㆓貴院㆒。突接㆓慈顏㆒。無㆑因而至㆑前。師得㆑不㆓愕然㆒哉。僕亦始知㆓是師廬㆒。而後僕喜可㆑知。師乃延上㆑堂。殷勤勞㆑之。於㆑是前疲頓已。而享以㆓種々清淨味㆒。是殆非㆓吾人間中物㆒。一如㆔劉阮二子採㆑藥入㆓天台㆒。迷路忽到㆓仙家㆒。仙子設㆓胡麻飯山羊脯甘酒㆒勞㆑之。僕等曷得㆓此盛意㆒。而出㆓寒山詩集㆒者示焉。展而讀㆑之。亡㆑論㆓其詩佳㆒。此雖㆑不㆑盡㆑禪。而其妙境頗可㆑窺。於㆑是余心益知㆓許山之勝㆒。徹㆓於彼妙境㆒矣。論談飫德。日下稷辭去還㆑家。還則入㆓

故業。晝夜頌々。卽無一介之使効謝於左右。深負魯皐。今得小間。茲謹修尺一。以謝下執事。外五律七絶各一首偶成鄙陋。雖極穢貴山。不可以已。厚顏附呈。酒滓一棬併上。是家造物以効別忱。時下殘暑尙在。伏幸自玉。

重復東海禪師

得報書辱附敎諭。薰盥讀之。情意特達。何愛顧之至于此乎。深堪敬服。然師極言規僕。々默止。則于交誼有背焉。故又小効於左右。師非僕不喜。宋儒其所諄々皆禪也。蓋師之眼見宇宙皆禪故然耳。然我道之無干涉于禪。恐非師所知也。世之小知道者。亦排宋儒。則凡緇徒皆非之。其意蓋謂道無與二。但異敎耳。夫宋學竊佛理而建立者也。其所由起陳溥也。陳溥者道士。而宏才之人也。儒釋道。六朝已有。將無同之言。陳溥欲以三者爲一。而專歸之釋氏。於我道摘經子片言隻辭。而附會之。如大極道器元亨利貞執中天理人欲居敬明德格物窮理。未發已發費隱性善是也。其餘視若贅旒。然以授周茂叔。又僞撰易先天後天。而授沙隨。二子悅之以授二程與邵雍。於是乎。宋學立儒者。最爲大事者。無極而大極。躰用一源顯微無間。李唐之時。華嚴者之言也。其所淵源可以見矣。虛靈不昧卽眞如法性。人欲卽煩惱持敬卽主人公。窮理卽觀念。靜坐卽坐禪一旦豁然。卽大悟徹底。聖賢卽佛菩薩。彼六經論語何有是乎。其所據大學奈無格物之章何。其他知行躰用直是佛。甚至以曾子之唯。擬迦葉微笑。其可笑如此。以法華華嚴禪眞言視宋學。其降不翅聲聞圓覺。故妬其不及。譏之以無實可謂忘三教一致之本矣。夫宋儒以實爲無實。力排之。佛者以無實爲實。而左祖之。甘而容譏。愚亦甚矣。是無他焉。旣不能黜聖人。其竊之也。目未嘗上宋之上。又以其似爲固然爾。師亦踐此轍可惜哉。師敎諭僕。引大極者無極也。又云大極道元。又云五行八卦前後兩天乃至六爻變化再周至一歳。則古今之通論也。皆宋說也。豈古也乎大極者指陰陽言。故曰。易有大極。此生兩儀。兩儀生四象。四象生八卦。不其然乎。漢儒爲元氣。宋儒爲理。故云無極也。於易無所合。八卦物也。六十四卦事也。天地間事物備于此。聖人畫易以制器察事。易無五行之說。漢儒傅會也。前後兩天陳溥妄說也。師又問僕。以未入母胎時事。是何可知。雖師必不知矣。若謂知矣妄耳。僕不知佛。故不議之。師欲

與レ僕議レ儒則直學二六經一斯可也。若必以二宋儒一爲レ眞。欲二與爭衡一。則僕請一一難レ之。師不レ證二之六經一。僕不二敢服一。不レ知二能レ之否一。爲レ師謀レ之。與二其爭一無二干涉一者。若三辟無レ實而顯二其實一乎。欲三宇宙皆爲レ禪不レ可レ得已。

與二岡元倫一

初聞二之嚴師一。足下之至二此邦一。首倡二張仲景一。大張二旗鼓一。方二其用レ之多々益辨。遂立二赤幟一。壯哉。亦所謂豪傑之士也。未三嘗不二私竊嚮往一焉。僕之僻在。莫レ承二大方君子聲氣一。卽不二自量一嚶鳴比德。念レ之未レ已。徂夏及二横田氏之婦病一。邀請二足下一。始得二相會一。未三嘗不二而故一又辱二儼臨一。且以久要不レ間二千里一。何以有二此於足下一。豈以非二彙征一亦氣類乎。喜愧交集。卽亡レ論レ勉二之嗣音一。僕懶惰不二卽報一。至二于今一。足下謂二匪人一哉。所レ幸二恬愉之誼一。尙賴レ之耳。玆以上二起居一敢謝云乎。炤諒。

與二川口西洲一

凡士臭味苟同則千里比肩。豈祗傾蓋如レ故也。僕於二足下一面未レ接也。書未レ修也。唯神知レ神己。向有レ所レ窮。而我鄉之人。白頭維新無有曰百其身者。謀二之嚴師一。卽致二意足下一。足下惠然肯來。有レ所レ貸。而濟レ急。雖二足下德誼之性固然一也。而非二亦唯神知レ神。則豈其然邪。於レ是乎僕之知爲レ不レ謬哉。乃神交中之神交者也。其機微也。而神之交從レ此始。則漸近二自然一。遂以レ形隨レ之。其有レ所レ極耶。一鄉之士友二一鄉之士一。所謂千里比肩者。非乎。然則曷以謝レ之。爲レ謝斯傷レ神。無レ己則在二抵掌之時一哉。

與二惠美三伯一

水野氏來。出二詩三篇一以示。無レ因而至レ前僕愕然久レ之。乃定卽披誦三復。洋々雅音。陽春白雪遞相映發。僕曰此我郡中所レ無者也。子從二何許一得レ之。曰吾日抵二瀨野一。會二廣島大國手惠美先生一。卽其所レ爲者也。曰然余聞二之田貫之一也。先生爲二醫於國中一。所レ治莫レ不レ起者。且翩々君子。樂レ敎二育英才一。詩人所レ咏菁菁者莪卽其人也。曰先生亦云。子之邑有二士生氏之子一。好レ學嘗聞二其人一無レ由レ見レ之。子還視二此詩一且云。春中來與爲二平原之歡一。于橐于橐莫二復慮一。

懇々不レ已三致レ意也。僕又爲レ之愕然。先生之愛レ人。雖二則固有一。而僕何人承二顧眄一至二于如一レ斯。意僻邑無レ人。鄰里以二自大一可レ謂二夜郎王一也。先生傳聞而謬取。已豈不二汗顏一哉。雖レ然僕寒鄉之士。希二嚶鳴于四方君子一。日夜不レ己。及レ聞二此語一。魂飛心騁。獨奈下上有二奄々老親一下有中嘻々婦子上。一切仰二給於僕一。不レ可二一日無一レ僕。實如二樊中禽一志業不レ就。職此之由。曾爲二之田十絕一。其八章曰。凰子生二叢棘一。毛成翼未レ成。常自群二燕雀一。顧向二長天一鳴。以二是故一不レ能二往侍一。青眼轉益跂二子之情一。幸憐察焉。因二水野氏之便一。述二鄙情一併謝。見示及二佳什一。和二其一一雖レ極二形穢一。少布二賀儀一。兼酬二來美一。外舊作九首附覽亦嚶鳴之情耳。請賜二斧削一何幸如レ之。時春寒尚在千萬自愛。

復二南子禮一

不肖孤罪戾延及。先人溘焉棄レ世。憂悶中。忽辱二手書一。弔慰之辭懇々切到。何愛腴至レ此乎。重レ之以二挽章一。此由二足下一不レ朽二先人一。則豈敢忘二之恩一。而久曠二答稱一。僕以二不肖一有レ所二著述一。而助レ哀也。乾々惟日不レ足。世間一切書牘無レ所レ報二之況一足下如貫之誼。恃以全二私哀一。

然僕自知㆑罪。今布㆓鄙忱㆒。裁復併謝焉。諸君哭弔詞章頗多。採錄上㆓左右㆒。賜覽是冀。

復㆓義達上人㆒

華牋飛墜就審㆓貴恙小安㆒。不㆑勝㆓欣躍㆒。不佞嚮與㆓寶洲㆒言。上人才與力不㆑難㆓乎致㆑遠。然比來二豎不㆑去㆑側。若㆓夫瞿曇之道㆒。高妙者。精微者。宏遠者。至大者。殆不㆑可㆓端倪㆒。人竭㆓畢世之力㆒。不㆑能㆓或窺㆓其班㆒也。今上人之羸質非㆑所㆑宜恐損㆓天性㆒。但日修㆓祖敎㆒有㆓餘力㆒。則優㆓游於斯文㆒。此爲㆑可也。寶洲深然㆑之。上人亦自知乎。詩若干首遠致見㆓乞正㆒。不佞蒭蕘耳豈足㆑詢邪。雖㆑然寶洲西㕥念無㆓與言者㆒。則下念所㆑及乎。而蕘蒭於㆓上人㆒此以㆓文王之囿七十里㆒則豈可㆑辭諸詩頗進步。尺牘亦隹。共副㆓墨來張㆒。時漸寒强食自愛。

答㆓南子禮㆒

黃鳥報㆑新嚶其鳴矣。亦求㆑友聲。乃䟦㆓予之情㆒不㆑已。日日仰㆓止高誼㆒。而嬛嬛在㆑疚。惰㤀日益。不㆑修㆓一字㆒。忽接㆓華牘㆒。得㆓足下消息㆒。甚善甚善。來書慰㆑僕。以㆓儼然在㆓憂服之中。非矣。非矣。夫僕亦編戶之民已。豈謂我聖人之徒。而奉循其典常傲然爲人所不爲。而驚駭鄉里邪。聖人之禮高矣。美矣。非如僕者可企及者也。僕此擧也有說。僕性傲情。不事家之生業。恣情游行夜以繼日。以大虛爲家。々人嗃々。婦子嘻々。不介于心。唯從所欲。童習至于玆。亦末如之何耳。去春先君子寢疾。及其劇謂僕曰兒也汝所爲甚不善。我死汝不出戶庭三年焉。僕曰。謹聽命。而易簀。僕悲哀之中。忍先君子慈愛無不至。與乾々窮力於爲家。及僕不能爲子。與放肆不堪家而忙然不自知。於是胡蝶夢覺始知周也。遺命刻骨奉而行之也。故不問人之疾。不弔人之喪。及歲時朔望冠昏慶賀。不窺戶。而俟人矣。既絕人事。容不可不變。故首如飛蓬。膚如凝漆。鬚髭被肩。指爪及寸。布襪百空。白袍變黑。既變容。內不可無其實。故不御婦不飲酒食肉。其他節目有不足言者。人謂僕三年服勤者。其實如斯耳也。僕著一書名之曰瑗化。亦此意也。足下懇々慰諭。故報知之耳。諒察焉。僕寥々守空廬。幸枉駕何喜如之。

報有春來。高作僕得屬目。堪慰憂悶。請致之。不宜。

復二齋子鉉一

僕草野之鄙人。莫レ承二大君子聲氣一。去冬處中師。謬投苟合如レ故。而交既熟矣。師之杖策甚勤。足跡幾遍二天下一。凡談二四方之事一。則必先盛二稱貴藩一。諸縉紳先生。風流一時。而又極二口於執事一。又重出視二其所二相唱酬一詩若文。泱々大國之音。僕爽然自失。竊以欽慕。及二師再東一。捐二辱手敎一。捧讀數四。託以二神交一。念僕何人得二此盛意一。喜愧交至。書中盛奬借且及二僕近事一。僕何處一於レ此。卽不二自揣一。志二于學一。僻邑無二師友一。固陋寡聞足レ掛二齒牙一乎。乃未レ有二一所レ得遇二大變一。於レ是乎始知二吾濟小人處世之難一。自思下得二家恒。於レ此。喪中家恒於上此。不レ如二暫閉處一。伺二察世態一。乃繭足不レ出レ戸。東隣西舍亦不レ問。蓬頭敝衣以自居耳。故不レ知者曰傲態未レ悛。小知者曰能居レ喪。遂其聲布二四封一。亦未二如レ之何一已。處中師能知者也。亦以聞二於執事一。其意蓋不レ過レ耀二我國軍士一耳。假令執事不レ知レ之。僕豈不レ愧二於心一邪。卽中師之罪哉。然以二師之過一。稱二辱不鄙一藉以得二長嗚一。則亦師之賜也。僕已有二起色一。且又母家在二松永一故。時々到二貴邦一。到則敢枉趨承二敎於門下一。窮鄙之駑下。恐二擯斥一矣。亦

是草木臭味唯之賴耳。請垂昭。中師又往。因伸下悃。覼縷非所盡

與一要

先君美濃侯。自下地於白市。于今二百年。而子孫之在此州。既々業々號爲著姓。豐賀之間。人將無不曰是某氏之子也。何其盛乎。然而卽寓身於農商。亦唯錐刀之力。蚩蚩往來其皆横目之民哉。獨吾叔以長厚之資。英俊之才。怫然向學。及其成也。游焉息焉。以居焉。乃聲實偕茂。翹然干城於我家矣。僕遙仰風裁。嚮往何如謾以通家。願一託於龍門。而未由己。曩闔族致祭乎先君也。聞以宗室之無堪主於其事者。吾叔首擧之。乃行之。以禮之宜。且相議勒碑垂之不朽也。凡屬胤裔者誰不欣戴。僕竊伏東鄙自踊躍。卽亡論千里命駕。奈爲世故所覊。不得會而共薦奠之役。至今憾焉。家兄歸自竣祭。乃道于此。獲目吾叔所爲碑文者。奉誦三復。典雅渾然。鏗々乎金石皆鳴。而僕不自料。少有所欲效於左右焉。夫碑記其出之譜系。因錄其人之行實。我祖出于藤原。自毛利氏起於本州。史乘所載。家牒所記。足爲採錄。若先君行實。或遠無所

レ徵。而其中不レ無下可二稱述一者上焉。吾叔之文。總無レ是焉。且自レ古兒孫自爲レ之者蓋鮮。皆假二手於當時文士一而爲レ之。斯嫌三自揚二其先之美一。又欲二因レ文而人遍知レ之也。又刻二于石一。謀二之永久一。故字貴二疎大一。凡畫之可レ省者省レ之。如有レ二則疎レ之。亦有二定體一。而擇二善書一書レ之。亦所三以欲二因レ書是碑之有名一也。歷二覽地志一。碑稱三三絕一者在レ所レ有焉。此一稱二作者之文一。一稱二命題之篆一。一稱二執筆之書一。諸碑尙用レ心如レ此。況銘二其先一乎。今所レ書僕未レ知二何如一。又聞石外面不レ用二彫琢一從二自然一也。夫圓曰レ碣。方曰レ碑。身及蓋趺。唐山各有二其制一。至二後世一念密矣。雖レ官無二其制一。我以二吾心一爲レ之。用レ唐與レ否權在レ我。而既曰レ碑。又其所二繇來一則唐也。曷可レ不二摸擬一邪。凡是數者。僕私所レ有レ疑二于吾叔一。念吾叔雖二意及一レ此。蓋有二說存一也。然外人竊間レ之。一無レ顧レ之者。而謀二之不朽一者荒矣。則豈祇今子孫之責也。恐亦及二先君一哉。今此方文化大闢。沿槧之士駸々並馳。其事之盛雖二唐山一瞠二乎後一。善書家亦不レ少。而我族之大戮レ力爲レ之。則其資之足レ問乎。庶吾叔更議レ之。則豈唯先君之幸也。疏族如レ僕者。與有二榮施一。僕極遠屬。加レ之以二家之艱阻一。冒二他姓一。上辱二先君一。次負レ親所レ爲二深懼甚愧一也。今又犯二嚴聽一。吾叔雖二長厚君子一。無レ因而至レ前。想不レ按レ劍者幾希。僕自知レ罪。故把レ筆躊躇者久レ之。雖レ然僕亦骨肉之分也。知而告レ之者。非レ僕而誰與。其知而不レ告也。寧獲レ罪。所レ幸吾叔舍容之德。唯是賴耳。但僕不肖謬レ意。所三以孝二乎先君一。而忠二乎吾叔一也。請垂二三思一。少有レ所レ取。何喜如レ之。幸憐察焉。又聞我家譜牒採摭甚力。願賜二一覽一。讀過卽奉返。時下寒温交至。千萬保嗇不宣。三月二十日。

與二賴維寬一

僕之來レ此也。無二一人相識一。所レ恃者足下一人已。來則足下已荷レ疾而歸。惘然自失。辱レ書就審二貴恙小安一。甚慰二遠情一。而覘二所レ諭懇々之言一。似三必不二再來一也。何其然乎。何其然乎。蒲宮二子之遇レ我。顧復備至。雖二舊相識一莫二以尙一焉。僕賴無レ有二旅情一。幸勿レ爲レ念。所レ警レ僕此乃肝膈之言。非二足下一誰使レ知レ之者。深敬納。但彼以二彼富一。我以二我義一。雖レ入二三軍一。我無レ所レ懼也。亦非二足下一不レ可レ使レ知者也。帶平者僕何人而慕レ之甚乎。聞疾甚篤。已不レ省二人事一。念必不二相見一。命哉。

與二林君一

友人三宅周卿。侯二左右一也。執事有レ欲レ薦レ僕。而諄々勸諭之言。且言下欲レ致二之青雲一。而國有レ制不レ可二得而踰越一之狀上。三致レ意。念僕何人。有下緇衣之愛於二執事一者至上如レ此哉。僕有二人心一者。則何敢忘レ之。僕雖二僻惰一。甞得二與聞一レ道。凡士學レ道成レ德將三以供二國家之用一也。古者高二尚其志一。喜事二山林一者。上無二明君一恐二禍之及一レ身也。方今我邦主明國治。雖二三代盛時一。可レ不二多讓一。當二此時一上焉不レ在二朝廷一。下焉不レ在二四民一者。實聖人之罪人也。僕卽其人常以レ此戚々焉矣。傳曰四十仕爲レ士出レ謀發レ慮。五十爵爲二大夫一。古昔自二民間一出仕者。皆爲レ士。故論語諸書凡曰レ士者皆學者之稱也。若士志二於道一。士不レ可レ不二剛毅一是也。在二周禮一。下士之下者。曰二府史胥徒一。此庶人而在レ官者。其祿足二以代一レ耕。三代之時。學者爲レ之足レ爲レ榮乎。但此方制度與二中士一異也。雖二胥徒一而品格與二農商一縣絕也。而祿不レ足レ代レ耕。則若レ僕者所レ不レ恤也。傳曰雖二疏食菜羹一。瓜祭必齊如。傳又曰唯水醬不レ祭。若祭爲レ己傺卑。然則道可二傺卑一耶。然此成レ德者之事。若レ僕所レ不レ恤也。諺曰寧爲二雞口一無レ爲二牛後一。出則役二於人一。傴二僂於所逢處一。則或役人坐而指授勞逸何似。且僕學問未レ成自今以往十年讀書。上レ都時握二手天下之士一。而後歸レ家優游以卒レ歲。是僕平生上願也。敢不レ奉レ命者。爲二是故一也。鄙鄙之情。請垂二憐察一。又其不三輕走二國都一者。亦恐二形迹之見一也。去夏有レ所レ抵者。以二執事顧念優渥一。不レ堪二感荷一。聊奉候己。何國謬承二二三君子之知一。至レ今恨レ之。雖レ然至三困窮有二奉檄之情一。亦未レ可レ知焉。亦在二他邦一或然。本藩則否。何居本藩有二加川元厚一者。在二醫官一。是僕少時同學之友也。嘗相與誓曰。苟得レ志仕二一邦一。則不二相下一也。若爲二之下一。則何面目見レ彼乎。僕所レ不レ敢也。凡此所レ陳。使二世君子聞一レ之。必罵曰匹夫傲レ物。其於執事亦所二甚懼一也。然執事之有二意於僕一。蓋非二一日一也。自奉二顏色於蔽廬一時。己有二其機一。至レ今未二敢開一レ口者。難レ致二辭於執事一也。然終不レ言則背二執事德意一。益重二罪戾一。故敢吐二露情實一如レ斯。所レ恃君子。豈弟不鄙。下交久要固二愛寵一。尚且使レ免二罪戾一。唯是祈。在レ僕公之大恩。何敢忘。

復二藤田君一

僕田間一惰民已。即不自揣。耽典籍。亦唯邑僻陋而無師之可質問。所與交臂者。非田夫。則商客。凡在此中者。不知禮法。相聚則箕踞偃臥。爾汝相狎。既固陋而寡聞。惡有一可稱述者。七八年前。林君知東郡時。僧寰海者言僕於林君。林君雅好賢。如縕衣。乃就田間見僕得受謬知。凡林君之至于斯也。未嘗不得見也。林君憐僕之野人而不知禮法。謂曰可至國都而承士君子之聲氣也。然僕顧凡國朝士林之中。自吾民間觀之。則如帝如天。若抵之乃城闕巍然。高第夏屋。門庭之中執戟森如。所至誰呵。傴之僂之。循牆而走。百尺樓下。拜伏不得仰視也。夫如此非匹夫之所堪。既爲十分怖畏之想。故不肯趨。已而林君進階不外出。而尙久要不忘僕。在筑紫則時々存問。歸則頻々通慇懃。感其善遇。往年之夏。西上候之。即介林君承請命。亦不得辭。於林君卒執謁於門下。始接羽儀。而公之不挾貴則勿論。已乃降挹虛懷延欵濃至。執事雖謙遜爲德哉。僕是一惰民已。而歡待與布衣交不甚遠。何以得此盛意乎。於是憮然自失曰以如帝如天者。實以小人之心。窺君子之腹也。曷勝慚愧。既歸。依舊奔走。無寸楮之謝至意。其後從公子游獵於吾邑。則復辱下存。僕不在而不奉逆旅。臘月又七日華牘致自林君。所何寵光蒿萊如此。頻繁盥薰捧讀。盛奬借。且言顧念切之狀。僕何人而及此乎。甚又稱爲先生。僕自是村學究。固無葑菲之可采。何處一於此哉。又勸僕以徙於國都。而至謂薰陶士大夫。是國家之祉也。至此顙泚不自勝。夫出自幽谷遷于喬木。嚶鳴於士林之中。我儕小人所固願也。奈近來民間有逐臭者。終不能恝然於此輩。且公及二三君子之遇僕。既在形迹之外。而猶有彼都人士翩々。己狃田間。則鄙吝氣復萠。而怖畏想亦生。因之以病與懶。愈益厭禮法。此僕所以安僻陋也。請憐察焉。辱示雄文數篇佳什若干。捧讀三復均之大手筆。絢然盈蓬蓽。僕厚顏傍注數字。古人云人心如面。只是僕所見己勿必矣。見請左氏折衷繕寫畢則致之也。僕不自量。欲明春秋。以左氏能得經意。將註經傳附之。以折衷。斥妄。禦侮。地圖。指掌。未卜其成在何年也。今之折衷者。但擧其綱耳。且是稿甚艸々不可備於觀覽。請緩他日。若欲急之雖未成書繕寫奉上。聞鳳岡公子好學。執事及二三君子侍從之。日夜切劘經學文章。翩々一時也。盛矣哉。夫在上位者。好道則下莫不用其極矣。執事勗哉。學而成德。德成而民被其澤。執事勗哉。維發春殘寒未除。幸爲國自玉。

答二今田君一

僕辱二知於二三君子一。一面之素而已。執事不鄙下交。垂念之所レ及。時々存問。實有二戀々故人之情一。所謂傾蓋而故者。非邪。執事盛德雖二固有一哉。在二他人一或然。僕何人而有レ此乎。又中秋箋覘。至二臘月一致レ自二林君一。書辭懇篤加レ之稱二僕先生一。恭謙似レ執二弟子之禮一。此執事何意乎。使二僕汗顏不レ勝。凡此方之制。士庶之分甚嚴也。僕凊世之一逸民也。執事是一國之華胄。以二臭味一相許己非二其倫一。況就二弟子之列一乎。僕固學究。唯是授二鄉里子弟句讀一耳。何齒二列乎大方士林一。不二敢當一不二敢當一。來諭又曰。安厚二於三原人一。而薄二於廣島之人一耶。僕感二執事及二三君子之高誼一己刻レ骨焉。曷嘗一日無二維嵩之仰一。但僕不レ在レ農。不レ在レ商。乾坤一閒人。而立二於一家之上一。妻孥唯僕是仰。不レ得レ已奔二走四方一。以餬口也。授者已以レ之。受者亦以レ之。惡有二來諭三樂之一一。以レ故不レ得二一日之閒一。所三以缺二候問一也。其他瑣々小人之情。悉二之藤田君書中一。請往覩焉。執事謂。薄者實無レ所レ遁レ罪。鄙稿謹領閒。繕寫藏レ之。田舍翁呻吟所レ發。何以采二於君子一。後來爲二覆醬之用一耳。承諭記示。貴印文蔚公子手刻所レ賜也。敬起拜覽。卽篆法刀法。宛然秦漢璽章。其雅致不レ可レ言也。公子而有二此伎一。可レ謂レ奇矣。執事傳レ之子孫以寶藏焉。寵光哉。史暦解借示。僕暦術未二之學一。今觀二此篇一。思已過レ半。爲レ惠大矣。將二謄寫藏一レ之。請緩焉。卒業乃謹護送。且又不二轉借一。毋レ爲レ念焉。由二此解一觀レ之。太宰氏似下以二此篇一定爲中周暦上。故稱二古暦一以作二春秋暦一。夫漢以來。言レ暦者愈出。而愈精。愈精而竟莫レ歸二于一一焉。以三其有二宿度之差一也。竊以レ意度レ之。凡暦家皆以二周天三百六十五度四分度之一一。立レ法。以レ此測レ天。然猶有二毫忽之不一レ入レ算。而存矣。故至二其久一則必差矣。此暦之所二以屢改一也。夫從二人間一先爲二規矩一。以律二不可知之天一。欲レ不レ差得乎。如下堯典緣二天象一。以定中人時上。庶其不レ差乎。故春秋時司暦過多。此乃所二以不レ違二于天一也。何也。從レ過卽改以應二於天一。非下若二後世一有中建差歲差等上也。古暦之疎略。過二後世之精密一。遠甚矣。此篇合二于天一。則後世寧得而改レ之。不レ合二于今一則何用之爲。其在レ今親切著明。有二授時若者一乎。故歷世宗二尙之一而釋レ之。取二此篇一未レ知二其故一也。僕嘗謂博學則東涯。達識則春臺。而春臺於二占筮一。則廢二周易一而取二斷易一。於二暦術一廢二授時一而取二此篇一。要レ之僻二于古一。與レ窮二于占一故也。又稻垣氏葢大宰之徒也。其序中引二黃帝暦。顓頊暦。

魯暦。黄帝顓頊且置焉。如魯暦迺漢人據左氏爲之說者也。春秋曰王正月。左氏釋之曰。周正月也。是魯用周暦明矣。然則別立暦何爲也。僕於春秋左氏折衷論之詳矣。凡漢人傅會甚多。太宰氏以爲古而多取之何也。此執事不問及。而僕於暦殊昏矣。適以疑難生。錄呈左右。念執事精熟其學。明審敎示以發鄙蒙何幸如之。承諭是書若或誤寫則指示之。僕看過一遍未詳之。但覺本章内脱誤甚少。一二見之耳。序中視之頗爲多。往々校訂呈之。承諭公子近購得左氏句解。亭林遺書。執事亦得與觀。幸甚幸甚。又注評淵義。搜索及京師。終不得之。因見請。有鄙藏則奉假焉。僕不藏此書。此書世間無之者也。僕在長崎。考覈左氏。凡關之者。搜索殆盡。此書長崎中止有一部。其人甚惜不肯許看。僕百方爲計策。得屬目也。其註皆述杜預。時取朱申林堯叟。間有與諸解異者。無於諸解者。僕悉抄出焉。其評則宋以來諸儒之論駁時事與人物者也。此宋學常套不足取。又此書明凌稚隆著。稚隆別有左傳評林。世多有之。故置焉。又有非左氏者。抄出諸禦侮中。而辨之。又附以左氏地名配古籍者此春秋之地名配之。明二隷十三省輿地。頗詳悉焉者也。故亦抄出之。其結撰大概如此。僕所藏抄出者而已。而亦足レ盡レ之。但注說直附二入傳本之額一。難レ致レ之耳。承問孟子若レ崩二厥角一說。謹按。趙注徒爲レ形二降伏之狀一朱解直爲レ譬二稽首之狀一以レ僕觀レ之。角是觸擊之器也。必非レ如二二家之說一。況承二無畏寧爾一也。非レ敵二百姓一也之下蓋言二殷民降欲拒之心一。皆歸レ周也。故以三獸摧二其角一喩レ之。此孟子之意也。泰誓亦有二此語一。文字與二孟子一多相因。而孔安國注云。民畏二紂之虐一。危懼不レ安。若レ崩二摧其角一。無レ所レ容レ頭。孫奭孟子疏引レ之。作下不二啻若レ崩二厥角一無レ所レ容レ頭者上也。泰誓如二孔注一。上下之文不二相應一。蓋謂下畏二武王之威武一。不中敢抗上也與。孟子其意大異也。蓋孟子逃二泰誓一者也。而牴牾如レ此者。孟子以レ意改レ之乎。但泰誓至二後漢一始。出二孔傳一。古文尙書出二于東晉一。故後儒疑レ非二眞經一。則因二孟子之文一。傅二會之一乎。此亦未レ可レ知也。其眞僞僕未レ考二究之一。故今未レ能レ指二定孰是一也。又其趙注中額角犀厥地。犀字難レ通耳。犀與レ厗通用。或與レ遲通。然迂也。蓋古音與レ摧通也。故孫奭疏。及孔安國泰誓注。皆訓レ崩作レ摧。僕管見如レ此。因二下問一呈レ愚請擇焉。凡經史如レ有二疑問一。無レ慮二賤煩一。悉二鄙裏一以答二稱之一。若二詩文章一則僕不二自量一。自此以往將欲下潛二心六經一。而考中究之上從二事辭藻一。則每二一編成一。多費二日子一。且不レ欲レ爲二文人一。況近來爲二東西南北人一。間暇甚少。故興至而成者或有レ之。若二夫四方寄托贈答一一切謝絶不レ爲レ之也。敢請此後書疏往復。以二國書一行レ之也。非二敢傲一矣。不レ得レ己也。恐爲二魯皐一則事不二速辨一。以二國字一則負二不敬之罪一。故預奉レ知レ之。

答二松公輔一

十年前嘗聞足下力學不レ懈。後問二足下於寰海一。又知レ不三但好レ學而己一。實溫厚長者。妄意曷得下與二是人一爲上友焉。時々引レ領東望。往年以三癡絶至二貴邑一致レ意。亦唯嚮往之情。不三終以己一也。去年辱二華簡一。其書逗二滯於尾道宮有政許一。而不レ達也。知者以告。不レ勝二踴躍一問レ之。有政則曰失レ所レ在。僕大失望。至二今春二月一。致レ自二有政一。大慰二永懷一。時會東游。以故缺二報答一。緩慢之罪謂二之何一。足下有レ疑二於左氏岡伯駒之說一。遠被二下問一。何好レ學之篤。凡今學者趨二於浮誇一。務張二門戶一。然根本未レ立。徒摘二枝葉一以非二駁人一。故非レ有二師友之素一。則不レ置。對二謏老之言一。僕深以爲レ然。々足下温厚長者。豈如二今學者一然也。是以悉レ所レ知以報レ之。取舍在二足下一耳。伯駒氏之觿二左氏一。不レ能レ解。其結則勿レ論己。而繆妄尤大矣。然亥字之說不レ與也。此非レ出二于岡氏一。古人既有二其說一。非レ此則二萬六千六百六十不レ可レ通也。

林唐翁以二㐪字一釋レ之是也。㐪之於レ亥。如二周禮一。法作レ灋。栗作レ㮚。乃字書諸稱二古文一者是也。㐪轉爲レ亦。又轉爲レ亥。烏知周字不レ作レ㐪乎。隸楷變レ周而不レ失レ體。止才爲レ武。反正爲レ乏。可二以見一也。足下以三今稱二古篆一者。疑二岡氏一。是非レ疑二岡氏一。疑二左氏一也。夫左氏可レ疑乎。僕則謂二周之文字失レ傳。其形不レ可二得而見一也。今所謂古篆者後人之僞造也。科斗之出二于西漢一。當時通者稀也。況其後乎。如二石鼓文一。世所レ取レ證也。是亦宇文氏之造。而非二姬周之碑一也。僕別有レ考。唐山人亦有二疑レ之者一。後世篆體漸廣。至レ有二百體一。足下所レ示亥字既有二十數字一。古豈如レ是繁雜乎。正義云。異二于古制一者。與二足下所レ見正同也。穎達主述レ杜。每護二其短一。今杜亦以レ㐪解レ之。而云然者本不レ得二杜意一。不レ得二杜意一者不レ知三亥字得二六之法一也。岡氏蓋亦漫耳。至二人爲六則一恐不レ能レ解二其結一也。僕愚見如レ此。宋鄭樵以レ武不レ从二止戈一。立レ說以非二左氏一。足下果信二篆書家一。而疑二左氏一。僕則不レ知也。

答二片山順甫一

日者石生來曰。近日片山先生者來二於此都一。周防人也。鄙生執レ謁而拜二其人一。溫厚君子。學博二今古一。且以レ明レ道爲レ志。大非下事二浮誇一之比上也。僕奮起曰。吾欲下得二若人一而交上久矣。子幸爲二先容一使レ得二相見一。生曰諾。居無レ幾石生歸二於桑梓一。僕惘然自失。汎如二不レ繫舟一。忽接二手教一。僕雖二田夫一也。以レ有二石生之因一。知二其連城一。卽敬起而奉レ之。拜讀數過。春葩之藻。絢爛溢レ幅。迺審レ所レ言。欲三謬容二下交一。凡今學者高自封殖。龍門以期。以二足下才學一。意及レ僕。々何人得レ之乎。僕朝夕仰止恨レ無レ由二相通一。故自レ得レ諭己來。喜而不レ寐。但有二竊疑者一也。僕占二居於此一。既十年。都下大儒先生。有三一二所二遭遇一。而僕才與レ學與レ德無レ足レ稱者。故不レ得二一見レ容。道不レ同不二相爲レ謀。僕亦不レ屑レ就レ之。家無二擔石一教授以養二口腹一。而四方生徒一再試。而皆引去。但逐レ臭者二三輩從遊己。此僕淺陋之使レ然也。足下聞二京儒於千里外一。來而就レ之。則所レ見不レ如レ所レ聞。僕無三聲聞出二戶庭一。乃未三嘗受二一達巷黨之知一。而今辱二謬敎一者。非レ以二石生之言一乎。石老書生而鐵中之錚錚者。彼亦不レ信レ僕。去レ僕而就二齋氏一。齋氏死而就二那波氏一。僕亦不三敢披二肝膽於彼一。則生之爲レ言可レ知也。夫非二大聲一則不レ及二於遠一。而猶曰所レ見不レ如レ所レ聞。今足下纔以二一石生之言一。而其言亦可レ知也。此僕所二以致レ疑也。然足下是長者。必不二我欺一。顧得レ無レ非レ取二臭味之同一乎。此又何幸也。夫平安天

下之大都會也。人物非レ不レ多。十年非レ不レ久。而無二一所一レ合。爲レ僕者可レ知矣。而猶嚶鳴之情無レ時レ已焉。是以自レ得レ諭已來喜而不レ寐豈虚言耶。雖レ然僕不佞。卽辱二不鄙一中道見レ棄。唯是懼焉。詩曰采レ葑采レ菲無レ以二下體一。願采二臭味於葑菲一。辱二久要一而周二旋于此一。千萬千萬。比日紛冗如レ湧。是以缺二報稱一。今日少得レ間。此裁答。餘待二嗣請一。但庶三幾面接親承二咳唾一。遲レ之々々。僕姓平賀名晋民。字曰二房父一。安藝人也。實與二貴邦一接レ壤。奇遇哉。昭諒不次。

余在二長崎一時。與二唐山人沈綸溪者一甚相親好。及二余還一也。綸溪致レ書送レ余。々亦報書爲レ別。當時四方贈答之書牘。頗多。而草稿皆失レ之。報二綸溪一書。亦烏有。今止綸溪之書附二于此一。

頃接二張老爹進館一。得レ悉レ先生一。卽欲レ言レ旋。但館間隔。未レ獲三把レ手親餞二都門一。深爲二悵々一。未レ知三何日得二慰繼見一也。第邇來炎暑。初臨二山川一客路還宜二自愛一。今奉上不レ堪。小物二種稍作二羽毫之敬一祈二唉存〻此。

上

中南平先生 臺電

同學弟沉鈺綸溪拜

日新堂集 終

日新堂集續錄　一名蕉聰集

安藝　平賀晋民房父　著

詩

癸卯夏滯浪華五月十二日到薙髮之寺聽杜鵑寺在生馬山（寺滿庭杜鵑花盛開）

爲聽杜鵑入化城。杜鵑花發杜鵑鳴。鳴時驚夢遠遊客。生馬山中深夜情。

李白題沈湎圖

李白當年仙路迷。滴來此地酒長携。豈秖三萬六千日。身後今猶醉如泥。

又

貌似玉山將欲崩。扶持僅起頼阿誰。宿酲未解春風遍。應是東樓上馬時。

昭君怨二首　得八庚十月六日間氏之會

强抱琵琶曲未成。長頭漠々暮雲横。愁心却怨漢宮月。分得恩光永夜淸。

氈車百兩紫髯迎。盛飾穹廬華燭明。纔至二單于一親愛切。愁顏强笑奉レ歡情。

余將レ移二居於浪華一。間大業來而迎レ余己而爲二京師人一所二强留一不レ果大業空還因贈レ此兼簡二諸子一。

江天咫尺浪華城。誰謂索居滯二帝京一。君去常有二雲樹望一。同人莫レ背舊時盟。

送二東溟上人還二水戶一

歸去餘春東海潯。王孫青草馬蹄深。重來共見秋江月。那道二千里外心。水戶去京在二千里外師有秋來再遊之約故及之

懷二川島周庵一

懷爾故園荷レ病還。西邦雲隔幾重山。三年栖息今無レ恙。早晚琴書來解レ顏。

川某見レ和二鄙詩一再步二原韻一寄レ之

老來共笑鬢霜華。但羨君能酌二紫霞一。更好吟哦乘レ興處。新詩寫就筆生レ花。

壽二青木翁七十一

肯堂既搆復何求。日月從容七十秋。健步無レ須賜二杖國一。向來海屋幾添レ籌。

題二松鶴圖一

阿母堂前鶴在レ松。縞衣翠蓋此從容。萬年枝上婆娑影。相二映欄干一十二重。

宿二田城一

客裡逢レ秋又遠行。蕭々白髮坐來生。西風影冷他鄕月。更聽寒砧處々聲。

送二松平隊長還レ藩

東方千騎上頭才。藩國瓜期曳レ隊回。人和政淸閑二吏事一。時將二詩酒一好登レ臺。

中秋小郡旅舍望月（自二崎陽一還途中作 小郡周防之驛）

初俱二蓬鬢一起二西風一。（崎陽發軔在六月晦故曰）路半家鄕秋亦中。獨坐凄然旅窓裡。月明唯似二去年一同。

自二長崎一歸酹二至恭師一

少小蒯緱志二四方一。敝裘千里滯二崎陽一。三年靑眼携レ手處。山水依然舊景光。

又酬二賀生一

本自凌レ雲馬長卿。空傳上國子虛名。歸來四壁猶無レ恙。高臥早堪レ慰二病情一。

登二看心亭一賦二得長松響梵聲一

祇林深處滿天香。梵貝時傳開士房。相見總無二塵雜氣一。松風寂對二法雲一長。

寓二照蓮寺一酬二不老上人一

香風試上梵王臺。寂寞甘レ無二車馬來一。豈料玄關人問字。一盃堪レ愧子雲才。

酧二蒲公儉雪後見一レ寄

高樓獨坐客衣單。雨雪霏々道路難。但有二諸友共携一レ手。來時不レ作異鄉看。

白石灘

白石灘頭潮水分。鄉間渺淼但看レ雲。扁舟孤客殊寥寂。疇昔風流憶二使君一。朱明七子輩每在使君灘交游余寂寥之際憶及之故有三四之句

壽二堀道恪四十一道恪堀氏贅壻遂冒姓又聞其室人亦同庚因及之

曾是瑤池灌漑來。園林春暖碧桃開。千年栖老緱山鶴。且向二人間一並レ駕回。

和二永井淳平九日山中作一

濁酒黃老悲二昔遊一。蕭々旅服更逢レ秋。莫レ歎道路栖々者。應レ羨山村白日幽。

余既留二滯於宇氏一數日雨夜與二士龍一共訪二安子桓於紅梅館一次韻酧二主人一

投轄主人寄二好音一。交情促レ膝與何深。江亭一夜蕭々雨。總入二高風白雪吟一。

登ニ瑠璃峯一

陸續雲山倚ニ北邊一。海流如レ帶遠浮レ烟。捫レ蘿更上最高頂。直過ニ顥氣一欲レ到レ天。

晩下レ山到ニ海龍寺一瞻望

春嶺献レ奇亘レ檻臨。前灘影落綠沈々。嘗聞玉浦好山水。到處風光醉ニ客心一。

與ニ諸子一賦ニ客舍屏風一分下得水邊有桔梗茅敗漿水上有中烏雀翩々之狀上

黄紫花開絳穂垂。尋レ芳烏雀舞ニ清漪一。何人秋草稱ニ三絕一。屏裡寫來媚ニ四時一。

次ニ蒲公儉見送韻一留別

傷レ別江頭望ニ暮雲一。雁聲春晩幾時聞。那堪垂柳蕭々色。更縮歸愁馬上紛。

廣島見下邀ニ篁洲君一席上惠上詩依韻酧レ之兼示レ別

梁園車馬日紛紛。乘レ興觀レ濤且訪レ君。辭賦廣陵無レ奈レ別。故人故園勸ニ移文一。

中秋與ニ諸君一奥藏院賞レ月 寺在三原城

江城月出湧ニ波瀾一。瀲灔時來浸ニ畫欄一。秋山影深蕭寺裡。啣レ抔共對ニ桂華一寒。

酧ニ南子禮一時余在ニ照蓮寺一講ニ大學一

飄遊暫此仰㆓清客㆒。且喜文園得㆓日逢㆒。南郡非徒下㆓絳帳㆒。莫㆑言經術似㆓屠龍㆒。明德那須向㆑外求。竹原素事㆓洛閩遊㆒。不㆑知風塵落㆓誰手㆒。天下岐分洙泗流。竹原人皆宗宋學

端午前一日寺西篁洲君席上報㆓山彥十見㆑贈兼呈㆓上人及諸君㆒

有㆑客遠游魂未㆑招。廣陵歸到暫逍遙。琅玕豈比㆓綈袍贈㆒坐中唯山君舊識之人故云冠蓋不㆑嫌貧賤驕。竹葉飛時風颯々。榴花開處雨瀟々。獨醒正是明朝事。戀賞淸歡猶駐㆑騼。

題西王母畫　甲辰

崑崙王母在。是不死女仙。己養神虛牝。那布貌㆓人間㆒。

爲㆓某上人㆒題㆓畫雞㆒

一幅白質雞。揭㆑之方丈中。和尚去㆑理進。莫㆓是非㆓爾功㆒。

東方朔

何者西王母。叩如㆓偷盜名㆒。九千亦足㆑數。不㆑知歲星精。

送㆓山邊文卿還㆓武江㆒

方看洛陽花。忽戀武昌魚。桑梓色養外。莫㆓空過㆓居諸㆒。

酬二江國幹見一レ送

立レ馬河堤上。垂柳白日間。金樽傾盡處。遙帶二別思一還。

和二小畑翁八十八壽筵歌一兼裁壽

堯天聞二九秩一。海屋春光多。歲々添レ籌處。時成擊壤歌。

報二井上某一

不二敢茅茨臥一。且來矚二青雲一。小草悔レ見レ態。但喜得レ逢レ君。

酧下南子禮江上聞笛見上レ送二余歸一

君聞二江上笛一。遠送二我東歸一。楊柳假搖落。寧不レ解二依々一。

其二

遏レ雲照二別卮一。片々逐レ響作。莫二是白雲飛一。誰謂梅花落。

山居　得十一尤

卜築南山裏。境幽心自幽。林丘有二月滿一。人世似二雲浮一。時伴二牧樵路一。或從二麋鹿一游。琴書更堪レ樂。不三復用二悄憂一。

南子禮前書詩以見レ賀途中沒ニ於水一爲ニ烏有一重書示レ之且又附以レ詩酬レ之

相憶遙相問。故人天一涯。豈圖双鯛子。長與ニ遠流一隨。自ニ帛晝ニ縻雁一。似ニ浮木遇レ龜。數行開ニ錦字一。賀レ夢應ニ熊羆一。

恭賦奉レ寄ニ吉田侯拜レ相

世美甸邦舊。天宮詔命新。（侯家開國之相門世出賢君至公超遷爲相）露看レ沾ニ越惠一。風獨扇ニ吳仁一。（文選惠露沾吳仁風扇越公治國大有惠政人所皆知也今登相位澤被天下不獨國也）朝儀推ニ安石一。藩娛借ニ寇恂一。（拜相有不得不遷封之事國民數百人造縣官請留朝廷許之）正逢濟川日。（方今舊政革羣賢聚于朝）恰得ニ和羹辰一。翼鼎才相匹。秉レ鈞德有レ隣。能成五絃調。解レ慍四方民。

雞贊爲某上人

稟氣南方。玉衡之精。五美爲レ德。巽順維性。司夜不レ差。翰音長鳴。

歌

小畑老松堂翁八十八の賀に鏡餅に腰折をみてもらうとてかゞみもちおくる我さへおかしかりけるといふ歌を添て贈りければ

腰折のうつれる影は鏡もち曇らぬ心すくにぞ有ける。
君を祝ふ心ばかりを敷島のまだ文も見ぬ身をば知すて。

文

儀禮新圖序

戊申之年。余來二東都一。則高田侯臣。松伯泰亦自二東越一來。傾蓋如レ故。乃得レ觀二其所レ著儀禮新圖一者。夫儀禮古辭簡奧。固稱レ難二通曉一。矧名之與レ物泯焉者乎。伯泰拾二摭漢以來諸儒之說一。以成レ之也。始二明堂一及二諸侯大夫士之廟制一而自二冠昏一迄二少牢饋食一巨細靡レ弗二盡擧一。可レ謂二明且備一矣。伯泰謂レ余曰僕之爲レ是自便二檢閱一耳。其於レ古豈謂二必合一焉。寡君見レ之乃命曰刊而傳二于世一。固辭不レ可。心甚不レ安爲レ之如何。余曰庸何傷。嘗聞子之君好レ學尤厚二於禮一。蓋有レ所レ思也。顧彼土至二戰國一禮樂堙滅日尋二干戈一。天下壞亂極矣。呂始皇出而平レ之。而亦二世而亡。此天啓二漢高一也。此方足利氏之末亂如二戰國一矣。豐臣氏出而平レ之。亦二世而亡。卽天啓二神祖一也。彼則沿レ流而降不レ可二復返一也。我自二昭代一泝二于古政一。治二風俗一如二桓文一。而加レ盛。漸而上焉。則文武成康於何有。今所レ闕者禮樂己。若有二明君出一而復之乎。子之此圖必有レ所レ取レ則哉。凡制作隨レ時隨レ地何在下吻合二于古一。而不上差焉。毋三乃大所二裨益一也。君侯意在レ斯乎。子其急レ之。於レ是伯泰躍然喜曰。詩云他人有レ心我忖二度之一。子之言足三以說二于世一。請載二之簡一刊而以附焉。余淺學於レ辭特拙。以レ故不三爲レ人作一レ文。今伯泰其心切也。是以書而贈焉。

水滸傳釋義序

人之處レ世。所レ樂多矣。然愈老愈樂。莫レ如二讀書一焉。而其最悅レ心者。又莫レ如二小說一。々々至二水滸一。實忘二寢與一レ食。昔年岡島冠山譯而傳レ之。於レ是乎我人皆得二屬目一。則不三啻若二太平盛衰諸記錄一云。雖レ然彼方與レ我。言語異レ途。乃至語氣脈絡意味微妙。非二譯所一レ逮也。是以爲下唐山學者皆就二本書一讀上之。但是書以二時俗語一寫レ之。卽博學宏才。苦レ難二通曉一焉。有二陶山氏一者。曾摘二其字句一。釋而行二于世一。然僅々數冋。人大以爲レ憾。鳥山爾熾。少好二小說一。故精二於彼俗語一。近日續二陶山之業一。忠義百二十回盡全備矣。試以讀レ之。如三身遊二彼土一。而親目擊耳聽上也。快活哉々々々。刻成以レ序見レ請。余悅二此擧一。書以贈焉。

藤原維恭六十序

伊賀之支封久居侯。倉邑在二和州一。不レ建レ府。置二鄕正數員一而分二治之一。藤本君維恭乃其一也。君其先一國侯。足利氏之衰也。天下爲二戰國一。天正之末。爲二張國所一レ併。遁二於和州一。占居二十市郡一。遂爲レ民矣。然爲二鄕正一七二世于此一。今列二士大夫。非二復編戶一焉。君爲レ人也。望レ之嚴然。就レ之則溫潤如レ玉。自二其先一世好レ學。蓋其家風云。君無二他嗜好一。唯圖書之親。朝夕不レ釋レ手。故淹覽博洽。兼善聲二詩文章一。時觴咏自樂。有二二子一。長乃爲レ嗣。次別爲二鄕正一。同事二久居侯一。君雖レ未二致仕一。凡鄕中公私之政。請使二長君從事一。國亦以三其能幹二父之蠱一許レ之。於レ是昆弟聯翩。褒二焉于一方一。君唯優游以卒レ歲。今玆歲六十。卽八月某日爲二覽揆之辰一。兩郎相謀。擧レ觴而獻レ壽。以二余辱知之厚一。遠致レ書以請レ言。余謂鄕正之職。其勢負乘。苟非レ有レ德。則致二寇至一。藤本氏能以レ德。而事レ上率レ下。是以克任克懷。不レ然寧得二綿々七世不レ渝。而德不レ可二徒得一。所レ由者學也。卽自二先世一家風之所二馴致一安可レ誣哉。余相知熟矣。

側而視レ之。其厚倍焉。今既養レ心寡慾樂二其餘年一。諸郎君不レ墜二家聲一。能致二濟美一。自天祐レ之。豈止君之躬邪。

天野屋利兵衛傳跋

十數年前余自二鄉里一暫抵二京師一。由二浪華一。時長州獨嘯菴在焉。訪レ之。則坐上有二一商客一。浪華人也。獨嘯介レ余通二姓名一而曰。是子雖二商旅一哉。能脫二洒風塵一。慷慨以レ之。是故義氣相許。日以周旋。君可二善視一レ之。顧謂レ彼曰是余之舊也。善二文章一。子平常之志願可レ託。是君遂レ之。因說レ余曰。是子常歎下世盛二稱赤穗四十餘士之義一。而無上レ傳二天野屋利兵衛一者矣。自以四十七士義至高矣。而成レ之者利兵衛也。且其忠憤雖二四十七士一不レ過レ之矣。而況非レ有二君臣之分一乎。況非レ有二士大夫之望一乎。身集二于辛蓼一。四十七士有レ所レ不レ如也。其事業難二於四十七士所一レ爲十倍焉。而無レ傳レ之者何也。以二其疋夫一乎。疋夫而爲レ之。特可二嘉賞一焉。世有レ傳二萱野三平一者。萱野氏豈足レ傳乎。其可レ稱者殉レ躬而已。非二難事一也。憤激之餘。採二撫異聞一。狀二其事一錄而藏。將下俟二文人一而傳上レ之。今君來。庶爲二具列一。而副二是子素願一乎。予亦幸甚。彼人踴躍喜。大攄肝膽。乃懷中出草錄。附與余懇求。余其時客氣未除。率爾諾之。既別而返于國。四方奔走不遑執毫。重東上則獨嘯菴已死。其人所住併姓名失之。而草錄在余所。其人自謂託非其人。年來之望一旦空之。獨嘯菴誤我。其遺憾可勝道乎。余不能一日忘於懷。然栖々世路亦未如之何已。自卜居於京師。身今少安。因又思之。刊于我而行于世。則不知其人存亡。足償萬一乎。乃茲擧事蓋其人之志。欲垂之千載。夫有文而無望。不足傳之。有望而無文。不足傳之。余無文無望。悔率爾諾之已。江村君錫京師之文宗。而有四方斗山之望。且與浪華諸士相暱。庶足傳乎。乃託之則速諾而不果。三年于此。促之則曰。有日本詩選之事。未暇着手。而佗請託之文往々見之。乃知疑余貧無潤筆。余即黽勉辨之。非義氣行之。亦不屑爲之也。以故辭之。我同邦之人賴千秋。今在浪華而教授。而聲價藉甚於洛攝之間。余所少相知。其人大有義氣。請之則恵然肯來。今其文既成。燦然可觀也。於是滓澄煙消。余心灑然。其人存則當吐氣。若亡則少慰靈魂。聊言以顯其人之志云。唯不傳姓名爲恨耳。安永乙未杪冬望。

又識

刻既成。及レ將ニ發行一。千秋自三浪華一致レ書曰。頃日醫生松田元龍者。引ニ一商客一來執レ謁。請レ見。見レ之商曰聞先生爲ニ藝州平賀某一。著ニ天野屋利兵衛傳一。有諸。曰然。平賀氏嘗於ニ本都一。以ニ獨嘯菴之託一。約爲ニ一商客一爲ニ此傳一。自ニ獨嘯菴死一。無レ由下與ニ其人一相通上。其文卽成不レ能レ致レ之。甚病焉。遂不レ能レ措レ之。令ニ余叙一レ之。刋而傳レ之。一則欲レ使ニ其人知一レ之。一則欲レ遂ニ其人素志一。既命ニ剞劂一。今當レ成也。商曰託ニ於平賀氏一僕卽是也。因曰自託レ之以來。無ニ日不一レ思レ之。而千里外人不レ得レ問レ之。大失望矣。既而自慰謂。獨嘯所レ友則其人必不レ背ニ於約一。其文當レ成。縱不レ傳ニ於世一。苟留ニ之天地間一。亦足耳矣。我得レ覩レ之與レ否實在レ天也。今其文成ニ先生之手一。且刋而布ニ於天下一。僕不レ知ニ手之舞足之蹈一。素願之遂在三平賀君之信。與ニ先生義氣贊成之功一。其恩惠不レ知レ所レ謝也。是日賓客雜踏應接不レ能レ詳。草々而別。余得レ之亦大喜。盖余雖レ爲ニ此舉一。不レ知ニ其人在否一。尚不レ慊ニ於心一。今其人存而與ニ千秋一相見。得ニ彼是伸一レ情。千秋之見猶ニ余見一レ之。而其姓名亦得レ傳也。而後無ニ遺恨一。因重記レ之。其人稱ニ鹽屋伊兵衛一。在ニ浪華綠

橋畔一。以レ賣二糕餅一爲レ業丙申正月晋民又識。

唐里當我六町說並尺度考

世謂唐之一里當二我六町一唐李翱平賦書云。六尺謂二之步一。二百有四十步。謂二之畝一。三百有一十步。謂二之里一。方一里之田。五百有四十步。十里之田五萬有四千畝。百里之州。五十有四億畝。千里之都。五千有四百億畝。此方偏長者。謂二之間一。方圜者謂二之步一。是故里程。以レ間稱之。田畝以レ步稱レ之。共是六尺三寸。里程六十間爲二一町一。三十六町爲二一里一。唐三百六十步以二六十間一除レ之。則實爲二六町一。是唐一里。當二我六町一。凡我朝制度。多擬二倣唐一。蓋以レ町視レ步爲二三十六町一也。又我一里當二唐六里一。求レ之之法。一里三十六町。以二六十間一乘レ之。得二二千百六十間一。我間乃唐之步也。以二唐一里三百六十步一除レ之。而得レ數也。故大平記等之記二我里程一。以二六倍一稱レ之。今又宜レ從レ之者也。而亦有二間方一。今此方以二六尺三寸一爲レ間。藉令二尺鈞同一。爲二唐一步零五一。則三百六十間。爲二一里千八步一。我一里爲二六里百零八步一。十里爲二六十三里一。然其差些少。不レ足レ比二較長短一。而猶有レ不レ可レ知者焉。唐有二兩尺一。曰二大尺一曰二玉尺㆒。玉尺則後周玉尺。所謂蔡邕銅龠者也。大尺者唐制。長㆓於玉尺㆒長二寸。六典云。凡天下之田。五尺爲㆑步。二百四十步爲㆑畝。百畝爲㆑頃。此以㆓大尺㆒言㆑之。大尺之五尺。實爲㆓玉尺六尺㆒。則與李翔云㆘六尺謂㆗之步㆖合。乃知李翔以㆓玉尺㆒言㆑之。六典舊唐書並云。以㆓三百步㆒爲㆑里。與㆓李翔㆒不㆑合。蓋田畝以㆓五尺㆒爲㆑步。里程以㆓六尺㆒爲㆑步。大尺三百步。當㆓玉尺三百六十步㆒也。此方之尺。若爲㆓唐大尺㆒。則一里三百步。實爲㆓千八百尺㆒。以㆓六尺三寸㆒約㆑之。爲㆓二百八十五間四尺五寸㆒。又以㆓六十間㆒約㆑之。爲㆓四町四十五間四尺五寸㆒。十里爲㆓二千八百五十七間零九寸㆒。約㆑町爲㆓四十七町三十七間九寸㆒。又以㆓三十六町㆒約㆑之。爲㆓一里十三町七間九寸㆒。百里當㆓十三里八町十一間二尺二尺七寸㆒。千里當㆓百三十二里九町五十四間一尺八寸㆒。萬里當㆓千三百二十二里二十七町二間五尺四寸㆒。又此方一里三十六町。爲㆑間二千百六十爲㆑尺一萬三千六百丈零八尺。以㆓唐六尺之步㆒。三百步之里求㆑之。則一里當㆓七里百六十八步㆒。十里當㆓七十五里十八步㆒。百里當㆓七百五十六里㆒。千里當㆓七千五百六十里㆒。物子謂。唐以㆓大尺㆒爲㆓常用尺㆒。據㆓通典㆒論㆓玉尺㆒。云以㆓今常用度量㆒校㆑之。尺當㆓六之五㆒。觀㆓田畝等數㆒。以㆓大尺㆒言㆑之。則或當㆑然。然由㆓李翔㆒云。六尺謂㆓之步㆒。三百六十步謂㆓之里㆒。觀㆑之則民間以二玉尺一稱レ之明矣。不レ然翔何由言レ之。且三百步爲二一里一。自二秦漢一已然矣。唐亦以二三百步一爲二一里一。而三百六十步之名。始出二于唐一。則朝典爲二三百一。而民間以二三百六十一稱レ之。乃知凡物皆以二玉尺一行レ之。無レ疑矣。通典之常用度量。蓋亦指二玉尺一言レ之也。物子又以二三百步之步一。爲二五尺步一。無二三百六十步事一。非也。李翔之言。莫レ明焉。且當時此方以二三十六町一爲二一里一。分明。是擬二唐三百六十步一也。況宋亦用二三百六十一。無レ所レ沿而遽制レ之乎。淡海公只是承二唐令一。而作レ令耳。故今無二五尺爲レ步。三百步爲レ里者不レ足レ取レ證也。但京城十八里者隋尺也。歐陽修三六因レ之而求レ步。大謬矣。又按二唐大尺一。是官尺。而凡官物以レ此立レ制。然民間襲レ舊用二玉尺一。猶周正以二建子一記レ事。如二祭祀田獵一。凡事則皆用二夏正一也。因考レ之。有二唐田畝之制一。與二周隋一無レ異。獨里程如二六十步之長一耳。此方尺之爲二唐尺一。以二開元錢一也。此無二異論一矣。但爲二大尺一乎。爲二玉尺一乎。所謂有二不レ可レ知者一。乃是也。唐書之徑八分。當以二官尺一者也。我因二唐制一。亦當取二官尺一者也。此可レ無二異論一也。然此方田畝六尺。里程三十六町。非二官尺之法一也。寧當時考覈不二精詳一。尺取二官尺一。而田畝里程。牽二於見聞一。因俗稱而制レ之乎。而亦此方別有二裁衣尺一。以二魚鬚一爲レ之。故謂二之鯨尺一。長二於常尺一五寸二分。常尺謂㆓之鐵尺㆒。當㆓鯨尺八寸㆒。鯨尺顧擬㆓大尺㆒者歟。以㆑此觀㆑之。似㆑因㆓玉尺㆒者。是甚可㆑疑矣。今有㆓知㆑之術㆒。泉涌寺之周尺。蓋宇文周之故國。而自㆑唐傳㆓於我㆒。藏㆓于此㆒者也。以㆓今尺㆒校㆑之。鈞同則玉尺也。得㆓一寸之長㆒。則大尺也。卽時判然矣。寺在㆓京城外㆒。非㆑遠也。余欲㆓親見質㆒㆑之。而無㆓緣由㆒。亦未㆑暇也。人或驗㆑之。今尺果大尺乎。如㆓前算㆒焉。若乃玉尺以㆑六損㆓益之㆒可也。三寸之差。非㆑所㆑論焉。然西土非㆓一唐㆒也。代移物換文人措辭。其紀㆓里程㆒。從㆑例我一里以㆓十里㆒爲㆑準。此爲㆑得也。人有㆑問唐里爲㆓六町㆒者。適見㆓李翔書㆒。因考㆑之如㆑是。

二村伯子名字說

二村氏之子。請㆑改㆓名字㆒。余命㆑之名曰㆑儀。字曰㆓不忒㆒。蓋儀者。禮義之表見㆓於形貌㆒也。君子小人。尊卑貴賤各有㆓其儀㆒。而亦人可㆓則而象㆒。此謂㆓之儀㆒也。詩曰淑人君子。其儀不㆑忒。正㆓是四國㆒。君而不㆑忒㆓於仁㆒。臣而不㆑忒㆓於敬㆒。父而不㆑忒㆓於慈㆒。子而不㆑忒㆓於孝㆒。與㆓國人㆒交而不㆑忒㆓於信㆒。乃君子可㆑正㆓四國㆒也。小人可㆓父子兄弟妻妾奴婢爲㆒㆑則也。儀之時大焉矣哉。莊周曰名者實之賓。若不實之。何用名之爲。爾其勉旃。

問大業家樓記

浪華問大業。天明甲辰二月。鄰家失火。焚煬赫烈 焚煬赫烈柳文 而罹之災。宅宇什器。一時蕩盡。纔餘一庫。大業芒然失措。昔者柳子厚。有友人遇災。不弔而賀之。余亦賀之。曰凡貨殖家折本於居業。以爲患焉。耗損於天災。則非所憂也。余鄉有古老業釀酒者。嘗戒子弟曰。人一世一兩次必有厄難。或有一年之釀盡腐敗矣。或有遇水火而家資泯焉。苟知財所從來 知財所從來貨殖傳 不憂不復富矣。不憂不富左傳 少年之時聞而記之。蓋自古之言也。子今方嚮富而遇災。是天助子也。觀世務富者。鬪智爭時寐夢寤思。熙々爲利往壤々爲利來。鬪智爭時及熙々二句並貨殖傳 心神與形骸。爲之所驅役。是何用也。所期乃煖衣飽食。極泰奢侈耳。泰奢侈上林賦 或有芻豢而不食。有綺羅而不衣。聲色絶于前。忍嗜欲而爲儉嗇。與用事僮僕同苦樂。只是仰取俯拾 絶聲色忍嗜欲貨爲儉力及與用克至同苦樂及仰取俯拾並貨殖傳 不遺餘力。故積財隆之天。隆之天滄溟文 然身死而土未乾。一抔土未乾駱賓王檄文 蕩子一朝喪之。夫商賈大率不知廉耻。貪惏以爲心。欲以智力取レ嬴。時或蹈二非義一行二欺罔一。故多不レ及二三世一而滅レ門絕レ祀否則家不レ絕二疾病一。若婦姑勃谿。夫妻側レ目。若子女淫蕩亂倫。若親族訟爭。（莊子）種々內難（易）無二已時一。倚伏有レ數。盈虛亦數。不レ知レ本唯末之逐。哀哉。若夫稱二素封一者。用レ谷量レ財。（用谷量馬貨殖傳）得レ勢而益彰（得勢而益彰同上）乃禮抗二公侯一。（禮抗萬乘同上）故驕倨傲レ物。奢侈擬二眞封一。委二家政於僮僕一。躬唯事二娛樂一。必有二家規一。多禁二學問一。所謂以二五常一爲二五賊一者也。（以五常爲五賊見五雜俎）尊大自居。則無三朋友講二信義一而相切磋上。是故勿レ論二孝悌忠信之道一。凡一切世故。皆不レ知焉。所レ遊則妓樓。所レ交則俳優侏儒。儻鄙劣之醫生茶博士。獨諂レ要撓レ膕脅レ肩諂笑者。（諂要撓膕荀子）悅レ之愛レ之。是蠢々者。尤可レ惡也。諸如二此等一子寧慕レ之。夫人要在二不レ富不レ貧之中一。此謂二之恒一。々者百世不レ絕矣。周易有レ之曰。恒亨无レ咎。利貞。利レ有レ攸レ往。象曰。恒久也。恒亨无レ咎。利貞。久二於其道一也。利レ有レ攸レ往。終則有レ始也。恒之道如何。兄弟妻子相和睦。撫二恤奴婢一。以奉二祖先一。親二々戚一綏急相助。其居レ業也。忠信以與レ人。此其本也。棄レ本而趨レ末。則失レ恒矣。夫盛者必衰。盈者必虧衰虧不レ已乃至レ喪レ之。故恒之解曰。不レ恒二其德一。或承二之羞一。治レ生非レ德則不レ能。記曰德者本也。財者末也。不二其然一乎。陶朱公治レ產。積居與レ時逐。而不レ責二於人一。十九年之中。三致二千金一。再分散。與レ貧交疏二昆弟一。而子孫悠遠享レ富。史賛謂レ行二其德一者。其實所二以長守一レ富也。子因二天警一而務レ本。不レ求レ厚レ富。不レ懈二于素一。則其復レ舊在二五年中一 在傳莫不五年 且子之業。幸無二與レ人爭一。不レ用二栖々一 寧栖々者乎論語 然財所二由來一。貧戸也。哀矜而勿レ喜。哀矜而勿喜論語 柳之賀也。欲レ使二失レ富而求一レ貴。余之賀也。欲レ使二子不一レ失レ富也。於是大業沛然改レ容曰。誠若レ是矣。卽一庫不レ存庸何傷。乃急起レ工。就二故址一而營レ宅。結構皆仍二舊貫一。仍舊貫論語 不レ有レ所二加飾一。獨居二室上一。新居レ樓。以爲二遊息之處一。學記云游焉息焉 至レ秋落成一新。其宅素南鄕。前臨二長渠一。東有二横濠一。其交之四橋如レ井幹然。浪華第一名橋。其西有二宇和島橋一。宅之當面。乃富田橋。西又有問屋橋。對岸南陌皆娼戶。所謂堀江也。其西有レ寺。稱二阿彌陀池一者也。後鄰二北里一。亦妓家。卽新街也。絃歌雜沓。車轂擊人肩摩。車轂二句戰國策 實繁華鄕也。然樓上無二四方之望一。滿壁圖二山水一。杜詩滿壁畫滄洲 暇則獨登而讀レ書。時延二親友一。展二玩書畫一。賦レ詩論レ文。觴咏而燕喜。燕喜詩經 仲冬之初。余訪レ之。卽留二樓上一。日々同好相聚抵レ掌磬レ歡。抵掌戰國策 大業請爲二之記一。因叙レ如レ是 巳正月十日成

挹翠園記

余友廣瀨文寂云山陽海濱景勝。莫㆑若㆓瀨戸内㆒。信矣。自㆓阿浮圖㆒至㆓音戸㆒二百有餘里。到底山水。莫㆑不㆓奇絶㆒。余又謂瀨戸内之景勝。尾道爲㆑最。蓋尾道瀨戸内之咽喉。前山逼近而如㆓山溪㆒。雖㆑無㆓曠濶之風㆒。從㆑水仰㆑山。自㆑山臨㆑水。無㆑不㆓極㆑妍盡㆑態。譬㆓諸西施㆒出㆑浴而加㆓嬌粧㆒也。其他又四達之衢。舟車之會。而富麗繁華。亦甲㆓於山陽㆒。歐陽氏云。四方之所㆑聚。百貨之所㆑交。物盛人衆爲㆓一都會㆒。而又能兼有㆓山水之美㆒。以資㆓富貴之娯㆒者。唯金陵錢塘。則尾道可㆓二美兼傳㆒。而埒㆓之金陵錢塘㆒者也。而人未㆓嘗有㆑稱㆓其山水㆒者。余常惜焉。丙午之春。問㆓故山㆒而滯㆓于三原㆒。々々距㆓尾道㆒僅二十里。越五月艤㆑舟而抵㆑之。主㆓鳥居氏兄弟之家㆒。會㆓二三故人㆒而馨㆓舊歡㆒矣。一日宮地有政。請㆑余如㆓其壻家熊谷氏別莊㆒。鳥伯子從焉。宮世恭亦至矣。主人大飾㆓厨膳㆒享㆓美饌㆒。而歡宴焉。尾道之地。後負㆑山前濱㆑海。一稱㆓玉浦㆒也。別莊在㆓大寶山左脇半腹㆒而東嚮。堂後倚㆑山而辟㆑園。故都名曰㆓挹翠園㆒。前與㆑山鄰右脇對㆓谷口㆒。然俛而視㆑之。商旅稠密。狹斜鞠㆑之。即瓦屋營潤。亜壁霏亹。自呈㆓富盛之象一。堂左以北之地。稍稍挾。稍稍陟。有一條大路。此達二雲石二州一云。蓋玉浦者二州朝貢通津。且山陰販商。駄二貨賄一來貿二易于此一。以レ故行旅絡繹不レ絕也。堂之對面。山畔有レ寺。堂宇廣大連甍翼々極二華美一。稱二福善寺一。相去直徑三四百步。掩二映于堂上一焉。福善寺直下山足。有二圓融寺一。此菅公赴二筑紫一時泊レ舟處也。古昔潮水至レ此。々地今號二長江街一。蓋以レ是也。福善寺東北上有二菅公廟一。稱二大山寺一。余嘗詣焉。亦壯麗也。今唯見二其華表及柳林一也。踰二福善寺一欝葱秀峙者瑠璃峯也。瑠璃山之表。地東南流。天豁達開。銜二遠山一呑二大海一。蒼蒼茫々。望レ之則飄颻將レ仙也。而其海衝。乃浦崎。戶崎及藤江之山也。右邊則諸島連屬。其遙見者桃島也。自二次見者一至二尾道之西一是一團島。都稱二對島一。山嘴刺々各飲レ海如レ畫也。東曰二歌浦一。中曰二三石一。西曰二獨松一。孤松峙二于海岸一。因名焉。左奇也。歌浦三石之間。曰二天女濱一。有二鹽田一遙瞰レ之。乃黑壤井然。煙篆時升。風致可レ愛。與下余向所上見二於風堂一者。大異レ觀焉。獨松以西。望稍近迄二堂正南一。風景益佳。從二瑠璃山一以內海甚狹。余所謂咽喉者是也。今望レ之則綠水蜿蜒屈曲。凡此中山水如二蹊壑一然。余以堂中眺望是爲レ最矣。然玉浦之全景不レ入レ望。西南唯藥師巖。見二之樹間一已。瑠璃山尾之後。有二長洲一。指二東南一如二築堤一也。號二山波洲一。生二楊枝貝一可レ刮レ齒也。余嘗讀二唐劉恂所レ著嶺表錄異一。有二沙箸一。形象與二此物一全同。但彼以爲レ草。恐劉氏誤認也。以上堂上之觀望。余隨レ得問レ之。主人指點示レ之者也。猶云瑠璃峯夜燈。島濱夏夜多レ點二漁火一。又枕海之妓樓。時聞二絃歌聲一。此皆可二愛玩一者。余之至適夏日且又逮レ夜。而失二之於酣宴劇談一。不レ及二見聞一。可レ恨可レ恨。既主人又牽レ余巡二園中一。正堂之北。別有二一室一。坐レ此喫レ茶扁二麥浪軒一。浮屠道光上人嘗取二園八勝一以名レ之。此其一也。東北面下臨則多二麥田一故名焉。今麥已刈。不レ見二其浪者一也。主人又遙指曰。水田之間。有二小川一多レ螢。因名二螢火皋一。亦八勝之一也。從二軒北一轉レ西而登。有二梅櫻桃李其他華木成レ林。謂二之百華徑一。北降拗窪成レ溝。博七八尺。岸垠深有二流泉響一。橋而過レ之。橋上架二高棚一。藤蔓掩レ之。人行二其下一。名曰二紫藤架一。過レ橋又左折而上。左方有二梅數株一。右則皆松樹而有二崖谷一。又有二流泉一。屈曲而登。有レ亭。稱二鹿鳴一。山素松山。故園中喬松多矣。入已深焉。登亦高焉。境幽邃而人煙斷。坐此則塵坌不レ入。胸次開拓。亭後竹林陰森竟數畝。林標仰二山頂一。則嵒々磐石。或起或偃。或縣或欹。以攬二結秀色一。巖下罅隙。多生二山躑躅一。亭前小池多二華草一。南行二小徑一胡枝有二數叢一。有レ石高丈有半。横亘一丈餘。石傍嵒崖有二瀑道一。雨則縣水一丈許。其前夷地有二梅林一。經二樹間之逕一而有二唐亭一。亭傍襍樹蓊欝。登レ坂數步有二兩石一。一則十圍高丈餘。一則五圍高二丈餘。薜荔荒レ之。石前有レ池。華蒲草。燕支華多也。池邊皆楓樹。故名二錦楓池一。取二路於東南一而登二小阜一。大石駢立。石間架二唐亭一。堂上之觀復見二于此一。馮レ高之故風景殊佳。返レ堂有二兩道一。左下レ坂而至二茶室之前一。入而喫レ茶。已而又入二一室一。從二此室一望二絕頂一乃峯嶂阻峭。老松欝盤。云二往昔有レ城。杉原元經之墟。余近與二其裔孫一相知。因見二其家譜牒一。又言此但以二權現山一稱レ之。乃知大寶者。寺之私號而非二本名一也。然今雅而舊則俗也。觀二畢於此一焉。此地本窮谷幽陋。草木猥奥。麋鹿所二捿托一。虺蛇所二藪聚一也。熊谷氏素好二山水一。來而相レ宇。乃榛莽剗茅茨。蠲二糞壤一焚二楢翳一。則奇石出。清泉激。有レ坳。有レ埡。有レ險有レ夷。各因二其自然一。通レ蹊鑿レ池。植二佳樹美草一以裝二飾レ之。無三處不二奇絕一。不レ勝二具列一也。園下延レ石而平レ地。爲二數間堂一。爲二遊息處一。其庭除又以二怪石卉木一粧レ之。經營十年所。今已告レ成。亡主人名正庸字幾右衛門兩郎長名正利。字十平。即有政之女壻。次名正儔。字仲友。臨レ去請レ余曰。願先生記レ之。勒レ石而貽レ之。庶二幾子孫不レ忘焉余素心二醉于尾道之景一此又別是一種之佳境。故不レ辭而爲二之記一。天明六年丙午夏六月平賀晋民撰

與二平賀房父一書

加川元厚

向也奉二書足下一以來。日引レ領企レ足西二望於邑一以俟二令音之至一。僕之所下以汲々乎望二足下一如レ此急上者豈徒以レ有レ舊二交於足下一故哉。唯是國家當二維新之時一。我相公吉田侯。與二補佐白河侯一。爽レ邦由レ哲戮レ力俱憂。竭レ思盡レ慮孳々夜以繼レ日。欲レ使二衆庶嚮レ化歸一レ厚也。是以周二爰咨諏之思一切。吐哺握髮之業急。輔佐君之所レ著若二求龍說求言錄一者。一欲下開二言跡一起中沈滯上矣。方今閭巷一介之士。苟有レ所レ欲レ言則得レ言焉。頃日上書言二得失一者。接二踵於臺下一往々有レ所二取用一。然而都下輕俊之士。詞藻浮靡曲學阿世靜言用違者。國家之所レ不レ取也。國家旣知三都下無二有用之儒一而求二諸草莽一。若二阿波柴生一者己登二東閣一。盖爲二今之郭隗一矣。是必欲レ有二大所一レ致也。向者足下之所レ著。大學發蒙及日新堂集。併平素所二與レ僕往來言一レ志書。私視二之相公一。而今參政本多公。侍中加納公。皆以二雄才學行一居レ位。二公與二輔佐公一。亦以レ此深知二足下一。乃相公所二以命一レ僕云云一也。豈漫然試一問レ之者邪。此視レ之實千載一時者也矣。而僕恐下足下抗二高尙之志操肥遁之節一無上レ酬二僕志一也。是以心旌搖々。寤寐馳レ神。越四月朔。得二足下之報一。忙手接讀數回。乃憮然大息曰。嗚乎命哉。房父不出如蒼生何。僕固知足下之志如此矣。然而所以不能言弗及足下者。以相公之命僕素厚也。今者聞足下高誼默而止乎。非所以爲相公盡慮也。諸公聞足下之所報也。益知不如此不足以有爲君。旬日相公再命僕。以此生不肯遂出請借之三年。噫三年之日。教育髦士。矜式儒林。盖諸公銳意此擧。在彼不在是也。以故再汚瀆高風。足下幸察諸。盖足下書。辭以齡近耆耄不堪列班廟朝。裨益大政。夙夜盡思慮。且其所著作未得果業。加有令媛在鄉里。眷戀不忍割情。足下雖齡近耆耄固無钁鑠之質。至內献嘉猷扶翼々之風。外具諮詢立諤々之議研幾微于既往決可否于前修可謂尙壯也矣。周書曰尙猷詢兹黃髮則罔所愆。此諸公之所望于足下也。且夫大公與文武之政。四皓定孝惠之位。皆是眉鬚皓白髮如彼僅々也。足下託言於耆耄。以欲果硜々之志。毋乃不可乎。古者不能德化百姓功救黎民。而後垂言於不朽。俟知己乎千載。非如後世儒者空文私淑不憂時患人也。足下苟立德立功之業可全。而得之則若夫立言者。雖亡可矣。其或公暇退食。欲修此緒餘。亦文職優裕。不如俗吏胥徒俯仰於薄書期會之間。不遑朝夕之爲。奚憂著作不全備一也。遠二一女於膝下一久憫二契濶一。此人情之所二必有一。雖二路人一爲レ之垂レ泣。況相識故人如レ僕者乎。雖レ然足下何不レ忍二數年之不宴一焉。夫禹之治二水土一也。三過レ門不レ入啓生呱々不レ子焉。古之人歟非レ無レ情也。義以制レ之。足下其能輕二重之一。是足下自レ少所二暗誦一。豈待レ言哉。僕叨々乎贅二數百言一。足下之高明迺不レ足レ掛二齒牙一也。自顧慚二高風一。皇懼不レ已。俯希二恕宥一。

答二加川元厚一

恭以方今國家清明。在レ位君子皆是稷契周召。同レ心以執二國鈞一。乃天下寧憂レ不二乂安一。而猶吐握引二天下之士一。欲四使三野無二遺賢一。搜索及二側陋一。足下早受二相公之知一。今又奉下擧二爾所一レ知之命上。以三僕辱二竹馬之遊一。以下嘗所二論著一書上。謬言二於相公一。々々亦競得レ人。故謬取而欲レ見レ僕。使二足下致一レ意。先レ是書疏往復數回。勸二僕出一。僕才不レ及レ人。學亦不レ成。在二京師一二十年不レ被二人知一。爲二獨備陽湯子祥一。見二僕春秋說一。謬稱譽使レ人傳下欲二交通一之意上。僕不レ堪レ喜。卽將二致レ書結一レ好。子祥適死矣。於レ是知二命之薄一。絕二知己之望於天下一。獨自沾々焉。

不レ圖見レ取二於足下一。辱二知於相公一。夫得二一夫一猶足矣。而縣官之宰。知己孰大焉。況遇二風雲之會一乎。則勿論卽日東下。古云老將レ知而耄及焉。年邇二虞淵一。氣力衰耗。不レ堪レ事焉。是以懇辭。得二足下最後書一。無二辭於拒一レ之。副書又以下相公或私二語足下一。許中不次之遇上。顧僕何人辱二相公一之厚至二于此一乎。已銘レ肝刻レ骨。雖二道斃而死一且不朽。奚不レ應レ命。故前書旣報レ之。然僕意在レ欲二拜謝一。卽還此有レ說矣。非レ厭レ勞也。凡人有レ能有二不能一。來書曰房父不レ出如二蒼生一何。又曰內献二嘉猷一扶二翼々之風一。外備二諮詢一立二諤々之議一。研二幾微于旣往一。決二可否于前修一。而猶以二大公四皓一望レ僕。是豈僕所レ能乎。讀レ之汗顏自愧。僕萬分所レ得者學也。道之經也。嘗欲レ諭二人君一者。具二之諸著述一。近得二輔佐公著書一而拜二讀之一。其國本論盡而無二餘蘊一。公已先レ之。僕復奚言焉。若夫一日二日萬機事。變無二窮極一非二學所一レ盡也。夫稱下與二足下一舊知上者。實在二弱年一。契濶殆五十年。其間相見者僅兩次。而亦不レ能レ句。乃足下晤二于僕平生一。亦唯以二著述一知レ僕耳。天性柔弱。不レ能二與レ人抗言一。臨レ事而畏縮。故謀二於野一則或時得。而於レ朝則不レ得也。且口不レ利而不レ能レ吐レ所レ思。遲鈍而不レ能レ應レ事。河翼々諤々之能乎。凡於二世故一甚拙。每レ遇レ事不レ能二處置一。必謀二於人一而濟レ之。故人以爲レ魯亦自以爲レ魯。民間已然。況雲間之上。其献二嘉猷一具二諮詢一豈所二跂及一哉。此皆僕所二自知一。況所レ不二自知一者及レ可レ數邪。相公見レ僕必大失望。而又誤二足下一。僕何貪二寵光一。厚顏敢出。前書粗述レ之。今方レ治レ裝然心甚不レ安。又茲娓々恐。足下謂レ僕欲レ遁爲二之辭一。且書不レ盡レ意。故特遣二間某一者。口二說之足下一。書詳二下悃一致二之相公一而許レ所レ請。此大願也。僕所二自得一不レ慕二富貴一不レ求二聞達一。獨以二著述一爲レ任。以樂二餘年一。足下幸憫察焉。臨レ書恐懼不二自勝一。垂昭之祈。

今北孟道墓銘

維寛政二年二月二十七日。孟道亡。其弟景慶來語曰。吾兄從二先生一游者有レ年。今不幸而死。區々行實欲レ銘レ之。非二先生一不レ得レ伸二志于地下一。請銘レ之。余雖レ不レ能レ文。然平生之舊。交游之恩。哀二其死一也。見聞已熟。曷其辭焉。孟道姓今北。名知近。稱二逸當一。孟道其字也。父稱二專右衞門一。母正木氏。其先世多田氏。後徙爲二浪華人一。自二孟道幼稚時一。父有二癈疾一而不レ堪レ事。乃養二姪良利一附二資產一。而使レ纘レ業。躬遁二于多田一以養レ疾。弟景慶前レ是往嗣二母家一。孟道時歲十六獨從焉。侍二父之疾一。自二飲食起臥一。夙夜莫レ不レ悉レ心。然醫藥無二効驗一而死。先四年母亦歿。孟道養二父母于山中一。十有餘年。辛楚備嘗。一郷稱レ孝。既葬二父母一。又還二浪華一。兄二事良利一。々々亦友二愛之一。將欲下讓二家產一而遯上。孟道知レ之。避適二京師一。其在二多田一也。嘗奉レ父到二京師一。就二吉益氏一而求レ治。已還爲レ父讀二醫書一。從レ是必自行。親二告父狀一而取レ藥。百里之道往來數次。雖レ爲レ父因レ是頗曉二醫事一。於レ是乎吉益氏既死。乃就二其徒中西氏一而學レ醫。旁交二通於儒家及知名之士一。游道廣矣。留五年。學既成又還二浪華一。以レ醫爲レ業。殆將二大行一。居無レ幾。戊申冬嬰二不レ可レ極之疾一。幸而有レ間。則復勉學從レ事。景慶大懼レ之。懇求二優游養一レ疾。不レ得レ已而廢レ業。嘗語レ人曰。吾不レ得レ志。卽死二乎道路一亦無レ恨矣。而吾弟唯吾疾之憂。至レ不レ安二寢食一。顧吾必不レ起。若不レ從二其請一而死。其怨レ我乎。故不二敢拒一。乃與二友輩一討二論詩書一。又集二古今書畫一。展玩自樂。然疾乍發乍已。庚戌春大發。自知レ不レ起。乃曰人無レ見二于世一。則生何爲。況爲二癈人一。不レ知二死遠一矣。疾病預屬レ人曰。吾得レ正而斃。須レ識レ之。及レ屬レ纊。頤指示レ之。傍人乃扶起。端坐而終。享年四十有四。孟道爲レ人慷慨。急二士之窮一。趨二人之志一。必期二于濟一。伉直雖二高貴一而不レ屈。性頴敏辨給。好レ學不レ倦。雅游與レ人能和。特厚二於親戚一云。嘗置レ妾。以レ盡二婦道一擧以爲レ妻無レ子。銘曰

欲レ伸也維志　欲レ延也維壽　誰不レ欲レ有レ子。是人而三欲二皆休一　嗚呼命也矣　豈無三德

之有レ奄二藏于歸一　永固安二玆丘一　勒レ銘是識　以垂二不朽一。

理二舊績錄之錯雜一且據二蕉窓筆記日本詩選藝藩通志等一編纂矣　昭和二年三月念六　編者

蕉牕筆記

安藝　平賀晋民房父　著

易小畜云密雲不レ雨自二我西郊一。余嘗謂密雲在二西郊一是雨兆。何以畜而不レ雨也。後聞二人之言一曰京師以西西風則晴。東風則雨。京師以東西風則雨。東風則晴。因又思此方東西有レ洋。乃海氣所レ使レ然。西周雖レ遠亦受二東洋一。則西雲之不レ雨固當然矣。後又覽二唐李石續博物志一云。關東西風則晴。東風則雨。關西西風則雨。東風則晴。與二此方一相反。固不レ關二于海一。而西郊之疑亦霽然矣。學者不レ可レ不下讀二萬卷書一又行中萬里路上。

易云天與レ水違行訟。張鼎思曰違者。天西旋。水東注。有二相左之義一。故取二此象一訟也。此說不レ可レ易也。中土之地百川皆歸二于東海一。故取レ象也。但海水亦循レ月而左旋。此雖二聖人一亦所レ不レ知也。然易理不レ可レ局二于此一。猶二二十八宿分二九州一。此妙理非二知レ道者一。則不レ可二與談一。

世説載。謝虎子薰レ鼠。爲レ人所レ笑。陸龜蒙小名ニ錄作一。在レ屋燒レ鼠。非レ燒則未レ見ニ其愚一。然非レ薰又不レ見ニ其愚所レ由。

唐李紳詩曰。春種ニ一粒粟一。秋收ニ萬顆子一。四海無ニ閒田一。農夫猶餓死。鋤レ禾日當レ午。汗滴禾中土。誰知盤中飧。粒々皆辛苦。爲ニ國君一者當下置ニ坐右一朝夕諷詠上。詩見唐范攄雲溪友議

彜按清鄭板橋家書曰。
二月賣ニ新絲一。五月糶ニ新穀一。醫得眼前瘡。剜却心頭肉。
耘レ苗日正午。汗滴禾下土。誰知盤中飱。粒々皆辛苦。
昨日入ニ城市一。歸來泪滿レ巾。徧身羅綺者。不ニ是養蠶人一。
九九八十一。窮漢受レ罪畢。纔得放レ脚眠。蚊蟲獨蚤出。
此書亦載ニ之詩一。板橋名燮興化人仕ニ于康煕雍正乾隆三帝一。

愛レ妾換レ馬。文人競作レ之。事有レ所レ本。後魏曹彰性倜儻偶逢ニ駿馬一愛レ之。其主所レ惜也。彰曰余有ニ美妾一可レ換ニ唯君所レ撰。馬主因指ニ一妓一。彰遂換ニ之馬一。號曰ニ白鶻一。見ニ唐李冗獨異志一。

唐太宗鑄錢題曰ニ開通元寶一。此以元寶爲ニ錢號一也。獨異志載。唐富人王元寶。玄宗問ニ其家財多少一。對曰臣請以ニ一縑一繫ニ陛下南山一樹一。南山樹盡臣縑未レ窮。時人謂レ錢爲レ王者。以

レ有二元寶字一也。亦可二以證一。玄宗年號開元。因謬稱二開元通寶一以二通寶一爲二錢之通稱一。後代皆以二年號一冠レ之襲二其諺一。

杜陽雜編載。（唐蘇鶚著）大中中。日本國王子來朝。献二寶器音樂一。上設二百戲珍饌一以禮焉。王子善二圍棋一。上勅二顧師言待詔一爲二對手一。王子出二楸玉局冷暖玉棋子一云。本國之東三萬里有二集眞島一。上有二凝霞臺一。臺上有二手談池一。池中生二玉棋子一。不レ由二制度一。自然黑白分焉。冬暖夏冷故謂二之冷暖玉一。又產二如レ楸玉一。狀類二楸木一琢レ之爲二棋局一。光潔可レ鑒。及二師言與レ之敵手一至二三十三下一。勝負未レ決。師言懼レ辱二君命一而汗レ手凝レ思。方敢落指。謂二之鎭神頭一。乃是解二兩征勢一也。王子瞪レ目縮レ臂己伏不レ勝。廻語二鴻臚一曰。待詔第幾手耶。鴻臚詭對曰第三手也。師言實第一國手矣。王子曰願見二第一一。曰王子勝二第三一。方得レ見二第二一。勝二第二一。方得レ見二第一一。今欲三躁見二第一一其可レ得乎。王子掩レ局而吁。曰小國之一不レ如二大國之三一信矣。今好事者尙有二顧師言三十三鎭神頭圖一。按唐大中當二此方

仁明天皇之嘉祥。

文德天皇之仁壽齊衡天安之間一。考レ史兩朝無二如レ唐者一。

淸和天皇貞觀三年

平城天皇第八皇子高岳親王。爲レ僧如レ唐求レ法。

陽成天皇慶元七年在レ唐僧中瓘。狀奏云高岳親王。欲下渡二流沙一至中羅越國上薨。所謂王子乃高岳親王也。貞觀三年當二懿宗咸通二年一。慶元七年當二僖宗中和三年一。云二大中一者非也。親王善レ棋史無レ傳焉。則天長安年中粟田眞人聘レ唐。僧辨正爲レ學從行。辨正留二于唐一。臨淄王李隆基時在二藩邸一。辨正以レ善二圍棋一被レ賞遇見二于史一。其集眞島則無レ論已。楸玉局冷暖石又可レ疑也。

中御門天皇享保四年。朝鮮來二聘于覇府一。梅錦者善圍レ棋。官敎二道策爲二對手一。局既過半道策且退。謂二其徒一曰。我輸二一子一理已盡矣。無レ可レ勝者。若强欲レ勝レ之吾必死焉。雖レ然是國家之事。不レ得レ不レ勝。乃通宵凝精搆二出二子劫一。遂勝レ之。初梅錦以二必勝一來。於レ是乎耻レ之未レ至レ國。洋中自沒レ躬而死。道策亦無二何死一。其二子劫今猶傳レ之。

孝經唐開元初用二鄭注一。孔注亦有焉。劉子玄奏請廢二鄭子孝經一。依孔注不二納見一。唐劉肅大唐新語。御注出而孔鄭倶廢。遂亡于彼。此方幸存焉。享保十六年春臺先生。校而改刻之盛行于世。近來海商購而齎歸。重刻于彼。彼得再有是焉。若夫鄭注　此方未見有之。近來鄭注者出。讃岐良芸刊行之鄭注之碎。散見諸書。今是書與之不合。且注文方習者間有之。必是此方好事者僞作也。昔者

圓融天皇貞元之年。僧奝然如宋。献鄭注孝經於大宗。司馬公等得之大喜。是必非今之書。則鄭注此方亡矣。彼方自程朱之徒不尊信亦亡矣。惜哉。

孔注孝經隋世始出。當時之人既謂之劉炫僞作。後儒亦有辨論。余別詳之。春臺先生信之何也。而云傳尚書者爲學士大夫也。故不盡其說。使讀者思而得之。傳孝經者爲凡人也。故丁寧其言以告諭之。此所以其不同也。夫註家體例各異。尚書亦非安國。然尚書之擬孔甚似焉。此註豈漢時氣象乎。且其說多取管子。而屬經濟義觀於本文。是學士大夫之孝經。而非凡人所及。安國其有之乎。春臺先生大儒。然間有是僻其疵瑕爲可惜。

海上之人八月乘槎到天河。見博物志。張騫事未見所出。唐趙璘因話錄云。前輩詩往々

有張騫槎者。相襲謬誤矣。縱出雜書亦不足據。因知出俗說。

宋魏泰東軒筆錄云。治平間河北凶荒。繼以地震。民無粒食。往々賤賣耕牛。以苟歲月。是時劉渙知澶州。盡發公帑之錢以買牛。明年震搖息。逋民歸無牛可以耕鑿。而其價騰踴十倍。渙復以所買牛依直賣與。是故河北一路唯澶州民不失所由。渙權宜之術也。此最上惠政又良法。牧民者可傚効者也。但其事甚難矣。一州之耕牛其數不知幾許。置諸牛主之所。既不可也。雖可也。民亦不能養之。取諸官府將何術以處置之。不載其法甚可恨也。

又云自古爲國興財利者。鮮克令終。不然亦禍及其後。漢之桑弘羊。唐之韋堅。王鉷。揚愼。矜劉晏之徒。不可勝紀。皆不自免。本朝如李諮元子陳恕林。特子孫不免非命。豈剝下益上陰責最大乎。按此皆小人不足言。國士之用此國帑不足也。其本君不天畏也。悲夫。

宋馬永卿云。晉史乃唐時文士所爲。但託之御撰耳。臣下之文駕其名於人主。已爲失矣。而人主傲然受之而不辭兩胥失矣。水戶義公命儒臣修日本史。以自著題亦何意也。

皆云張仲景傷寒論立方之祖。漢書藝文志錄二經方十一家二百七十四卷一後世不レ傳矣。豈得下以二仲景一爲上祖乎。

唐中宗親祀二南郊一。以二皇后一爲二亞獻一。仍補二大臣李嶠等女一。爲二齋娘一執二籩豆一。本朝往古伊勢加茂二廟建二齋殿一。以二皇女一爲二祭主一。盖效二唐齋娘一也。

此方

後醍醐天皇建武以來天下大亂。薄海莫下不三日尋二干戈一時上。方人入レ明而暴掠。彼方與二北胡一並稱。爲二一代之病一。而此方之人至レ今莫レ知二何者所爲一矣。蓋筑紫九州之草竊。衣食無レ所レ求。故渡レ海而逃レ死耳。素無レ足二畏爲一。而如レ此者彼方之奸猾。皷二煽之一相比爲レ暴也。雖レ後勢張不レ過二山陽六七州之盜加一。五畿以東之人必不レ往矣。滅二此輩一易二於摧レ卵。而大國苦レ之者。彼賊與レ之故也。後觀二紫紹炳（字虎臣明末清初人）考古類編一。其海防考云。海之有レ防歷代不レ見二于史冊有一レ之。自二明代一始而海之嚴二于防一。自二明之嘉靖一始。盖元世宗横挑二海釁一。范文虎之師敗二于日本一。梭焉啓疆于斯肇焉。明高帝洪武中又以二日本通貢不一レ常。時有二倭犯一。特詔二信國公湯和一經二理沿海一。所四以爲三先事二之防密一矣。自レ是累朝貢掠相間。幸無二大瘡一。

朝廷亦徒羈縻不絶而已。嘉靖初以市舶忿爭失于調劑。又奸豪挾詐攫其貨而不酬。使倭啣蓄恨。其心一逞于是。汪五峯。徐碧溪。毛海峯之徒因而勾之。大肆焚劫始于浙東。既而瀕海郡縣所至殘破。其後乃遣都御史王忬。巡視兩所兼領漳泉興福四郡。以都指揮俞大猷。湯克寬。爲浙閩參將。漸次勦禦。未幾復熾。尋以御史胡宗憲爲總制。宗憲計擒賊首汪直。浙西江東稍安。而賊焰從此寢息矣。崇禎時又有劉香老鄭芝龍輩。陸梁海濱大都。閩廣諸郡尤被其毒。數年勦賊無功。其後芝龍就撫。香老擒死。始獲小康云。亦夫海上列戍本以備倭。而倭故無心入犯。彼所利在互市。但官司約束無方。致生釁隙。復有奸民從而鼓煽其間。則兵端一啓不可立平。故知備倭實所以備賊也。備賊與倭情形相爲表裏。柴說頗得要領。原其所由起。其云市舶忿爭失于調劑。咸當然也。又其云倭故無心入犯。彼所利在互市。但官司約束無方。致生釁隙。始則然哉。至後不必矣。至云備倭實所以備賊也。則誠確論也。又其云貢掠相間及倭啣蓄恨大非也。掠者小民耳。非爲貢者也。貢者筑後之菊池氏耳。所謂倭寇者彼實不聞知焉。當時

後醍醐天皇蒙二塵于吉野一足利尊氏立二
光明天皇於京師一。奉以爲二天子一。於レ是王統分爲レ二。稱二南朝北朝一。楠氏在二和河二州之間一。
守二衞南朝一。新田氏爲二南帝一唱二義於北陸道一。菊池氏亦皈二南朝一。請迎二皇子懷良親王於筑紫一
奉レ之。以建二義旗於西陲一。以二王令一行レ事。是時竊通二使于明一。固非二皇朝及覇府遣一レ之也。
彼本不レ知二此方事體一。大率以二倭寇一朝鮮役爲レ一。本此方徃古效レ唐每州置二府兵一。有二征討一
則使下朝臣爲二征夷將軍一帥上レ之。及二源賴朝爲二將軍一滅二平氏一。
後白河上皇以二天下一委二任之一。自レ此爲二將軍一者自占二九五之地一。以令二天下一。天子位亢龍從爲二
其主一耳。凡朱明一代此方知二天下一者易二數姓一。朝元入寇。范文虎敗者當二北條氏之時一也。
明之洪武當二足利尊氏之子義詮及其子義滿之時一也。若二嘉靖年一則足利氏失レ馭二天下一。宛
如二戰國一亡雄之時也。毛利氏起二於藝州一滅二雲州尼子氏一。滅二防州大內氏一。領二山陽山陰二
道十三州一。筑紫有二菊池。大友。島津一。尾州有二織田氏一。參州有二神君一。相州有二北條氏一。
甲州之武田。越州之上杉數年相拒。各割二據數州之地一。欲二相並呑一。其他小英雄或據二一州一。
或領二數郡一者不レ可二勝計一。當二隆慶之初一將軍義昭爲二織田信長一所レ逼出二奔備州一。依二毛利

氏一。乃信長爲二天下主一。而未レ能二統一一。使二羽柴秀吉柴田勝家等經二營四方一。信長父子始來二京師一。明智光秀自二丹波一襲二殺之一。秀吉卽還滅二明智一以報讎。實當二神宗萬歷十年一。秀吉遂自有二天下一。

天子賜二關白太閤之位一。改二姓豐臣一。以三足利義昭猶在二備州一。未二征夷將軍一。然關白者天子之孤卿。關白而退休者稱二太閤一。雖二無職一而位至重非二將軍所一レ及也。秀吉乃柔服踣拒遂統二一天下一四海告レ平。於レ是無二干戈可一レ用之地一。不レ堪二寥々之心一。遂發下伐二朝鮮一入レ明之志上。可レ謂二黷レ武之甚一矣。明初之通使朝鮮之役其迹如レ此。豈與二所謂倭寇草竊一同一之談哉。

宋薰彥遠除正字謝啓云。殘經不レ悟二於郭亡一。闕文徒存二於夏一。有二馬不レ足レ一者一。旣失二其全一。虎多二於六一。自乖二其數一。馬不レ足レ一虎多二於六一。未レ知二何義一也。艾隱筆記云。諺云書三寫魚成レ魯。帝成レ虎。橫浦文集云。字經二三寫一。烏焉成レ馬。因按帝字九畫。虒字六畫。言寫二虒字一當二六畫一。而書二帝多二於六畫一。是乖數也。誤二焉字一而寫二馬字一。焉頭正。馬頭匞。故云不レ足レ一也。

漢以來歷家擧言。天左旋。日月五星右旋。而有二蟻磨之譬一。至二宋張橫渠一。始發二左旋之說一。

朱晦庵。蔡仲默等依レ之。後從レ之者有二兩三輩一焉。余嘗謂天已左旋。日月何右レ之。有二後天之說一極得レ理。然從レ之則黃道不レ立。故談レ天者雖レ從二事理一不二復從一矣。方中履古今釋疑載。揭子宣說曰。天氣也止有二一氣一更無二二氣一止有二一動一更無二二動一止有二左旋一更無二右旋一。右旋者倒退耳。盖有二槽丸一。急旋槽進丸退之證焉。夫日月諸星其體皆如レ丸。有二一氣中一各有二熟路一。而天盤急旋。體圓必轉倒退者。勢使二之然一也。試以二一平版一驗レ之。版形如レ盤。開爲二六槽一。槽皆圓規。自レ外至レ內重々相裏。槽各置二一丸一。悉居二東偏一。版之中心竪二一圓幹一以レ手挼レ之。使二盤左旋一。而盤行勢急。丸必倒退。盖丸之下跗灾。麗二於盤一者爲三盤所二拽帶一。動而西其丸之上虛者則必倒轉。以從二西行之勢一。猶下夫舟之觸レ岸。人必反靡。馬之驟鞭身必少退却上也。又以二廻水一觀レ之。水既流下旁置二一物一。則反逆上。又如レ揚レ米者。以レ手擣レ箕米必退レ後。以レ手製レ箕米必從レ前不二必圓一。物急則反徙定理如レ此。特不レ察耳。故倒退者正所三以順二天之行一也。夫天者一氣。一氣則一動。更無レ二矣妙矣哉。言熟得而易レ之。其事證雖レ未レ驗亦甚切也。余嘗有レ意以二盆水一試レ之。得二此說一洒然疑網霽定。爲二日月亦左旋一特後天矣。或曰其有二南北行一非三右旋二黃道一乎。曰此天之妙所人不能測者也。凡欲以理推而無遺失。不忌憚之甚者也。余言之亦長焉。然既有成說。焉。因而判之云。

月之九道亦久矣。朱明之時西洋學行焉。而云月有遊輪。於是九道廢矣。蓋黃道有軸月有其輻也。黃道已斜絡。則月亦斜轉。自人覘之月距軸六度。乃陽歷陰歷龍頭龍尾隨轉而在焉。明切於九道。必當然哉。

金水二星雖有遲疾逆滯。與大陽同行度。余嘗疑亦是遊輪。遊輪則遲疾逆滯自其所也。近觀方中履釋疑。云蓋日如車輪之軸。居中旋轉。金水如輪之輻。周圍循行。輻隨軸轉故日之轉也。金水或旋而前。或旋而後。一前一却亦勢所至也。自入日視之祇見其或順或逆。而不知其遶日環轉也。特逆則返于日之上。順則趨于日之下。遲留則行于日之側。人祇見其爲遲爲留。而不知其自上往下自下往上也。在上則疾。在下爲尤疾。遠日則見。近日則伏。特其常耳。此暗與余意合。但夕在東則見。朝在西則見不係于遠近。

余疑日亦有遊輪而非其軸何乎。二分有盈縮而二至合其度也。余非其人則不能推步㆒焉。未㆓發㆓見㆑之者也。
西學云經星亦有㆓右旋㆒。歲差由㆑是矣。雖㆓理切㆒也星宿既有㆓移動㆒古今不㆑同㆓其度㆒。其右旋左旋焉可㆑知也。凡天者神妙不㆑測故可㆑推者。不㆑推爲㆑可矣。
後世推測愈密。至㆓西學㆒而極。實可㆑畏者也。前諸條有㆑不㆑得㆑已者而言㆑之。心實不㆑安矣。

蕉牕筆記 終

昭和五年四月一日印刷
昭和五年四月五日發行

定價金四圓

發行兼著者　澤井常四郎
廣島縣御調郡三原町一七五〇

印刷人　大杉直次郎
東京市牛込區若松町五四

印刷所　大杉印刷所
東京市牛込區若松町五四

賣捌所　大雄閣書房
東京市本郷區本郷三丁目三番地

佛領印度支那	南條高楠兩博士著 澤井常四郎編
増補三原志稿	青木充延編 澤井常四郎増補
御調八幡宮と八幡莊	澤井常四郎著
御調郡誌	同上著
靜齋學創始者 齋必簡先生	同上著
贈位者四大人傳	同上著
三原めぐり	木原尙房編 澤井常四郎増補
櫻南遺稿	長谷川櫻南著 澤井常四郎編
香雪遺稿	沼田香雪著 澤井常四郎編
貢山詩鈔	岡村貢山著 澤井常四郎編
三原觀梅記	菅茶山著 澤井常四郎編

解題

稲田篤信

一

ここに覆刻したのは、近世中期の儒学者・平賀中南に関する澤井常四郎の著作『経学者平賀晋民先生』である。平賀中南は名を晋民また叔明、通称惣右衛門また図書。字を士亮、また房父。号を中南、また果亭と称す。寛政四年（一七九二）十二月二十四日歿。七十一歳。

今日平賀中南（以下、本書に従って晋民と称す）は儒学者と呼ばれるのが普通であるが、著者澤井常四郎が晋民を特に経学者というのには理由がある。中国古代の堯や舜、周の文王、武王といった聖人に関わる古典、『易』、『書』、『詩』、『礼』、『春秋』（以上を五経という）などに解釈を加える学問のことを経学と言い、晋民の学問の本領をここに見ているからである。晋民の著書には今は失われて読むことが出来ないものもあるが、後に見るように『周易洗心解』、『尚書梅本弁説』、『詩経原志』、『礼記纂義』、『春秋稽古』など五経に関する著作があり、『春秋稽古』全八十一巻が示すように、晋民のライフワークが春秋学であり、経学者の称はまことにふさわしい。

晋民は生前、知られた人物であった。京都では『平安人物志』安永四（一七七五）年版、天明二（一七八二）年版の「儒家」の部に姓名が挙げられ、大坂では天明七年成『浪華学者評判記』に「立役之部」の「至上上吉　市川団蔵」の役者見立てで、「何もかも一通り行届きマァ一方の立役者」と評され、また寛政二（一七九〇）年版『浪華郷友録』の「儒家」の部にも登載される。歿後も幕末の万延元（一八六〇）年後序『浪速人傑談』には「天性方正廉直にして、文学に達し、儒名世に高し」と評されている。

著者の澤井常四郎は広島県御調郡八幡村篝（現三原市八幡町篝）の澤井家に明治四（一八七一）年に生まれる。昭和二十四（一九四九）年三月六日歿。享年七十九歳。三原市教育委員会のホームページの「郷土三原ゆかりの人たち　沢井常四郎（さわい　つねしろう）」また『三原志稿』（昭和四十八年復刊増補版）に付された略歴によれば、澤井は小、中学校、女子師範学校の教師を歴任し、退職後の昭和三年三原図書館長に就任したが、その創設は澤井の創造的遺産であるという。澤井が蔵書約四千冊を現在の三原市立中央図書館に寄贈したことをはじめとして、安芸・備後の郷土文化に果たした功績は、言語に尽くせないものがあるという。

本書の巻末には澤井常四郎の著作目録があり、『御調郡誌』ほか郷土史の力作が並んでいる。ここに挙げられていないものをいくつか補足すると、三原図書館編『楢崎正員先生伝：二百四十周年追遠祭記念』（一九三五）、三原図書館編『三原黄門小早川隆景卿』（一九三七）、伝記学会編『山崎闇斎と其門流』（「楢崎正員先生」収録　明治書房　一九四三）などがある。

澤井常四郎は郷土の先賢が近代になって忘れ去られ、世に埋もれたままでいることを憂い、本書を刊行したのである。八十七年後の今日、本書はわが国の近世経学史、学芸史になお大きな示唆を与える書として存在意義を失っていない。本書を覆刻して学界・読書界に紹介する所以である。

二

本書原本の書型は菊判。原寸の覆刻である。覆刻にあたっては、稲田所持本を用いた。箱ならびに本体背表紙に「経学者平賀晋民先生　文学博士高楠順次郎閲　澤井常四郎著」、内表紙に「文学博士高楠順次郎閲　澤井常四郎著　経学者平賀晋民先生　桜山文庫」とある。口絵写真十二頁、序二十二頁、目次他十頁、本文六〇三頁、奥付・著作目録一頁、総計六四八頁。奥付によれば、昭和五年四月五日発行、定価四円。発行兼著者を「澤井常四郎　広島県御調郡三原町一七五〇」、売捌所を「東京市本郷区本郷三丁目三番地　大雄閣書房」とする。独力で刊行した私家版である。

口絵には、肖像、遺墨、頼春水起草墓碑銘稿、墓碑、著書、書簡など二十五点の写真が掲載されている。年月が経過しているため印刷が不鮮明であるが、現在原本の所在が分からなくなっているものもあり、これ自体が貴重な資料である。

序者として名を連ねているのは、十四名。その内、望月圭介は政党政治家。永井潜は生理学者。花井卓蔵は弁護士。勝島翰は漢詩人。広幡忠隆は公爵。和田英松は歴史学者。富士川游は医学史家。高楠順次郎は仏教学者、等々、広島県出身者を中心として、著名な人物が序を寄せている。それぞれ澤井常四郎の功績を讃え、晋民評価の意義を説くが、和田英松の「人に知られるのを好まず郷土にも聞こえない隠れた碩学」の晋民評が心に残る。

高楠順次郎（一八六六―一九四五）は、旧広島県御調郡八幡村字篝出身。農家澤井家の七人兄弟の長男で常四郎の実兄。東京帝国大学名誉教授。一九四四年の文化勲章受章者である。校閲者、序者として名を連ねるほか、澤井の兄として本書の出版にさまざまな助力を与えたことが容易に推測できる。

三

澤井常四郎が本書を構想した際に、全国の諸家に情報提供を要請した一枚刷りの文書が残っている。本書の刊行意図がよくわかるので、以下に紹介する。

なお、原文の正字体を常用字体に改めている。また、原文の句読点は「。」で統一されているが、これを読点（「、」）と句点（「。」）に区別したほか、いくらか句読点を補っている。

平賀晋民先生に就て

幕府に招聘せられたる
徂徠学派の碩儒

山水秀麗の地多く偉人を出す。我が芸備の地亦然り。菅頼二家は能く人の知る所。西に斎必簡あり。東に佐藤直方、大田全斎《ママ》あり。吾が平賀晋民亦其の一人なり。晋民は忠海に生れ、本郷に養はる。四十にして九州に行き八十余歳の大潮禅師に学び、長崎に唐音を習ふ。東帰して本郷三原尾道に教ふ。頼春水亦三原に来りて学ぶ。師友録中柴栗山と並べて先生と称するもの此の所以なり。後京都に行き青蓮院に仕へ遂に御所に仕へては大舎人となり。従六位下若狭介に任官す。迎へられて大阪に行き徒に授く。間五郎兵衛は其高弟たり。此間常に経書の研鑽を怠らず。

時に田沼秕政の後を受け、松平定信及松平信明（智慧伊豆信綱の裔孫）閣老となるや、定信は朱子派より柴栗山を招き、信明は徂徠派より晋民を聘せり。然れども晋民は齢已に六十を過ぎ亦世に望みなく固く之を辞せり。百方手を尽し客分として之を遇し諸事本人の意に任すこととなり、遂に江戸に下れり。実に天明八年夏なり。東下するや日夜講説に隙なく席温まるの日なかりしといふ。斯くして一年を経過し遂に病と称して之を辞し大阪に帰れり。帰後猶日夜経学を研究して止まず。寛政三年十月廿六日に至り一世の大業春秋稽古八十一巻を書終りて筆を擱けり。後十四月を経て四年十二月二十四日歿せり。時に年七十一。信明諡して好古先生といふ。

資料の今日迄に発見せられたるもの、

春秋稽古　写本八十一巻　東京　帝国図書館

左伝集箋　刊本七十三巻 内卅四五の二巻　広島　頼弥次郎氏

是は春秋稽古と同一のものにて、其内七十三巻迄出来上りし時、京都公卿広幡家（公爵）にて出版したるもの。極めて美麗に殆ど他に類例なきまでに印刷せられたり。今広幡家へは交渉中なり。

大学発蒙　刊本一巻　広島　服部富太郎氏

唐詩選夷考　刊本七巻　東京　帝国図書館

学問捷径　刊本三巻　同上

逸史天野屋利兵衛伝　刊本一巻　三原　川口国太郎氏

日新堂集　写本十巻　三原　楢崎仲兵衛氏

一書生携悼亡詩　広島　頼弥次郎氏

（是故平賀先生手書也検故紙而得之文化十癸酉十月十日頼惟完識）

祭三宅子恂　本郷　三宅公平氏

贈三宅子恂釈普巌　同上

晋民信書　十八通　三原　青木善四郎氏

同　十三通　三原　楢崎仲兵衛氏

同夫人信書　一通　同上

同画賛　同上

同肖像　頼春水賛　忠海小学校
同略伝　間五郎兵衛記　広島　木原福郎氏
同　上　頼春文記　三原　青木善四郎氏
同碑文　頼春水文　同　上
好古先生之墓　大阪天王寺　邦福寺
夫人桜井氏之墓　本郷　円光寺

以上今日までに探索したる資料なり。此外著書も次の如く多数ある筈なり。

詩経原志九　世説新語補索解二　論語合考三　周易洗心解十二　尚書梅本弁説廿四　周官集義十八
周官義疏纂四　周官名物考二　礼記纂義二十四　礼記鄭註弁妄五　儀礼説蘊三　壁経解六　孟子発蘊三
壁経六　蕉窓寓筆六　蕉窓日記一

右の著書其他に於て断簡零墨なりとも資料となるべきもの御所持の方は下記へ御通知被下度此段特に懇願奉り候。

敬具

大正十五年九月二十日

広島県御調郡三原町桜山文庫（又は）
東京市小石川区関口台町五番地大雄閣

澤井常四郎　再拝

円光寺殿

宛名の円光寺は、三原市本郷にある寺で、晋民の妻の墓がある。墓誌は晋民の執筆である。澤井の住所となっている「広島県御調郡三原町　桜山文庫」は澤井が私財を投じて設営した図書館。「東京市小石川区関口台町五番地　大雄閣」は、兄高楠順次郎編『大正新修大蔵経総目録』の編集兼発行所である。

澤井の文は、晋民の生い立ち、経歴を広い視野から述べ、晋民の著作、探索蒐集中の資料を列記して諸家に協力を仰いでいる。晋民の著書については、中根粛治『慶長以来諸家著述目録』などを参考にしている。簡明で行き届いた晋民紹介の文になっている。

三原市立中央図書館には澤井の十二行二十字用箋二百八十枚の入稿原稿『経学者平賀晋民先生　桜山文庫』一冊が保存されている。その他『平賀晋民研究資料』、『晋民書簡集』、『世説新語補索解　乾』など各一冊の自筆ペン写本も保存されている。『経学者平賀晋民先生』の執筆のために澤井が博捜に努めた資料を整理したものである。

『平賀晋民研究資料』は御調郡誌編纂部の「御調郡誌原稿」の四百字用箋百五十枚ほどの分量を一冊に綴じたものである。表紙に「平賀晋民研究資料」、「桜山文庫／昭和六年三月十日／澤井常四郎氏寄贈／わ00・305・1冊」とあり、内扉に「平賀晋民研究資料」の扉題と「大正十四年十一月」の日付を記す。これから推すと、澤井は大正十四、十五年の交に本格的な執筆を開始し、昭和五年に刊行にこぎ着け、刊行後の昭和六年に稿本類を「桜山文庫」蔵書として寄贈したものと思われる。

『平賀晋民研究資料』は、「平賀晋民小伝資料」、また「平賀晋民書簡集」などを収録しているほか、「蕉窓集目次」、また間重富「中南平賀先生略伝」、岡本撫山『浪華人物誌』、正田義彦『浪華人傑談』などの晋民伝、『慶長以来諸家著述目録』などの著述目録、交遊諸家の人物伝、晋民著作の序跋類を写している。先の頼惟完識語の「一書生携悼亡詩」の写しなども含まれている。

上掲の要請状もここに綴じられている。ここでは不明であった『詩経原志』、『世説新語補索解』、『蕉窓筆記』も新たに晋民著書として所蔵者の名と共に書き込まれている。

『世説新語補索解　乾』ペン写本一冊は、前後に安永三年版の見返し、序文、刊記を透き写しにした丁を配し、柱刻に「春秋集箋／巻三十五　折衷／安永乙未」、ノドに「桜山文庫」とある十一行用箋を用いて本文を写したものである。末尾に澤井の識語があって、資料捜索の苦心が語られて興味深いので、以下に引用する。文中、「資料蒐集の単箋」とあるのが要請状であろう。

> 大正十五年十二月四日開催菅茶山百年記念会於東京本郷東京帝国大学仏教青年会館席上配布晋民資料蒐集之単箋後同月廿五日東京戸崎太田《ママ》才次郎氏（錦城裔）報本書所蔵之事依交渉数回遂借受之自三月二日至同十七日謄写了得見稀覯之書実拠《ママ》太田氏好意感謝々々

昭和二年三月十八日於対岳楼
澤井常四郎

大正十五年十二月四日に菅茶山百年記念会が東京帝国大学の仏教青年会館で開催された。ここで「晋民資料蒐集の単箋」を配布したところ、大田錦城の後裔が『世説新語補索解』（二巻二冊安永三年林権兵衛刊）を所持していることが分かり、何度か交渉して、借覧書写出来たと、感謝と喜びを述べたものである。当時「稀覯之書」とあるが、幸いなことに今日では三原市立中央図書館、金沢市立玉川図書館古愚軒文庫など十数本の伝本を確認することが出来る。

『よしの冊子』は寛政の改革の時期に松平定信の家臣が幕政や世情の風聞、人物の評判を記録した書として知られる。ここに『世説新語補索解』に対する辛口の評判が書きとどめられている。これを見ると本書は同時代に必ずしも受け入れられていたわけではないが、ただ、その一方で本書の注が詳細に書き込まれた和刻本『世説新語補』が台湾故宮博物院図書文献館に所蔵され、これは清末・民国期の著名な学者楊守敬の旧蔵本で、彼が特に注目して所持した本でもあった。晋民の注釈の評価は今後の研究を俟たなければならない。

四

その他、晋民研究の現在という観点から、いくつか気づいていることを述べておきたい。

『春秋集箋』については、本ＳＲＦ事業の一環として野間文史による影印・書き下し文・解題が刊行される。『春秋稽古』との関連もそこで論じられている。晋民畢生の業績に初めて光が当たることになる。『春秋稽古』は東京都立中央図書館特別買上文庫（岡文庫）に完本四十冊が所蔵されるほか、いくつか伝本があり、二松學舎大学図書館も那智惇斎旧蔵存巻三十二巻二十冊本を所蔵する。

晋民の詩文集『日新堂集』は自筆稿本、写本、澤井による自筆のペン写本が伝わる。自筆稿本は崇山房の「唐詩選夷考」の用箋を用い、「蕉窓集詩部」、「蕉窓集文部」の内題を持つ。別に『蕉窓集　詩部』、『蕉窓筆記』も写本、ペン写本があり、あわせて『経学者平賀晋民先生』に生かされているが、なお荻生徂徠『葬礼考』序など個々に内容的にも興味深いものがある。また、活字本の本書では省略されている送り仮名がある。

晋民書簡は京都在住時の安永四年以降、宇都宮士龍、喜多重右衛門、楢崎仲兵衛などに宛てたものが収録されている。原簡は所在不明であり、晋民伝の基礎資料として貴重である。ここに京都で入手できる唐本の値段などを伝えている記事がある。「十三経　汲古閣本新渡　同古渡上本　万暦本　嘉靖本」、「佩文斎韻府」、「新逮秘書」、「秘笈」、「漢魏叢書」、「淵鑑類函」、「唐詩類苑」、「詩雋類函」などの舶載書が見え、漢籍受容史の面からも興味深い。

五

江戸期の思想界における晋民評価は、頼春水「師友志」(『春水遺稿別録』巻三)の「其の学蘐園を出でず」(原漢文)とあるのが基本的な所であろう。晋民の著作を見ると、蘐園派(徂徠学)学説への好意的評価、『世説新語(補)』や『唐詩選』、また唐話への関心など蘐園流の傾向を指摘できる。一方で、徂徠亡き後、経学と詩文に別れていく他の蘐園流の人々と同一視できるかどうか、もう少し慎重な検討が必要であるように思われる。

晋民は儒者という職分に関して、独自の見識を有していた。晋民は儒者を「遊手の民(手を遊ばせる人間。労働をしない人間)」として、四民の身分秩序の狭間にある存在であると考えている。『日新堂学範(学問捷径)』(原文は片仮名交じり文)には次のようにある。

農工商は小人なれども国の大用なり。儒者は遊手《ゆうしゅ》の民にて無用の長物《あまりもの》なり。されども学者なければ道廃絶す。亦なくんばあるべからざるものなり。今の学者農商ならば農商を専《せん》とし、儒を傍にして堯舜の道を畎畝の中に楽んで居《をる》べし。ゆめゆめ農商を賤しみ先祖箕裘の業を破て儒者となるべからず。已むことを得ずして儒者になるとも、己を高ぶらず、我は農商の下に立つ己を営《いとな》む小人なりと心得、生徒を聚め束修を得て口を餬《ぬら》すべし。

議論は経済的な生産論から知識人の位置を見定めたものであるが、「生を農に托し」(『日新堂学範(学問捷径)』)た晋民自らの経歴と分度にきびしい個性もうかがわれる。

晋民は松平信明からの名誉の招聘に対して何度も辞退し、やむをえず出仕してもはやばやと致仕してしまう。晋民を推薦した加川元厚に宛てた書状の一節には、「富貴を慕わず。聞達を求めず。独り著述を以て任と為し以て余年を楽まむ」とある。本書『経学者平賀晋民先生』はこれを紹介して、晋民の「心事明なるもの」とする。このことと先の儒者遊民論とを合わせ考えるなら、晋民には小吏から幕閣までそれぞれ時と場所と地位を心得て、経世済民の有用の徒たらんとする朱子学流とも違う考えがある。こうした晋民のひととなり、思想を再検証する材料を本書は十二分に提供している。本書を活用して晋民研究を継続するのが澤井常四郎の遺志を継ぐことになると思われる。

［付記］

晋民研究および本書を読むための参考文献を以下に掲げる。図書館などで比較的容易に閲覧できるものの範囲で掲げたが、近年、江戸の版本や明治期の文献については、国立国会図書館・国文学研究資料館など多くの機関でデジタルコレクションやデータベースが公開されているので、多くを省略してここにあげていない。

研究文献Ⅰ（著作・伝記資料等）

青木充延著・澤井常四郎増補『三原志稿』（三原志稿出版会　一九一二　みどり書店　一九七三）

森元国松編『芸備郷土誌目録』（三朋社　一九三四）

永富独嘯庵先生撰・富士川游訳解『訳解漫游雑記』（中山文化研究所　一九四〇）

江村北海『日本詩史』（岩波書店（岩波文庫）　西沢道寛　一九四一　富士川英郎他編『詞華　日本漢詩』第二巻

佐野正巳　汲古書院　一九八三）

鳥山輔昌『忠義水滸伝抄訳』（長沢規矩也編『唐話辞書類集』第三集　汲古書院　一九七〇）

『三原市史』第四巻（三原市　一九七〇）

西村嘉助・渡辺則文・道重哲男『竹原市史』第一巻概説編（竹原市役所　一九七二）

豊田郡教育委員会『豊田郡誌』（名著出版　一九七二）
『日新堂学範（学問捷径）』（長沢規矩也編『江戸時代支那學入門書解題集成』第三集　汲古書院　一九七五）
『平安人物志』・『浪華郷友録』（森銑三・中嶋理寿編『近世人名録集成』第一巻　勉誠社　一九七六）
木村敬二郎編『稿本大阪訪碑録』（『浪速叢書』第十巻　名著出版　一九七八）
荻生徂徠『葬礼考』（長沢規矩也編『影印日本随筆集成』第十二輯　汲古書院　一九七九）
正田義彦『浪速人傑談』（『続燕石十種』第二巻　中央公論社　一九八〇）
水野為長『よしの冊子』五（森銑三・野間光辰・中村幸彦・朝倉治彦編『随筆百花苑』第八巻　安藤菊二校訂解題
　中央公論社　一九八〇）
頼杏坪他編『芸藩通志』（一八二五　国書刊行会　一九八一）
岡崎信好（師古）編『平安風雅』（富士川英郎他編『詞華集　日本漢詩』第九巻　松下忠　汲古書院　一九八四）
頼春水「師友志」（『春水遺稿別録』三　富士川英郎『詩集日本漢詩』第十巻　富士川英郎　汲古書院　一九八六）
『浪華学者評判記』（中野三敏編『江戸名物評判記集成』　岩波書店　一九八七）
中根粛治編『慶長以来諸家著述目録』（クレス出版　一九九四）
近松譽文『大阪墓碑人物事典』（東方出版　一九九五）
売油郎噲々『米汁沽唫』（斎田作楽解説　太平書屋　一九九六）

頼春水『在津紀事』（多治比郁夫・中野三敏校注『当代江戸百化物・在津紀事・仮名世説』新日本古典文学大系　岩波書店　二〇〇〇　富士川英郎編『詩集日本漢詩』第十巻にも収録）
三原市役所『三原市史』第二巻通史編二（三原市役所　二〇〇六）
松本重政他『嘉島記』（八幡浩二他編「備後加島園跡――近世町人文化遺跡の基礎的研究――」広島県大学共同リポジトリ　二〇〇八）
木村蒹葭堂『完本蒹葭堂日記』（水田紀久他編　藝華書院　二〇〇九）
長澤規矩也監修・長澤孝三編『改訂増補漢文学者総覧』（汲古書院　二〇一一）

研究文献Ⅱ（論文・研究書等）

石崎又造『近世日本に於ける支那俗語文学史』（清水弘文堂書房　一九六七）
頼桃三郎『詩人の手紙―近世文壇史話―』（文化評論出版　一九七四）
頼祺一「頼春水在坂時代の中井竹山との交遊」（『懐徳』五二　一九八三）
水田紀久「懐徳風雅」（『懐徳』五十二　一九八三）
守本順一郎『徳川時代の遊民論』（未来社　一九八五）
頼祺一『近世後期朱子学派の研究』（渓水社　一九八六）

頼惟勤『漢文古典Ⅰ』（放送大学教材　日本放送出版協会　一九八七）
東喜望『上田秋成「春雨物語」の研究』（法政大学出版局　一九九八）
頼惟勤『頼惟勤著作集Ⅲ　日本漢学論集　嶺松廬叢録』（汲古書院　二〇〇三）
中野三敏『近世新畸人伝』（岩波現代文庫　岩波書店　二〇〇四）
稲田篤信「平賀中南―「水滸抄訳序」注解―」（「アジア遊学」三十一　二〇一〇）
湯沢質幸『近世儒学韻学と唐音』（勉誠出版　二〇一四）
鳴海風『星に惹かれた男たち　江戸の天文学者　間重富と伊能忠敬』（日本評論社　二〇一四）

謝辞

三原市立中央図書館には長年の調査閲覧に便宜を図っていただき、厚く御礼申し上げます。特に垣井良孝氏におかれましては、今回のＳＲＦ事業にも多大なご助力を賜り感謝に堪えません。一枚刷りの「晋民資料蒐集の単箋」も垣井良孝氏蔵のものを使わせていただきました。

島田大助氏（豊橋創造大学）のご高配・ご助言に対しても感謝いたします。

近代日本漢学資料叢書1

澤井常四郎『経学者平賀晋民先生』

二〇一七年三月二〇日第一版第一刷印刷
二〇一七年四月一〇日第一版第一刷発行

定価［本体一〇、〇〇〇円＋税］

編者　稲田篤信
発行者　山本實
発行所　研文出版（山本書店出版部）
〒101－0051
東京都千代田区神田神保町二－七
TEL　03（3261）9337
FAX　03（3261）6276
印刷・製本　モリモト印刷

ISBN978-4-87636-422-0

近代日本漢学資料叢書

1　澤井常四郎『経学者平賀晋民先生』　第1回配本　10000円

服部宇之吉述『目　録　学』

柿村重松遺稿『松南雑草』

木下　彪『国分青厓と明治大正昭和の漢詩界』

内藤耻叟『徳川幕府文教偉蹟考』

島田重礼述『支那哲学史』

井上哲次郎述『支那哲学史』

『備中漢学資料集』

―A5判上製カバー装―　研文出版刊